商务馆 语言学教材书系

汉语韵律语法学纲要

The Essence of Chinese Prosodic Grammar

冯胜利　施春宏　主编

商务印书馆
创于1897　The Commercial Press

图书在版编目(CIP)数据

汉语韵律语法学纲要/冯胜利,施春宏主编.—北京:
商务印书馆,2023(2025.9 重印)
(商务馆语言学教材书系)
ISBN 978-7-100-22186-3

Ⅰ.①汉… Ⅱ.①冯…②施… Ⅲ.①汉语—韵律(语言)—高等学校—教材 Ⅳ.①H11

中国国家版本馆 CIP 数据核字(2023)第 051263 号

权利保留,侵权必究。

商务馆语言学教材书系

汉语韵律语法学纲要

冯胜利 施春宏 主编

商 务 印 书 馆 出 版
(北京王府井大街36号 邮政编码100710)
商 务 印 书 馆 发 行
北京盛通印刷股份有限公司印刷
ISBN 978-7-100-22186-3

2023 年 7 月第 1 版　　　　开本 710×1000　1/16
2025 年 9 月北京第 2 次印刷　　印张 27¼
定价:128.00 元

前　言

呈现在读者面前的这本《汉语韵律语法学纲要》，既是韵律语法学这门新兴学科的研究型教材，也是韵律语法学学科建设的探索性著作。相较于主要面向本科生的韵律语法教材《汉语韵律语法教程》（冯胜利、王丽娟著，北京大学出版社，2018），本书主要面向研究生和对韵律语法学感兴趣的研究者，同时也可供高年级本科生研读。

汉语韵律语法学是在中国传统学术和当代语言学相结合的背景下产生的新兴学科，经过近三十年的发展，正呈方兴未艾之势。这主要体现在三个方面：一是基于汉语事实的韵律语法研究获得了相当丰富的学术成果；二是逐步形成了较为系统的韵律语法学思想、观念和方法；三是韵律语法学和其他相关学科（如文体学、语体学、音韵学等）不断结合和交融，初步形成了一些交叉学科，且取得了一定的研究成果。本书既是对既有成果和思想的系统整理，也试图探讨这门学科进一步发展的理论空间和应用领域。

我们在初步梳理韵律语法学的理论规范、基本现状及发展态势的基础上，确立了本书的基本框架。全书共有十三章，包含四个部分：

第一部分：概述韵律语法学的理论体系架构（第一章至第三章）。第一章导论，主要介绍韵律语法学的发展历程及研究观念、研究方法；第二章介绍韵律语法的基本原则和基础概念；第三章建构韵律语法单位的层级系统及其在构词、句法中的表现。

第二部分：刻画韵律语法的运作机制（第四章至第九章）。第四章介绍韵律构词中韵律模板的作用原理及其表现方式；第五章至第八章分别介绍韵律句法的四种运作机制：界取、整饬、删除、激活；第九章介绍韵律形态的内涵、作用方式和类型。

　　第三部分：探索韵律语法学的拓展空间（第十章至第十二章）。第十章历史韵律语法重点介绍若干历史语法现象发展进程中的韵律作用问题；第十一章方言韵律语法介绍核心重音在方言中的不同表现并举例性介绍方言中核心重音、焦点重音、语调重音与不同句法层级的对应关系；第十二章进一步介绍韵律语法在相关学科中的拓展情况，包括韵律文体学（如诗歌、骈文、散文的韵律）、韵律语体学、韵律音韵学、句读和吟颂等。

　　第四部分：简要阐释韵律语法研究所秉持的方法论原则和学术训练路径（第十三章）。

　　本书所涉及的基本论题都力求做到基础性和前沿性相结合，在系统介绍韵律语法学的基础知识（如理论原则、基本概念、重大论题、重要认识、基本操作规范等）的同时，充分吸收前沿性的研究成果，并借此提炼出韵律语法研究所蕴含的学术思想、观念和方法。在介绍相关知识时，力求将国际语言学的眼光和汉语语言学的研究实践充分结合在一起。

　　本书涉及的内容和领域既多且新，为此我们组建了一支有着共同学术追求的研究和写作团队。实际上，编写本书的重要目的之一，就是通过打造专著性教材而建设一支有学术底蕴和学术情怀的韵律语法学研究队伍。根据每个成员的实际研究情况，我们做了有效的写作分工。各章的执笔人是：

　　第一章　冯胜利、施春宏
　　第二章　冯胜利、庄会彬
　　第三章　刘丽媛、马文津、马宝鹏、陈远秀
　　第四章　裴雨来
　　第五章　黄　梅
　　第六章　庄会彬

第七章　张又文

第八章　王　迟

第九章　王丽娟

第十章　李　果、苏　婧

第十一章　唐文珊

第十二章　袁　愫、陈远秀、王永娜、赵璞嵩、冯胜利

第十三章　冯胜利、施春宏

在书稿的整个写作过程中，从拟定大纲，到编制术语表，再到具体章节的撰写和修改、前后体例的统一和协调，团队中的每个成员都积极参与，充分合作。在统稿过程中，除了二位主编的数轮审读修改外，裴雨来、王丽娟、庄会彬还提供了非常多的帮助，不同章节的作者也交叉读改，共同提高。

本书 2016 年 4 月份开始规划，在各位作者的艰苦努力下，历时三年，终于完稿。整个写作的过程，实际上也是作品的生长过程，同时也是向全新领域不断探索的过程。我们希望本书所梳理、建构、发展的体系，能够在韵律语法学深入发展的过程中起到进一步的助推作用。

当然，由于韵律语法学是一门兴起不久而正在蓬勃生长的学科，由于编写这样的研究型教材还是第一次尝试，同时有些成果还不够成熟、有些课题的研究刚刚开始，甚至只是根据理论所做的预测，因此本书的很多内容实际上都带有探索的性质，有些内容可能还会引起学界争鸣。这实际也是我们乐意看到的。韵律语法学本身就是在不断争鸣中成长起来的。另外，对于新学科，概念体系的建构实际是一项极其重要而又非常繁难的工作，而目前韵律语法学的很多概念或术语还在确立的过程中，不少术语的翻译和界定都是第一次，这既是学术探索的一部分，也使本书的概念系统建构工作殊为不易。还需要说明的是，韵律语法学所持的"语法"是一种大语法，由于观察角度的不同，本书前后章节有些地方的内容有所交叉，某些章节中有关理论背景的介绍性内容也有一些重复叙述的地

方，唯愿这样的处理有利于读者理解和使用。

《孟子·尽心下》中说："可欲之谓善，有诸己之谓信，充实之谓美，充实而有光辉之谓大。"只有发现问题，直面难题，不断探索，才能使韵律语法学变得充实而有光辉。

本书介绍的汉语韵律语法学学科的规划和建设虽是在该理论体系原有基础上的进一步丰富和发展，筚路蓝缕，以启山林，同时也不可避免地存在着这样那样的问题。我们衷心期待学界同仁的批评指正。

冯胜利、施春宏

2022 年 2 月 9 日

目 录

第一章 导论 … 1
- 第一节 韵律——语法范畴的重要层面 … 2
- 第二节 韵律语法研究的历史与现状 … 11
- 第三节 韵律语法学的学理原则 … 17
- 第四节 韵律语法学作为一门独立学科的语言学意义 … 25

第二章 韵律语法的结构基础 … 41
- 第一节 结构与核心 … 41
- 第二节 相对凸显 … 43
- 第三节 音步与自然音步 … 44
- 第四节 核心重音 … 56

第三章 韵律层级 … 63
- 第一节 韵律单位的层级系统 … 63
- 第二节 韵律构词中的韵律层级 … 74
- 第三节 韵律句法中的韵律层级 … 84

第四章 韵律模板 … 98
- 第一节 韵律构词的基本内涵 … 98
- 第二节 韵律模板的作用原理 … 100
- 第三节 汉语的韵律影响构词模板 … 108
- 第四节 汉语话语的节律模板 … 117

第五章　韵律界取 — 121
第一节　韵律界取的内涵 — 121
第二节　韵律界取的类型 — 129
第三节　汉语的韵律界取 — 135
第四节　汉语最小词的句法效应 — 139

第六章　韵律整饬 — 146
第一节　韵律整饬的内涵 — 146
第二节　韵律充盈 — 147
第三节　韵律添加 — 154
第四节　韵律减少 — 162
第五节　并入 — 164
第六节　界外 — 170

第七章　韵律删除 — 174
第一节　韵律删除的内涵 — 174
第二节　韵律删除的基本框架和运作过程 — 177
第三节　构词层面的韵律删除 — 188
第四节　句法层面的韵律删除 — 191
第五节　韵律删除在构词层面和句法层面的联系与区别 — 201

第八章　韵律激活 — 205
第一节　韵律激活的内涵 — 205
第二节　韵律激活的动因及判定标准 — 211
第三节　韵律激活的原理与机制 — 219
第四节　韵律激活的位置 — 226
第五节　韵律激活和韵律删除的关系 — 230

第九章　韵律形态 · 236
第一节　形态和形态学 · 236
第二节　音段形态 · 239
第三节　超音段形态 · 245
第四节　汉语韵律的形态类型 · 252

第十章　历史韵律语法 · 262
第一节　历史韵律语法的研究对象与范围 · 262
第二节　双音化与音步转型 · 263
第三节　韵律词与词汇化 · 272
第四节　韵律词与句法化 · 277
第五节　轻动词发展的韵律条件 · 289
第六节　重音与句法演变 · 295

第十一章　方言韵律语法 · 312
第一节　不同方言中的动词短语韵律 · 313
第二节　不同方言中的时态短语韵律 · 321
第三节　不同方言中的标句短语韵律 · 331
第四节　方言特性与韵律语法 · 333

第十二章　与韵律语法相关的学科 · 337
第一节　诗歌的韵律 · 337
第二节　骈文的韵律 · 348
第三节　散文的韵律 · 352
第四节　韵律语体学 · 361
第五节　韵律音韵学 · 382
第六节　句读与吟诵 · 389

第十三章　韵律语法研究方法论和学术训练路径……… **393**
 第一节　韵律语法研究方法论……………………………… 393
 第二节　韵律语法研究的学术训练路径…………………… 396

参考文献………………………………………………………… **400**

第一章　导论

韵律语法学是从韵律的角度研究人类语言语法的一个新学科。它是当代语言学（也常称作现代语言学）的产物，是当代形式句法学的一个分支。对此，学界已经指出："汉语形式语法研究的另一个重要领域是韵律语法。将韵律看作一种制约语法结构规则的形式，是近20年来汉语语法研究的重要发展。"（李宇明主编2016：199）什么是当代语言学呢？进言之，当代形式句法学的主要特征是什么？对此，何大安（2001）有过精辟而简洁的概括：

> 现代语言学，粗略的来讲，因此也就等于二十世纪以来的语言学。如果暂时略去一些个别的思潮发展，所谓现代语言学，大致有两个高峰，一个是"结构语言学"，一个是"生成语言学"（generative linguistics）。"结构"与"生成"，也就成为现代语言学最高扬的两种基调。我们可以说，语言学中的"现代性"指标，就是语言研究的"结构观"与"生成观"。……换句话说，结构与生成这两项观念，贯穿了大部分二十世纪的现代语言学。

事实上，中国的传统语言学家对结构和生成的观念也并不陌生。何大安（2001）指出：戴震的"音声相配"和"转而不出其类"及黄侃的"（声韵）相挟而变"等都是传统学术，"本有与现代学术相同的成分"，只是"不容易察觉"或被"误解"而已。如何"察觉"，怎样避免"误解"，读者可以阅读何大安的原文，这里所要指出的是：从方法论上讲，没有结构和生成的视角，对语言现象往往会习焉不察，对其背后所蕴涵的理论价值更是难以认清；从认识论上讲，结构观和生成观是认识问题、发现问题、分析问题、解决问题的根本观念，是推动学术进步的基本动力，也是重新认识传统学术价值的必然路径。

韵律语法学正是在这样的学术氛围和条件下产生的结果——它是中国传统学术（中的结构与生成观）与当代语言学（中的结构与生成观）相互结合的产物，也可以说是在中国语言的土壤里，沾溉了国内外"结构生成"思想的雨露而发展出来的一个具有原创性的当代语言学分支学科。韵律语法学发展至今，已经获得了相当丰富的研究成果，目前则到了向纵（韵律语法学自身的建设和发展）和横（韵律语法学和其他相关学科的结合和交融）两个方向不断拓展的关键时期。在此背景下，需要对韵律语法学的具体研究成果和韵律语法学发展过程中所探索、实践的观念与方法做出较为全面深入的概括和总结。这本《汉语韵律语法学纲要》即是这方面的总结和思考。本章先简要介绍韵律语法学的一些基本理念和基础概念，后面诸章将对此做出具体阐释，并从韵律语法的运作机制和韵律语法学的拓展领域等方面进行探索。

需要说明的是，本书所言的"语法"（grammar）做广义理解，凡语言系统各个部门的法则系统，皆为语法，因此不但包括一般所言的词法（morphology）和句法（syntax），还包括语音（phonetics）／音系（phonology）、语义（semantics）等部门的法则系统。"韵律语法"就是指韵律对语法运作进行制约的法则系统。

第一节　韵律——语法范畴的重要层面

作为一门独立学科，韵律语法学有其特定的理论价值和实践意义，其概念内容日趋丰富和体系化。这里先简要说明韵律语法概念体系所赖以生成的理论构建原则、基本属性和韵律系统中的单位及其层级关系。

一、相对凸显的发现与节律音系学的建立

没有韵律就没有韵律语法。因此研究韵律语法首先要了解什么是韵律。韵律研究的对象不是独立存在的音段现象（如元音和辅音），而是话语中超音段现象内部性质所赋有的语言能力（competence，如附着在韵素、音节或更大单位上的超音段性质在语言学中的能力）。韵律可以反映出发话者或者话语的不同认知特征，如情感、态度，语调类型（陈述、疑问、使令等），强调、对比、焦点，以及其他句法、词法和词汇所未尝（或未能）编码的信息。

在音系学里，韵律研究的对象是超音段成分。超音段成分指的是语言中那些具有对立关系但又不能分析成对立音段的音节或词句中的成分，如调（声调、语调、句调等）、重音（强调、对比）、边界、停延（停断、延宕）、节律等。有的学者把鼻音以及元音的和谐也都看成超音段成分。

当代语言学的韵律研究与传统（语文式或线性结构式）研究的根本不同在于它是建立在**节律音系学**（metrical phonology）基础之上的。什么是节律音系学？[①]Robert Ladd 在《语调音系学》（*Intonational Phonology*）一书中说："节律音系学肇始于 Mark Liberman 的凸显概念：语言凸显的关键之处在于，它所涉及的是一种关系，一种双分枝树形结构（binary-branching tree structure）上两个节点之间的关系。"（Ladd 2008：55）什么是双分枝树形结构上两个节点之间的凸显关系呢？这就是著名的**相对凸显投射律**（Relative Prominence Projection Rule，RPPR）：

（1）相对凸显投射律

任何一个具有强弱关系的组合成分，其下属单位中标记强的终端成分在节律上要相对地强于标记弱的终端成分。（Liber-

[①] "节律音系学"和"韵律音系学"这两个术语一般只在特别研究其学理和历史时才加以区分，否则二者在使用中是不做区分的。本书依此原则，请读者注意。

man & Prince 1977：316）[1]

这种结构关系中成分的强弱是相对的，而非绝对的，是两相比较的结果。这是有史以来第一次揭示的节律音系学中最基础、最元始的生物原则，称之为首要基本原则（Fundamental Principle）也毫不过分。我们知道，韵律语法离开韵律无法进行，而韵律离开相对凸显投射律就丢了根。然而人类语言的节律为什么受制于相对凸显律呢？这是由节律，或更一般地说，节奏本身的生理属性决定的。为此，我们需要了解"节奏"这个概念。

节奏在汉语里的字面意思是像竹节一样有规则地反复出现的现象，如同音乐里的节拍。节奏的英文是 rhythm，它源于希腊文 ρυθμός（rhythmos），指的是规则性定期出现的运动。"定期重现"或"定时模式"既可以应用于具有从几微秒到几秒一重现的任何频率的各种周期性自然现象（如摇滚乐曲中的即兴演奏），也可以应用于几分钟或几小时一重现，甚至多年一重现的周期反复。总之，节奏的基本含义是周期性反复。郭沫若（1926）对"节奏"有过这样的描写：

> 本来宇宙间的事物没有一样是没有节奏的：譬如寒往则暑来，暑往则寒来，寒暑相推，四时代序，这便是时令上的节奏……宇宙内的东西没有一样是死的，就因为都有一种节奏（可以说就是生命）在里面流贯着的。

注意，这种对节奏的描写和诠释很容易让人把节奏理解为人们在做语言分析（注意：语言分析不等于语言学分析）时通常使用的时段同型律（isochrony）的概念。什么是时段同型律？它指的是自然语言将特定的时间划分成相等部分的节律分段（the postulated rhythmic division of time into equal portions by a language）。具体包括（如

---

[1] 具体阐释参见第二章。

Pike（1945）第一次揭示的）：

 a. 两个重音音节之间的间隔时间等值（重音定时，stress-timed）：

$$\underbrace{\acute{\sigma}\sigma}\ \underbrace{\acute{\sigma}\sigma\sigma}\ \underbrace{\acute{\sigma}\sigma}\ \underbrace{\acute{\sigma}\sigma}\ \underbrace{\acute{\sigma}\sigma\sigma}\ \underbrace{\acute{\sigma}\sigma}$$

 b. 每个音节的时长一样（音节定时，syllable-timed）：

$$\underbrace{CV}\ \underbrace{CCV}\underbrace{CCV}\ \underbrace{CV}\ \underbrace{CVC}$$

 c. 每个韵素的时长一样（韵素定时，mora-timed）：

$$\underbrace{\underbrace{C\overset{\mu}{V}\overset{\mu}{V}}_{\sigma}\ \underbrace{\overset{\mu}{CV}C}_{\sigma}\ \underbrace{\overset{\mu}{CV}}_{\sigma}}$$

这些节奏的不同实现方式可以把人类语言分成不同的类型，譬如，英语、俄语、阿拉伯语是重音定时型语言，汉语、法语、泰卢固语（Telugu，在印度东部）、约鲁巴语（Yoruba，在西非）是音节定时型语言，而日语则在相当程度上是韵素定时型语言（参 Abercrombie 1967）。当然，上述不同节奏类型在不同语言里的表现常常不是非此即彼，而是不同层级和范畴里的不同量的分布。譬如英语虽然是重音定时型语言，但是在构词法里有对音节定时非常敏感的例子，如"big+er → bigger, difficult+er → *difficultter"，多音节词不能直接添加 -er 表比较。

二、人类语言的差异节奏及其生理属性

 当我们观察人类语言的节奏、讨论韵律语法时会发现，最重要的一点是：节奏的周期性循环或者等量重复的性质远非人类语言节奏的重要属性。就是说，若把周期性循环或等量重复理解为"等音

长的节奏"（isochronous rhythm）（Crystal 2008：255），则掩盖了人类语言节奏的基本属性。原因很简单，人类语言的节奏属性是相对凸显。正因如此，我们才把人类语言的节奏叫"节律"，从而区别于自然的节奏（如寒来暑往）。那么，节律和相对凸显之间存在怎样的关系？我们发现：上面提出的相对凸显投射律实际是以更深层的人类生理机制为基础的。我们来看 William Martin 所描写的事实：

> 耳朵听到时钟每秒一次的嗒、嗒、嗒的声音时，我们可以说时钟的每个重复性的嗒嗒声为我们设定了基本的节奏。钟表"嗒、嗒、嗒"的声响，每次都完全一样。因此，它们代表了节奏的基本定义，亦即代表了事件在相等（或简单比例）时间周期内重复出现的概念。然而，每个独自在一个房间里听到时钟嗒嗒作响的人，一定都会注意到：每个"嗒"声的下一个都和前面的伙伴并不一样；就好像时钟说的是"滴答、滴答、滴答、滴答"。这种（听觉上）不同的直接效果就是把一个整体等值的节奏系列分了组，两个"嗒"一个组。（Martin 2012：125）

完全相等的嗒嗒嗒的钟表声响，在人的耳朵里分了组，每一组里只有两个成分，两个成分彼此不同。换言之，人把完全相同的节奏成分变成不等成分的组合的重复，这是人类生理机制的作用，我们不妨称之为"节律的生理原则"（Feng 2022）。

（2）节律的生理原则
　　节律在人类感觉（主要是听觉）的生理机制里是两个规格不同的成分组合而成的周期性重复。

节奏是单个成分的重复，节律是不同成分组合的重复。这是节奏和节律的根本不同，是自然和人的最大区别。换言之，节律是生命特有机制感知的结果,是一种非机械性的节奏(或曰生息节奏)。[①]面对这种事实,用"周期性反复"来定义人类语言的节奏显然是不够的,它不足以反映人类理解和创造的节奏本质,因为赋有人的属性的节奏才是节律:没有"两个规格不同的成分组合"就没有"组与组之间相等"的节律。一言以蔽之,节律不等于节奏,节律是根据两两相异的原则来创造节奏的。由此来看相对凸显的定义,就可明其本旨:在确定了强弱关系的任何一个组合中,其中占据终端位置的强成分比占据终端位置的弱成分相对地(而非绝对地)强。注意:这里的"强弱关系"是结构性关系,即如下面的结构形式所示:

(3) a. 节律单位　b. *节律单位　c. *节律单位

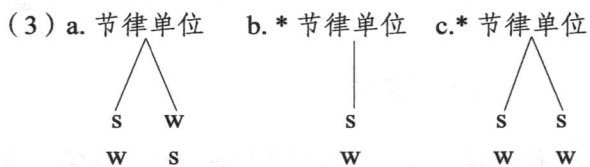

只有(3a)中的结构才合法。语言中的每一个节律单位必须包含两个成分,所以(3b)不合法;如果节奏至少包含两个相同的成分,那么节律的最低要求就必须最少有两个节律单位,每个节律单位所包含的两个成分按照相对轻重的原则组合而成,二者彼此不但规格不同而且必有差异,所以(3c)也不合法。因此,从最小限度上看,节奏和节律是不同的。两个等量成分可以组成最小的节奏片段,但至少要有两对规格不同的成分的等量交叉(两对中的"弱"

[①] 据此,动物的节奏感(如果有的话)也和机械节奏不同,但与人类的节奏感是否相同,尚在探讨的过程中。据 Hattori et al.(2013)的研究,黑猩猩经过训练后,可以感知节奏,并随着节奏进行拍打。Tecumseh(2013)比较了人类和动物对于节奏的感知,区分了脉动感知(pulse perception)和节律感知(meter perception)两种节奏感知模式:前者是从一连串的声音中感知/总结出律动模式(比如两次声音之间间隔时间的规律性),而后者则是把感知到的声音按照强弱组成一个层级结构。动物具备脉动感知的能力,即用一种线性的方式来感知节奏;而它们是否具备人类那样的节律感知,目前尚不清楚。人类和动物的节奏感问题是有待将来研究的重要课题。

相等,两对中的"强"也相等),才能组成一个最小的节律片段。如下所示:

(4)自然节奏与语言节律

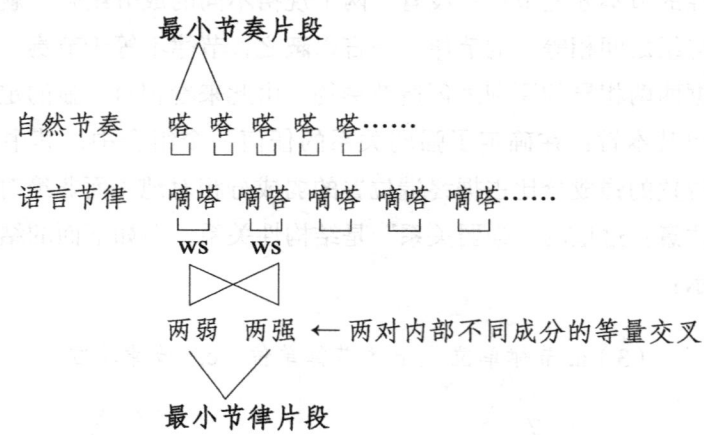

由此可见,节律是强弱节拍交替循环出现的语音现象。当然,不同的语言在实现节律的时候并非千篇一律,其中的变量主要来源于下面这些因素:

(5)节律单位的实现方式

    a. 语音系统不同:节律单位的实现方式因此而可能不同。

    b. 节律实现方法不同:音高、音强、音长、停延等。

    c. 节律单位载体不同:重音、音节、韵素等。

    d. 节律实现类型不同:

        重音定时型;

        音节定时型;

        韵素定时型。①

---

① 汉语是音节定时语言,因此没有韵素定时的语感。这可以从其他语言(如日语)的发音来理解和体会。有人将日语分析为韵素定时型语言。譬如 Tokyo,日语要读成 Tōkyō(即 To-u-kyo-u),因为这两个音节包含了 4 个韵素,每个韵素都要用相等的时长来发。这就跟英语(属重音定时型语言)读 Tokyo 有别,按英语的读法,Tokyo 有时读两个音节(即 To-kyo),有时读三个音节(即 To-ky-o)。

e. 音步类型不同：一个凸显成分和一个非凸显成分（高—低、强—弱、长—短、延—停等差异）组成的节律单位叫"音步"。根据节律载体的类别，音步可以分为：
重音型音步；
音节型音步；
韵素型音步。

上面这些韵律的特点和属性，都是从节律的生理原则以及由此而来的相对凸显律衍生出来的。基于节律和载体（重音、音节、韵素等）实现的音步可以看作人类语言韵律最基本的成分，它可以组成（或实现为）更大的韵律单位，同时和语言中其他韵律单位构成韵律层级（prosodic hierarchy）。研究人类语言的节律学和韵律语法，均需从这些基本概念开始。

三、韵律系统中的单位和层级

有了上面这样一些基本概念，我们可以进一步讨论人类语言语音系统中的韵律问题了。首先，人类语言的语音系统是音系学研究的对象。音系学里面的哪些成分（元音、辅音、音节等）具有哪些韵律的属性（轻、重、长、短、高、低等），哪些韵律的成分具有哪些语法特点和性质（词缀、词根、词干、词汇词、功能词、常用词、外来词、复合词、派生词、短语、句法词），我们将在本书相关章节做出详细的介绍和讨论。需要提请注意的是，下面的讨论都是以目前韵律音系学（prosodic phonology）、韵律构词学（prosodic morphology）和韵律句法学（prosodic syntax）中的韵律层级（Selkirk 1980a，1980b，1984；McCarthy & Prince 1993；Nespor & Vogel 2007；等）为基础而深入发展并建立的，如图 1-1 所示：

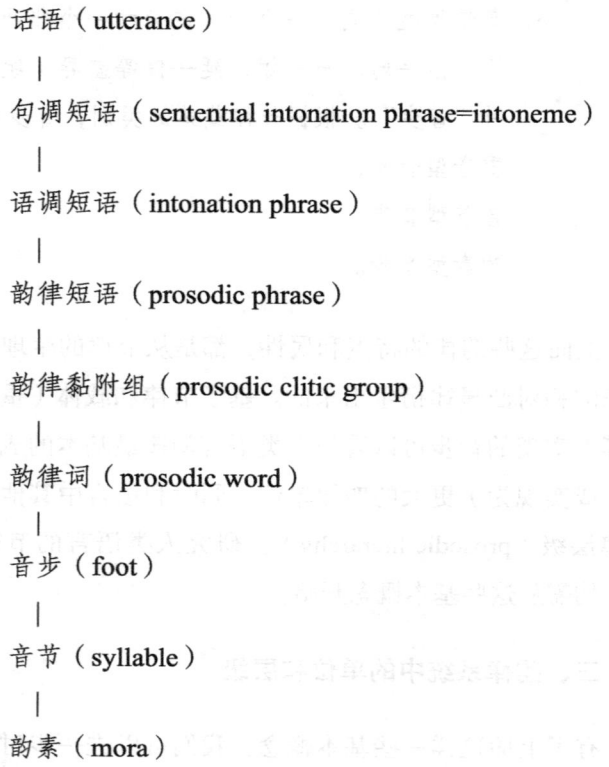

图 1-1 韵律层级

图 1-1 中韵律层级中各级单位的具体内涵及不同层级单位之间的组构关系，我们将在第三章具体说明。韵律语法关注和研究的人类语言的韵律学现象，均可通过此图所示的层级模式获得相应的定性（property identification）、示解（interpretation）和解释（explanation）。

不仅如此，根据韵律语法近年的研究和发展，我们还发现：韵律层级和句法层级具有对应的关系。譬如，核心重音对应动词短语（vP 或 v'），焦点重音对应时态短语（TP 及 vP、VP）中的焦点成分，句调重音对应标句短语（CP）中的 C（=句末语气词）。其对应关系如图 1-2 所示（引自冯胜利（2017a），同参冯胜利（2016c））：

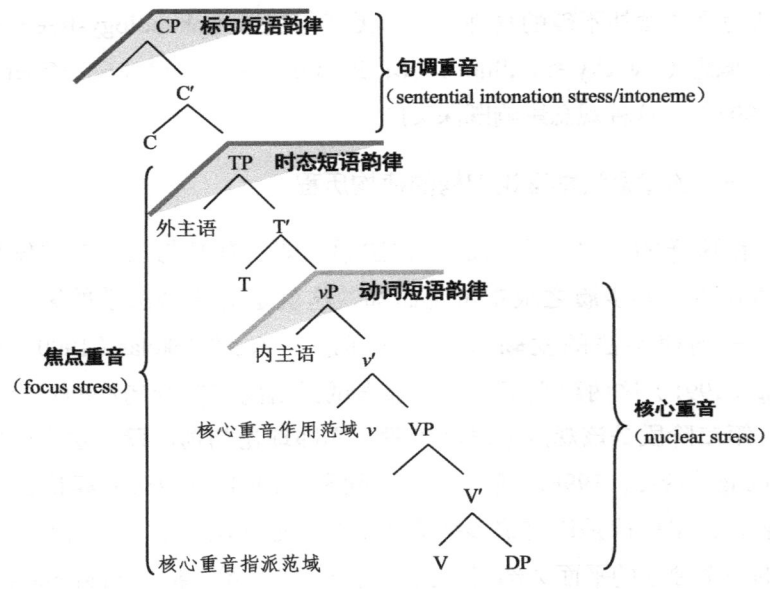

图 1-2 韵律-句法层级对应模式

对图 1-2 所示的这种"韵律-句法层级对应模式"将在第三章中加以具体说明。在当代韵律语法研究中,这种韵律-句法三级对应模式是我们首次提出的,它不仅适应于汉语韵律语法的研究,也可以给任何其他语言的韵律语法研究提供参考。韵律语法研究正是以各个层级中的韵律和语法相互作用的现象、方式和规律为基本内容。我们将会在本书的相关章节中对此做出说明。

第二节 韵律语法研究的历史与现状

本书所阐释的韵律语法研究可以说标志着 20 世纪八九十年代以来的语言学的一大转变。在早期形式句法学(及其主导的当代语言学)的主流观点影响下,语法研究中并没有韵律的地位。形式句法学的建立从 20 世纪 50 年代开始(Chomsky 1957),形式句法学下的节律音系学是 70 年代中期的产物(Liberman 1975),这场语言学的革命到了 80 年代则提出了一个虽然今天不可理解、但在当时却

11

被认为是"颠扑不破的真理"的"无音句法"（phonology-free syntax）概念（Zwicky & Pullum 1986；Pullum & Zwicky 1986；Miller et al. 1997）。这种观念影响既深又广。

一、韵律语法学理论架构的建构历程

在这样的背景下提出韵律句法学（即"有音句法"）并做出初步探索，其步履之艰难可想而知。这就是韵律语法学的第一阶段——韵律句法的**发轫阶段**。其标志是 Zec & Inkelas（1990）和 Feng（1991）这两篇文章，他们都尝试提出韵律制约句法的观点。

第二阶段是该观点的**发展阶段**，亦即**理论初创阶段**。这个阶段以 Feng（1995，1996，1997）和冯胜利（1994，1996b）等论文为代表，提出韵律是语言诸多平面或部门（如句法、语义、语音等）中的一个独立的平面/部门（也独立于音段音系，segmental phonology）。这一阶段的研究从韵律和词法的关系以及韵律和句法演变的关系入手，提出了汉语的韵律构词法和韵律促发的上古词序演变等问题，韵律与句法的互动关系开始得到重视。

第三阶段是**系统构架阶段**，以冯胜利（1996a，1998，2000）等为代表，建立了核心重音与动词短语（vP）互动的机制，为韵律句法学建立一个基础构架。其中董秀芳（1998）的动补结构的韵律制约，是当时首次成功运用核心重音的理论所做的个案现象分析。韵律语法的研究从这个阶段开始，结束了"两间一卒，荷戟彷徨"的境地。此一阶段，Feng（2003c）可以说确立了韵律的句法地位。

于是，韵律语法研究顺利地发展到第四个阶段——**领域拓新阶段**。这一阶段的突破表现在三个方面：一是对汉语（普通话）材料的进一步深入发掘和一些新的发现，如黄梅（2008）关于嵌偶词的研究，王丽娟（2008）关于介词的长度分布的研究，崔四行（2009）和黄新骏蓉（2017）关于三音节形式的研究，邓丹等（2008）关于实验语音中的核心重音研究，洪爽（2010）关于副词与动词关系的研究，王迟、刘宇红（2013）关于韵律对汉语双宾结构制约的研究，唐文珊（2017a）关于韵律制约被动句复指代词的研究，汪昌松（2017）关于非典型疑问句"V 什么（V）/（NP）"的研究，王迟（2018）关于现代汉语正反问句句法的韵律制约的研究。① 二是韵律语法研究开始向音韵学、方言学乃至民族语言等领域拓展，如施向东（2020）从上古汉语称呼语音节数量变化证明汉语发生韵律系统转型的研究，赵璞嵩（2018）关于上古"吾我"韵素对立的研究，李果（2018）、刘丽媛（2019）关于上古韵律句法的研究，朱赛萍（2015）、唐文珊（2018）、李龙（2018）关于方言韵律语法的研究，张凌、邓思颖（2016）关于香港粤语句末助词超音段特征的研究，郑张尚芳（2017）关于汉语方言与古音中的韵律表现的研究，马宝鹏（2017）对"把"字句"Stress XP"分析的校正，以及 Salmons & Zhuang（2018）关于东亚语言韵律模板的历时演变研究。三是韵律语法研究向语体学、文学等领域拓展，如王永娜（2012）关于单双音节 [V 和 V] 对立属性的研究，卢冠忠（2015a，2015d）关于六言节律的研究，以及冯胜利（2015a，2015d）对韵律诗体学的系列研究。

在上述各个阶段，韵律语法理论的发展是与汉语节律音系的研究同步而行、彼此互动的。陆丙甫、端木三（Lu & Duanmu 1991，2002）的重音构词说，端木三（2000）的辅重论，王洪君（1994，2004）的节奏类型说，吴为善（1989）的音节黏附性研究，吴洁敏、朱宏达（2001）关于汉语节律的系统研究，曹文（2010）的焦点重音韵律实现研究，叶军（2001，2008）、刘现强（2007）的节奏研究，等等，都是韵律音系、韵律构词中"导夫先路"的重要观点。

上述种种突破性的发展也带来语言学界的反馈和挑战，对当时发展韵律语法理论和现象进行争鸣和反思的声音，相叠而至，交错而行，如出现了"韵律句法到底能走多远""韵律的作用有多

---

① 韵律语法新领域的拓展也激发很多学者从不同角度探讨韵律—语法的互动关系。如周韧（2011）提出的"语义语用作用下的语法和韵律"，虽然不是"韵律作用下的语法"，但无疑是韵律语法蓬勃发展所带来的百家争鸣的可喜效应。

大""汉语到底有没有重音和音步"等质疑。这些争鸣既促发了韵律语法探索中的很多思考，也使韵律语法研究在反思过程中澄清了很多认识，并由此激发出第五阶段：**体系建构阶段**。这一阶段的特征是韵律语法整体框架的突破性建立，韵律语法学在国际上逐步产生了学术影响。首先，冯胜利继 2015 年以来对韵律语法整体框架的思考和研究，于 2017 年正式提出"韵律-句法层级对应模式"（Prosody-Syntax Co-hierarchy Model）（冯胜利 2017b），揭示了韵律层级和句法层级之间彼此对应的互动关系（参上文图 1-2"韵律-句法层级对应模式"）。其核心，简言之，即核心重音对应 vP、焦点重音对应 TP、语调重音对应 CP，每一层都有自己独立的韵律规则和句法属性。文章进一步重申了韵律虽不能创造结构，但却可阻断现有的或激活潜在的结构操作，从而左右句法，同时把语调重音、焦点重音、核心重音的句法效应有机地结合起来，构成了一幅完整的从 C 到 V（从头到脚）的韵律语法界面模式，为韵律语法的研究提供了一个崭新的理论体系。与此同时，韵律语法的研究成果也开始更多地走向国际，如王丽娟（2013），裴雨来、邱金萍（2015），庄会彬（Zhuang 2014，2017），汪昌松（Wang 2017），庄会彬、张培翠（Zhuang & Zhang 2017），汪昌松、靳玮（2019）等的韵律语法论文，相继在国际刊物上发表。国际著名语言学家 Joseph Salmons 也加入了汉语韵律的讨论（Salmons & Zhuang 2018）。商务印书馆出版的《汉语韵律句法学》（增订本）被翻译成英文出版（2019）、《汉语的韵律、词法与句法》被翻译成韩文出版（2013）。*Prosodic Morphology in Mandarin Chinese* 第一次以英文由 Routledge 出版。此外，国际韵律语法年会的建立（2012）、《韵律语法研究》的创刊（2016）[1]，都标志着韵律语法的研究已经步入蓬勃发展的阶段。

---

[1] 第一辑刊名为《韵律研究》，科学出版社 2016 年出版。自 2017 年第二辑起更名为《韵律语法研究》，北京语言大学出版社出版，每年两辑。

二、国际语言学界关于韵律语法的反思

上述这五个发展阶段不仅可以让我们看出这个学科的发展历程，也可以让我们做进一步的反思和总结，以利于将来的发展和更新的探索。历时 30 余年"韵律制约句法"研究的努力和积累，让我们看到了整个语言学界逐渐向接受的方向移动，虽然缓慢，但已经开始。先是从"无音句法"到"理论悖论"（即句法自主与韵律构词彼此矛盾）的提出[①]，再从承认"自主机制"过强（too strong）的提出[②]到认同韵律对句法的作用："在句子生成过程中，拼出域（spellout domain）的句法生成一旦结束，语音形式的生成就已开始"（参见 Richards 2017）。更令人瞩目的是，在我们的韵律-句法"相互作用"的思想和论证发表 20 年后，现在西方学者已开始尝试这方面的专门性的技术探讨和运作了。如 Richards（2017）专门对"邻接凸显"（contiguity prominence）进行了论证，文章全部是纯逻辑推演，其结论为：

> 有些给予句法释解形式的运作将被音系所用，附之于句法

[①] 在 *Phrasal Phonology*（1999：22）一书的导言里，Kager 和 Zonneveld 尖锐地指出："如果句法是完全自主，那么它就不能对储存在其他部门的词汇信息敏感。"（If syntax is strictly autonomous, then it cannot be sensitive to information stated in the vocabularies of other modules.）但是"这个观点的后果是词法不是'一种句法'。众所周知，构词法会受到音系的深刻影响，尤其是韵律。这一研究领域被称为韵律构词学（见 McCarthy & Prince 1986, 1993）"。这里 Kager 和 Zonneveld 给"句法自主"的理论提出了一个逻辑上的悖论：
前提1　句法自主
前提2　词法是一种句法
事实　　词法受到韵律影响
结论　　句法也受韵律影响＝句法不自主

[②] 譬如，美国的东北语言学会第 39 次会议（康奈尔大学，2008 年 11 月 7—9 日）专设了讨论"语言学界面"（linguistics at the interfaces）的会场，会场介绍中说：通常假定语法的设计是复杂的，涉及诸如语音学、音系学、句法学和语义学等部门。已有文献证明语法内部各部门自主这一最初观点太过"绝对"，界面研究的案例也越来越多。这反过来又开启了关于界面范围和性质的讨论：相互作用的部门和部门之间没有边界，那么是否存在一个界限？（网址：http://conf.ling.cornell.edu/nels39/）据我们所知，这是形式句法学第一次公开承认句法自主过于绝对。

树形结构之上的音系运作可以和句法派生运作同时进行，而不是在其完成之后。①

显然，这种句法树上的音系运作以及音系运作和句法派生运作同时进行的操作程序，宣告了"无音句法"观念的终结。事实说明，西方学者已经逐渐放弃了原来句法自主（或无音句法）的主张，从"理论悖论"到公开地接受了句法被韵律激活的思想和事实。历史告诉我们，当韵律-句法双向互动刚刚提出的时候（肇始阶段），西方语言学的主流学派还在一致主张"无音句法"；而当韵律语法研究已蔚然成学的时候（第三阶段），西方主流学派"句法影响韵律、韵律不能影响句法"的单向观，才开始松动和转向。可以这样说，基于汉语事实的韵律语法研究的思想是国际韵律-句法界面研究的先声，其系统性成果促进了韵律制约句法观念在学界的逐步形成和发展，直接引发了国际语言学界对"句法无语音"观念的反思，继而推动了国际语言学界对韵律激活句法运作机制的研究和思考。②目前，汉语韵律语法研究的成果更为丰富和系统，对韵律-句法同步运作互动机制的研究已经逐步呈现在各个领域中。③

由此可见，韵律语法研究所面对的现状是，尽管起步仅仅20余年，但韵律-句法同步互动的思想、原理和理论渐为学界认同并理解，西方学者也已经开始参与研究，并提供逻辑的推演和技术的证明。我们为此而感到欣慰，因为韵律-句法的研究在国际范围已开始起航。但我们并不满足于此。昨天还被当作"大不韪"的说法（即

---

① 原文为：There are operations that create representations that are to be used by phonology, but which apply to a syntactic tree. …this kind of phonological operation, which applies to a syntactic tree, can apply, not after the syntactic derivation is completed, but while it is still under way.

② 参见王迟（2020）有关韵律激活的标准、原理、动因与机制的论证与阐释。

③ 譬如，贝罗贝、何丽莎（2019）在评冯胜利《汉语历时句法学论稿》时特别提出"韵律形态"在句法的历时演变中的作用。他说："作者的研究显示，在汉语的句法结构演变中，有两个现象扮演了举足轻重的角色，即轻动词结构和韵律形态（后者与自汉代开始的双音化现象有关）。冯胜利提出的这些开创性的分析将使该书成为所有关注汉语历史句法的语言学研究者不可或缺的研究工具。"

音系句法，phonological syntax）今天就被证明是逻辑的必然（Richards 2017），仍然和我们韵律制约句法原则的内涵和目标很不一样。

我们首先积累了丰富的材料，其次建构了理论的整体框架，进而破解了诸多"历史和当代疑难问题"（见下文）。因此，西方学者的加入，只说明他们的视野开始转变，但对该领域有多大实质性的突破，还要拭目以待。因为就目前西方同类的研究而言，他们的材料尚不丰富，破解性成果尚未发现，着力最多的还是逻辑和技术上的探讨。这一事实从另一侧面告诉我们：基于坚实的材料和严格的逻辑，我们可以一步一步地创造人类语言科学上属于我们自己的发明。这是我们今天的韵律语法学及其所引领开拓的韵律音系学、韵律音韵学、韵律构词学、韵律语体学、韵律诗体学等最可引为骄傲的学术成果。

毋庸讳言，在与主流学术观点不同的土地上耕耘，路途是不平坦的，不仅有来自韵律语法研究同道的困惑和争鸣，甚至还有来自不同方向的质疑与挑战。然而，让学术获益的通理是：学科的成熟和发展离不开尖锐的批评和严厉的挑战。韵律语法学能像今天这样建立得如此坚实而又富有自我调节的再生性，要感谢来自各个方面的富有启发性的挑战和贡献；没有这些激励和促发，很多论题也许不会及时发现，内部系统的疏漏也未必能够及时探知和补隙，甚至理论系统的建构也会大受影响。

第三节　韵律语法学的学理原则

由上文可见，对形式句法学而言，韵律和句法的关系从"无音句法"到"韵律-句法同步生成"，不啻为一个质的飞跃。这意味着韵律制约句法的思想已不限于汉语语法的自身研究，而是具有了一般语言学的意义。当然，我们也注意到乔姆斯基（Noam Chomsky）等最近给句法的定性以及 Richard Kayne 的不同声音。

乔姆斯基与 Berwick 等合作的文章说："虽然该路径本身允许

检测语音编码规则（phonologically-coded rule），但还不足以处理由人类语法构建的结构。"（Berwick et al. 2013：95）[①]他与 Friederici 等合作的文章又说："在 EEG 信号中，δ 波段振荡反映的是句法短语而非声学（韵律）边界线索，这是至关重要的。在语音处理过程中，将单词组合成句法短语的内部语言偏向似乎是很活跃的。"（Friederici et al. 2017：719）这就是说，句法信息独立于韵律。

但 Kayne（2018）提出的问题与此相反："为什么语言选择直接居前（i-precedence）作为句法的一部分呢？"他的回答是：第一，"一种可能是，语言仅有一种负责直接居前合并的机制，该机制也作用于语音部门。"为什么？因为"既然语音一定要涉及线性顺序，那么可能句法也必须如此，因为它和语音共用同一种直接居前合并操作"。[②]就是说，没有音系，句法可以不必受邻接次序的限制，但是由于它和语音共同运作，因此，句法所以如此是语音限制的结果（如果不只是节律本身）。第二个原因："如果音乐与语言在某些重要的方面存在相似之处，同时如果我们承认，音乐中的线性顺序（即 Schlenker 2017 所指的时间次序）几乎无法从层级结构中剥离出来，那么，语言不太可能像乔姆斯基等（Chomsky et al. 2017）设想的那样，也采用这样的机制。因此，就人类认知而言，直接居前所涉及的方面、所发挥的作用，都要比我们原本设想的更为宽广、更为重要。"

如何看待这些不同的论点呢？我们认为，句法和韵律在人脑（或生理）中自来就分属不同的区域，因此其规则及其对规则的研究，也分属不同的领域。这不会引发悖论，因为语言本来就不是一

[①] 原文为：Thus, although the pathway allows the detection of phonologically-coded rules in itself, this circuit is not sufficient to process the structure built by human grammars.

[②] Kayne（2018）的这三处原文分别是："Why did the language faculty choose to have i-precedence be part of syntax?" "One possibility is that there is only one ip-merge engine that includes the phonology." "Since phonology must be associated with linear order, it could be that syntax must be, too, insofar as it and phonology share the same ip-merge operation."

个（生理）系统控制和单一生成的结果，语言是多个系统综合交互的产物。韵律（以及语体）和句法共同协作，才产生了一个整体性的、有血有肉的、有经络和骨架的语法系统。事实上，韵律语法方面的研究一开始就以改变句法自主的偏见为己任，到目前为止，句法自主或无音句法的时代已经过去，我们迎来的和即将全面展开的是韵律-句法全方位互动的新时代和新方向，尽管有关脑电波（如 δ 波段振荡）的实验呈现句法和韵律区域不同的表现，但无法否定韵律-句法之间的相互作用，而其中最核心的一点就是：韵律不仅和拼出域直接挂钩，而且可以和句法同时出现在拼出之前（或之中）的生成阶段。更有趣的是，今天的这种结论却是 20 年前韵律语法一开始就提出和预测的结果。从这个意义上说，汉语韵律语法的理论为今天形式句法前沿学说所接纳、证明和推演，是意料中事。既然如此，我们就很有必要总结一下这个理论所以如此的道理所在。下面我们看到，在长期逆境下生存和发展的韵律语法学，是如何形成了一套富有自己特色的学术原则和方法。

一、恪守当代学术的科学性

这是韵律语法区分于传统韵律研究的重要特征。我们知道，科学的核心是演绎逻辑。韵律语法学的第一个原则就是恪守逻辑规则，尤其是演绎逻辑规则，并因此区别于传统的韵律研究。

例如，韵律语法中"强"和"弱"的现象或概念，一定要用结构把二者组织起来（相对轻重原理），而不是单独存在。与此相仿，"松"和"紧"的概念，也不能像传统（或今人用传统的方法）那样，只凭感觉、举例来表述，而必须用结构来说明、来定义。譬如学界一般都认为"1+2"松，"2+1"紧，[①] 如何从结构组织上派生出"松紧"的概念呢？这是传统所欠缺、而韵律语法研究所必须解决的必要步骤。因为"松紧说"没有必然性"派生"，所给出的

---

① 这里的"1"和"2"分别代指"单音节"和"双音节"。"1+2"即"单音节 + 双音节"，"2+1"即"双音节 + 单音节"。

结论、所提供的例子，都是现象的归纳，而不是规律性的法则。归纳往往是表面的，唯有机制和规则，才有逻辑必然的可能性推理，才是现象所以如此的根源。就"1+2"和"2+1"而言，其所以有松紧之别，在我们看来是其音步组织的结构使然。请看：

（6）音节组合关系松紧的结构派生

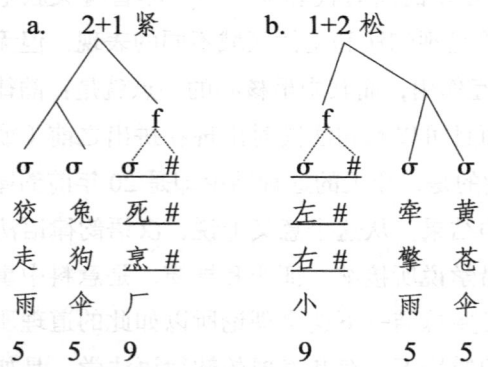

在"2+1"这样的超音步里，单音的延长部分在整体结构之外；而在"1+2"这样的超音步里，单音的延长部分（如果有的话，则）在整体结构之内。因此，所谓松紧是三音节结构里面"单音节后的延长部分"的有与无。有，则松；无，则紧。可见，松紧是印象性的比喻说法，不是结构性的本质属性。这里的本质属性是"停延"的有无。正因如此，在没有停延的地方（如快读），无论995还是599（或者其他三声组合）都遵循一样的变调律。① 比较：

（7） $9_{阳平}9_{阳平}5_{上声}$ = $5_{阳平}9_{阳平}9_{上声}$
　　　= $9_{阳平}5_{阳平}5_{上声}$ = $5_{阳平}5_{阳平}9_{上声}$
　　　= $9_{阳平}5_{阳平}9_{上声}$ = $5_{阳平}9_{阳平}5_{上声}$
　　　= $9_{阳平}9_{阳平}9_{上声}$ = $5_{阳平}5_{阳平}5_{上声}$

---

① 中间若有停延（为语义或句法组合决定），"1+2"和"2+1"的上声变调结果自然有所不同，分别为"上声+阳平+上声"和"阳平+阳平（或上声）+上声"。

这说明松紧是以节律结构为前提的，松紧是结果，它们本身没有任何实质的属性。这就告诉我们，传统所谓的"松紧"，不是现象的实质。原因很简单，松紧可以用具体的结构的属性来取代。一旦被取代，它就成了表面现象（或印象），而不是现象或印象背后的决定因素或本质属性。一言以蔽之，"松紧"本身无法从具体结构的属性上揭示其背后的机制，因此在韵律语法系统里，我们避免使用这种概念不清（或未经严格定义）的术语。

下面的例子更可以看出仅仅凭借"松紧"说尚不足以揭示现象背后的本质及其必要性。我们知道，双音节形容词可以穿插重叠为AABB式（如"油油腻腻"），但不能整体重叠为ABAB（如"*油腻油腻"）。形容词为什么不能ABAB，而非要AABB不可呢？回答可以用"松紧"的概念来说明：ABAB松（可拆为两个AB）、AABB紧（不可拆：AA或BB不成词）。这样说表面看来很"精辟"，但实质上只是给现象贴了一个标签而未能揭示其机制及其派生性。"松紧"是一个非常"好用"的术语，因为它有很强的"囫囵"性。然而，一旦我们进一步从结构分析着眼，就可看出二者之间的结构属性在于"线性"与"非线性"关系的不同。具体而言：AB+AB＝单位+单位，而AABB则不能简单地用线性的［单位+单位］来表示，非得采用"非线性组合方式"才能见其结构特征。详见（8）的比较：

（8）AABB与ABAB结构关系的不同

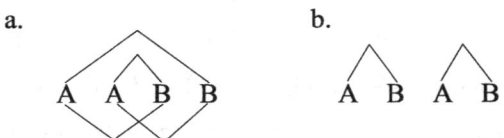

    a.   b.

不难看出：ABAB和AABB之间这种结构上的不同，远非"松紧"所能揭举，因为"松紧"说太含混。这从另一个角度告诉我们：当结构原理还不清楚的时候，可用"松紧"说临时解释；一旦真正的结构机制呈现出来后，"松紧"说就显得苍白无力。正如上面的例子，只用线性关系无法生成"紧"，超线性关系才能看出二者不能"表层拆开"的关系（AABB 缺乏表层结构透明性）。其实质在于 AABB 是超线性组合。这样一来，"紧"就被"超线性组合"所取代。当然，如果还需使用"紧"这个术语的话，那就要给出严格的定义，譬如"超线性组合为紧"等。这样一来，也就失去使用"紧"的意义。由此可见，逻辑定义严格与否，是韵律语法区分于传统方法的重要之点。

恪守当代学术的科学性方面，更具典型的是如何看待连动式。"连动式"，这是大家都熟悉的术语，但韵律语法研究认为这个术语太模糊，因为"连动"无法定义。我们说它无法定义是因为一旦给出严格的结构定义，"连动"就不存在了。什么是"连动"？一般教科书都是这样告诉我们的："几个动词连在一起使用的句子叫连动句（或连动式）。"然而，这只是现象的描写，不是概念的定义，因为"连在一起"是表述，不是概念（起码不是语言学概念）。

注意，研究语言和研究语言学，不是一回事；描写语言现象和给语言现象下定义，也是两种性质不同的工作；都不能混为一谈。"连在一起"是现象的粗略描述，而重要的是：句子中的成分不是像串糖葫芦那样，用一根竹签把"词"串起来就行了。如果是的话，我们就不用研究词和词的关系了，研究串句的"竹签"就行了（当然，人类语言不存在"串句的竹签"）。谁都知道，造句不是串糖葫芦。因此，如果用"几个动词连在一起"来定义"连动"，就等于用串糖葫芦的原理来解释句子的构造。这样一来，问题就大了：糖葫芦串里面的山楂果和山楂果之间，没有结构。它们的结构源于竹签，它们贴附在竹签上，随着竹签的结构而有长短、曲直的不同。连动结构是这样吗？句子研究的是词和词之间的关系，如果连动句中动词和动词就是糖葫芦串中的山楂果和山楂果，那么它们之间有的只是邻接关系，而没有结构关系。如果说人类语言中句子里面的词和词一定有结构关系的话，那么无论这种结构是什么，都不会是"连动"。事实也如此，所谓的"连动"，要么是并列，要么是主从（动补或状动）[①]。如果天下没有糖葫芦串式的句子，那么天下就没有"连动句"或"串动句"。"连动"作为一个粗略称呼当然可以，但作为一个术语，它所代表的只是一种表象。韵律语法研究力避这种表面看来概括性极强却又禁不住推敲的"表象术语"，因为严格的科学性是这个学科的首要原则。

二、依据事理，突破藩篱

韵律语法学的第二个特点是事理所向，藩篱不挡。"事"指事实，"理"指道理。如果事实和有关它的道理所指的方向，有藩篱挡道，也要破篱而进。就是说，根据事实及其所以然的原理，跨越或突破已有理论的框架，去创造以再现"事＋理"为基础的新理论或新观点。

举例而言，韵律语法研究根据汉语的事实及其推导原理，首先突破了"无音句法"的藩篱，再度突破了韵律充其量是一个过滤器（filter）（Zec & Inkelas 1990）的局限，构建了一个韵律-语法双向互动的模式（引自 Feng 2009），如图 1-3 所示：

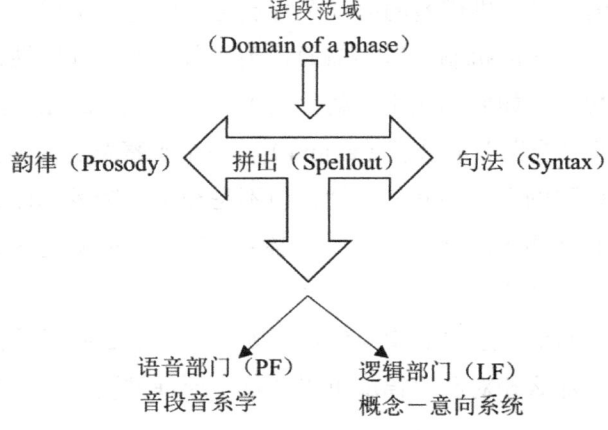

图 1-3 韵律和句法双向互动模式图

这一双向互动模式的提出比 2017 年 Richards 所谈的"音系运作可以和句法派生运作同时进行"早了将近二十年。

---

① 严格地说，"并列"也是"主从"。

韵律构词上，汉语的韵律构词模式也突破了韵律词只关注、适用于"语缀化（affixization）运作"的模式。汉语的韵律构词不仅在形态上发生作用（如"天天、年年"vs."*星期星期、*礼拜礼拜"），更重要的是韵律词对复合词法的控制（如"很眼红"vs."*很眼睛红"）。这样就突破了韵律词的适用范域，把它的效应扩大到复合构词法（compounding）的范围之内（英语的Adjective+er亦然，如：bigger vs. *difficulter）。

前面说的"事理所向，藩篱不挡"就在这里发生作用：如果汉语复合构词的事实是"小不减二、大不过三"（这是"事"），如果韵律词源于音步（标准音步＝2，超音步＝3，这是"理"），有"事"、有"理"，那么下面的研究就要朝着事理所指的方向大步前行，即便有"藩篱"挡道，也要破而前行（所谓"藩篱不挡"）。这就是韵律语法学发展至今的第二个特点。

三、发掘语言机制的生物生理属性

韵律语法学可供借鉴的第三个特点是从生物、生理原理上考察（或派生）语言的机制。譬如前面提到的节律的生理属性，就是一例。可以想象，如果不从生理属性入手，Liberman的相对凸显律就是一条"不证自明"的公理（axiom），一个观察发现的事实。虽然公理具有极强的概括性和普适性，但不是经由演绎逻辑而建构的、用于推导和预测的定理（theorem）体系，[①] 无法说明韵律语法的生成基础和运作机制。

显然，如果上述"节律的生理原则"是一个赋有元始性的基本原理的话，那么相对凸显律就可以从这个原理推演出来：节律的生

---

① 按，公理一般指依据人类理性的、不证自明的基本事实，通常被当作演绎及推论其他（理论相关）事实的起点，如"a+b=b+a"。定理是经过逻辑限制证明为真的陈述，定理一般需要某些逻辑框架，陈述一个给定类的所有（全称）元素之间一种不变的（没有例外的）关系，如某些a是x，某些a是y，就不能算是定理。原理（principle），是存在于某个系统中的一组规则与基本前提，这个体系中的其他事物，大体上都可以经由这个基本规则来推导、解释与预测，原理由公理及逻辑基础组成。（根据百度百科和维基百科改编）

理原则运用到人类语言音系系统,自然可以推导出相对凸显的定理。这不仅可以清楚地解释节奏和节律的不同,同时也可以解释节律中虽也有等长,但不等于定速器的等长,不等于钟表嘀声的等长。事实上,没有生物的原理性,我们不但推不出"相对凸显"的定理,也很难辨别"相关现象"的真伪、触发"属性发现"的卓识。

从生理上揭示语言机制和属性是学理建立的重要环节。与韵律语法直接相关的语体学,也是一个很好的例子。什么是语体?根据我们的理论(冯胜利 2010a,2011;冯胜利、施春宏 2018a,2018b;冯胜利、刘丽媛 2020),它是"生物交际"的产物,是生物交际时用来确定彼此之间关系和距离的一种语言形式,包括狼群呼叫(有声语言)、蜜蜂跳舞(肢体语言)、鱼类放电(电波语言)等。因此,在这个体系中,"语体"指的是用语言形式来表达或确定人们在直接交际中具有元始属性(亦即交际距离)的远近关系([± 正式])和高低关系([± 庄典]);交际者通过语法和交际功能的"系统对应性"来调节彼此之间的关系和距离、实现并完成语体的交际目的。在这样的语体系统上,我们建立起语体语法(或语距语法)的独立学科。

总之,语言的机制根植于生物、生理的根本机制。这是韵律语法理论的第三个特点。

此外,韵律语法研究遵循当代学术的方法论原则,并在哲学尤其是科学哲学层面做出新的思考。对此,我们将在本书充分展开之后而在最后一章做出简要概括。

第四节 韵律语法学作为一门独立学科的语言学意义

基于古今汉语事实的韵律语法学已然自成一门独立学科。这意味着它不仅有了自己独立的研究对象,而且也创造出自己的一套研究方法,同时还在研究观念上对其他学科也有所启迪。因此,韵律语法学就赋有了很现实的语言学意义,而对新的研究领域的开拓,如语言学和文学的关系、文学体式的发展、语体研究的新体系、语言类型的新视角、对传统认识价值的新定位等等，则更具原创性。这就不仅是语言学上的意义，还具有了方法论上的意义；在汉语语言研究的历史和中国学术史上，也会对相关领域的研究者有所启发。换言之，韵律语法学本身就足以构成将来语言学史和学术史的研究对象。这里我们只聚焦于它的语言学意义的讨论。下面从发明新原理、发掘新现象、提出新概念、提供新解释、破解老难题、使创新方法六个方面展开。

一、发明新原理

能否发明新原理，是鉴定一个学科语言学意义的试金石。理论上讲，新学科的建立必须以新原理为基础，而韵律语法学这个学科，如前所述，不仅发明了相对轻重的生物原理、语体语法的生物原理，这里还可以简单介绍它所发明的更为抽象的"核心公理"（Headedness Axiom, HA）。什么是核心公理？这就是我们将在第二章中讨论的有关结构的公理，简言之即：①

（9）结构核心公理（简称"核心公理"）
任何一个结构均有且仅有一个核心。

在这一公理的要求下，"双核""多核"等结构，都是单核结构递归生成的结果。在结构核心公理中，"核心"的概念非常重要。核心必须是相对关系里面决定结构性质的成分。这里的"相对关系"是核心得以存在的基础：如果 A 是核心，那么就意味着有与之不同（对立）的"非 A"（记作"-A"）存在；如果一个 A 可以不需要 -A 而独立存在，那么这样的 A 就不是核心。简言之，没有非核心，就不能有核心。这是核心定义的最重要的思想或限定。句法上

---

① 这一公理的提出首见于冯胜利（2016a）《汉语韵律语法问答》。原文的表述为："任何一个结构均至少有一个核心。"（冯胜利 2016a：159）这里做了些说明，使一般读者更易于理解和推演。

我们可以说 V 是 VP 的核心，因为 VP 里面有 V 的补述语或附加语（-A）。词典里则没有 VP，只有 V，所以词典里的动词就不能称为核心。再如，我们说重音是音步的核心，如果没有与重音对应的轻音，也就无法说重音是核心。这就是说，核心的存在本身意味着结构的存在，就如同重音本身就意味着节律一样：离开节律，没有重音；同理，离开结构，没有核心。这里需要注意的是：核心只意味着结构的存在，它要求结构、限定结构，但并不等同于结构。

结构核心公理是韵律语法系统中所有规则的基本前提。任何现象和事实，都可以经由这个基本公理（原理）来推导、解释与预测。就是说，结构核心公理之所以成为公理，最重要的一点是：它具有推出其他定理的能力。譬如，通过这个公理，我们可以很自然地推导出"结构双分枝（binary branch）定理"。"双分枝"所体现的正是核心与非核心的对立存在，也就是"一个结构必然是双成分的最小组合体"。结构双分枝这一定理可以充分说明音步的双分枝性、音节结构的双分枝性、句法结构的双分枝性等等。同时，这个公理也能很充分地推演出"连动不是结构"的结论，很简单，结构一定具有核心与非核心，而"邻接"没有核心，因此"邻接≠结构"，所以"连动不是结构"。这样扩展开来，结构核心公理有它自身所赋有的巨大的自主性和拓展力，能够预测、推演、解释一批（或所有）的语言学（及其他学科的）规则和事实。

二、提出新概念

正如以赛亚·伯林（Berlin 1975：292）所说：一个学科的真正价值在于它所创造的概念和理论，而不是它所发现的基本事实。我们不同意他对语言事实的看法，但学科价值在于它所创造的概念和理论则是毋庸置疑的。韵律语法学在过去 20 多年的探索中，已经逐步创造出了一整套严密的概念和理论。

首先是汉语"韵律词"（prosodic word）这一概念的提出。尽管西方韵律词的概念一般限于制约词干和词缀的长短上，尽管有人讲韵律词不是普适现象（其中的误解是很显然的），但汉语韵律词概念经引入并重新定义后，今天已经成为非常普及的概念和术语。与此类似的是"韵素"（mora）这一术语的翻译、定义和证明，迄今已为汉语音系学和古代音韵学普遍接受。在这点上，韵律语法学给传统语言学术语增添了自己发明的术语和新概念。

在新概念的发明方面，值得一提的是韵律语法学对"汉语是声调语言"这一传统认识的更新。通过对北京话声调和重音关系的研究发现，声调语言和重音语言并非水火不容（冯胜利 2016b）。汉语是声调语言，但同时也有重音的表现。这一理论的提出改变了声调语言没有词重音的传统观念，结束了汉语没有重音的看法（参见谢丰帆 2021 及《韵律语法研究》第 8 辑相关文章）。

最后值得一提的是"核心重音"（nuclear stress）的概念。在今天的韵律语法学中，我们不仅提出了类型学意义上的核心重音，而且提出了汉语管辖式核心重音（Government-based Nuclear Stress，简作"辖重"）的新概念。如今，管辖式核心重音已经成为讨论汉语韵律句法的基本概念。

三、发掘新现象

任何一门独立的学科都有自己专门的研究对象，韵律语法学也不例外。它的语言学意义首先表现在它的研究对象上。韵律语法学不仅有固定的对象，更为突出的是开采出大量从未引起注意和讨论的、可供其他领域协同研究的语法现象。这里只粗胪数端，以见一斑。

首先，从上古韵律音韵学的角度，我们发现了上古韵素音步的现象（Feng 1997；赵璞嵩 2018）。如第十二章中介绍的"唯黍年受"（《甲骨文合集·9988》）的单音节"受"，它在这里独自支撑句末重音，非双韵素音步不能如此。再如，远古二言诗的存在（如"断竹，续竹；飞土，逐宍"），证明了非双韵素音步不能成"二字（=两个音节）"诗行的事实（冯胜利 2019）。这些现象，不仅是上古韵律节律学的重大发现，而且对整个古代韵律音韵学也有着重要的启示（参郑张尚芳 2017）。

另如，现代汉语中，动宾组合的移位只能是双音节现象的发现，给韵律语法提供了重要的事实根据。如"讲学中南海 vs *讲学术中南海、负责这项工作 vs *负责任这项工作、并肩战斗 vs *并肩膀战斗"等，把原来认为"无法证明"的韵律制约句法的想法，变成了理论可以预测和证实的事实。最富有潜在影响的新现象是单双音节在韵律、语法、语体上的多维对立，如"名词（家—家庭）、动词（唱—歌唱）、副词（特—尤其）、形容词（忙—忙碌）"之间所存在的成系统的综合型对立现象。譬如：没有人问"*今天你忙碌不忙碌"（合适的问法是"今天你忙不忙"），但"忙碌不忙碌的问题现在还不能回答"就可以。前者因为双音节动词在口语体正反问句（V-not-V 结构）里受到排斥，后者因为"忙碌不忙碌"是选择句式做名词的修饰语（正式体），和口语疑问句式及语调无关。这批现象的发掘不仅事关韵律和语体，更有可能会改变我们对汉语形态的传统看法。富有句法含义和潜力的语言现象在韵律语法学里俯拾皆是，这是它所具有的语言学意义的一个重要方面。

四、破解老难题

作为科学的语言学的最高境界，应该具有"破解"语言疑难之能、之功。韵律语法学所以能够独立成为一个新兴学科，一个重要原因是它破解了很多汉语史上的疑难问题。譬如，为什么有的语言有句末语气词（sentence final particle），有的没有；为什么汉语有双音化；汉语诗律的发展机制；等等。注意：当代语言学的精髓，一是"结构"，二是"派生"。因此如果没有"结构化"的"生成"规则的发现，就还没有到达语言学最高的"破解"境界。

我们先看"韵律革命从何而来"是如何被破解的。西方汉学家葛瑞汉早在 1969 年就提出，古代汉语诗律曾经有过"韵律上的两次革命"（two revolutions in prosody）：一次是东汉以前的革命（纯粹音节分量的变化），一次是声调建立以后发生在唐代先后的革命。

（Graham 1969：49）。这两次革命从何而来，之前一直无解。韵律语法的研究从理论上回答了葛瑞汉的问题：第一次革命是由音步转型引起的，上古汉语属于韵素音步型语言（mora-foot language），后来汉语的音步类型逐渐由韵素音步变为音节音步，而促进音步类型转变的原因是汉语音节结构逐渐简化，详细介绍见第十章，兹不赘述。第二次革命是由诗歌构造的半逗律和后来兴起的雅正律相互结合而产生的（参冯胜利 2017b，2018；Feng 2018），其基本原理和例证，简述如下。

先看问题：新体诗的诗行节律为什么是"平平仄仄平平仄"，而不是"平仄平仄平仄平"？换言之，诗律的平仄为什么要"一三五不论，二四六分明"？回答是：这与节律相对凸显的方式或单位（Relative Prominence Unit, RPU）不同有关。"平仄平仄……"是口语的节律，属于"音节为组的相对凸显"（Syllable-based RPU），亦即以音步内两个有差异的成分来满足相对凸显的原则；而"平平仄仄平平仄"是雅正体节律（庄雅正式体的节律），属于"音步为组的相对凸显"（Foot-based RPU），它是用音步为单位来满足相对凸显的原则的新兴节律法。如（10）所示：

（10）口语节律：音节为组的相对凸显

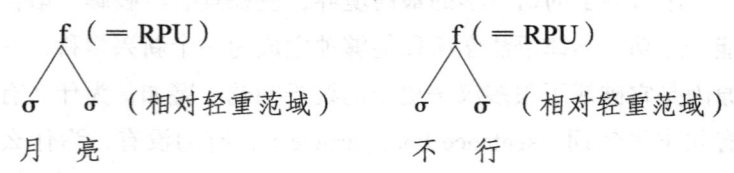

    f（＝RPU）   f（＝RPU）
    ／＼   ／＼
   σ σ （相对轻重范域） σ σ （相对轻重范域）
   月 亮   不 行

（11）雅正节律：音步为组的相对凸显（双竖线"‖"表示停延较长）

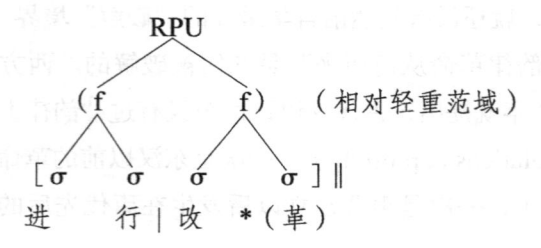

      RPU
     ／ ＼
   （f）   （f） （相对轻重范域）
  ／＼ ／＼
[σ σ σ σ] ‖
 进 行 | 改 *（革）

从音步类型上看，口语是轻重型音步（包括强弱音步、长短音步、轻重音步、高低音步），雅正体音步则是平衡型音步（包括延停式音步）。它们的凸显类型不同：

（12）非正式： 平仄｜平仄｜平仄｜平
　　　　　　　喝酒、吃饭、关系　牢
　　　　　　　你的，我的，谁跟　谁啊！
　　　雅正体： 仄仄 平平｜仄仄平
　　　　　　　一片 飞花　减却春
　　　　　　　*平仄｜平仄｜平仄｜平

最能证明平衡音步的是袁愫（2020）发现的《诗经》中的AABB型重叠式，都集中出现在《雅》（20例）和《颂》（2例）两体之中（《国风》只1例），如"穆穆皇皇、跄跄济济、颙颙卬卬、奉奉萋萋、雍雍喈喈、赫赫炎炎、赫赫明明、赫赫业业、绵绵翼翼、皋皋訿訿、兢兢业业"。诗经时代的诗歌还没有平仄的要求，怎么能用《诗经》来证明"仄仄平平"的节律要求呢？事实正好说明"仄仄平平"的背后还有更深的韵律规则的控制：雅正体要求两个音步构成对立（相对凸显），因此无论是"赫赫明明"还是"仄仄平平"，都是前一个音步（赫赫或仄仄）和后一个音步（明明或平平）的对立。如果没有声调，就用重叠标识两个音节是一组；有了声调后，就用声调的相同来标识两个音节为一组。AABB与平平仄仄，表面形式虽然不同，其"构律"实质却是一样的：音步和音步构成对立。所谓唐以后的诗律革命（Graham 1969），在我们看来，无非是使用声调的手段来完成诗经时代就已经开始了的雅正律。①这里的解释让千古以来律诗取"平平仄仄"而不是"平仄平

---

① 当然，有了声调以后，雅正律实现方式就更为丰富多彩而已。

厌"的谜案，顿时迎刃而解。①

汉语为什么走上双音化道路的韵律答案，也可见出难题破解中所展示的理论效应。对这个难题，我们的答案是：双音化是韵律音步改型造成的——从韵素音步（两个韵素构成一个音步）到音节音步（两个音节构成一个音步）（参庄会彬、赵璞嵩 2016；庄会彬、赵璞嵩、冯胜利 2018）。这是迄今从内部机制的角度回答双音化的唯一说法。

此外，为什么有的语言有句末语气词而有的语言没有？有史以来，这似乎不是问题，就如同苹果落地一样自然而然。然而，韵律语法学提出并破解了这个新疑问。其简明的回答是：句末语气词是语言中声调（或音高重音）系统和语调系统之间相互冲突的结果所致。在语调和句末语气词的关系问题上，不是没有人看到二者之间的对应特点，但是对应不是原因。韵律语法学的观点更深一层：没有声调（或类声调，或第二套 F_0 系统）的影响，就不会产生句末语气词。因此，为什么有的语言有句末语气词，有的没有，不是看语调如何与句末语气词的相互对应，而是检查该语言是否有（或出现）与语调系统（F_0 一级系统，记作 F_01）相互竞争的第二套 F_0 系统（记作 F_02）。有 F_02 则有句末语气词，无 F_02 则无句末语气词。在人类语言研究中，这是第一次发现的超音段句法成分（语调素，intoneme）——标句短语上的语调特征——变成音段性句法 C 成分的重大事件。这一发现将对人类语言的分类和韵律-句法界面研究产生重大的影响。

鉴定一个独立学科的重要指标之一就是看它是否具有破解该领域历史之谜的潜能和功效。上面列举的汉语难题，有的是人类语言的谜案（如句末语气词的有无），有的是汉语自身的千古之谜（如

---

① 胡乔木问赵元任有关诗歌发展的几大谜案（如为什么古代诗歌有三言、四言、五言、七言，而没有六言？为什么早期是偶数诗行（二言、四言），后来则奇数诗行流行？等等），也在韵律诗体学的理论框架中得到解释。参看冯胜利、王丽娟（2018）《汉语韵律语法教程》第六章"韵律与文学"。

双音化）。由于当代语言学的精髓一是"结构"，二是"派生"，因此如果没有"生成"规则的发现，自然也就无法达到语言学最高的"破解"境界。

五、提供新解释

韵律语法学给汉语语法提供的最具学术价值的新解释，莫过于赵元任和吕叔湘都关注到、但都没有解决的有关"词"的问题。吕叔湘（1979：21）曾指出：

> 说这些都只是一个词，行吗？从语法理论这方面讲，没有什么不可以，但是一般人不会同意。一般人心目中的词是不太长不太复杂的语音语义单位，大致跟词典里的词目差不多。

吕叔湘说的"说这些都只是一个词"指的是"多弹头分导重入大气层运载工具"等一类词。为什么说"理论上讲"可以？又为什么说这种分析"一般人不会同意"呢？这种矛盾长期无解。吕叔湘对"词"的看法是"不太长不太复杂的语音语义单位，大致跟词典里的词目差不多"。这一点赵元任（1975）也有过建议："综合考虑韵律成分、形式类和同形替代等几个方面，也许会产生出一个跟其他语言的 word 很相似的概念。"二人提出的"定词条件"可以归纳如下：

> A．不太长、不太复杂；
> B．韵律成分、形式类和同形替代。

但这些条件的语言学原理是什么？一直没有人追问。怎样做才能得到这些形式？更无人问津。事实上，赵元任（1975）有过具体的想法：

> 为什么非要在汉语里找出其他语言中存在的实体呢？更有成效的进一步研究应该是确定介乎音节词和句子之间的**那级单**

位是什么类型的，至于把这些类型的单位叫作什么，应该是其次考虑的问题。①

这里最富创新的思想是"确定介乎音节词和句子之间的那级单位（intermediate unit）"。有人说，赵元任说的是介乎音节词和句子之间的"那些单位"，而不是"那级单位"。我们认为，上面所引译文（王洪君译）反映出赵元任在两者之间有一个"范畴"存在的思想。如果把原文的"intermediate unit"译成"那些单位"，无论"那些单位"指音节词还是句子，都还是旧有的概念，没有什么创新。这样一来，赵元任的脑中就不存在音节词和句子之间新有一个独立的语法"级别"的观念了（也不是 intermediate 的意思了）。因此若将"那级单位"理解成"那些单位"，降低了原文的理论预测力，恐非赵元任的本意。

赵元任找"那级单位"、吕叔湘找"不太长不太复杂的语音语义单位"，两人一样，都构想了一个新范畴的存在。但这个范畴是什么？没有韵律构词理论的帮助，这种构想一直是一个无法准确把握的猜想或想象。现在我们明白了，它就是"韵律词"。很显然，没有韵律词的概念，赵元任说的"韵律成分"、吕叔湘说的"不太长不太复杂的语音语义单位"，是无法获得语言学原理的根据的。更严重的是，没有韵律，赵元任的"那级单位"或依旧说而理解成"那些"音节词或"那些"短语，或只能空悬在那里而无人（实际也无法）问津。

事实上，"那级单位"暗示出音节词和短语之间还存在着一个"中级单位"（intermediate unit）。那么，这个单位的性质和类型是什么？赵元任没有说，留下一个"那级之谜"。我们要问：为什么在"词"跟"短语"之间还有一级单位呢？如果真的如此，它就

---

① 原文为："A more fruitful way of further study would be to determine just what types of **intermediate units** there are between the word-syllable and the sentence and then leave to secondary consideration the question of what to call **those types of units**."（加粗强调处为引者所加）

不可能是词，也不可能是短语。同时，既然介于"词"与"短语"之间，那么它必然兼具词和短语的双重特征。此外还有一点，这个单位不可能通过词的确定标准得到，否则它便成了词；也不可能通过短语的确定标准得到，否则就成了短语。因此，这个单位的确定不能通过纯词法或纯句法手段获得。语义的标准更无能为力，因为无论句法或语义都无法限制长短，无法界定词语之间的单位。那么能不能用"大小"为尺度来获得这个单位呢？冯胜利（2013：141）指出，不是不能，但问题是：

1. 为什么可以用"大小""长度"来确定语言的单位？
2. "大"大到什么程度，"小"小到什么极限？一句话，怎样确定长度？确定的标准是什么？
3. 用长度定义出来的形式是什么类型的单位？它们跟传统的词有什么关系、跟传统的短语有什么关系？这种标准跟其他标准鉴定出来的词有什么不同？

显然，这些问题都可以通过韵律构词的理论得到圆满的答案（参第三、四、五章）。"韵律词"这一概念的提出，从根本上解决了这些问题。换言之，吕叔湘的"大小长短"、赵元任的"那级之谜"，在韵律构词学理论的解释下，全都涣然而冰释。

六、使创新方法

使用和创造新方法是韵律语法研究的语言学意义的第六个方面。这里先谈最重要的最小对立对的使用，然后进入韵律语法自己更新、创造的新方法。

（一）最小对立对

最小对立对（minimal pair）不是韵律语法学的独创，但是韵律语法学对此情有独钟。因为没有最小对立对，就无法确定、证明和建立即使是看起来正确或创新的思想和观点。举例来说，我们发现上古汉语是"韵素定时"的语言时，那就意味着上古韵母中要素的多少（如 /a/ vs. /al/）可以产生（或被用来表达）轻重的不同。用什么来检验和证明呢？这里的方法首先是发现"最小对立对"。什么是最小对立对？我们可以定义如下：

> 在其他一切条件相同的情况下，由单个要素的有无或不同决定的两个形式之间的对立及其表现出合法与非法的两个形式，叫作**最小对立对**。

在韵律语法的理论体系中，表达一种观点，实际就是提供最小对立对。例如，发现上古汉语是韵素定时语言，是因为我们有最小对立对"吾"（*ŋa）和"我"（*ŋal）的对立。① 二者除了尾韵素 /l/ 的有无外，"吾"和"我"的其他一切都一样，是为最小对立对。例如：

（13）吾丧我　*ŋa *swaŋ *ŋal　（《庄子·齐物论》）

最小对立对是帮助我们侦查新规律的探测器。当然，要确定一个新观点，一对最小对立对是远远不够的（因为不能排除偶然性）。王力说：例不十，法不立。虽非绝对如此，但必须发掘相当数量的同类（同性质）的最小对立对才能证实和证伪一个观点或规则，则是必然的。

（二）排他式对立

发现和使用最小对立对的能力是语言研究工作者的基本功。研究结果的可靠性与最小对立对的典型性直接相关。譬如，韵律语法若没有"负责病房"和"*负责任病房"等的对立，则很难建立；语体语法若没有"*买和看"和"购买和阅读"等最小对立对的事实，也很难为理论奠定事实基础。典型的最小对立对，可以成为该领域建立的经典范例。譬如形式句法学中移位学说的证明："Who do you want_to ／ *wanna be a friend of yours？"，就成了与形式句

---

① 音标前的加 *，表示这个读音是拟测而来的古音。下同。

法共生存的典型范例。然而，更能增长本领的是发现潜在表层后面的、肉眼看不到的最小对立对。譬如："工农兵"是并列结构，一般认为它是"1+1+1"式的并列式。然而，有没有可能是"1+2"或"2+1"式的并列呢？这就要看我们能否构建它们之间在结构上的最小对立对了。首先，逻辑上它们可以有如下形式：

（14）a. 1+1+1　工＋农＋兵
　　　b. 1+2　　工＋农兵
　　　c. 2+1　　工农＋兵

列出这三者可能并不难，难在发现其中的最小对立。我们先看它们分布的可能：

　　　Ⅰ. a、b、c三种都合法。①
　　　Ⅱ. a、b合法，c不合法。
　　　Ⅲ. a、c合法，b不合法。②

如果是Ⅰ，三种情况都合法（如：元明清、元明、明清；短平快、短平、平快），那么这里没有可供测试的最小对立对。③ 如果是Ⅱ，c不合法，那么c就和b构成最小对立对。当然，如果是Ⅲ，b不合法，那么b和c就是最小对立对。无论是Ⅱ还是Ⅲ，a都不能参与最小对立对的计算，因为a＝1+1+1是表层现象，其结构无论是2+1还是1+2，表面都是1+1+1，但内部结构迥然不同。换言之，只

---

　　① 注意：如果1+1+1要么是1+2、要么是2+1，那么1+1+1就是表面现象，而不是真正的结构。

　　② 这里还有两种可能：（1）a、b、c三种可能全部不合法；（2）b、c合法，a不合法。前者没有讨论的价值，后者（如果存在）则更证明这里的观点。

　　③ 注意"元明清"是1+1+1，但不是词，是短语。三音节的并列形式有"词、语"之别，如"元明清"指的是三个不同的朝代，而非某一断代史的专名，所以可以说成"明清两朝、元明两朝、元、清两朝"等，因此"元明清"是短语；而"工农兵"指的是一般的老百姓（不限于三种职业的人），所以是复合词，因此也没有"农兵这两种职业"的说法。这里的讨论只限于三音节并列复合词或短语固化词（idiomatization）。

要Ⅱ和Ⅲ一个存在，1+1+1 就不存在——被排斥出去，所谓排他。排除了 1+1+1 以后，剩下的就是 2+1 和 1+2 的对立，这就是我们创造的"排他式对立法"。其结果如何？请看事实：

（15）工农兵　工农　*农兵①

我们可以说"工农"，但不说"农兵"。②可见"工农兵"的结构不是 1+1+1，而是 2+1。而 2+1 的结论是靠"排他式对立法"得到和确定的。在西方语言学的研究中，尽管有人自觉不自觉地使用该法，但在一般的语言学教科书中却很少把它归纳成法。韵律语法对此法却情有独钟，借此多有发现和发明。

（三）推寻新现象

韵律语法学推出的第三种方法是推寻法，即推断新事实，寻找新证据。"推寻"的名词性含义是"推导式寻找"，其动词性含义是"推导式地寻找"。传统研究中的现象常是收集或寻找来的，而韵律语法里面的现象多是"推寻"出来的。换言之，现象是我们用理论（或推演）这具探照灯"照"出来的结果。譬如，如果上古汉语中的"吾、我"之异是韵素轻重的对立的话，那么其他形式的韵素对立也可以推寻而出，于是我们搜索到下面这样一些对立形式：

---

① 有人也许会说："工农兵"之所以"工农"先组合，是社会的原因，而非语法的结果。注意，这种从社会找到的原因即使不错，也无法说明为什么三者组合的结果是"工农"加"兵"，而不是"兵"加"工农"。其中的决定因素还是 2+1 的构词法。同样值得注意的是："工农兵"如果指称社会不同职业的人（如：工、农、兵、学、商），是短语；如果指的是人民大众，则是词。复合名词是不允许 1+2 的组合的。其他的例证如"度量衡、衣食住、海陆空、数理化、福禄寿、松竹梅、日月星、德智体、真善美、传帮带、党政军、港澳台、亚非拉、文史哲、色香味、金银铜、天地人、你我他、打砸抢、斗批改、高精尖、老大难"等等，均与"工农兵"的结构一样，都是 2+1 好，1+2 不好。

② 有人可能认为（15）中的"农兵"不说只是词语的偶合问题（如"数理化"中的"理化"可说），但是如果从"福禄寿、工农兵、文史哲、党政军"等形式看，基本都是 2+1 可以，而 1+2 不可。当然，三音节并列形式如"短平快"，其中"短平"和"平快"都不成词，因为这是列举短语，如同"夏、商、周、元、明、清"等。它们与这里说的并列式合成词是不同的。

（16）虽 [*sqʰʷi]（though）—纵 [*ʔsloŋs]（even though）

（韵素重的"纵"是轻音"虽"的强调形式）

　　a. 齐国虽褊小，吾何爱一牛？（《孟子·梁惠王上》）

　　b. 吾一妇人而事二夫，纵弗能死，其又奚言？（《左传·庄公十四年》）

（17）不 [*pɯˀ]—弗 [*pɯd]

（重音的"弗"（弗＝不＋之）用来加强事件的否定，而轻音的"不"表示一般对象的否定）

　　a. 虽有佳肴，弗食，不知其旨也。（《礼记·学记》）

　　b. 有其人，无其世，虽贤，弗行矣。（《郭店竹简·穷达以时》）

　　c. 今有其人不遇其时，虽贤，其能行乎？（《荀子·宥坐》）

（18）而 [*njɯ]—乃 [*nɯɯʔ]

（用重音的"乃"表示事件的发生更加困难）

《春秋·宣八年》："日中而克葬。"《春秋·定十五年》："日下昃乃克葬。"

《公羊传》曰："'而'者何，难也。'乃'者何，难也。曷为或言'而'，或言'乃'。'乃'难乎'而'也。"何注："言'乃'者内而深，言'而'者外而浅。"

（何以"乃"深而"而"浅呢）

《尔雅义疏》（郝懿行）："'而''乃'语有轻重耳。古读'而''乃'音近。"

（19）何者 /a/—何则 /ək/

（"何则"表示带有新信息、惊讶意味的"为什么呢"，"何者"表示"为什么"。"何则"是"何者"的强调形式，"则"在语音上比"者"多一个塞音韵尾 k）

　　a. 蝮螫手则斩手，螫足则斩足，何者？为害于身也。（《史记·田儋列传》）

b. 虽有不恃隐栝而有自直之箭、自圜之木，良工弗贵也。<u>何则</u>? 乘者非一人，射者非一发也。(《韩非子·显学》)

韵律语法学的理论告诉我们，语言**现象**是观察的结果，语言**事实**则是预测的产物。

除了这些创造性使用的方法外，我们基于韵律语法研究还形成了一些独特的学术训练方法，对此，我们也将在最后一章加以总结。

第二章　韵律语法的结构基础

语言是一个系统，这是因为其构架中的各种模块是通过一定关系组织而成的。语言系统包含语音系统、词汇系统、语法系统、语义系统等下位子系统。其中，语音系统又包含音段系统和超音段系统；音段系统内部又有元音系统和辅音系统，超音段系统又可以根据音高、音长、音强等不同来构建子系统，如此等等。也就是说，语言作为一个整体系统，其内部通常会存在不同层级的子系统。

是系统，就有结构；考察结构，就需要从结构成分和成分之间的关系出发。因此本章将从一般系统的结构和核心这对概念出发，基于相对凸显关系来逐一介绍韵律结构中的几个基础性概念，包括音步、自然音步、核心重音等。

第一节　结构与核心

既然语言是一个系统，系统之内必然存在结构，譬如：careful、books 体现形态结构（morphological structure），"John likes Mary." 体现句法结构（sentence/syntactic structure），"John is a teacher. He likes his job." 体现语篇结构（textual/discourse structure），如此等等。

结构有一个与生俱来的特点，那就是其双分枝性（binary branch）。根据冯胜利（2016a：159—160），结构的双分枝性实际上可以从一个初始公理推演出来。这就是第一章提及的"结构核心公理"（The Headedness Axiom of Structure），即：

（1）结构核心公理（简称"核心公理"，HA）

任何一个结构均有且仅有一个核心。（Any (linguistic) structure must consist of one and only one head.）

在结构核心公理定义的语法系统里，任何一个结构，无论是简单的还是复杂的，均须包含一个核心。这是任何"结构"的自然属性。据此，我们可以推导出"结构核心定理"（The Headedness Theorem of Structure）。

（2）结构核心定理（简称"核心定理"，HT）

在一个自足的体系中，不存在没有核心的结构。（No headless structure is possibly formed in a well-defined system.）

上述公理及其定理的运作与效应是非常直接、简单的：任何领域里的结构（音系、构词、句法等），双分枝的要求是一个逻辑的必然（corollary）。为什么呢？因为如果"任何一个结构均至少有一个核心"（结构核心公理的要求），那么任何结构就必然相应地伴随了非核心。原因很简单，没有非核心，就没有核心。核心是以非核心为前提而发生、而存在的。换言之，核心的出现必然伴随非核心的存在，二者相互依赖，缺一不可，于是任何结构的基础形式都必然由"核心+非核心"两个要素（和成分）组成。抽象一点地说，就是"一个结构必然是双成分的最小组合体"。结构的双分枝概念便可由此推导而出——"结构"获得了之所以必须双分枝的原理性解释。就语言的韵律而言，这就意味着，在音系结构的各个层面，如音步（foot）、最小词（minimal word，简作 MinWd）、韵律词（prosodic word，简作 PrWd）等任一层面的结构都有一个"核心"，因此也必然都至少有一个"非核心"。不仅对音系学而言如此，在构词学、句法学、文体学中，结构核心公理都有其作用，也就是说：

1）音系学：音节单位、音步、韵律黏附成分（clitic）、韵律短语等单位；

2）构词学：词干、词缀、复合词等单位；

3）句法学：V'、VP、IP、DP、AP、CP 等单位；

4）诗体学：诗行、诗联、诗段、绝句、律诗等单位。

这些单位的确立都以结构核心公理为基本依据。

本书主要涉及的是韵律结构问题，这就包括话语（utterance）、语调短语（intonational phrase）、音系短语（phonological phrase）、黏附组（clitic group）、韵律词（PrWd）、音步（foot）、音节（syllable）、韵素（mora）等，这些概念及其层级关系同样是基于核心公理而确立的。而如何判定韵律结构中的核心和非核心，则需要了解一个基础性概念——相对凸显（relative prominence）。

第二节 相对凸显

有结构必有核心，那么，韵律结构的核心如何判定呢？这就必须借助于 Liberman（1975）提出的"相对凸显投射律"（Relative Prominence Projection Rule）。其内容如下：

(3) 相对凸显投射律

任何一个具有强弱关系的组合成分，其下属单位中标记强的终端成分在节律上要相对地强于标记弱的终端成分。[①]

换言之，一个"较强"的成分必须有一个"较弱"的形式与之为伴。这一规则看似简单，但放在韵律语法研究史上，却具有划时代的意义。著名的韵律语法学家 Hayes（1995）给它以高度的评价：

Liberman（1975）和 Liberman & Prince（1977）论证的节

---

① 原文为：In any constituent on which the strong-weak relation is defined, the designated terminal element of its strong sub-constituent is metrically stronger than the designated terminal element of its weak sub-constituent.（Liberman & Prince 1977: 316; Prince 1983: 23）

律重音的中心思想即重音节律结构的语言学表现……它为话语在音系学和声学上的实现提供了一个组织构架。（Hayes 1995：2）

重音是节律的思想及其节律重音理论模式，都源于 Liberman（1975）和 Liberman & Prince（1977）。（Hayes 1995：3）

值得注意的是，重音在不同的语言里有不同的表现，强弱、长短、高低、停延等的对立都有可能。因此，只要语言存在凸显和非凸显的对立，那么就存在重音，譬如汉语中没有英语式的重音节奏，但这并不表明汉语没有重音。汉语是以音节节律为单位实现轻重且直接影响词法和句法的重音型语言（冯胜利 2016b）。

总而言之，正是由于相对凸显投射律的提出，不同语言的韵律研究才得以有了一个共同的对话基础，而它的普适性又促成了韵律语法的蓬勃发展，许多具有基础地位的韵律语法术语，如"音步"和"核心重音"，都是以此为基础而提出的。

第三节　音步与自然音步

音步是韵律语法的核心概念。没有音步，则整个韵律语法的理论基础无从谈起。虽然说任何一种自然语言都有音步，但不同语言的音步可能会有所差异。自然语流中的音步还存在音步组向的问题，这就涉及"自然音步"这一概念。单就汉语而言，音步右向自然，左向反自然。

一、音步

什么是音步？根据冯胜利（1996b），音步是"最小的、能够自由独立运用的韵律单位"。音步必须具备如下条件：同时支配两个成分，亦即严格遵循双分枝的原则。"双分枝音步"的要求其实就是韵律节奏中"轻重抑扬"的反映，也是相对凸显投射律的一种体现。没有轻重就没有节奏，没有节奏就无所谓韵律。音步所代表的正是语言节律中最基本的角色，它是最小的一个轻重片段，所以必须是一个二分体。我们知道，"轻"跟"重"是相互依存、缺一不可的，如果音步不是"二分"，就不足以表"轻重"。

音步必须二分，在韵律层级系统中它必须由两个下属成分组成。而这两个成分会因语言不同而有所不同：可能是韵素，也可能是音节（Prince 1990；Hayes 1995），可分别以（4）中的节律树表示：

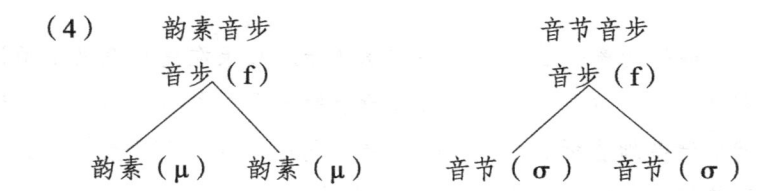

（4）　　韵素音步　　　　　　音节音步
　　　　音步（f）　　　　　　音步（f）
　　　　／＼　　　　　　　　　／＼
　　韵素（μ）　韵素（μ）　　音节（σ）　音节（σ）

音步的基本功能是什么？以音节音步为例，可以对这一问题做如下回答：

　　为了标识（节律中的相对）凸显，音步把相邻的音节组成一个单位：弱与强。强者即为核心。（Harry 2018）[①]

以上有关音步基本功能的一般共识，其中至少包含两层意思：1）音步是节律单位；2）音步以制造凸显（making prominence）为目的。换言之，节律单位和韵律凸显是一张纸的两个面。有节律单位而无韵律凸显，就丧失了节律单位存在的意义。Hayes（1995：2—10）进而谈到：

1）节律结构中最小的成分是音步。
2）重音是节律结构在语言学上的表现。
3）除了音强这种边缘性角色外，重音调用了诸多服务于音

[①] 原文是：The foot organizes the syllables into constituents which mark relative prominence: weak & strong. The strong or the dominant element is called the HEAD. 对于音步功能的详细介绍，参见冯胜利（2016b）。

系目的的语音资源,从这个意义上说,重音是寄生的。

4)在精细实验研究的大量数据上建立起来的共识是:不存在可以直接反映语言学上的重音级的单一物理对应物。节律并不固定于任何特定的物理实现。

由此可见,一个语言有什么样的节律单位,就有什么类型的韵律凸显,因语言语音系统的不同而不同。另外,Kenstowicz(1993:264)也强调,音步双分枝是相对轻重结果:

> 韵律词意味着至少一个节律音步。如果在这个意义上预设节律音步可以验测出在重音分析上需要同样结构的话,那么这就很清楚地告诉我们,为什么最小属性需要两个位置:它反映了节律音步是强与弱两个成分的组合。

这句话里至少包含如下几个重点:1)韵律词预示至少一个节律音步;2)节律音步是结构;3)节律音步的结构鉴定和重音结构的分析,是一回事。

为了清楚说明节律音步是由强、弱两个成分所构成,Hayes(1995:29—30)采用了节律栅概念,如下:

(5) a. *　　　　b. *　　　　c. *
　　 $*_1 *_2$　　$*_1 *_2$　　$*_1 *_2 *_3$

例中的 * 表示节律栅中的栅号,意指音步中相对凸显的成分。Hayes(1995:29)说:"节律栅不是简单序列排列,而是有关关系的结构。"上面三个节律栅里的栅号所体现、所代表的同样是相对轻重的结构。因此 Hayes(1995:30)总结说:"因为凸显关系强制性地定义了所有的栅层,因此无论节律栅有多少层,最高一层总只能有一个栅号。"为什么每个节律栅的最高层上只能有一个栅号呢?这就是相对轻重原理的直接结果:"任何同一个节律层上的两个栅号,必属下列两种情况之一:要么其中之一是从属性的(相对另一个而言），要么二者都是第三者的从属"Hayes（1995：29）。可见，节律栅同样遵循相对轻重的原理。事实上，无论韵律音系学里面的节律树还是节律音系学里面的节律栅，都是 Liberman & Prince（1977）用来解释同一韵律规律的不同表达式而已。汉语中不同领域（诗歌、散文和话语）所构建的音步，也不例外。虽然它们各有其独特性（譬如诗行的不同音节数、诗行里平仄的不同分布、话语的节律、核心重音的实现等等），但都具有最基本的韵律特征，即自然音步。

二、自然音步

自然音步（natural foot）指不受语义、句法、语用等因素影响的、纯语音的节律单位（冯胜利 1996b，1998，2013a，2016b）。下面介绍这一概念提出的背景及其意义。

（一）自然音步的提出

自然音步的提出经历了一个科学发现的过程。汉语自然音步的提出者冯胜利认为，汉语的音步，像水（H_2O）一样，也应该有不含其他成分（杂质）、只在"语言蒸馏水"里（亦即无语义、句法、语用的语境）出现的单纯（或纯粹）形式。问题是，我们能不能像化学家给水提纯一样给汉语节律单位来"提纯"？冯胜利（1998）利用下面三种方式对汉语的节律进行"提纯"：

（6）自然音步"提纯法"
    a. 单纯数字的节律：　55/55/55/555/
    b. 同类词串的节律：　柴米/油盐/酱醋茶/
    c. 音译音串的节律：　布宜/诺斯/艾利斯/

数字串、同类词串、音译音串等，可以说已经过滤掉了语义、句法、语用等非节律的信息，如果它们仍能表现出一定的语音格式的话，这些格式就可以看作经过提纯后的纯节律结构，由此就可能揭示什么是汉语的自然音步。不难看出，无论是单纯数字，还是同类词串，或是音译词的音串，其节律格式都是一样的：从左向右两两组合；如果音节数为奇数，则末位音节与前面的双音节单位组合成一个节律组，构成一个"三音节组"。换言之，汉语音节的自然音步（纯粹的节律组）的结果是：小不减二，大不过三。

另外，自然音步的存在还可以通过三声变调来验证。例如：

（7）音节：5555555
　　声调：3333333
　　自然变调：a. 2323223
　　　　　　　b.*2222223
　　　　　　　c.*3232332

上面 a 中的七个 5，要念得自然，必须读作（7a）"无五、无五、无无五"才顺口，而不是（7b）"无无无无无无五"或者（7c）"五无、五无、五五无"，这一点，不承认自然音步是无法解释的。由此，我们可以得出规律：在最纯粹（最理想）的节律环境里，音节从左向右两两组合；如果末位音节为奇数音节，则与前面的双音节组合，构成一个三音节组。

有人可能会说，995 和 955 也是数字串，但前者可以念成 223 调，后者念成 323，可见"2+1"（995）紧，而"1+2"（599）松。然而，这是一种错觉。原因很简单：995 和 599 不是自然音串，两个 9 已经分别先入为主地把音串分组了。这就是先暗设了"1+2"和"2+1"的字串组合，然后再用这个组合（1+2 和 2+1）来证明这个组合的存在，这里面有循环论证之病，结果难免不为假象所欺。自然音步的可贵之处就是在"蒸馏水"（纯粹节律、理想环境）里面找 H_2O，而没有任何"暗设"。

需要说明的是：当我们说水是 H_2O 的时候，我们知道，并不是所有的水都是纯粹的 H_2O。事实上，我们在自然界很少看到或遇到纯粹的 H_2O；几乎所有的自然界的水都有杂质。音步也是如此。语言不同范畴里的音步都或多或少受到其他因素（或其他目的）的影响，因此自然音步的"变体"（受到其他因素影响的结果）要比自然音步"本原"的现象多得多；甚至我们平时遇到的音步几乎都是变体或混合体的音步。然而，需要注意的是：无论怎样的水（江水、海水、茶水、泔水……），其属于"水"的那部分本质属性仍然是 H_2O；同理，无论怎样不同领域的不同类型的音步，其本质属性仍然离不开自然音步。换言之，在汉语的节律里，没有不服从以"2"为基本单位的音步。在这一点上，汉语的四字格足以体现自然音步的潜移默化。最常见的例子是：

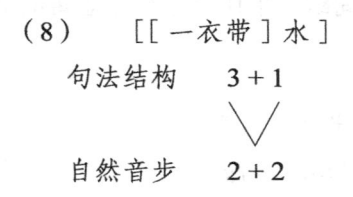

（8）　　[[一衣带]水]
　　句法结构　　3 + 1
　　　　　　　　 ∨
　　自然音步　　2 + 2

"从左向右，音节两两组合"是自然音步的基本操作，因此四字形式一旦上口，自然音步立即断之为二。这就是 [1+3] 的 [南 [锣鼓巷]] 变成 [[南锣][鼓巷]]、[3+1] 的 [[一衣带]水] 变成 [[一衣][带水]] 的原因。

（二）汉语自然音步的规则系统

对于汉语自然音步的规则，冯胜利（1998）有着如下观察：

首先，双音节自成一个韵律单位（音步）。如"巴西、古巴"等，这无须赘言。

三音节的音译词如"加拿大、墨西哥"等，并列结构如"工农兵、数理化、海陆空、天地人、福禄寿"等，其中任何两个音节之间都不允许有停顿（以"#"表示）：

（9）加拿大　　*加#拿大　　*加拿#大
　　 墨西哥　　*墨#西哥　　*墨西#哥
　　 数理化　　*数#理化　　*数理#化
　　 福禄寿　　*福#禄寿　　*福禄#寿

"不允许有停顿",说明三个音节组成一个(而非两个)韵律单位,所以三个音节在纯韵律系统中也是一个独立的音步。就是说,在纯韵律系统中,三个音节跟两个音节一样,组成一个自然音步。

四音节的音译词如"斯里兰卡、巴基斯坦、坦桑尼亚"等,并列结构如"东西南北、春夏秋冬、柴米油盐、加减乘除、吃穿住行、笔墨纸砚、声光电化"等,其间都没有显著的停顿,但是在第二和第三音节之间可以有间歇("间歇"指比"停顿"短暂的节奏间隔,用"/"来表示):

(10) 斯里 / 兰卡　巴基 / 斯坦　坦桑 / 尼亚
　　　东西 / 南北　柴米 / 油盐　加减 / 乘除

由此可见,最自然的四音节组合是 [2+2]。

五音节组合,和四音节的一样,每两个音节之间虽然没有明显的停顿,但是间歇可以清楚地划在第二和第三音节之间,亦即:

(11) 阿尔 / 巴尼亚　加利 / 福尼亚　布尔 / 什维克　德谟 / 克拉西
　　　金木 / 水火土　天地 / 君亲师　金银 / 铜铁锡　东西 / 南北中

由此可见,五音节组合最自然的音步是 [2+3]。

六个音节的音译词如"捷克斯洛伐克",并列结构如中医所谈的六淫"风寒暑湿燥火",其中的停顿在第二和第三之间,亦即 [2+4] 形式:

(12) 捷克 # 斯洛 / 伐克
　　　风寒 # 暑湿 / 燥火

也就是说,六音节词语的自然节奏是前两个音节一个音步,后四个音节组成两个音步,尽管后两个音步的结合比较紧。

七个音节的组合根据一般人的语感,前四个与后三个明显分成两截，同时前四个字之间又取二、二间歇的形式，亦即：

（13）布依/诺斯#艾利斯
　　　符拉/迪沃#斯托克
　　　柴米/油盐#酱醋茶
　　　喜怒/忧思#悲恐惊

也就是说，七音节组合最自然的节奏是[[2+2]+[3]]。

上面各种音节的组合形式都是人们日常所感觉到的，同时也是语言学家常常谈到的现象。由此，就可以得出自然音步组合的基本规则：

（14）汉语自然音步组合的基本规则
　　　i. 两个音节组成一个独立的音步；
　　　ii. 三个音节也组成独立的音步，[1#2]和[2#1]都不能说；
　　　iii. 四字串必须分成[2#2]格式，没有[1#3]或[3#1]等可说形式；
　　　iv. 五字串只能组成[2#3]形式，[3#2]的节律不能说；
　　　v. 六字串除了[2#2/2]节律以外，没有其他读法（两词分译的除外，如"盎格鲁-撒克逊"）；
　　　vi. 七字串的节律只能是[2/2#3]，没有其他读法。

以上六条规则都是对现象的归纳，在这些基本规则的基础上，可以进一步合乎逻辑地推导出以下派生规则：

（15）汉语自然音步组合的派生规则
　　　i. 单音节形式不足以构成独立的音步；
　　　ii. 汉语的自然节律中不存在[1#1#2][2#1#1][1#2#1]等形式；
　　　iii. 汉语的自然节律中不存在[1#2#2][2#2#1][2#1

#2]等形式；

　　ⅳ. 汉语自然音步的音节数量：小不低于二，大不超过三；

　　ⅴ. 在任何奇数字串中，纯韵律结构至多允许一个三音节音步。

除此之外，还可以推出另外一条派生规则，是根据基本规则所推导出的汉语音步（节律）的另一重要属性，亦即音步实现的方向。

（16）汉语音步实现的方向
　　汉语自然音步实现方向是由左向右（即"右向音步"）。

通常人们所研究的音步都集中在短语或句子上，因此一般都以句法关系（直接成分分析法）为界来确定音步的起讫点。纯韵律音步是排除了语义跟句法的自然音步，所以没有句法可以凭借，那么音步从哪里开始建立呢？说汉语的人自然会按音步来组织这几个字，然而不可能从中间的某一个字开始组合音步。这里只有两种选择：要么从左边起，要么从右边起。究竟是"左"还是"右"，则要看按哪种方向的运作可以产生符合实际的结果。仍以"德谟克拉西"为例。如果汉语是左向音步实现法，那么则从"西"开始：

（17）步骤-Ⅰ　德谟克#拉西　←
　　　步骤-Ⅱ　德#谟克#拉西　←
　　　结果　　［德谟克］#［拉西］←

根据基本规则（ⅰ），两个音节一个音步，所以"拉西"首先组成一个音步，其次才是"谟克"。根据派生规则（ⅰ），单音节不足以构成一个独立的音步，所以最后一个字"德"必须贴附于相邻的音步（"谟克"）之上。其结果是一个[3#2]型的韵律结构，即：［德谟克#拉西］。这当然也不符合汉语的实际，因为没有人把"德谟

克拉西"念成"德谟克＃拉西"的。再来看,"右向音步"实现法。这次是从"德"开始:

(18) 步骤-I → 德谟 ＃ 克拉西
　　 步骤-II → 德谟 ＃ 克拉＃西
　　 结果　 → ［德谟］＃［克拉西］

根据上面同样的操作,结果是一个［2+3］式的韵律结构,不仅跟基本规则相符,而且与现实也无矛盾。所以,汉语自然音步的实现方向只能是由左向右,即"右向音步"。

如此看来,任何长度的奇数字串,均从左边第一个字开始,而且都要"两字两字地"向右组合而不可能中途出现三字段,直到最后剩下一个"单字尾",才将它跟左邻的音步组成一个三音节音步。因此,在纯韵律结构中,任何一个奇数字串都不可能出现大于三音节的音步,也不可能出现一个以上的三音节音步。

(三) 自然音步与非自然音步

上面说汉语的自然音步组向是右向的,那么到底有没有左向的音步呢?如果有的话,一定受到特殊条件的制约。那么,什么条件能够调整音步的组向呢?

冯胜利(1998)指出,音步左向与右向存在对立:右向自然,左向反自然。说汉语的音步有其自然的属性,这并不意味着音步不受句法、词汇跟语义等因素的限制。相反,汉语日常口语跟散文中所表现出来的绝大部分音步形式都是在句法、词汇及语义的限制下,以及它们跟韵律的相互作用中实现的,否则人们说话就都成了［2+1］［2+3］［4+3］,而不会有［1+2］［3+2］［3+4］等形式。尽管如此,我们也不能不正视音步的自然属性,因为音步的自然属性可以帮助我们更深入地了解、认识和研究韵律跟其他层面之间的相互影响与作用。自然音步的客观存在暗示我们这样一种结果:如果汉语的韵律有自然与非自然的区别,那么按"自然音步"组合的形式跟按"非自然音步"组合的形式,必然会反映出两种不同的语法性能。譬如，汉语中名词的复合，一般情况下都是 [2+1]，正是汉语的复合词必须遵从自然音步的结果：

(19) *鞋工厂　皮鞋厂
　　　*皮工人　皮鞋工

[2+1] 是"右向音步"的结果，所以依此构造的 [N$_{双}$+N$_{单}$] 复合词才能自然上口。然而，有时也出现 [1+2] 的情况，而这正是句法（或语义）强制音步改变自然方向的结果，所以依此合成的 [N$_{单}$+N$_{双}$] 复合词极为少见，如以往研究所发现的"纸老虎、金项链"等，我们稍后另有解释。事实上，在构词层面上，违背自然音步的 [1+2]，一般不能接受，除非到了短语层面"打→麻将、泡→病号、在→学校、红→皮包、小→工厂"等等，即"右向构词，左向造语"。这样看来，在语言的不同层面（构词/造句）上，音步实现得自然与否，直接产生不同的结果。

那么，这种"自然"与"反自然"的节律对立有没有造成语言其他层面的对立、有没有它的语法功能呢？我们来看事实。最经典的例子如"复印文件、进口商品"。这两个四字形式都是 2+2。2+2 是两个自然音步的复合，叫作复合音步。汉语中的四字格都是复合音步的结果。然而引人深入的是，一旦把四字的自然音步变成自然与非自然的对立（2+1 和 1+2 的对立），那么结果就大相径庭：

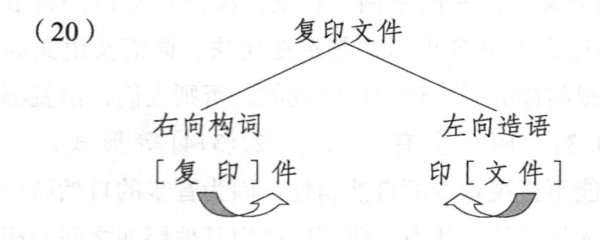

(20)　　　　　　　复印文件
　　　　　　　／　　　　＼
　　　　　右向构词　　　左向造语
　　　　　[复印]件　　　印[文件]

"自然"的是词，"非自然"的是短语。这一点如果从轻重的角度看，同样反映出二者对立的实质：

第二章　韵律语法的结构基础

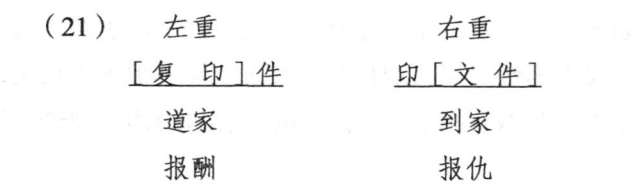

（21）　　左重　　　　　　　右重
　　　　［复印］件　　　　印［文件］
　　　　道家　　　　　　　到家
　　　　报酬　　　　　　　报仇

扬抑格的音步是默认的自然音步，在汉语里是构词的最基本的形式。与词对立的是短语，因此扬抑为词，抑扬为语。这是在"词—语两极"相对的层面上产生的对立（在短语独立的层面里，左右向音步皆可造语）。换言之，语言中的区别性特征是在对立环境下形成的，在 A 环境中的对立，并不意味着形成这一对立的某一特征在 B 环境仍然作用。① 再看下例：

（22）　　　　　　烘手机
　　　　［［烘 手］机］　　　［烘［手 机］］

可见韵律语法理论里，右向构词、左向造语和左重为词（**烘手**+机）、右重为语（烘+**手机**）共同构成一种深层的规律。

有一类现象颇为引人注意，例（23）中的结构都是 [1+2]，却是合法，这是否构成了上面规则的反例呢？

（23）　小提琴　　白大褂
　　　　纸老虎　　金项链

上面谈到，1+2 是非法的构词韵律，但是 1+2 的"小提琴、白大褂、纸老虎、金项链"都是词。这该如何解释？事实上，这些都不成为问题。因为"小提琴、白大褂"的结构是"$A_{单}+N_{双}$"，是按短语操作构成的"句法词"（参冯胜利 2001；庄会彬 2015），所以不

---

① 需要特别指出的是，"右向构词、左向造语"的对立只是构词法里运行的独立规则，离开词法，在造句法里，左右两向没有对立。

是反例。"纸老虎、金项链"是 $N_{单}+N_{双}$，是［名＋名］的词法运作，看似反例，实则不然。深入观察就会发现，它不但不是反例，反而从旁支持了 1+2 的 $N_{单}+N_{双}$ 不能构词的"右向构词"理论。比较：

（24）a."材料"：纸老虎、木地板、金项链　　可用 1+2
　　　b."所有格"：班主任、校领导、厂领导　　可用 1+2

因为例（24a）中"纸、木、金"等都是用为材料性的名词，也就是说，用为材料的名词可以占据 1+2 "1"的位置。可见，"纸老虎"可以成词，因为这里的"纸"是材料性的，而"*纸＋工场"的"纸"不是材料而是产品。"*金＋工厂"和"金＋项链"的对立也如此。例（24b）中"班、校、厂"都是所有格，也可有此用法。材料、所有格名词之所以能用于 1+2，很可能是因为"材料、所有格"实际上就是形容词（传统叫作区别词）而不是名词。也就是说，这类词是因句法生成，而非纯韵律推导的结果，故而不能构成自然音步作用的反例。

总而言之，正如本节第一部分所述，节律单位和韵律凸显是一张纸的两个面——汉语节律单位的存在本身就意味着韵律凸显的存在。

第四节　核心重音

核心重音（Nuclear Stress）也被称为宽焦点重音（wide focus stress），与之相对的非核心重音包括对比重音（contrastive stress）、强调重音（emphatic stress）、结构焦点重音（structural focal stress）等。根据冯胜利（2013b：63），区分核心重音与非核心重音，直接的测试方法就是看它们对应的问答形式：用来回答"怎么回事/发生了什么？"（What happened?）的句子，体现的是核心重音；如若不然，则是非核心重音。对比例（25）和（26）（［］所标记者为重音所在）：

（25）怎么回事／发生了什么？
　　——张三打碎了［盘子］。
　　——*［张三］打碎了盘子。
　　——* 张三［打碎了］盘子。

（26）谁打碎了盘子？
　　——［张三］打碎了盘子。
　　张三洗了盘子？
　　——不，张三［打碎了］盘子。
　　张三打碎了杯子？
　　——不，张三打碎了［盘子］。

核心重音的现象，早已得到了传统语言研究的关注。由于核心重音出现在句末位置，因而被概括为"尾重原则"（Principle of End Weight），即"最后的最重"（Quirk et al. 1972：943）。如例（27）所示：

（27）a. He wrote a letter.
　　　b. 他写了一封信。

然而，所谓的"尾重"或者句末位置，仅仅是从句子的线性顺序观察所得出的一个笼统说法，并非一个层次、结构上的概念。真正把核心重音概念上升到理论层面，是从 Chomsky & Halle（1968）开始的。

一、核心重音理论

当代音系学中的核心重音律是 Chomsky & Halle（1968）提出的，英文是 Nuclear Stress Rule（NSR），其规则表述为：

（28）核心重音律（Chomsky & Halle 1968）

重音指派到主要成分的最右边的可承重元音之上。（Stress is assigned to the rightmost stressable vowel in a major constituent.）

在 Chomsky & Halle（1968）的基础上，Liberman（1975）提出了相对凸显的思想，引起了核心重音理论的革命性的转变。Liberman & Prince（1977）将相对轻重的NSR定义为：

（29）核心重音律（Liberman & Prince 1977）

任一对姊妹节点 $[N_1\ N_2]$，若 $[N_1\ N_2]_P$ 中P为短语，那么 N_2 较重。

Liberman & Prince 的最大突破是把 NSR 的句法结构和 NSR 中凸显的相对属性天衣无缝地对接起来：相对凸显要结构来保证，在韵律学的研究历史上，这还是第一次。

然而，具体到应用上，不同语言（特定结构）中核心重音的实现却呈现一定的差异。如西班牙语中，核心重音总是落在语调短语的右边界；而英语和德语中，核心重音的指派存在一定的可变性。如例（30）中，核心重音没有落在最后一个成分（即动词）上，而是分别落在直接宾语 Buch（"书"）和介词短语补述语 Papier（"论文"）上。

（30）a. Hans hat　　　　[[ein [Buch]] gelesen].
　　　　Hans have-3SG　one　book　read
　　　　汉斯 有 -第三人称单数 一　　书　　读
　　　　'Hans has read a book.'
　　　　"汉斯读了一本书。"
　　　b. Peter hat　　　　[[an [einem [Papier]]] gearbeitet].
　　　　Peter have-3SG　on　one　paper　worked

彼得　有 -第三人称单数　在…上 一　　论文　　　工作
'Peter has worked on a paper.'
"彼得写了一篇论文。"

鉴于此，Zubizarreta（1998）提出了其经典的"择重律（Selectionally-based NSR，S-NSR）"理论，根据（抽象）句法结构运算核心重音的体系。具体规则如下：

（31）择重律

给定两个姊妹节点Ci 和Cj，若Ci 和Cj 为选择次序，那么较低的一个则较凸显。（Given two sister categories Ci and Cj, if Ci and Cj are selectionally ordered, the one lower in the selectional ordering is more prominent.）

该体系可以忽略某些句法成分，尤其是功能范畴。功能范畴节律的显隐特征既可解释语言内部核心重音指派差异，也可解释该方面的跨语言差异，如日耳曼语和罗曼语之间的不同。然而，具体到汉语，情况又有所不同。例如：

（32）a. 动补 +NP：

*打牢固基础　vs. 打牢基础（比较：把基础打牢固）

b. 动宾 +PP：

*挂衣服在墙上 vs. 挂在墙上（比较：把衣服挂在墙上）

c. 动宾 +NP：

*收徒弟北师大 vs. 收徒北师大（比较：在北师大收徒弟）

显然，例（32）所呈现的违法问题不是择重原则所能解释的，为什么（32a）中的动补结构必须是双音节？为什么（32b）和（32c）中的动宾"挂衣服、收徒弟"后不能再加方位介词短语？这就涉及汉语的核心重音指派问题。

二、汉语的核心重音律

冯胜利（Feng 2003a）在 Zubizarreta（1998）的基础之上，尝试用管约理论[①]来表述汉语的核心重音，即辖重律（Government-based Nuclear Stress Rule, G-NSR），具体规则如下：

(33) 辖重律

给定两个姊妹节点 Ci 和 Cj，若 Ci 和 Cj 为选择次序，且存在管辖关系，那么 Cj 较为凸显。（Given two sister nodes Ci and Cj, if Ci and Cj are selectionally ordered, the one lower in selectional ordering and containing an element governed by the selector is more prominent.）

有了这样的核心重音律，例（32）所展示的现象都可以做出解释。当然，谈韵律句法不能不观照汉语最基本的动宾结构；观照动宾结构不能不计算决定其合法与否的"音节数量"，因为音节数量与核心重音能否顺利指派有着密切的关系。这些都是其他语言里少见甚至没有的现象；离开了韵律上的核心重音，例（32）这类的现象很难甚至无法得到统一的解释。冯胜利（2013b）因此特别指出："汉语（特指北京话）的句法所以如此，一个重要（或根本）原因就是核心重音的控制结果。"

汉语的核心重音是在辖重律下实现的。"辖"的本质是要确定一种区域性（locality）的结构关系，从而保证管辖者和被管者之间的"姊妹"关系。简言之，动词给其直接管辖的成分指派重音，也就是说，例（32）不能被接受的原因是其动词只能给其后相邻的成分指派重音，而最后的成分却无法被顺利指派核心重音。

当然，如果动词直接管辖的成分是个定指成分的话，那么核心重音的指派就会对其视而不见。有了这一观察，困扰汉语句法界的

[①] 管约理论即管辖约束理论，"管辖"（Government）和"约束"（Binding）均为生成语法学里的概念，其定义可见 Chomsky（1986：9）。

一些现象也就得到了解释，如例（34）和（35）的差异：

（34）a. 小王看见他三次。
　　　b. 朋友给了他五本书。
（35）a. 动宾+FP：*小王看见 三个人 三次。
　　　b. 动宾+O：*小王给了 三个人 五本书。

有了核心重音理论，以上差异就可以得到很自然的解释，因为定指成分是韵律的"隐形成分"（参 Feng 2003a）。例如：

（36）a. 小王看见 他/那个人 三次。
　　　b. 朋友给了 他/那个人 五本书。

动词后的第一个名词是代词或有定成分，因此可以轻读。正因如此，重音可以落到最后的名词上。结果不难预测：动词后只能有一个（不可轻读的）成分。

总而言之，汉语的核心重音的运作机制为"辖重律"，这是因韵律类型的不同而造成的结果，是一种参数（parameter）的变化。简言之，理论上不存在没有参数变化的普遍语法（UG）。正因如此，所谓"通行的重音指派"在汉语里是无法兑现的，不仅"通行"无法兑现，再具体的核心重音的策略，离开了"动词分配重音"这一中心，也同样无法解决汉语里一系列最基本的动宾结构（包括介宾补述语）的问题。

本章讨论韵律语法的结构基础。这一点，说到根本，就是结构与核心的问题。一方面，结构中必然存在核心；另一方面，核心在结构上通过相对凸显来实现。正是因为有了相对凸显投射律，许多汉语韵律语法术语得以提出，如"音步"和"核心重音"。作为节律单位的音步和韵律凸显又是一张纸的两面——汉语节律单位的存在本身就意味着韵律凸显的存在。而汉语的核心重音指派问题又是相对凸显和句法管辖的一个完美合体。

　　本章的内容是后面章节的前提和基础，后面将要介绍的韵律层级、韵律模板以及韵律操作（包括韵律截取、韵律整饬、韵律删除、韵律激活等），都离不开本章的一些基本概念和规则。

第三章　韵律层级

每一个系统都有自己的单位和层级结构，韵律语法也不例外。本章介绍韵律语法的各级单位及其层级系统，并选取较有代表性的用例，说明汉语里小至语素、大至句法短语，均可见韵律在其中有所作用。本章从最小的韵律单位入手，层层递进，以便我们从宏观的角度认识构词和句法层面与韵律相关的现象。

第一节　韵律单位的层级系统

韵律语法作为一个理论体系，其系统内部存在着一套独立的韵律单位层级系统，该系统可以回答"韵律的最小单位是什么""韵律系统存在哪些单位""不同层级韵律单位之间存在着怎样的关系""韵律单位与语法单位的关系是什么"等问题，同样也可以用来比对不同语言间韵律层级内部单位的差异。

简单来说，韵律语法的韵律层级（the prosodic hierarchy in Prosodic Grammar）指的是：在韵律语法理论中，言语片段可以充分解析为韵律单位由小到大的层级组构。韵律语法不同层级的韵律单位在语音表征时根据韵律层级组织到不同层次中，不同韵律层级具有不同的韵律规则、功能和效应，实现不同的语法功能。

一、各级韵律单位的性质

韵律层级的早期研究初步建立了一套单位明确的层级结构[①]。Selkirk(1986)将自然话语切分为音节、音步、韵律词、音系短语、语调短语、话语的层级系统，如图3-1所示：

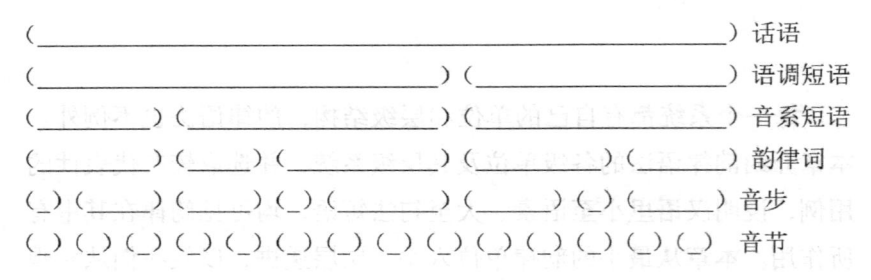

```
(_____) 话语
(_____) (_____) 语调短语
(_____) (_____) (_____) (_____) 音系短语
(____) (____) (____) (____) (____) (____) 韵律词
(_) (__) (__) (_) (__) (__) (_) (__) 音步
(_) (_) (_) (_) (_) (_) (_) (_) (_) (_) (_) (_) 音节
```

图 3-1 Selkirk(1986)的韵律层级

韵律层级内部除了纯节律的韵律音系范畴，也可以依据与构词学、句法学等的界面互动，建立韵律构词学与韵律句法学的层级系统。如 McCarthy & Prince(1991)给出了包含韵素、音节、音步、韵律词的韵律构词学层级系统，如图3-2所示：

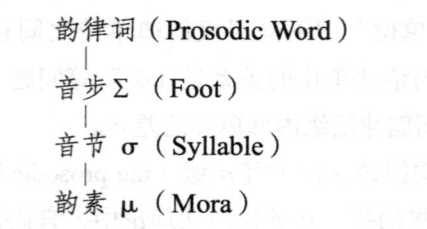

$$\begin{array}{c} 韵律词（Prosodic\ Word） \\ | \\ 音步\ \Sigma\ （Foot） \\ | \\ 音节\ \sigma\ （Syllable） \\ | \\ 韵素\ \mu\ （Mora） \end{array}$$

图 3-2 韵律构词学框架下的韵律层级

---

① 关于韵律单位的层级，在研究的初期阶段有"严格分层假说"（the strict layer hypothesis），认为韵律单位严格依据韵律层级中的序列进行组合，不能跨层组配（Selkirk 1978；Nespor & Vogel 1986 等）。如音节只能与音节组合，音节不能与韵素组合。随着韵律层级研究的深入，学者们发现韵律单位的组配关系不仅可以跨层实现，而且是节律递归的必然。例如，日语中既存在韵素音步，也存在音节音步；既有韵素音步实现为韵律词，也有音节音步实现为韵律词（冯胜利 2016a：109）。

冯胜利（2013a：84）基于汉语韵律语法的研究成果，将韵律语法的韵律层级系统分为八层，即：韵素（mora）、音节（syllable）、音步（foot）、韵律词（prosodic word）、韵律黏附组（prosodic clitic group）、韵律短语（prosodic phrase）、语调短语（intonation phrase）、话语（utterance）。当前，汉语的韵律语法研究呈现出新的进展，在"语调短语"的层级之上又发掘出"句调短语"（sentential intonation phrase）的韵律特征（冯胜利2017a）。最新的韵律语法层级系统包含了如下九层单位，分属于韵律音系学、韵律构词学、韵律句法学三大范畴，如图3-3所示：

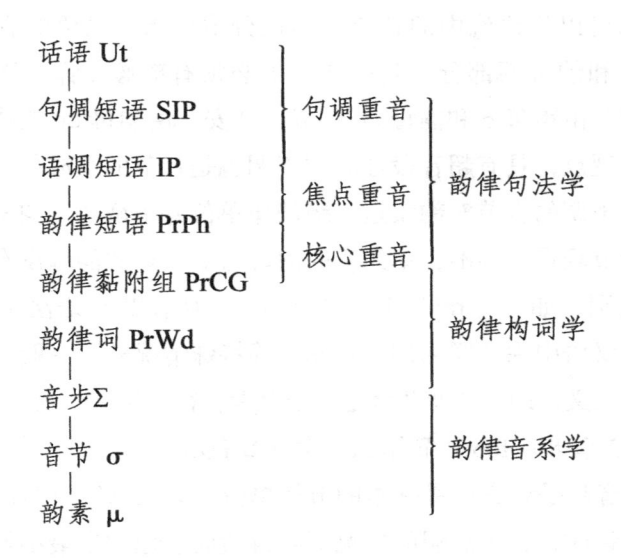

```
话语 Ut
 |
句调短语 SIP  ⎤ 句调重音
 |            ⎦
语调短语 IP   ⎤
 |            ⎥ 焦点重音  ⎤ 韵律句法学
韵律短语 PrPh ⎥           ⎦
 |            ⎦ 核心重音
韵律黏附组 PrCG
 |                          ⎤ 韵律构词学
韵律词 PrWd                  ⎦
 |
音步 Σ
 |                          ⎤ 韵律音系学
音节 σ                       ⎦
 |
韵素 μ
```

图3-3　汉语韵律语法的单位层级

下面我们从小到大逐一介绍这些韵律单位。

1. 韵素（mora，常以 μ 表示）

韵素的音译名为"莫拉、摩拉"，是指音节中韵母所包含的核心要素，是韵律层级中的最小单位。韵素可以用来衡量音节的重量，单韵素音节为轻音节，双韵素音节为重音节。在具有元音长短对立的语言中，一个长元音代表两个韵素，一个短元音代表一个韵素。现代汉语中，音节的韵素数量与其构成成分没有直接的关系。在有声调的音节中，双元音包含两个韵素，如"爱 ài"；韵腹和韵尾各算一个韵素，声母和介音都不算韵素，如"辫 biàn"的韵素为[an]，韵素数量为2；音足调实的单韵母也是由两个韵素组成，如"妈"的韵素是[aa]；单韵素的音节都是轻声音节，时长和响度大致是双韵素音节的一半，单韵素的词一般只有语法意义，如功能词"了、着、过、的、地、得"。

2. 音节（syllable，常以 σ 表示）

音节指的是人类听觉所能自然感受到的最小语音单位，每种语言都可以将语流中的音节自然地分辨出来。汉语的音节一般包含声母和韵母两部分，其中韵母中必须有韵腹（详见下一节）。如"刀"由声母 d 和韵母 ao 构成，"安"由韵母 an 构成。按照音系学的观点，具有超音段性质的声调也是音节的组成部分。现代汉语中有声调的音节对韵素这一级韵律单位并不敏感，韵素不能作为区分音节轻重的标准，单元音的韵母与双元音的韵母没有时长和轻重的差别，如"马 mǎ"和"买 mǎi"。从音节与语法单位的关系而言，汉语中除了联绵词、音译词等特殊情况外，一般一个音节对应一个意义，即一个音节就是一个语素，往往用一个汉字来记录。

3. 音步（foot，简作 Ft，常以 Σ 表示）

音步是语言中最基本的节律单位，第二章第三节已有介绍。人们说话时，在无意识的情况下会自然而然地做出最小停顿，处于两个最小停顿之间的成分即为音步。这里之所以强调"无意识"这一条件，主要是因为不受语义、语法、语用等影响的停顿才是纯节律所要求的停顿，这种停顿之间的单位才是最基本的节律单位。音步必须至少支配两个成分，才能承载韵律中的"轻重""抑扬"节律。现代汉语的音步类型属于音节音步，由音节加上音节直接组成。现代汉语的音步对韵素数量并不敏感，理论上双韵素的"双"可以实现音步所要求的双分枝，但是现代汉语的双韵素并未形成双分枝，无法形成一个节律单位。双音节音步是汉语最小的、最基本的"标准音步",如"这种果子能吃",包括"这种""果子"和"能吃"三个音步;三音节音步构成超音步,如"电视机""羽毛球"。不受语义、句法、语用等因素影响的纯韵律音步是自然音步,例如无意义的数字串5555555,只能念作两个标准音步加上一个三音节音步的形式55#55#555,说明汉语的自然音步从左向右,音节两两组合。

4. 韵律词(prosodic word,简作 PrWd)

韵律词是能够独立运用的最小韵律单位。韵律词直接由双韵素或者双音节通过音步层级的投射关系来实现。这说明,不管是不是一个语法成分,能不能表达一个相对独立或完整的意义,只要在自然语流中可以形成一个相对独立的节律单位(也就是音步),就形成一个韵律词。汉语的标准韵律词只能由双音节标准音步来实现;不足一个音步的单音词或单音语素要成为韵律词,就需要通过某种手段"变单为双"。如"天天"由"天"重叠而来,重叠时受到韵律词大小的限制,形成双音节的形式,"*星期星期"则不能重叠。多音节词或词组要成为标准韵律词,可以采用紧缩为一个双音节音步的形式,如"非典型肺炎"缩略为一个双音节的形式"非典",而非"非典型"或"非肺炎"。韵律词可分为"临时韵律词"和"词法韵律词",在语流中临时形成的韵律词叫作临时韵律词,如"校长/想请/小王/吃饭"中的"想请"是在语流中临时组配形成的韵律词,可以形成一个独立的韵律成分,但是并不能在语法中自由运用;而固定到心理词库中的韵律词叫作词法韵律词,如"地震、大学、改变"等词既是韵律上能够独立运用的单位,也是语法中可以自由使用的单位,这类韵律词是韵律构词学所关注的对象。

5. 韵律黏附组(prosodic clitic group,简作 PrCG)

韵律黏附组是介于韵律词和韵律短语之间的一级韵律单位,由韵律词和韵律黏附成分组合构成。韵律黏附成分(prosodic clitic)指能够在词法或句法中发挥作用但语音上黏着的一些语言单位。如汉语中的"-了、-着、-过",它们是韵律上的附着成分,在句法上占据独立的句法位置，这种句法上的独立使用称为"单用"。但是"-了、-着、-过"在语音（韵律）上不能单独来说，必须贴附在前面的语言单位上，如"看了、看着、看过"，这种韵律上的黏着即为"不能单说"。因此，它们是"可以单用但不能单说"的黏附成分。语言中还有一些黏附词没有独立的句法位置，必须依附在相邻的词上，形成一个韵律黏附组。如上古汉语中的"唯命是听"，就整个短语的句法结构和语义结构而言，"唯命是听"等同于"唯命听"，"听"的宾语成分是"命"，指称宾语的代词"是"没有自己的句法位置，它的出现完全是为了满足韵律的要求——使"是听"成为一个双音节标准音步，"是"黏附在"听"的句法位置上，"是听"这一双音节形式成为一个韵律黏附组。

6. 韵律短语（prosodic phrase，简作 PrPh）

韵律短语是在音步组合的基础上，由一个或多个韵律词（或韵律黏附组）组合构成的韵律单位。在汉语中，该韵律单位在下级韵律单位组合的基础上，具有停延和音节的音域展敛变化等韵律特征。对声学研究而言，停延指的是言语活动中声音的停顿或延长，音域展敛指的是在停延段开始处，多有明显的高音线陡升，音域由此而放大，而后的各个音步高音线依次渐降，音域由此而缩小。音域展敛是停延现象的伴随特征，不单独标记韵律短语的边界（叶军 2008：111）。如"一只孤单的小鸟无家可归"中，在"鸟"的后面有一个较为明显的停顿，"一只孤单的小鸟"作为一个韵律短语，由韵律词"一只""小鸟"与韵律黏附组"孤单的"组合构成。

7. 语调短语（intonation phrase，简作 IP）

语调短语指在标句短语（CP）层面由延宕语音特征构成的待续调所标记的韵律单位。延宕语音特征是说末字韵母有较大的延长，但没有无声段或只有很短的无声段，如"这场火，幸亏消防队员来得早"，该句中的话题"这场火"后面有一个较大的延宕，同时也可以有一个很短的停断，形成一个包含待续调的语调短语。其中，待续调是语调短语区别于韵律短语的重要韵律特征，同时在语言交际中也发挥着特殊的功能。如"这场火烧毁了很大一片房屋"中的"这场火"作为韵律短语，后面可以有一个停断，但是不具有延宕的待续调特征，不同于带有待续调特征且包含话题属性的"这场火"。根据句法结构和信息结构的不同，一个句子可以有一个以上的语调短语。如"张三，战战兢兢 de，敲了敲那扇木门"，在朗诵文学作品时，该句中"张三"和"战战兢兢 de"后面都可以有一个待续调，形成不同的语调短语（冯胜利 2017a）。需要注意的是，这里的"语调"只指待续调，既不是一般所理解的句末止句调，也不是传统所说的陈述语调、疑问语调等。

8. 句调短语（sentential intonation phrase，简作 SIP）

句调短语是在标句短语（CP）层面由韵律特征和句法特征共同限定的韵律单位，由一个或多个韵律短语（或语调短语）组合构成，涵盖了整个句子的高低、强弱、长短变化，韵律边界与标句短语的左右两侧校齐。句调短语的韵律核心是"句调重音"，在宽焦的句子中，句调重音承载者与核心重音的实现者相重合（match），并且在韵律上包含止句调。[①] 例如在句子"八戒|推门/进屋/看见一个妖怪"中（"|"代表语调短语边界，"/"代表韵律短语边界），只有"一个妖怪"携带核心重音、包含止句调，所以"一个妖怪"是这个句调短语的韵律核心，承载句调重音。

9. 话语（utterance，简作 Ut）

话语在韵律语法的单位层级[②]中居位最高，一般指一个自然的日常语言片段。话语会受到语音、语法、语义、语用、韵律、语体等各个层面的综合影响，既有韵律语法的一般规则（如核心重音指派的规则），也有不同句型的句调类别（如"疑问句、陈述句"），还有语境和语体的交叉，同时也有前提预设（presupposition）、施为意图（illocutionary force，如许诺、命令、请求等）和情感因素

---

① 止句调由停断语音特征构成，停断语音特征是指末字韵母缩短加长无声段，区别于延宕语音特征（王洪君 2011；王洪君、李榕 2014）。

② 本节的单位层级区别于第三节中"韵律-句法层级对应模式"中的层级。

的综合作用，从而形成话语中语调、句调系统与焦点重音、对比重音、强调重音等多种因素之间的相互作用。如"他知道"，在不同语境下带上不同的句调、不同的焦点等，则可以传达完全不同的信息。若是句末语调上升，可以表示特殊语境下的怀疑语气，如"我都不知道，他知道？"；若是"他"带上焦点重音，句末语调上升，可以表示疑问语气下对主语的强调，如"我们都知道了，他知道吗？"

根据韵律语法的内部单位层级系统，只要与构词的音节数量限制、短语的核心重音与焦点重音、句子的语调与句调等有关的语法现象，都是韵律语法的研究对象。

二、不同层级韵律单位之间的关系

上文图3-3中的九层韵律单位，按照各层的性质及不同层级之间的关系，在韵律语法学中，可以分为五组。其中"韵素、音节、音步"为第一组，是纯韵律范畴的单位；第二组"音步、韵律词、韵律黏附组"是韵律与构词相互作用涉及的韵律单位；第三组"韵律黏附组、韵律短语"是核心重音和句法相互作用涉及的韵律单位；第四组"韵律短语、语调短语"是焦点重音和句法相互作用涉及的韵律单位；最高层级的"语调短语、句调短语、话语"为第五组，是句调重音和句法相互作用涉及的韵律单位。

这五组韵律单位从研究范畴来看又可以分属于韵律语法的韵律音系学、韵律构词学和韵律句法学。

第一组韵律单位"韵素、音节、音步"主要属于韵律音系学的研究范畴。

在这组中，汉语的韵素、音节、音步三者之间是"组成"关系，即：韵素组合成音节，音节组合成音步。音节音步的重要表现是一个音节一般不能独立来说，双音节才是可以独立使用的最小韵律单位。例如，有人问"你几岁了"，回答"五"不好，"十五"或者"五岁"这类双音节就很自然；"峨眉山、普陀山"可以说成双音节的"峨眉、普陀",但是"华山、泰山"说成"华、泰"就不合法。不同的语言,组成音步的方式可能会有所不同。例如英语是由韵素直接组合成音步,cat 由 /kæt/ 组成一个独立的韵律单位,可以直接形成一个独立使用的音步。

第二组韵律单位"音步、韵律词、韵律黏附组"主要属于韵律构词学的研究范畴。

在这组中,韵律词是韵律和构词界面(interface)交互的产物(第四章详述)。这体现在韵律词一方面是由纯韵律单位"音步"所实现的语音单位,一方面是构词法中控制构词音节数目"小不减二,大不过三"的直接参与者。如汉语中添加的词缀既是构词层面的要求,也是韵律层面的运作,表现为"桌子、椅子"等加缀构成的双音节词可以说,而"电视子、柜台子"等三音节形式不合法。双音节音步要求"桌子、椅子"等加缀形成韵律词,同时也限制"电视、柜台"这类已经是双音节的成分加缀。由此可见韵律对于构词过程中"词"大小的限制。

第三组、第四组和第五组韵律单位"韵律黏附组、韵律短语、语调短语、句调短语、话语"主要属于韵律句法学的研究范畴。

在第三组中,韵律短语和韵律黏附组是短语重音的出现场所。该组韵律单位出现在核心谓语位置时,表现出大量韵律制约句法的语言事实,属于韵律和句法交互界面的重要作用范围,第二章讲述的汉语核心重音律正是在该韵律单位层级中发挥作用。如"*种植树、*浇灌花"这类[2+1]式的动宾短语虽未违反句法运作规则,但是因违反汉语核心重音承载者要相对重的要求而不合法,核心重音承载者"树、花"是单音节,在韵律上轻于双音节动词"种植、浇灌";同样的道理,"*把脸洗、*把眼睛翻"这类"把"字句也并未违反句法操作,而是没有满足汉语核心重音承载者要相对重的要求。

在第四组中,韵律短语和语调短语对应于焦点重音(focus stress)在标句短语层面的实现。言说者的预设和意图(intention)决定话语的焦点,很多情况下焦点需要重音来"显像",因此焦点与重音可以一致地体现在句子的某个具体的韵律短语上。例如：在句子"他只打了我一下"中，说话者特别强调动作"打"的数量是"一下"时，"一下"作为话语的焦点，承载强调重音。此外，该层级还会涉及对比重音和问答重音等现象。第三组与第四组中核心重音与焦点重音的相互作用同样涉及大量语言现象，如"用这把刀切"中焦点为"这把刀"，若说成"切这把刀"，则在同一个句法位置上同时在"这把刀"上实现了核心重音与焦点重音。

在第五组中，语调短语、句调短语和话语表现出句调与句法的相互作用。现代汉语中一个句子只能有一个句调短语，句调短语的数量限定了汉语一个句子内部只能有一个核心动词（冯胜利 2017a）。如"大家都到桥上看热闹"，这句话中有两个动词短语"到桥上"和"看热闹"，但是由于汉语句调短语的限定，"到桥上"和"看热闹"并不能同时作为句子的核心谓词短语。如果说话者在话语上要表达的核心是"看热闹"，那么动作"到桥上"是修饰"看热闹"的方式状语；如果说话者要表达的核心是"到桥上"，那么"看热闹"是核心动作"到桥上"的目的补述语。同时，该组还具有核心重音、焦点重音与句调等多项韵律特征与句法交互作用的特点，韵律与句法的制约关系在该组中也最为复杂，成为韵律句法有待专门深入研究的重点领域。

三、韵律单位与语法单位的关联

韵律语法作为韵律系统和语法系统交互界面出现的学科，涉及韵律单位与语法单位是否匹配的问题。韵律单位与语法单位既有相互对应的情况，同时又存在彼此错位的现象。

（一）匹配关系

在探讨韵律单位与语法单位的关系时，可以将不同层级的韵律单位分别与语法单位进行比对，将"韵素"依次与"语素、词、短语、句子"相比较，然后再将"音节"依次与"语素、词、短语、句子"相比较，我们可以看到一些韵律单位与语法单位相匹配的现象。在汉语中，这种匹配关系主要体现在"音节"与"语素"、"韵律词"与"复合词"的对应上。

韵律单位"音节"和语法单位"语素"可相对应。现代汉语中的一个音节一般对应一个语素，如：单音节 shǒu、jiǎo、dǎ、mǎi 分别对应语素"手、脚、打、买"。不过联绵词、叠音词、多音节的音译外来词应排除在外，如联绵词"参差、琵琶、哆嗦、逍遥"、叠音词"猩猩、瑟瑟、皑皑"等均为两个音节对应一个语素，音译外来词"沙发、巧克力、哥伦比亚、宾夕法尼亚"等为两个或多个音节对应一个语素。

韵律单位"韵律词"与语法单位"复合词"也有较大的对应关系，该组对应是在"音节"和"语素"对应的基础上形成的。"音节+音节"形成双音节音步，双音节音步实现为韵律词，同时存在"语素+语素"构成复合词，由于"音节"与"语素"具有对应关系，故复合词的"语素+语素"形式即可分析为"音节+音节"的双音节形式，双音节形式可以实现为韵律词，所以复合词都必然是韵律词。如"地震、垫肩、铁路、改变"等，既是"语素+语素"形成的复合词，也是"音节+音节"形成的韵律词。这里要注意的是，并非所有的"语素（音节）+语素（音节）"都能构成复合词，因此不是所有的韵律词都是复合词，如"砍树、浇花"等是韵律词，但不是复合词。

（二）错配关系

韵律单位与语法单位之间匹配的情况很常见，但错配的现象也很多，两个体系内部单位的划分并非完全彼此对应。这主要表现在句子中韵律单位与语法单位切分的错位上。

在句子中，韵律单位的切分与语法单位的切分有时是一致的，如"我们喜欢语言学"这句话，可以切分为三个韵律单位（音步/韵律词）"我们、喜欢、语言学"，而这三个韵律单位也恰好对应于三个语法单位（语法词）。但是，很多情况下，韵律单位与语法单位之间并不对应。下面以"校长想请小王吃晚饭"一句来说明韵律单位与语法单位的对应情况：

1. 一个韵律词对应一个语法词，如"校长、小王、晚饭"；
2. 一个韵律词对应一个语法短语，如"吃晚饭"；
3. 一个韵律词不对应一个语法单位或直接成分，如"想请"。

其中，"晚饭"是一个韵律词，"吃晚饭"可以分析为包含三个音节的超韵律词，但是这里的超韵律词却对应于语法系统中的一个动宾短语，而非语法单位中的"词"。"想请"在韵律上可以切分为一个单位，但在语法系统中无法分析为一个单位。汉语中这类情况非常多，如"他在/食堂/吃饭"这句话，韵律切分时主语"他"与介词"在"形成一个音步，而句法上"他"和"在"并不是一个语法单位。

另外，一些在语法上成词的单位，在韵律切分时并不参照语法成分的边界。例如"一衣/带水、有所/不知"等，往往按照双音步的形式将四音节的整个语法单位一分为二，而忽略其内部的语法结构关系。"一衣带水"若从语法上进行切分，应为"一衣带/水"。反过来说，按照韵律切分出来的成分在语法上不一定能独立成为一个单位，例如"一衣"和"带水"在语法上是不成单位的。

由此看来，韵律单位的研究可以突破纯韵律的范畴，不同韵律单位都具有特定的语法性质和功能。韵律与音法、词法、句法等多个语言层面形成界面互动，每一种界面互动背后都是一个包含语法规则和韵律规则的系统。韵律单位与语法单位的关联，也反映了韵律与语法之间并不相互独立，而是有着密不可分的联系。

第二节 韵律构词中的韵律层级

韵律构词关注的韵律层级，是九层五组系统中的第一、二组单位，即：韵素、音节、音步和韵律词。

现代汉语中，单韵素与词缀和虚词关系匪浅，单音节则与根语素这一词法单位紧密相关。而现代汉语只有双音节（disyllable）才可以满足音步的双分枝（Foot Binarity）原则，从而构成一个自然的音步。由于一个音步和一个韵律词之间是实现关系（McCarthy & Prince 1998；Feng 2018：116 等），所以韵律词沟通了音系单位（音步）和构词单位（词），复合词、派生词都与它关系密切。[①] 以上韵律层级，在构词中各自展现了不同的作用。

一、音节与根语素

音节是能自然听辨的最小语音单位，是独立的可以单独成声的片段；根语素（root morpheme）是可以用来构造复合词的最小音义结合体。现代汉语中，单音节与根语素有着较强的对应性。

（一）音节

汉语音节包括声母、韵母和声调。

1.汉语的音节结构

音节结构指的是构成音节的成分以及这些成分之间的关系。汉语的音节由声母（onset）、韵母（rhyme）和声调（tone）构成。声母除辅音外，还包括介音（medial，也就是传统音节分析中的韵头）；韵母由韵腹（也称韵核，nucleus）和韵尾（coda）组成；声调是音节的音高变化。声母、韵头、韵尾都是选择性的，韵腹和声调则是必需的。例如"乌 wū"，没有声母（或者说声母是喉咙发紧的发音特征），也没有韵尾，只有韵腹。

图 3-4 展示了汉语中除轻声以外的所有音节类型。

汉语韵母中所包含的要素是韵素，韵腹和韵尾各算一个韵素。像"讲"这样的音节，韵母中包含一个元音韵腹和一个辅音韵尾（注意：韵头归入声母）；像"包"这样的音节，韵母包含两个元音，这两个元音分别作为韵腹和韵尾。它们的韵母都是双韵素的，这是汉语普通话中最大的韵素结合体。像"妈"这样的音节，它的实际读音是"māā"，韵母由 [aa] 构成（Duanmu 1990：122）。这

---

① 音步的构词模板作用将在第四章专门讨论。音步和韵律词之间的实现关系意味着韵律词不是由两个音步构成的双分枝结构。

同样是两个韵素。注意，判断韵素数量，不能单纯按照汉语拼音字母的数量来决定，而需要根据实际发音所包含的韵素及长短而定。

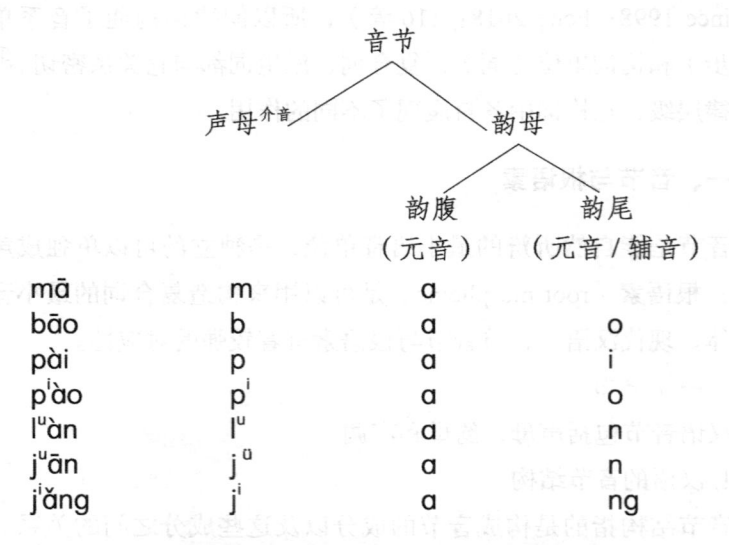

```
                         音节
                    ／        ＼
            声母介音              韵母
                              ／    ＼
                           韵腹      韵尾
                          （元音）  （元音/辅音）

    mā          m            a
    bāo         b            a          o
    pài         p            a          i
    pʼào        pʼ           a          o
    lʷàn        lʷ           a          n
    jʷān        jʷ           a          n
    jǐang       jⁱ           a          ng
```

图 3-4　汉语普通话的音节结构示意图（不包括声调）

在普通话中，一个完整（即音足调实）的音节必须包含两个韵素，否则无法承载声调（冯胜利 2013a：95）。而"桌子、盘子"的"子"，"石头"的"头"，其韵母都只包含一个韵素 [ə]，便不是一个完整的音节。

2. 单双韵素

汉语中完整的音节包括两个韵素。没有声调的音节（即轻声音节）只包含一个韵素。例如：

（1）a. 助词"了、过、着"：我吃过日本菜。
　　　b. 词缀"-子、-头"：妻子、刀子、石头、甜头。
　　　c. 代词"他、她、它"：弟弟给了他一巴掌。
　　　d. 附着成分"在、到"：老师把卷子放在了桌子上。

例（1a—b）中的助词和词缀总是读轻声。轻声也存在等级的不同，例如"妻子"和"刀子"中的"子"就具有不同等级的重量（冯胜利 2013a：96、118）。例（1c）中的代词、（1d）中的韵律-句法附着成分显然也是轻声（林焘 1962），但它们不是在任何句法位置都可以读轻声的。

单韵素表达语法意义，如"了、过、着"具有时体功能，它们只是一个轻声音节，与"讲、包、妈"等具有完整声调的双韵素不同。

（二）根语素

1. 单音节与根语素的对应性

由于根语素是可以用来构造复合词的最小音义结合体，因此和单音节有较强的对应性。根语素可以是能单说根语素可以是能单说的自由语素，即句法和韵律上都自由（syntactically and prosodically free），例如：

（2）头、脚、人、手、山、打、踢、走、美、大、小……

也可以是不能单说的黏着语素[①]，例如：

（3）桌、鸭、虎、机、释……

例（2）中的根语素，可以独立在句法上占据一个终端节点 X^0，例如"我们学校东门是一座山（N^0）"，这时它获得了词的地位；而例（3）中的根语素只能与其他构词成分组合后共同占据终端节点 X^0 的位置，如"*这里有一张桌/这里有一张桌子"。

汉语中，一个音足调实的单音节对应一个根语素。例如，单音节的最小音义结合体"天"是根语素，"蓝"也是根语素；当它们构成双音节的"蓝天"时，"蓝天"不再是根语素了。同样，单音节的"饥"是根语素，但"饥饿、饥荒"不是根语素。注意，联绵词（"澎湃、苍茫、芙蓉"等）、叠音词（"姥姥、潺潺"等）、

[①] 在韵律语法体系中，还有一类特殊的单音节成分，它们不能单说，但是在句法上自己占据一个终端节点，如"我校、返校"的"校"。这类成分被称作嵌偶词，不在根语素之列。关于嵌偶词的详细解释，参考第九章。

音译外来词（"咖啡、加利福尼亚"等）应排除在根语素之外。

2. 汉语根语素的属性

单音节与根语素的对应性使它表现出了诸多特性（冯胜利 2013a：98—99），包括具调性、具义性、原生性、能产性。

与功能词和词缀相比，根语素具有具调性。它有完整的声调，而功能词和词缀则是轻声。例如"这件事了了"，第一个"了"是动词（自由的根语素），是"完毕、结束"的意思，读为 liǎo，是音足调实的；第二个"了"是功能词，读为轻声 le。

根语素的意义也与功能词和词缀不同。根语素有具义性，它的意义是词汇性的，是根义。如"脚"的意义是"人或动物的腿的下端，接触地面支持身体的部分"；"大"的意义是"在体积、面积、数量、力量、强度等方面超过一般或超过所比较的对象"。而助词"了"作为功能词，它是一个完成式动词词尾（Chao 1968/1980：133—134）。

根语素多具有原生性，这是针对它的历史来源说的。像"头、脚、牛、马"这样的自由根语素，往往具有两三千年的历史，是原生基础词。它们可以单说，构词规律并不同于双音化以后（东汉以后）的韵律构词规律。

根语素还具有能产性，这是它的重要性质。例如：

（4）a. 天：天空、晴天、雨天、蓝天……
　　　b. 鸭：鸭子、烤鸭、鸭肉、鸭绒……

根语素可以和其他根语素组成复合词（即复合式合成词），如"晴天、鸭绒"等；也可以加词缀组成派生词（即附加式合成词），比如"鸭子"。无论是能够单说的还是不能单说的根语素，它们都具有能产性。

韵素和音节，是韵律层级中的第一组，也是构词系统中最为基础的单位。在韵律构词的这一层次，韵律单位与构词单位的对应性在于单韵素对应于功能词或词缀，双韵素或单音节对应于根语素。

二、音步与构词

汉语中两个音节（一轻一重）构成一个音步，一个音步实现为一个韵律词。韵律词是韵律层级系统中非常重要的一个层次，它是韵律与构词直接见面的层级。

语法里的词，和母语者语感上的词并非完全相同。例如，"白猫"不同于"白菜、黑板"，它可以扩展为短语"白的猫"（*白的菜/*黑的板），但汉语母语者语感上认为"白猫"是词。这是用不同的标准来衡量词的必然结果。语法分析根据的是"词汇完整性假说"（Lexical Integrity Hypothesis），即短语（句法）规则不能影响到词汇内部的任何部分；[①] 语感上的"词"却是基于说话时表现出的轻重、缓急和节律等韵律规则做出的判断，是一个在韵律节律中可以独立的基本单位（冯胜利 2013a：142），也就是韵律词。因此，可以说"白猫"是一个韵律词。

汉语中，音步限制构词单位的大小。符合要求的成为词，不符的则要被筛除。为满足大小的要求，汉语采用了不同的手段，形成了不同类型的韵律词。

（一）汉语中音步对于词的限制

音步是能够自由运用的最小节律单位。汉语中的音步"小不减二，大不过三"。在自然的话语中，一个音步所对应的不一定是词。比如双音节音步"鞠躬"是词，然而双音节音步"打狗"却是短语。词和短语受到不同韵律规则的制约。按照构词法（复合、加缀等）或句法规则（如形容词性成分修饰名词性成分等），汉语生产出一批"产品"，然后交给韵律来处理。这些产品要成为词，需要满足音步的大小限制。

汉语的音步有不同的类型。其中，双音节音步是最基本的自然音步；三音节音步是需要在某些条件下才能成立的超音步，它又分

[①] 参见冯胜利（2013a：146）。该假说也称为"词汇完整律原则"（Lexical Integrity Principle）或者"词汇主义假说"（Lexicalist Hypothesis）。关于这一假说的不同版本及发展历史，可参 Lieber & Scalise（2005：1—3）的总结。

为［2+1］式和［1+2］式。不同的音步性质不同，在构词中发挥作用的范围、条件也不相同。

1. 自然音步与词法词

自然音步限制词的大小有两层含义：第一，如果某个语法单位小于双音节，那么除非另有条件（如原生基础词"山、人、狗"等），否则该单位不是一个可以单说的词；第二，在若干范畴中，双音节与多于双音节的单位之间存在词与语的对立。这在复合词和派生词里都是如此。例如：

（5）a. 动宾式复合词：得罪、泡汤、放假……
　　 b. 动宾式短语：泡蘑菇、吃哑巴亏、放秃尾巴鹰……
（6）a. 动补式复合词：说明、提高、摧毁……
　　 b. 动补式短语：说明白、想透彻、摆整齐……

双音节的动宾结构和动补结构是词，它们符合词汇完整性假说，内部不可以再进行句法操作（*得他的罪 /* 改得很良）。

再看看其他复合词的情况：

（7）偏正式复合词：大学、水井、笔直……
（8）并列式复合词：国家、反正、美好……
（9）主谓式复合词：地震、国营、日食……

通常情况下，偏正式、并列式和主谓式复合词也都遵循双音节音步的大小限制。有一些例外是其他规则作用的结果，比如主谓式有"蚂蚁上树、蘑菇炒肉"，但这可以通过菜谱中特殊的命名规则得到说明。

派生词同样受到双音节音步的制约。汉语中某些单音节根语素可以加缀构成派生词，双音节成分则不能加缀。① 例如：

---

① 以上是针对口语中的词缀而言。在正式语体中，加缀的规则不同，例如"工业化、积极性"等是合法的。像"化、性、者"等类词缀，与"子、头"等词缀语体性质不同，语法性质也不同。

（10）凳子 *板凳子　　疯子 *疯癫子　　石头 *岩石头
　　　车子 *汽车子　　票子 *钞票子　　看头 *观看头

单音节成分为了满足双音节的要求，可以使用加缀的手段；而双音节成分本身已经是一个标准的自然音步，因此无须加缀。加缀和双音节同样是汉语的形态手段。韵律的形态作用，将在第九章详细介绍。

2. [2+1] 式超音步与词法词

双音节音步是最标准的、最优先实现的，但韵律构词并不是完全地排斥三音节复合词。汉语中存在相当数量的三音节词汇词（词法的产物）。例如：

（11）电影院　游击队　电视机　音像店
　　　复印件　教学楼　传达室　信访局

这些三音节词是构词法的产物。汉语中的右向音步是用来构词的，如图 3-5 所示：

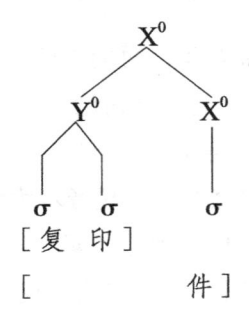

$$
\begin{array}{c}
X^0 \\
Y^0 \quad X^0 \\
\sigma \ \sigma \quad \sigma \\
[\text{复 印}] \\
[\qquad\quad \text{件}]
\end{array}
$$

图 3-5　[2+1] 式三音节复合词的内部结构

图 3-5 中，"复印"构成了一个音步，占据一个终端节点；还有一个音节"件"多余出来，这时它只能附着在已经组构好的音步上，成为 [2+1] 式偏正复合词"复印件"。

与 [2+1] 式不同，[1+2] 式超音步（如"印文件"）不适用于词法的产物。音步是从左向右一次性实现的。如果图 3-5 中左边的

第一个节点 Y^0 下只有一个音节"印",它不能构成一个音步,必须从另一个节点下的"文件"里拿过来一个音节。这就破坏了词法单位的完整性,因此不能得到正确的结果(裴雨来 2016:54)。

3. [1+2]式超音步与句法词

除了词法可以构词外,句法规则同样可以构词。通过附接(adjunction),即一个 X^0 附加在另一个 Y^0 上也可以生成句法词。例如,形容词性成分修饰名词性成分,可以得到"白猫、大车"等,"白、大"是 A^0,"猫、车"是 N^0。同时,它们组合构成的单位也在句法上占据一个终端节点。这样的词要遵循句法规则,如多重定语顺序,因此"大白盘子"合法,"*白大盘子"非法。[1+2]式的超音步,在韵律构词中对应的不是构词法生成的词,而是句法生成的词。例如:

（12）纸老虎 金项链 书呆子 女演员 银戒指 红苹果

这些偏正式复合词,和"水井、咸盐、笔直"等双音节的偏正式复合词不同。它们和"白猫、大车"一样在句法部门生成,只不过后者对应的是一个标准音步,而例（12）对应的是三音节的超音步。关于句法词,第六章将进一步讨论。

（二）韵律词的基本类型

从韵律的角度看,自然音步、超音步为词法产品和句法产品提供了形式大小的限制,最后得到的"词"可以分为标准韵律词(双音节韵律词)和超韵律词(三音节韵律词)。如果将韵律词和语法单位之间的匹配关系与错配关系考虑进来,那么韵律词内部又有不同的类型,在此举例性地说明。标准韵律词的类型如(冯胜利 1996b;冯胜利、王丽娟 2018:61、83—86):

（13）a. 复合式：地震、胆小（主谓）；垫肩、入学（动宾）；
　　　　　　　水井、瓜分（偏正）；提高、澄清（动补）；
　　　　　　　人民、国家（并列）

b. 派生式：初六、老虎（前缀式）；剪子、木头（后缀式）
c. 重叠式：天天、年年
d. 延长式：窟窿、楚摸
e. 联绵式：彷徨、蝌蚪
……

这些例子都是标准韵律词匹配一个词。当然，标准韵律词的类型不限于以上五种。例如"放在、送给"，又如"妈呀"等感叹语，它们匹配一个非句法成分。还有一个韵律词并不匹配一个语法单位的情况，如"校长想请小王吃晚饭"的"想请"，也应视作一个韵律词。以上都为标准韵律词的结构类型。

超韵律词包括（但不限于）[2+1]式词汇词和[1+2]式句法词，如"复印件"和"纸老虎"，它们都是复合式韵律词。这里需要特别注意汉语中的类词缀，如"非、者"等。类词缀的构词过程对韵律不敏感，它们参与构词的派生式可以是标准韵律词，如"非农、学者"，也可以是超韵律词，如"非官方、创造者"。

韵律构词关注的是韵律层级中的第一组和第二组，即：韵素、音节、音步和韵律词。在韵素和音节层面，汉语的单双韵素在构词中发挥着不同的作用。单韵素对应于功能词或词缀；双韵素（它在韵律重量上与音足调实的单音节等值）对应于根语素，可以单说的自由根语素成为单音节词，而不能单说的不自由根语素则是构造合成词的重要成分。在音步和韵律词层面，一个标准的双音节音步对应于一个标准的韵律词，韵律构词系统会通过语法手段满足音步要求，从而呈现复合式、派生式等不同类型的标准韵律词；一个超音步则对应于超韵律词。

第三节　韵律句法中的韵律层级

一、韵律-句法的层级对应关系

近年来，韵律语法对于韵律-句法关系的探索继续深入，发现韵律不仅在动词短语（VP）层面通过核心重音指派实现对句法的制约，在时态短语（TP）层面和标句短语（CP）[①]层面也具有相应的句法功能，因而建立了第一章所示的韵律-句法三级对应关系的理论体系（冯胜利 2017a：13），重录如下（图 3-6）：

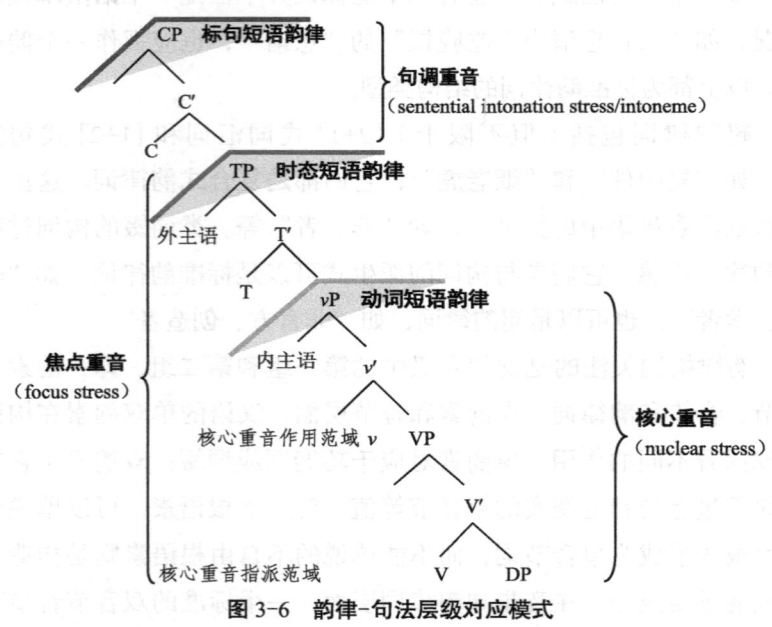

图 3-6　韵律-句法层级对应模式

韵律在句法结构的每一个层面，都有其特定的属性和功能。在动词短语层面，韵律主要体现为核心重音，这也是韵律制约句法的核心机制。在核心重音指派的作用下，动词短语层面呈现出韵律重构句法、删除句法格式、激活句法运作的功能。在时态短语层面，韵律体现为焦点重音，具有标示句子焦点、重组句法结构的功能。

[①] 对于当代形式句法理论框架下的句法层级结构，请参阅邓思颖（2010：136—165）、何元建（2011：291—347）等，这里不作具体介绍。

需要指出，焦点重音不止体现在时态短语层面，在最下层的动词短语层面也可以体现，但时态短语层的韵律只体现为焦点重音。在标句短语层面，韵律主要体现为句调，具有变异句法的功能，并促发了汉语句末语气词的形成。不仅如此，三级韵律-句法对应层级之间还存在交互作用，例如，CP 层的句调和 VP 层的核心重音交互作用，形成了汉语句子一个句调对应一个谓语动词的模式，即"一调一动"的韵律-句法现象。因此，每一层级都有相应的韵律规则和表现，下面将择其要点，举例说明韵律-句法三级对应层级关系中韵律的属性和句法功能。

二、韵律-句法对应层级

（一）动词短语韵律

汉语中的动词短语韵律（VP-prosody），是核心重音指派的范域。如第二章所示，汉语的核心重音由动词指派给其管辖的补述语[①]。这就意味着，核心重音通过指派程序，对动词短语产生直接影响。这种影响体现在三个方面：首先是韵律可以重构句法，迫使句法成分（如双音节的单纯词、不及物动词等）发生"动宾化"，形成汉语特殊的假宾语、冗宾语、空宾语现象；其次是韵律可以制约句法，删除不合韵律规则的句法格式；第三，韵律可以激活句法运作，增加新的语法形式。

1. 韵律重构句法结构

最先发现汉语特殊宾语现象并将其归因于韵律的是赵元任（Chao 1968）。他在分析"体了一堂操"时说：

> 可是既然咱们可以说"上了一堂课"，何以不能说"体了一堂操"？要是照字面意义来说，"操了一堂体"应该更合逻辑，可是却没人这么说。这又是语音的因素比逻辑的因素重要的关系。单是动-宾式结构的抑扬型韵律就足以强迫"体"作动词，

[①] 这里"补述语"（也称"补足语"），对应的是形式句法中的术语 complement，其内涵包括汉语中的宾语和补语，请参考邓思颖（2010：107）的相关阐述。

"操"作宾语，不管逻辑不逻辑。（Chao 1968/1980：221）

这即是赵元任所说的电离化（国内学界多称作离合词）现象。如赵元任所言，汉语"体操"一词之所以能够电离化，是因为动宾式结构的抑扬律"强迫'体'作动词，'操'作宾语"。具体来说，汉语动词将核心重音指派给直接管辖的补述语成分，形成核心重音范域内动宾式抑扬型的韵律结构。另一方面，由于"体操"本身也是抑扬型双音词[①]，当它作为句末谓语、自成核心重音范域时，抑扬型的韵律结构与双音词本身的抑扬型结构重合，将"体"重新分析为动词，"操"分析为宾语，进而可以进一步离合，形成"体了一堂操"这样的离析结构。

当然，这里的关键不仅在于汉语动宾、动补结构有抑扬型重音，还在于这种抑扬重音可以"强迫"名词做动词、动词做宾语，而"不管逻辑不逻辑"——这显然是韵律"改造"句法的操作。而且，这种韵律的"改造"作用，在汉语中不乏其例，还体现在特殊宾语现象中（冯胜利2013a），即：

（14）a. 假宾语　　鞠躬：我给他鞠了一躬。
　　　　　　　　高兴：你高什么兴？
　　　b. 冗宾语　　吃饭：妈妈，我饿了，我想吃饭。
　　　　　　　　妈妈，我饿了，*我想吃。
　　　c. 空宾语　　睡觉：今天我睡了一觉。
　　　　　　　　？今天我睡了。[②]

[①] 关于抑扬格的双音词才能发生离合化，黄梅、庄会彬、冯胜利（2017）对此有详细的论证。他们认为，只有当双音词的韵律特征和核心重音的节律类型等同时，离合化才能发生。因为抑扬格的词和核心重音的节律一样，都是右重，才能出现离合现象。相反，明显具有扬抑格的词与核心重音的节律不同，不能发生离合。例如，"得罪、张罗、小心、帮助"的词都是扬抑格，所以它们不能发生重新分析，也不能出现离合现象。

[②] 当然，这句话在特别强调"睡"的时候，比如在对比焦点句中强调"不是没有睡"这种意思时，是可以说的。但此时，已经不是核心重音（宽焦）的句子了，而是特殊焦点句。

例（14a）中的离合词现象，是核心重音指派所致的抑扬型重音模式迫使单纯词"鞠躬、高兴"等发生动宾化的结果，进而可以再次扩展，构成汉语中特殊的假宾语现象。例（14b）中的冗宾语也值得关注，因为宾语"饭"在语义上是冗余的，在有的语言如英语中完全不必出现，比如我们可以说"I want to eat"，但一般不说"I want to eat food"，可见此时的"饭"确实没有意义。然而，在汉语中它们却必须出现，这仍然是核心重音指派的要求：需要一个语义冗余的宾语，以实现动宾结构内抑扬型的重音模式。例（14c）是不及物动词带宾语现象，"睡"是典型的不及物动词，但此时也要带上无意义的宾语"觉"，这也是核心重音的要求。可见，韵律使原本普通的句型变得与众不同，构成了汉语中的特殊宾语现象。

2. 韵律删除句法格式

动词短语层面的核心重音，还体现在可以删除句法结构。具体来说，如果核心重音指派难以得到满足，句子即便合乎句法规则，也要被韵律结构所排斥，导致无法被接受。这种现象便是韵律删除[①]（prosodic filtering），即语言中的一些结构或形式符合句法规则但违背了韵律规则，因而被韵律规则删除的运作。在核心重音的制约下，汉语中不仅排斥"头重脚轻"的动宾结构，还形成了"核心重音决定动词后句法成分数量"的局面。例如：

（15）a. 种树　　*种植树　　种植树木
　　　b. 读报　　*阅读报　　阅读报纸
　　　c. 买书　　*购买书　　购买书籍
（16）a. 动宾+FP[②]　　*小王看见　　三个人　　三次。
　　　b. 动宾+O　　　*张三给了　　三个人　　五本书。

---

　　① 本节只是指出，动词短语韵律层面，核心重音具有删除句法形式的功能。关于韵律删除的详细定义以及在语法中如何运作，将在第七章详细论述。
　　② 这里的 FP 是句法上频率短语（frequency phrase）的简称，用来表示动词短语所述事件发生的频率。

    c. 动补+N　　* 打　　　　牢固　　　　基础。
    d. 动宾+PP　　* 挂　　　　衣服　　　　在墙上。
    e. 动宾+NP　　* 收　　　　徒弟　　　　少林寺。

例（15）诸例，双音节 [1+1] 式的动宾结构和四音节 [2+2] 式的动宾组合均可接受，唯独三音节 [2+1] 式的动宾组合不合法。根据汉语的核心重音指派原则，动词将核心重音指派给它的宾语，故而宾语在韵律上重于动词。另一方面，[2+1] 式结构中，动词由两个音节组成，而宾语只有一个音节，就音节数量而言，二重于一，这势必造成"左重右轻"的局面，与动宾结构"左轻右重"的要求相互冲突，导致该类形式被删除。例（16）诸例则代表另一类情形，即核心重音范围内有两个需要获得核心重音的成分，由于动词只能指派一个核心重音，那么必有一个成分无法获得重音而又无法弱读，被视为核心重音范围内的非法成分，最终导致句子不合法。

    3. 韵律激活句法运作

动词短语韵律层面的核心重音，其作用不仅仅在于重构句法、制约句法，还能够"激活"句法运作，增加了汉语的语法形式。这便是韵律激活[①]（prosodic activation），即由于韵律动因而激活了普遍语法中原有的、为人类语言句法系统所允许的，但未被启用的一些句法操作。汉语中，典型的韵律激活现象如介词并入（P-incorporation），即介词通过核心词移位，附接到动词之上，与动词形成一个复杂动词（冯胜利 2013a）。例如：

    （17）a. * 那本书，他放了在桌子上。
          b. 那本书，他放在了桌子上。

例（17a）所代表的 "V+ASP+PP" 句法格式，在汉语中不合语法。为何如此？恐怕句法上很难给出一个合理的解释，毕竟这种句法格

---

    ① 本节只是指出，动词短语韵律层面，核心重音具有激活句法运作的功能。关于韵律激活的详细定义及运作程序，将在第八章详细论述。

式在其他语言中俯拾皆是，如英语中的"I lived in the school"（比较汉语"*他住了在学校"）。从核心重音指派的角度，这种句法格式的非法性可以得到很好的解释：因为汉语的核心重音是以最后一个动词为中心实现指派，而在"V+ASP+PP"句法格式中，指派是无法进行的（下图中◆表示管辖的障碍，也是阻挡动词指派重音的障碍）（冯胜利2013a：221、225）：

（18）

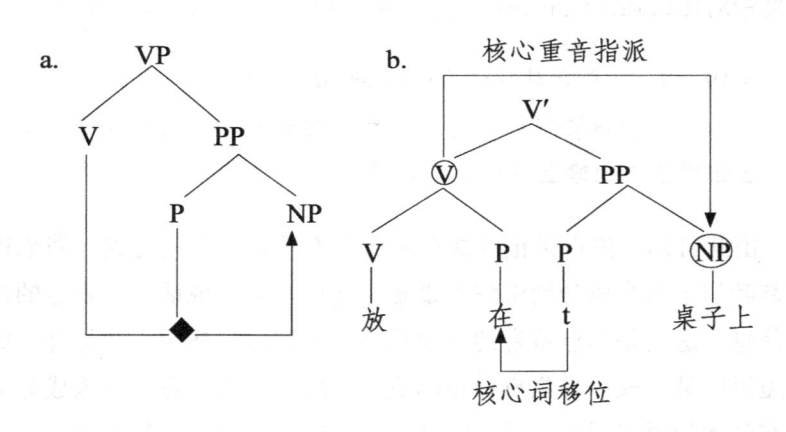

例（18a）中，P阻碍了V对于NP的直接管辖，导致核心重音指派的运作无法进行。这时，为了满足核心重音指派的需求，普遍语法中介词并入的运作被激活，致使介词发生中心语移位，附接到动词之上，并与动词构成一个复杂动词（体标记"了"出现在介词"在"之后便是其证），此时如例（18b）所示，复杂动词可以直接管辖NP，实现核心重音顺利指派。因此，韵律虽然不能直接创造句法，但可以激活原来不曾使用的潜在运作，增加语言的语法形式。

（二）时态短语韵律

时态短语韵律（TP-prosody），是狭域焦点重音（narrow focus stress）常常出现的范域。焦点（focus）是指说话人在传递信息时最希望听话人获取和关注的信息。说话人为了传达焦点信息，会在特殊语境中形成句子的局部焦点重音。这里的狭域或局部焦点重音，就是我们一般所说的焦点重音，用于突出强调句中某个成分，而该成分带上焦点重音以后，全句其他成分的发音分量都因凸显焦点而全部降低。这种焦点重音干扰下所表现出来的句子重音形式，就是时态短语韵律。

不同于核心重音只由动词直接管辖的补述语成分承载，焦点重音可由句中任意一个成分承载（一些功能性范畴除外，如标句词"吗"、体标记"了、着、过"、结构助词"的"等），只要该成分携带对比或强调性的特征。这便是"焦点-重音对应律"：

（19）焦点-重音对应律（Zubizarreta 1998）
　　　一个短语中如果有焦点标记的成分，那么该成分一定包含该短语中韵律上最为凸显的词。

由此可知，焦点标记的成分一定含有重音。也就是说，我们通过判断句中哪个成分携带焦点重音，便可以推断说话者所表达的焦点信息。这便是焦点重音的首要功能——标示句法焦点。另外，如果短语中某个成分是焦点标记的成分，应当承载重音，但该成分又没有具体的语音形式，无法实现焦点重音，实现重音的需求便会促发另一成分发生句法移位，填补到该成分所在的位置，以支撑焦点重音的实现。这是焦点重音的另一项功能：促发句法移位。

1. 焦点重音标示句法

重音标示句法焦点，体现在焦点重音所在，即是句法结构上焦点标记的成分所在。听话者可以根据重音，准确把握焦点标记之后的句法结构。尤其对于相同（或相近）的语符串，如果重音格式（stress pattern）不同，就具有不同的语义解读，而不同的语义解读背后，体现的是不同的句法底层结构。此时，重音可以作为句法结构的外在显现或形式标记，听话者可以借此得到提示，推导句法结构，理解说话者所要表达的意义。

下面的例子具有代表性（下加横线表示重音）：

(20) a. 埋怨<u>什么</u>呢？（你们在那儿埋怨什么呢？）（疑问语气）
　　 b. <u>埋怨</u>什么？！（很不应该埋怨。）（反问语气、批评口吻）

同样的语符串"埋怨什么"，说话者的重音模式不同，则表达不同意义。对于例（20a），如果"什么"承载重音且句子以一种疑问语气说出，则表达的是对于听话者埋怨内容的询问，即："你们在那儿埋怨什么（事儿）呢？"但对于例（20b）来说，一旦"埋怨"承载陈述语气下的焦点重音，则整句话是一种批评口吻，含有"很不应该埋怨"的意思。此时所表达的意义的差别，实际上是底层不同句法结构的体现。例（20a）和（20b）的底层结构分别是对应（21a）和（21b）所示的句法结构[1]：

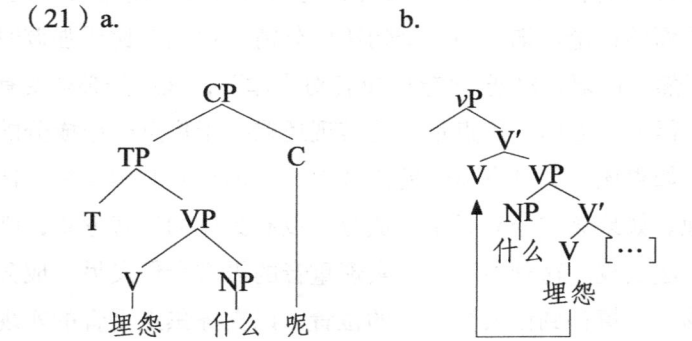

(21) a.　　　　　　　　b.

```
        CP                    vP
       /  \                   |
      TP   C                  V'
     /  \                    /  \
    T    VP                 V    VP
        /  \                    /  \
       V    NP                 NP   V'
      埋怨  什么  呢           什么  V  [...]
                                   埋怨
```

（20a）中的"什么"是"埋怨"的宾语，而（20b）中的"什么"其实表达"为什么"的意思，与"埋怨"没有动宾关系（至于动词向上移位，在表层结构上出现在"什么"之前，下一小节有具体分析）。因此，对于"动词+什么"这种语言形式，实际上有两种不同的底层结构，而每一种结构又对应一种重音格式，分别表达不同的意义，即：

---

[1] 例（21a）中的句法结构省略了此处无关的细节，如轻动词的位置。另外，汉语中的语气词，出现在标句词的位置，具体请参考邓思颖（2010：136—165）第八章有关语气的论述。

（22）a. 动词+<u>什么</u>　"什么"承载重音，表达"做什么"（询问语气）

　　　b. <u>动词</u>+什么　动词承载重音，表达"为什么"（责备语气）

　　由此，也可以看出重音格式和句法结构、意义表达之间的对应性。上面例（20—22）足以说明，每一种重音格式，分别对应一种句法结构，表达不同的意义。此时，焦点重音就作为句法结构的一个重要的形式标记或外在显现，标示不同的句法焦点所在，让听话者准确理解所表达的意义。

2. 焦点重音促发句法移位

　　时态短语韵律层面的焦点重音，还有促发句法移位的句法功能。由前面的讨论可知，当一个句法成分需要得到对比或强调时，就携带了焦点标记。根据"焦点-重音对应律"，该成分必须要有焦点重音。但另一方面，焦点重音的实现还取决于焦点标记成分的语音形式。如果该成分具有显性的语音形式，那么此时焦点重音便可顺利实现。如果该成分只是隐性成分，没有具体的语音形式，则焦点重音无法实现。这种情况下，实现重音的需求会促发另一成分发生句法移位，填补到该成分所在的位置，以支撑焦点重音的实现。具体规则表述如下：

（23）焦点重音移位（Feng 2017a）
　　　　移动一个句法成分到有焦点重音的位置。

　　这就是焦点促发句法移位的功能。我们还以左重格式的［<u>埋怨</u>+什么］为例，看焦点重音如何促发句法移位。根据蔡维天（2011）的研究，存在一个轻动词短语，中心语是一个表原因、目的的轻动词［FOR］。当［FOR］具有显性形式时，可实现为"为什么埋怨"；当［FOR］为隐性轻动词时，动词"埋怨"移位到轻动词的位置，最终形成了［埋怨+什么］结构。此时，我们需要回答：动词向上移位的动因是什么?

从例（21—22）的观察可以看到，［埋怨＋什么］表达批评口吻，指"不应该做什么"的意思时，动词必须有焦点重音。由于［埋怨＋什么］结构是由动词移位到轻动词［FOR］而形成的，移位成分本身并不携带焦点特征，这里具备焦点特征的是隐形轻动词［FOR］。但［FOR］作为隐性成分无法实现焦点重音，因此动词移位到轻动词位置，以支撑焦点重音，具体如下：

（24）

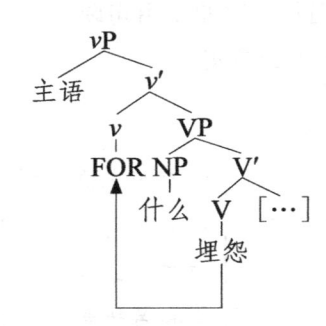

```
            vP
      主语  /  \
            v'
          /   \
         v     VP
       FOR    /  \
             NP   V'
             |   /  \
            什么  V  [...]
                 |
                埋怨
```

一方面，隐形轻动词［FOR］具有焦点特征，必须实现为焦点重音；另一方面，隐形轻动词［FOR］作为抽象成分，又无法实现重音，因此较低位置的动词必须上移，确保轻动词实现焦点重音。

综上，汉语中表责备、不满态度的［动词＋什么］结构，实际上是韵律促发，使得较低位置的动词向上移位，到达轻动词的位置，以实现时态短语层面轻动词成分的焦点重音。由此可见，韵律是现代汉语中促发轻动词移位的一个重要因素。

（三）标句短语韵律

标句短语韵律（CP-prosody）是近年来韵律语法的一个新的研究领域。根据当代形式句法理论，句子是以标句词（complementizer，简作 C）为核心投射而成的短语，即标句短语，因此句子的超音段特征（句调）即是标句短语韵律，处于韵律-句法对应层级中的最高层。此时，有一个问题需要回答：句调（sentential intonation）是如何同句法结构产生交互作用的？

近年来关于韵律-句法交互作用的研究对此的答案是肯定的：标句短语韵律直接影响句法的变化，具体表现是在声调语言中促发句末语气词的产生。这个结论的得出源于声调、句调和句末语气词相关性的观察。首先，汉语方言中声调、句调类型和句末语气词之间呈现出很强的相关性，例如声调越多越复杂，句末语气词就越多越复杂（例如粤语）；句末语气词越多越复杂，句调就越简单越贫乏（例如闽南语）。其次，叶述冕（2016）考察了206种语言有无声调、如何构成是非疑问句（比如使用句调、句末语气词、形态等手段）的情况，发现了如下的事实[①]：

100 种无声调语言

106 种有声调语言 $\begin{cases} 没有句末语气词 & 8 \quad =（7.5\%）\\ 使用形态手段 & 18 \\ 有句末语气词 & 59 \\ 有句首语气词 & 21 \end{cases} =（92.5\%）$

上述统计数据表明，在106种有声调的语言中，有98种语言（92.5%）使用句末（或句首）语气词或显性形态手段来标记语气，这无疑是声调、句调和句末语气词相关性的又一证据。在这种相关性的基础上，冯胜利（Feng 2017a）进一步提出如下假说：

> 句调和句末语气词从根本上来说是一张纸的两面，二者都生成于标句短语核心词 *C⁰ Intonation 节点之下。*C⁰ Intonation 可根据不同语言的音系系统而赋有参数变化：在无声调的语言中实现为超音段的句调，在有声调的语言中可以实现为音段的语气词。

该假说提出，标句短语核心词 *C⁰ Intonation 可实现为句子的句调，

---

① 下图中数字（百分比除外）均代表语言数量。

然而一旦句调的实现受到来自该语言其他语音因素（比如声调）的干扰，便可能从超音段形式（句调）转化为音段形式（语气词）。换言之，语气词可以分析为句调的变体。如此，汉语句末语气词的来源（乃至其他语言语气词的来源）问题便信然可解，而声调、句调和句末语气词的关系问题也得以深入。关于这些方面，我们将在第十章第五节和第十一章第三节详细介绍。

三、标句短语韵律与动词短语韵律的互动

通过上面的讨论可知，三个韵律层级各有其属性和句法功能，直接影响句法的变化。同时，三层韵律之间又并非彼此隔离，而是存在交互作用。近年来，韵律句法的研究在三个韵律层级之间的互动问题上已有所突破，发掘了一批语言现象，其中一个典型的案例就是句调和核心重音互动所致的"一调一动"现象（冯胜利 2017a）。下面即以此为例看看韵律层级间的互动。

现代汉语口语中有一个非常显著却甚少为学者所关注的现象：句子的谓语位置上不允许出现"和"连接的并列动词短语。[①] 例如：

(25) a. *张三昨天唱了一首歌和跳了一支舞。
  b. *我进了屋子和看见一个妖怪。

但英语中却可以用 and 连接并列动词短语。此外，古汉语中用"而"连接两个并列谓语的现象也俯拾即是。例如：

(26) a. John sang a song and danced a dance yesterday.
  "昨天约翰唱了一首歌和跳了一支舞。"
  b. I entered the room and saw a monster.
  "我进了房间和见到了一个妖怪。"

---

① 这里说现代汉语不允许动词短语并列只是针对口语语法的限定。根据冯胜利（2010b）的语体理论，语体不同则语法规则也因之而异。在正式语体里，动词短语并列结构是允许的，如"购买和阅读了一本书"。

（27）a. 听其言而观其行。(《论语·公冶长》)
　　　b. 宋督攻孔氏，杀孔父而取其妻。(《左传·桓公二年》)

此前，对于现代汉语中为什么不能用"和"连接并列动词短语，一直没有令人信服的解释。不过，从汉语核心重音的角度，这一结构的非法性可以得到很好的解释。上文提到，汉语的核心重音由动词指派给其直接管辖的补述语成分。如果一个句子是并列动词短语结构，将会出现指派两个核心重音的情况：

（28）

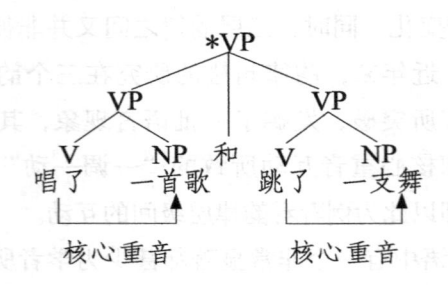

```
              *VP
         /     |     \
       VP     和     VP
      /  \          /  \
     V   NP        V   NP
    唱了 一首歌   跳了 一支舞
     └─核心重音─┘  └─核心重音─┘
```

但另一方面，一个句子只能有一个核心重音。因此，并列动词短语因造成了"一句两重"的局面而被语法规则系统所删除，这正是现代汉语口语中没有并列动词短语结构的原因所在。不仅如此，根据冯胜利（2017a）的研究，汉语从古到今的演变中，并列标记"而"字的消失也与核心重音指派方式转变有关。具体说来，上古汉语与英语类似，核心重音落在句子最后一个短语的最后一个成分上，不管句子的最后短语是介词短语，还是其他短语，而中古以后，汉语的核心重音变为动词指派，这就造成"而"字标记的并列结构"一句两重"而被语法规则系统删除，进而导致"而"字消失。

事实上，汉语管辖式的核心重音指派不仅排斥了并列动词谓语，还对汉语的句调语法产生了深远的影响，其中之一就是造成了句调、核心重音和动词之间一一对应的局面。这里的问题是，句调何以同核心重音和动词发生关系？

我们知道，句调是一个句子成立的韵律条件，正如陆俭明（2013：21）所说，"句子的特点是：第一，一定伴有句调。前后停顿可以看做是一个完整句子的起点和终点。"而且，一个句子只能有一个句调。如此，上述的对应关系则已然明晰，其原理表述如下（冯胜利2017a）：

（29）∵① 每个句子有一个句调，
② 每个句子有一个核心重音。
若每个核心重音均由一个动词指派，
∴ 每个句调只含一个动词（predicative verb）。

上述的逻辑推导，实际上蕴含了句调、核心重音和动词之间一一对应的关系，即：一个句调下，只能有一个核心重音，也就只有一个动词。这个对应关系，可以称之为"汉语句调限定律"（Constraint on Sentential Intonation in Chinese）：

（30）汉语句调限定律（冯胜利2017a）
一个句调不能包含两个（或以上）的动词谓语。

这一规则简称为"一调一动"，在现在的系统里可以理解为汉语核心重音与句调交互作用的结果。它的提出，是汉语句调语法研究的开端，必将为后续研究提供重要的研究思路和启示。仅就目前研究而言，已有大量的事实和确凿的证据表明，"一调一动"对汉语的句法有着巨大的影响，造成了汉语不同于其他语言的独特语法面貌。

第四章 韵律模板

所谓韵律模板（prosodic template），是指类型、属性、要求等特点由韵律决定的模板，其所指不限于韵律构词（prosodic morphology）领域，但韵律构词领域关于韵律模板的研究，成果最为丰富，也最为一般的研究者所了解。除了韵律构词领域，自然话语节奏、诗歌艺术节律等领域，同样存在韵律模板。为行文方便，下文中我们称后者为节律模板，以区别于韵律构词领域的韵律模板。相对而言，节律模板的研究目前仍处于起步阶段，取得了一些关键性进展，但总体成果较少，所以本章将以韵律模板为主要内容，同时兼顾说明节律模板研究的基本情况。

韵律模板是韵律构词研究中的关键性内容，介绍韵律模板，不能不谈韵律构词。汉语韵律构词研究对创始于 McCarthy & Prince（1986）的韵律构词学既有继承，又有发展，所以我们先简要介绍普遍的韵律构词理论框架及其韵律模板的基本内涵，然后详细说明汉语韵律构词研究中韵律模板的作用原理。本章第一节、第二节中说明韵律构词学相关研究成果所用的外语语料，如无特别说明，均取自 McCarthy & Prince（1995b）。

第一节 韵律构词的基本内涵

一般所说的构词是指语素组合或实现为词，比如"国家、水、犹豫、摔倒、unexpectable、exciting"等分别由语素"国、家，水，犹豫，摔、倒，un-、expect、-able，excite、-ing"构成或实现，构词过程并不涉及韵律。这里的语素是最基本的构词单位，是语言中最小的音义结合体。以上这些属于语言学基本知识，看起来并没有什么问题。但当我们深入观察复杂的语言现象时就会发现，语言的构词远非如此简单。例如斯瓦蒂语（Swati）中的动词重叠和祈使形式：

（1）斯瓦蒂语中的动词重叠

动词词根	意义	词根重复形式
si-ya-tfú:tsa	move house	si-ya-<u>tfutsá</u>-tfu:tsa
si-ya-bó:na	see	si-ya-<u>boná</u>-bo:na
si-ya-kalé:la	weigh for	si-ya-<u>kale</u>-lalé:la
si-ya-khulú:ma	talk	si-ya-<u>khulu</u>-khulú:ma
si-ya-tfutsé:la	move for	si-ya-<u>tfutse</u>-tfutsé:la
si-ya-khulumísa:na	talk to each other	si-ya-<u>khulu</u>-khulumísa:na
si-ya-bonísa:na	show each other	si-ya-<u>boni</u>-bonísa:na

斯瓦蒂语中，词根重叠形式列的构词形式中，标下划线的部分并不是形式固定的某一个语素，而是复制词基[①]的一部分来表达意义，不存在与"义"结合的固定的"音"形式。

（2）斯瓦蒂语词根祈使形式

	非限定形式	单数祈使形式	意义
a. 双音节形式词根	kú-bóna	bóna (*bona-ni)	see
	kú-vala	valá	close
	kú-khulúma	khulúma	talk
b. 单音节形式词根	kû-dlá	dlá-ni (*dla)	eat
	kû-phá	phá-ni (*pha)	give

[①] "词基"（base），韵律构词学文献中多用此术语来表示词形变化的基础形式，比如雅阁塔语（Agta）中，单数形式 takki（腿）是复数形式 tak-takki（多条腿）的词基。词基不是与词根、词缀等平行的概念，词根如果是韵律构词中词形变化的基础形式，那么便是词基，否则便不是。

例（2）同样非常典型，其中，当词干是多音节时，其单数祈使形式就是词干本身，并不增加任何语素；而当词干是单音节时，其单数祈使形式必须增加 -ni 后缀。祈使形式是否增加后缀，由词干是单音节还是多音节决定，这在韵律构词学产生前的研究中，也较少提及。

要解决例（1）和（2）所代表的问题，就必须承认韵律对构词的影响。研究韵律如何影响构词的学问即韵律构词学。仔细观察例（1）和（2），我们发现，两例中的构词语素虽没有固定的形式，但其大小（size）及与词基的关系是确定的：例（1）中标下划线的语素都是双音节；例（2）中，表达单数祈使意义的形式最小必须满足双音节，为了满足这一要求，单音节后需要加词缀 ni。两例中，双音节构成一个韵律单位，最小为双音节的要求是韵律要求，韵律要求施加于构词，即韵律影响构词。更具体地说，韵律决定词的大小及最终所实现的语音形式。换言之，我们说的韵律影响构词，是指构词中的语素或构词形式需满足韵律要求，它们根据韵律模板的要求产生或创造。证明韵律影响构词（决定词形）的语料及现象非常丰富，我们将在后文的进一步分析中详细说明。

第二节 韵律模板的作用原理

一、韵律因素决定构词模板

"构词模板由韵律层级上的韵律结构单位定义"是韵律构词学的基本假设（McCarthy & Prince 1995b），根据这一假设，构词模板所实现的标准形式（canonical shape）不是由音段（segment）或其他因素（如是否允许复辅音丛、是否必须元音结尾等音系因素，或词基的构词类型等）决定，而是由以下（3）所示的韵律层级中的韵律单位来决定，且韵律单位是构词模板的唯一决定因素。韵律结构单位对构词模板的作用具体体现为韵律对词缀、词根等各层词汇单位的限制。

（3）韵律层级

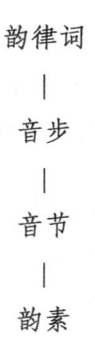

韵律词
|
音步
|
音节
|
韵素

复制（reduplicative）（详见例（4—7））和"词根与模式"（root-and-pattern）（详见例8）是两种典型的构词方式，其目标模板即是构词模板，下面分别举例说明构词模板如何由韵律层级中的韵律单位定义。

（4）伊洛卡诺语中的复制

根词	意义	复数形式	意义
kaldíŋ	goat	kal-kaldíŋ	Goats
púsa	cat	pus-púsa	cats
kláse	class	kla-kláse	classes
jyánitor	janitor	jyan-jyánitor	janitors
róʔot	litter	ro:-róʔot	litter (pl.)
trák	truck	tra:-trák	trucks

例（4）是伊洛卡诺语（Ilokano）的例子，该语言中复数语法范畴的构词模板是"复制-词根"，"复制"部分是表达复数语法范畴的词缀，这一部分的形式受韵律制约。具体见示例中右侧"复数形式"列（第3列），"-"前的复制部分表示伊洛卡诺语中的复数，这些表示复数的形式都是根词的一部分（前4行）或根词中一部分的变形（后2行），这些表示复数的部分，比如 púsa 中的 pus、kláse 中的 kla、trák 中的 tra:，并不是某种不变形式，互相差异

101

很大，甚至都不是根词中的音节。事实上，该语言中这些表示复数的复制形式的真正共性为都是双韵素（bimoric），伊洛卡诺语中表示复数的词缀的语音形式表现为韵律层级中的双韵素重音节，复制这一构词方式的目标模板由韵律层级中的双韵素重音节定义。

（5）莫基利斯语中重音节前缀

词根	进行体形式	意义
pɔdok	pɔd-pɔdok	plant
mʷiŋe	mʷiŋ-mʷiŋe	eat
kasɔ	kas-kasɔ	throw
wadek	wad-wadek	read
pilɔd	pil-pilɔdpick	breadfruit
kookɔ	koo-kookɔ	grind coconut
sɔɔrɔk	sɔɔ-sɔɔrɔk	tear

例（5）是莫基利斯语（Mokilese）语料，其中第 2 列是动词的进行体形式。该语言中进行体为"复制＋词根"模板，附加于词根的前缀形式都是复制词根的一部分得到的，比如复制 pɔdok 中 pɔd 为前缀、复制 kookɔ 中 koo 为前缀等。从韵律上看，复制的前缀都是重音节。

以上例（4）和（5）中复制得到的是词缀形式，都是词缀形式与韵素、音节等韵律单位对应的语料。以下例（6）和（7）则都是词干与韵律词对应的语料。

（6）迪利亚语中的复制

根词	复制	意义
wíla	wíla-wíla	woman
kánku	kánku-kánku	boy
kúḷkuŋa	kúḷku-kúḷkuŋa	to jump
t̪íparku	t̪ípa-t̪íparku	bird sp.

ŋánkaṉṯi　　　　　ŋánka-ŋánkaṉṯi　　　catfish

例（6）的迪利亚语（Diyari）中[1]，复制构成的是"词干+词干复合词"，即复制的部分，如 wíla、kánku、ŋánka 等是词干，而不是词缀。复制的词干部分都是两个音节。该语言中的韵律词由两个音节构成，所以复制的词干事实上是一个韵律词。再比如以下例（7）所示的拉迪尔语（Lardil），也是词干与韵律词对应的情况。

（7）拉迪尔语中的主格和宾格

	底层形式	主格	意义
a.	双元音韵素词根		
	/wiṯe/	wiṯe	inside
	/peer/	peer	ti-tree species
b.	单元音韵素词根		
	/wik/	wika	shade
	/ter/	tera	thigh
c.	多于双元音韵素的词根		
	/mayara/	mayar	rainbow
	/kantukantu/	kantukan	red

例（7c）说明在拉迪尔语中主格（nominative）形式的词末不能有元音，但例（7a）和（7b）的主格列说明：当基式为双元音韵素形式时，词尾元音可以保留，比如 wiṯe 保留了词尾的 e 元音；当基式为单元音韵素形式时，还需要在基式的基础上增加一个元音，比如基式为 wik 时，主格形式增加了元音 a。

出现例（7a）和（7b）现象的原因便是词干与韵律词对应：在拉迪尔语中，主格形式的词干与韵律词对应，韵律词最小为一个音步，即最小包含两个韵素，于是例（7b）中的单元音韵素形式必须

---

[1] 迪利亚语（Diyari）语料取自 Downing（2006：26），原文中未注明复制形式的意义。

增加一个元音以满足双韵素要求。至于例（7a），其中双元音形式，刚好满足韵律词双韵素要求，所以不能删除词尾元音，只能保留。

（8）阿拉伯语中的复数和小称形式

单数	复数	小称	意义
ħukm	/ħakaam/	ħukaym	judgment
ʕinab	/ʕanaab/	ʕunayb	grape
jaziir + at	jazaaʔir	juzayyir	island
jaamuus	Jawaamiis	juwaymiis	buffalo
jundub	Janaadib	junaydib	locust
sultaan	Salaatiin	sulaytiin	sultan

与前几例都是复制形式构词不同，例（8）所示阿拉伯语中的词根与模式构词现象是构词模板由韵律层级中单位决定的另一类现象。阿拉伯语中，复数和小称（diminutive）词干并没有固定的音段形式（如例（8）左起第2、第3列中加下划线部分所示），但所实现的语音形式都投射为一个轻音节后接一个重音节构成的抑扬格音步（iambic foot）。比如第一个词的复数形式 ħakaa 是轻音节 ħa 后接重音节 kaa；第一个词的小称形式是轻音节 ħu 后接重音节 kay——阿拉伯语中复数和小称形式都必须满足抑扬格音步这一韵律限制。

总之，构词模板必须满足韵律层级中单位的限制，这种限制通过构词单位与韵律单位的对应来实现。构词单位包含词缀、词根、词干、词汇词等。所以，构词单位与韵律单位对应，可能是词缀与双韵素音节对应，词干与音步对应，词干与韵律词对应，等等。对应，意味着构词单位最终实现的语音形式必须满足相应的韵律单位的要求。另外，构词单位与韵律单位的对应是"枢纽对应"，即韵律单位序列中的一级与构词单位序列中的一个相对应，序列中的其他成员通过对应的这一级以向上或向下传递的方式对应。比如词干与韵律词对应，则构成词干的下级单位（如语素）原则上与韵律词的下级单位也存在某种对应关系。这种对应可以图示为（9a），其中 B 和 β 对应，于是通过向上传递，A 与 α 形成某种对应；通过向下传递，C 与 γ 形成某种对应。其他同此。与（9a）对比的（9b）并非枢纽对应，而是两个序列中各级单位直接一一对应，韵律构词学中的构词单位与韵律单位间不是这种对应。

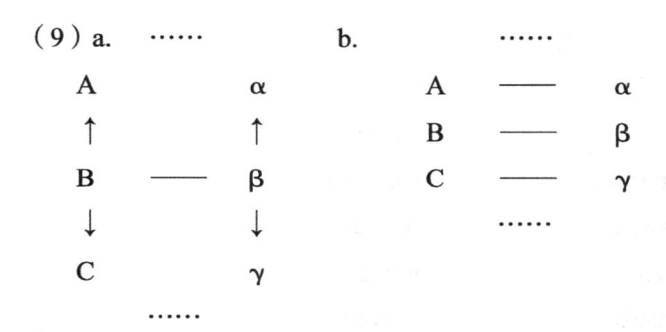

（9）a.　……　　　　　　b.　　　　……
　　　A　　　α　　　　　　A ──── α
　　　↑　　　↑　　　　　　B ──── β
　　　B ──── β　　　　　　C ──── γ
　　　↓　　　↓　　　　　　　　……
　　　C　　　γ
　　　……

二、模板构词的两种类型及韵律作用

模板构词有两种情况，一种情况为构词的目标模板就是构词形成的最终词汇形式；一种情况为模板是参与词汇构成的词缀的目标形式。

例（10）和（11）是第一种模板构词情况的示例。

（10）阿拉斯加中部爱斯基摩语中的近称呼格

　　　名字　　　　近称呼格
　　　Aŋukaɣnaq　　Aŋ ~ Aŋuk
　　　Nupiyak　　　Nup ~ Nupix ~ Nupik
　　　Cupəl:aq　　　Cup ~ Cupəl
　　　Kalixtuq　　　Kał ~ Kalik
　　　Qətunyaq　　　Qət ~ Qətun

例（10）所示的爱斯基摩语（Central Alaskan Yupik Eskimo）

105

中近称呼格（proximal vocative）最终词汇形式必须是一个音步。右列是左列各"名字"向模板投射（segment-to-template mapping）的结果，各名字投射后得到的语音形式虽有不同，但都是音步：Aŋ、Cup 是包含两个韵素的重音节构成的 H 型音步，Aŋuk、Cupəl 则是单韵素轻音节加双韵素重音节构成的 LH 型音步。

（11）日语中的昵称

名字	昵称
ti	tii-tyan
syuusuke	syuu-tyan
yoosuke	yoo-tyan
taizoo	tai-tyan
kinsuke	kin-tyan
midori mii-tyan	mit-tyan mido-tyan
wasaburoo	waa-tyan wasa-tyan sabu-tyan wasaburo-tyan

日语中昵称（hypocoristic）是一种词汇形式，这种词汇形式体现为某一种模板，这种构词现象也称为截取（truncation）。例（11）左侧"名字"这一列中的音段（segment）通常被投射为由两个韵素构成的最小词（minimal word）模板，少数情况被投射为最小词复合（minimal-word compound）对应的模板中。比如 tii、syuu、wasa 等都是最小词，wasaburo 是最小词的复合。

模板构词的第二种情况是模板作为词缀，即根据模板的要求，复制词基的一部分成为词缀附加于词基的现象。比如以下例（12）和（13）的现象。

（12）伊洛卡诺语的词缀复制

a. 单韵素模板词缀　加前缀形式　意义

| bu.neŋ | si-bu-bu.neŋ | carrying a buneng |
| jya.ket | si-jya-jya.ket | wearing a jacket |

pan.di.liŋ	si-pa-pan.diliŋ	wearing a skirt
b. 双韵素模板词缀	加前缀形式	意义
pu.sa	pus-pu.sa	cats
jya.nitor	jyan-jya.nitor	janitors
kal.diŋ	kal-kal.diŋ	goats

例（12a）中，伊洛卡诺语（Ilokano）复制得到的词缀表示"用……覆盖/填充"意义，其中表示这一意义的前缀 bu、jya、pa 等是根据单韵素模板要求，复制词基得到的；例（12b）中，复制得到的前缀，如 pus、jyan、kal 等，表示"复数"意义，这些词缀是根据双韵素模板要求，复制词基得到的。

（13）玛纳姆语中的后缀复制

词基	加后缀形式	意义
salaga	salagalaga	long
moita	moitaita	knife
ʔarai	ʔarairai	gringer species
laʔo	laʔolaʔo	go
malaboŋ	malaboŋboŋ	flying fox
ʔulan	ʔulanlaŋ	desire

例（13）是玛纳姆语（Manam）后缀复制的现象，该语言中的后缀是在词基中从右向左复制双韵素得到的，比如 laga、ita 等都是两个韵素，后缀为双韵素模板。

107

第三节　汉语的韵律影响构词模板

一、汉语构词模板由音节和韵律词定义

影响汉语构词模板的韵律因素是什么呢？下文将看到，汉语构词模板分别是音节和韵律词。音节对构词模板的影响体现为 Feng（1995：94）、王洪君（2005b）、冯胜利（2009a）等研究中提出的"语素音节对应"规律，该规律可以形式化为以下（14）。

（14）语素音节对应律（Morphosyllabic Rule）

$$\begin{array}{c} M \\ | \\ \sigma \end{array}$$

汉语中语素必须对应音节。

规则（14）意味着汉语中的根语素必须至少是一个独立的音节（参上节有关根语素的概念），小于一个音节的成分不可能成为根语素[①]——当然，语素大于一个音节并不违反该规则。[②]比如汉语中"天、地、民、人、震"都是一个语素，都是单音节，语素与音节对应；"犹豫、窟窿、琵琶"等都是韵律派生词或外来词形成的双音语素，大于单音节；"地震、扫盲、刺眼"等都是合成词，包含两个语素，都是双音节，同样满足语素与音节对应。

语素与音节对应，不只存在于汉语，也存在于爪哇语（Javanese）（见例（15））和土耳其语（见例（16））中，Downing（2006：120）及相关研究中也大量提及。

爪哇语中有一种加 N 缀构词的现象[③]，具体变化如例（15）所

[①]　汉语普通话中儿化是语体语法中的"语体缀"。
[②]　要特别注意，因为来源原因，派生词、外来词尤其是音译词形成规律特殊，不在该构词模板讨论范围。
[③]　爪哇语语料取自 Downing（2006：102）。

示：N 缀会因为词根的音节数不同而有时发生鼻化音融合现象（nasal fusion），有时不会。

（15）爪哇语 N 缀构词中的鼻化音融合现象
    a.   双音节词根

词根	前缀 N+ 词根	意义
cukur	ɲukur	shave someone
bali	mbaleni return	something
tulis	nulis	to write

    b.   单音节词根

词根	前缀 N+ 词根	意义
cet	ŋəcet (*ɲet)	(to) print
bom	ŋəbom	(to) bomb

例（15a）显示该语言中当词根为多音节时，N 词缀附加后，会发生鼻化音融合，如第一行 cu 变 ɲu，第二行 ba 前加 m，第三行 tu 变 nu；例（15b）则显示，当该语言词根为单音节时，N 词缀附加并不会引起鼻化音融合（如第一行所示，cet 鼻化音融合得到 ɲet 并不正确），而是在词根前加 ŋə（即 N+cet → ŋə+cet）。为什么单音节词根不能发生鼻化音融合，或者说为什么 *ɲet 这样的单音节词干形式不存在呢？事实上，爪哇语允许单音节词汇，比如例（15b）左列各例，显然是其他原因决定了 *ɲet 这样的单音节词干形式不正确。所以，单音节词根加词缀 N 后，不能像多音节词加 N 缀后一样产生鼻化音融合，根本原因在于词根与词缀组合得到词干，词干包含了两个语素。根据语素与音节对应规则，包含两个语素的词干，语音形式需满足至少两个音节的要求。例（15b）中，如果词缀与单音节词根组合发生鼻化音融合，则词干大小仍然为单音节；只有不发生鼻化音融合，才能满足词干至少双音节的要求。于是，双音节词根 tulis 加词缀 N，可以发生鼻化音融合得到 nulis；单音节词根 cet 加词缀 N 后，不能发生鼻化音融合，反而词缀后要插入 ə 自成一

109

个音节，以保证词干整体达到两个音节。

再比如例（16），土耳其语（Turkish）中派生词与非派生词的音节大小限制方面的不同也充分反映了语素与音节对应规则的作用。

（16）土耳其语的最小形式

  a. 派生词的最小双音节限制

  *ye-n eat-PASSIVE (=be eaten!) 对比

   ye-di eat-PAST

  *de-n say-PASSIVE (=be said!) 对比

   de-mek say-IN FINITIVE

  b. 单音节非派生词

土耳其语	意义	土耳其语	意义
ye	eat	de	say
at	horse	ev	house
hap	pill	dil	tongue

例（16a）中派生词 ye-n、de-n 不正确，而 ye-di、de-mek 正确，说明土耳其语中派生词的最小形式，至少是双音节，这意味着该语言不允许有单音节形式的派生词；而非派生词则最小形式可以是单音节，如例（16b）。为什么非派生词最小形式可以是单音节，派生词却至少是双音节呢？事实上，这种现象完全符合语素音节对应规则的预测：派生词包含至少两个语素，每个语素对应一个音节，所以最小词形为双音节；非派生词只包含一个语素，所以最小词形可以是一个音节。

反映汉语音节对构词模板影响的语素音节对应律，决定了汉语词的最小形式。汉语中词的最大形式，也有一定的规律，这一规律体现在韵律词影响构词模板的"词不大于韵律词"规则（参见冯胜利 1996b，2001a）。

(17) 复合词不大于韵律词

汉语的复合词必须首先是一个韵律词，韵律词是"词"与"语"分流之大界。

根据规则（17），汉语中复合词一定小于或等于一个韵律词，大于一个韵律词的由多成分组成的单位，不是复合词，而是短语。韵律词由音步构成，汉语标准音步为双音节，超音步为"2+1"形式的三音节，汉语的复合词首先必须是一个韵律词，意味着其语音应为标准音步或"2+1"形式超音步，最大为三个音节，即"小不减二，大不过三"。

再举一些汉语中有意思的现象来说明规则（17）。汉语复合词由语素组成。逻辑上说，一个复合词包含的语素数量应该不受限制，词义越复杂，组成词义的语素数量越多，词形也应该越大。但事实并非如此，即使词义复杂如"谢幕、荷包"等，仍最多只从组成词义的众多语素中选出两个，而并未选用更多语素入词，其根本原因就在于，多选一个语素，就需要多一个音节，这样词的长度会超过"不大于韵律词"的限制。比如以下例（18）所示的现象：

(18) 驼绒 ～ 骆驼绒
　　加元 ～ 加拿大元
　　花生 ～ 落花生
　　工会 ～ *工人会
　　译文 ～ *翻译文

例（18）反映了现代汉语对双音节复合词的偏爱。前三行的例子，右列的多音节形式仍然合法，但左侧的双音节是更常用的形式；后两行的例子，右列的多音节形式已经不正确了，现代汉语中只能说左侧的双音节形式。这一现象的原因就是，三音节的韵律词是特殊条件的产物，由标准音步实现的双音节韵律词是更优选的形式，所以在双音节与三音节两种形式皆可选时，汉语会更倾向于双音节形

111

式。

现代汉语中也存在一些只有三音节形式的词，比如"救护车、运输机、洗洁精、手术刀、直升机、电梯门、纯净水、橄榄油"等，这些词没有对应的双音节形式。不过，这与例（18）反映的双音节形式较三音节形式优选并不矛盾，因为：第一，超音步是该系统允许的格式；第二，由于其他一些原因，如语义、语体等规律限制，这些词没选择双音节形式，所以只有三音节一种形式。

至于汉语中那些更多音节、更大的"词"，事实上都是不大于韵律词的复合词的复合。例如：

（19）纸张粉碎机　　多弹头分导重入大气层运载工具
　　　袖珍英汉词典　　高钙营养奶粉

例（19）中各例都大于韵律词，似乎是汉语中复合词不大于韵律词的反例。事实上，例（19）与汉语的典型合成词，如"可信、得罪、咳嗽、地震、谢幕"等，确实存在区别（裴雨来，邱金萍2015）。吕叔湘（1979：21）也提到"袖珍英汉词典"这一类不是"一般人心目中的词"。冯胜利（1998）认为，例（19）这些形式是复合词的再度复合，不同于简单复合词。所以，例（19）并不能说明汉语词的最大限制可以大于三音节，例（19）现象并不是规则（17）的反例。

作用于现代汉语构词模板的韵律层级是音节和韵律词，音节与语素对应限制了汉语词的最小形式，词不大于韵律词限定了汉语词的最大形式。

二、汉语词形大小限制及原因分析

关于现代汉语的词形大小问题，最简单的总结大约是基于单纯词、合成词的分类所得出的汉语中词的类型与音节数间的对应关系，即如表4-1。

表 4-1　汉语词的类型与音节数对应关系

音节数	单纯词	合成词
单音节	+（例如：买、牛、的）	-
双音节	+（例如：彷徨、犹豫、蝴蝶、逍遥）	+（例如：冰箱、马匹、说服、日食）
三音节	+（例如：巧克力、俄罗斯、华盛顿）	+（例如：复印件、青铜器、杀虫剂）

表 4-1 反映的汉语词形大小的现象，都是语素音节对应律和词不大于韵律词规则作用的反映。比如，根据语素音节对应律，汉语语素的最小形式是一个音节，汉语中一个单纯词由一个语素构成，所以当然一个词最少一个音节；到了合成词，包含至少两个语素，每个语素对应至少一个音节，所以合成词才最少两个音节。根据词不大于韵律词规则，汉语最大允许"2+1"形式的三音节韵律词，所以词形最大只能是三音节，且三音节合成词的音节组成只能是"2+1"。

表 4-1 之外，汉语研究史上还有一些与词形大小有关的问题值得说明。首先，是与汉语词的最小形式相关的一些现象。最早注意到汉语词形大小相关限制的是吕叔湘（1963），下面是其中的几个例子。

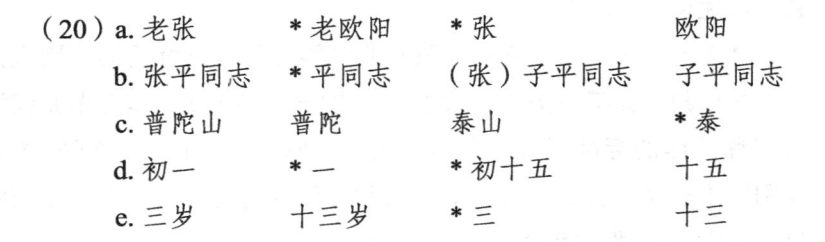

（20）a. 老张　　　*老欧阳　　*张　　　　欧阳
　　　b. 张平同志　*平同志　　（张）子平同志　子平同志
　　　c. 普陀山　　普陀　　　泰山　　　　*泰
　　　d. 初一　　　*一　　　　*初十五　　十五
　　　e. 三岁　　　十三岁　　*三　　　　十三

例（20）现象很典型，比如称呼姓氏时，只能称呼"欧阳"，不能称"老欧阳",但"张"姓则必须称呼为"老张";"平同志"不妥,必须称"子平同志、张平同志"或"张子平同志";"普陀山"可简称为"普陀",但"泰山"单说时却不可以只称"泰";"初"记日期和"岁"记年纪,也都有类似的双音节限制。例(20)反映的限制很容易使人想到诸如"汉语双音化""汉语的词更偏爱双音节"等说法。这些说法不太严谨,比如"偏爱"其实是非常笼统的表达,算不上规则,有太多自由空间,并没有说清例子中正确与错误的根本原因所在。更何况,汉语事实上存在大量的单音节形式,比如以下例(21)所示。

(21) 鸡、牛、羊、马……单音节名词
　　　跑、偷、看、买……单音节动词
　　　美、好、高、准……单音节形容词
　　　……

例(21)所列的单音节词数量不少,而且覆盖的实词范围也比较广。这说明从词汇历史、特殊词义、词汇来源等方面解释这类现象都有一定局限性,难以兼顾例(21)所示的全部单音词。这些单音节词存在的根本原因是语素音节对应律:它们都是只包含了一个语素的单纯词,根据语素音节对应律,一个音节对应一个语素,于是"一个音节＝一个语素＝一个(音足调实的)单纯词",所以,单音节单纯词的存在完全符合理论预测。那么造成例(20)所示双音节占优现象的原因是什么呢?

事实上,例(20)所示现象并非同类现象,其背后的原因也并不能简单归结为某一条规则的作用。比如例(20a),双音节是汉语亲切称呼体的标准形式,所以"老张、欧阳"正确,"*张、*老欧阳"不正确。类似的以音节数表称呼体的情况,汉语中表现较明显,如常见的情人间称呼使用的亲昵体,便只能用单音节形式,如"张、倩"等。而例(20c),则是因为"泰山"等是复合词,包含至少两个语素,根据语素音节对应律,包含两个语素的复合词,不能是单音节，至少是双音节，所以"泰山"不能删除"山"，类似的还有"通县/*通"、"户县/*户"等。例（20）中其他几种现象原因类似，不再赘述，请读者尝试思考分析。

另外，汉语研究史上跟词形大小相关的现象与词的最大形式限制有关，具体如例（22）所示：

（22）　词　　　语　　　　　　　（鉴别标准）
　　a. 可信　　（不）可相信
　　　 吃亏　　吃哑巴亏　　　　（很/非常+~）
　　b. 得罪　　开玩笑
　　　 摆齐　　摆整齐
　　　 负责　　负责任　　　　　（~+宾语）
　　c. 泡汤　　泡蘑菇　　　　　（能否中间插入句法成分）
　　d. 地震　　（大）地震动　　（主谓结构成词）
　　e. 复印件　印文件　　　　　（偏正复合词与述宾短语）

例（22a）中，"可信、吃亏"均可前加程度副词修饰，而"可相信、吃哑巴亏"无此用法，所以前者为词，后者为语。例（22b）中，"得罪、摆齐、负责"等均可后带宾语，是词；而"开玩笑、摆整齐、负责任"无此用法，所以是短语。例（22c）中，"泡蘑菇"可以中间插入句法成分，比如"泡了半天蘑菇、泡什么蘑菇"等，所以是短语；"泡汤"无此用法，所以是词。其他各例皆如此，不再赘述。特别说明，"铁公鸡、纸老虎"一类并非词汇形式，它们与"金戒指、男队员"类似，皆是"区别词+名词"构成的定中短语。（冯胜利 2001a）

如果用韵律构词来解释例（22）的现象则相对简单，这都是词不大于韵律词规则作用的结果。"可相信、摆整齐、开玩笑、印文件、地震动"等不构成标准音步，也不构成"2+1"音节组合的超音步，所以都不是标准韵律词，因而例（22）右列中的这些组合才不可能成为汉语中的词。

关于汉语词形大小的问题，最后还有一点要强调，就是要区分词形的大小和语流中最小节奏单位的大小。汉语中，自然话语的最小节律组成单位是两个音节的音步。比如端木三（2016）中提到以下例（23）所示现象。与英语不同，汉语答句中如果动词是单音节，则必须包含宾语，但宾语在意义上其实是冗余的。

（23）a. 汉语必须用宾语

　　　问：你想做什么？

　　　不能答：教 / 看 / 骑。

　　　必须答：教书 / 看书 / 骑马。

　　b. 英语不必用宾语

　　　问：What do you want to do?

　　　可以答：Teach/Read/Ride.

　　　不必答：Teach linguistics/Read books/Ride a horse.

表面上看起来，必须说"教书、读书、骑马"也是因为不能小于双音节长度，很容易误解为这是语素音节对应律作用的结果，但其实它们完全不一样。例（23）中，"教书、读书、骑马"是答句，语法上是短语，是句子。该例反映的是自然话语中，最小话语片段必须至少是一个音步，更大的话语片段则由音步进一步组合构成的规律。"教、读"等不满足构成一个音步的要求，所以需要增加为"教书、读书"等形式，这些增加后的形式可以构成一个音步，满足自然话语对最小节律成分的要求。

事实上，即使汉语允许的那些单音节词，比如前文例（21）中所示的"鸡、跑、美、块、那"等等，在进入自然话语中时，凡在重音位置上的都不能单独出现，而是要有其他成分与之组合，构成双音节，或者更多音节，以满足最小节律组成单位至少一个音步的要求。与这些单音节组合构成双音节或多音节的增音成分，有些与例（23a）中宾语的价值类似，语义上冗余，主要的作用是补足音节。

第四节　汉语话语的节律模板

前文较具体地说明了韵律构词研究中的韵律模板，这一节主要说明自然话语中的节律模板。

一、自然话语的节律模板

（一）节律常规与节律模板

关于汉语节律模板的研究，深入程度稍弱于韵律模板，不过自2000年以来，共识性的研究成果并不少，尤其是自然话语"节律常规"的研究被越来越多研究者所接受。这里所说的节律常规是指节律单位的适宜长度，现代汉语中节律常规的基本内容可以概括为"二常规、一三可容、四受限"（冯胜利1998；吴洁敏、朱宏达2001；王洪君2002，2005a，2008；初敏等2004；刘现强2007；叶军2008；等）。现代汉语中最主要的节律单位是音步和停延（王洪君2008），节律常规对于音步这级节律单位而言，就是两个音节的音步是常规，允许单音节和三音节的音步出现，四音节音步非常受限（比如"不去了啊"这类非常特殊的情况）；对于停延段这级节律单位而言，则是停延段的常规为两个音步，单音步、三音步停延段为可容，四音步停延段则非常受限。例如：①

（24）a. 提供了 # 强大的 / 精神 / 动力 # 和 / 重要的 # 思想 / 政治 / 保证

　　　b. 错误的 / 东西 # 就会去 / 占领 # 以至 / 泛滥

例（24a）中，"提供了、强大的、精神、动力、重要的、思想、政治、保证"都是多音节音步，"和"是单音节音步，没有出现四音节音步；"强大的精神动力、思想政治保证"都是包含三个音步的停延段，"和重要的"是包含两个音步的停延段，"提供了"是只包含

---

① "/"表示音步边界，"#"表示停延段边界。停延段由音步构成，是音步的上级单位，所以，停延段边界事实上也是音步边界。

一个音步的停延段。例（24b）中，音步都是双音节或三音节，没有单音节音步，更没有四音节音步；生成的停延段都只包含两个音步。

节律常规事实上是汉语自然话语节律模板的基本呈现。汉语自然话语节律模板的最理想形式是：

（25）汉语自然话语节律模板理想模型

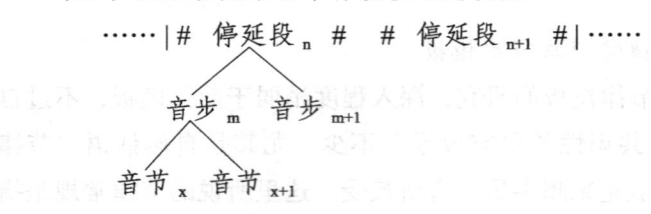

……|# 停延段$_n$ #　# 停延段$_{n+1}$ #|……

音步$_m$　音步$_{m+1}$

音节$_x$　音节$_{x+1}$

在汉语自然话语节律模板的理想模型中，每个标准音步由两个音节组成；每个标准停延段由两个音步组成；两个停延段组成更大的节奏单位。

（二）音步调节

在实际的自然话语中，受句法结构、语义等因素影响，（25）所示的节律模板理想模型会不断被调整，比如出现三音节音步、单音节音步，或者包含三个音步、四个音步或一个音步的停延段等，但这些调节都是在这一理想模型的基础上进行的。相对来说，音步调节的研究成果远多于停延段调节的研究成果。另外，根据王洪君（2008）的研究，音步调节和停延段调节的基本操作近似，所以音步调节事实上可以反映自然话语节律模板的核心内容。

所谓音步调节，其基本内容是：所有的音节都归入音步；未组步的单音节成分自成音步或并入邻近音步。比如上例（24），所有音节都归入音步：（24a）中单音节"和"独自构成音步，（24b）中单音节"的"前附并入标准音步"错误"、单音节"就、会、去"组合构成三音节音步"就会去"。当然，（24b）还有另一种节奏，即"就、会"组成双音节音步，"去"并入标准音步"占领"构成三音节音步，如例（26）所示。不过，（26）的组步方式同样遵循以上音步调节的原则。

（26）错误的/东西/就会/去占领/以至/泛滥

在众多讨论汉语自然话语音步生成的方案中，Shih（1986）提出的音步动态划分方案成为后来研究的重要起点（王洪君 2008；初敏等 2004；裴雨来 2016）。该方案的具体内容是：

（27）音步的动态划分
    a. 直接成分步（IC）：联结直接成分的两个音节构成音步；
    b. 双拍步（Duplex meter，DM）：从左到右联结未成对音节成音步，但不包括句法分支方向相反的成分；
    c. 超音步（f'）：根据句法分支方向把剩下的单音节和邻近的双音节音步联结形成超音步。

我们以例（28）为例来说明这个方案的具体内容：

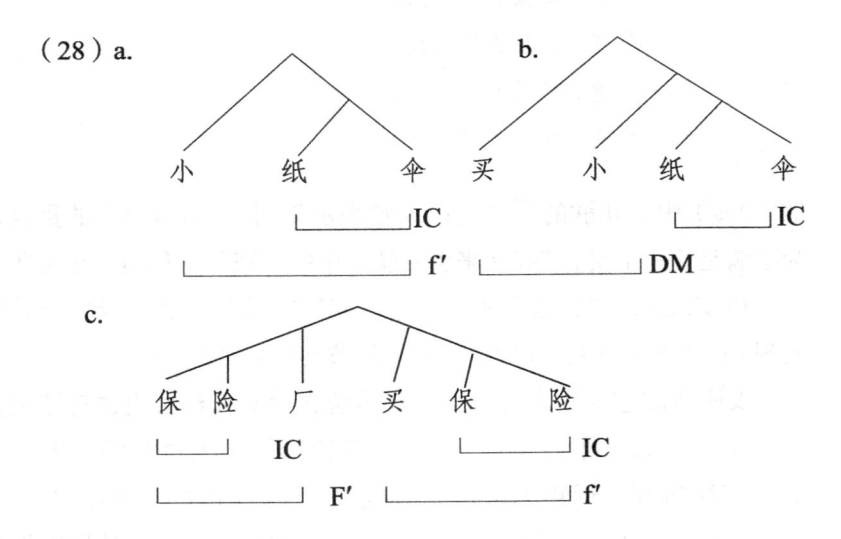

（28）a.   b.

c.

例（28a）中，"纸伞"是直接成分组步，剩下的单音节"小"与邻近的双音节音步"纸伞"联结，形成超音步；例（28b）中，"纸伞"同样组成直接成分音步，"买"和"小"句法分支方向相同，二者联结组成音步；例（28c）中，"厂"和"买"句法分支方向不同，所以分别与邻近的音步联结，得到两个超音步。

119

二、诗歌艺术语言的节律模板

这里所说的诗歌艺术语言是与自然话语相对的艺术语言，指诗歌、韵文等有特定节律要求的语言形式。这些"语言"往往对节律有特殊要求。例如：

（29）a. 儿歌

原文	节奏
我有一头小毛驴，	我有一头 / 小毛驴我
我从来也不骑，	从来也不骑
有一天，我心血来潮，	有一天我 / 心血来潮
骑着去赶集。	骑着去赶集

b. 诗《回乡偶书》

少小 / 离家 / 老大回，
乡音 / 无改 / 鬓毛衰。
儿童 / 相见 / 不相识，
笑问 / 客从 / 何处来。

例（29a）中，儿歌的节奏可以大致表示为两个"4+4+5"的重复，为了满足这一节奏，"我从来也不骑"中的"我"上移与"小毛驴"合并以实现4，"我心血来潮"中"我"前移与"有一天"合并以实现4；（29b）中，《回乡偶书》的节奏则是"2+2+3"。

汉语诗歌艺术语言的节律，在传统文学研究框架内也有涉及，比如关于平仄、押韵等的研究。在韵律学框架内进行的诗歌艺术语言节律研究，近年来取得明显成果（Feng 2011，2015；冯胜利 2011，2013，2014，2015，2016；端木三 2016），为文学研究提供了新工具和新方法，同时提出了很多新问题，并指出了可供探索的新方向，值得关注。第十二章有专节讨论韵律学框架内诗歌语言的节律研究，这里不再赘述。

第五章　韵律界取

韵律界取和韵律模板是韵律构词研究的重要内容。第四章介绍了韵律模板，本章将介绍韵律界取及其典型语言现象。由于目前韵律界取的研究多以非汉语的词法现象为研究对象，针对汉语的研究非常少，所以本节在介绍韵律界取理论时的选例多以非汉语的研究成果为主，但同时我们也会根据具体情况结合汉语实例来说明这一概念。

第一节　韵律界取的内涵

所谓韵律界取（prosodic circumscription），是指在词基上界取韵基，再以韵基为基础进行加缀或重叠的词法运作。在介绍韵律界取之前，我们先简单说明一下与界取运作相关的三个传统词法概念：词基（base）、词缀（affix）和词根（root）。[①] 词基是构词运作的对象。例如语素"婆"加前缀"老"变成"老婆"，"婆"是词基。词缀是附着于词根表示附加意义的成分。依据附加位置，词缀可以分为三类：前缀、中缀和后缀（当然也不排除框式词缀（circumfix），如德语的 lieb 'love' → -geliebt 'loved'）。前缀和后缀在汉语中很常见，例如"老虎"的"老"是前缀，"椅子"的"子"是后缀。汉语中是否有中缀，学界有争议，如"流里流气、糊里糊涂"中的"里"和"酸不溜秋"中的"不"，有人认为是中缀，有人不同意。词根是一个词除去所有词缀后剩下的成分。它具

---

① 这里对词基、词干和词根的解释取自 Bauer（1983：20—21）。

有词汇意义,例如"老虎"中的"虎"、"椅子"中的"椅"、"大海"中的"大"和"海"都是词根。

正如纯词法运作的对象是词基,韵律界取的运作对象叫作韵基,即韵律基式(prosodic base)。下面从韵基说起,介绍韵律界取的内涵、操作机制和描写方法,以及韵律界取的类型。

一、韵基的内涵

韵基全称是韵律界取基式(prosodic circumscriptional base),由韵律单位构成(韵律单位的概念请参第三章)。下面用乌尔瓦语(Ulwa)的一类加缀现象说明韵基的基本内涵。

乌尔瓦语是尼加拉瓜大西洋沿岸的语言,属萨利希语系(Salishan languages),是美洲印第安土著语言之一。它有七种领属格词缀:

(1) ki(我的)　　　ma(你的)　　　ka(他的/她的)
　　 kina(我们的)　mana(你们的)　kana(他们的)
　　 ni(咱们的(包含))

以 sú:lu 为例,它加缀后的结果如下:

(2) sú:lu(狗)　　　　　sú:kinalu(我们的狗)
　　 sú:kilu(我的狗)　　sú:nilu(咱们的狗)
　　 sú:malu(你的狗)　　sú:manalu(你们的狗)
　　 sú:kalu(他的/她的狗)　sú:kanalu(他们的狗)

传统构词学认为乌尔瓦语领属格加缀运作的规律有两种情况。一是首音节承担词重音时,词缀加在首音节后。例如:

(3) bás(头发)　　báska(他的头发)
　　 kí:(石头)　　kí:ka(他的石头)
　　 sú:lu(狗)　　sú:kalu(他的狗)

二是首音节不承担词重音时，词缀加在第二个音节后面。例如：

（4）saná:（鹿）　　　　saná:**k**（他的鹿）
　　　amák（蜜蜂）　　　amák**ka**（他的蜜蜂）
　　　sapá:（额头）　　　sapá:**ka**（他的额头）
　　　siwá:nak（树根）　　siwá:**ka**nak（他的树根）
　　　kulúluk（啄木鸟）　　kulúl**ka**uk（他的啄木鸟）
　　　aná:la:ka（下巴）　　aná:**ka**la:ka（他的下巴）
　　　karásmak（膝盖）　　karás**ka**mak（他的膝盖）

从结果看，乌尔瓦语的领属格词缀有时是中缀，例如 siwá:kanak（他的树根）和 karáskamak（他的膝盖）；有时是后缀，例如 saná:ka（他的鹿）和 sapá:ka（他的额头）。虽然词缀的语法性质没变，但是词缀出现的位置却不同。为什么同一种性质的词缀在与词根附加时，加缀位置不固定呢？传统的构词理论无法给出一个很好的解释。如果从韵律界取的角度，不仅可以很好解释该现象，而且解释规则也会比传统更简洁，更有说服力。

这个语言的重音类型是扬抑型（trochaic）。词内最左边的音步（首音步）承担词重音。第一种情况下，承担词重音的首音节是首音步，词缀就加在首音步后面，例如 sú:kalu（他的狗）。第二种情况下，首音节只有一个韵素，是弱读音节，无法独立成为音步；而第二个音节有两个韵素，是重读音节，可以成为独立音步，所以承担词重音的第二个音节虽然不是首音节，但仍然是首音步。因此，词缀不是加在首音节后面，而是加在首音步后面，例如 siwá:kanak。也就是说，乌尔瓦语的领属格词缀总是加在首音步后面，因此它是后缀。

由此可见，韵律词法理论对上述现象得出的解释规则更简洁。韵律解释提到的"首音步"是根据词基的韵律结构界取的。这种用韵律结构界取的单位就是韵基。以乌尔瓦语 su:lu 加词缀 ka 的构词过程为例，整个构词操作的过程有三步：第一步界取首音步 su: 为韵基；第二步在韵基后面加词缀 ka，得到 su:ka；第三步把加了词缀的韵基 su:ka，与剩余成分 lu 组合，得到 su:kalu。可见，韵基是整个韵律构词运作的基础，是运作的核心成分（kernel）。韵基之外的成分（如果还有），被称作剩余成分（residue）或非核心成分（non-kernel）。词基韵律结构如下：

词基的韵律结构＝韵基＋剩余成分
＝核心成分＋非核心成分

二、韵律界取的操作及描写

（一）操作机制

乌尔瓦语领属格词缀的构词说明了韵律界取的基本操作机制。这种操作机制可以简单地概括为三步：界取、构词和输出。界取就是界取韵基；构词就是以韵基为基础构词；输出就是构词结果和剩余部分合并。基于这样的操作过程，韵律界取的内涵可以被概括成为：在词基上界取韵基，再以韵基为基础进行加缀和重叠等构词运作。所谓界取就是"切出来"或者"圈出来"的意思。至于界取得到的韵基是首音步、首音节或者其他，则需要根据具体的语言现象而定。不过所有界取的对象都是韵律单位，不是词法单位。这是它与传统构词法的最大区别。

（二）描写方法

韵律界取的词法操作机制非常严格。这一操作机制可以用函数 Φ（C，E，B）表示。Φ 代表函数类型。C、E 和 B 代表函数的三个变量。它们的位置从左到右依次固定。

左起第一个是 C，代表韵基，是核心成分（在韵律结构中，除了 C 以外的就是剩余成分）。能够作韵基的只能是韵律层级上的某个单位。而韵律单位有四种：分别是韵素（μ）、音节（σ）、音步（ft）和韵律词（PrWd），所以 C 常常和这四种符号替换。

第二个是 E，代表界取边界（edge）或方向。界取方向 E 有两种：一是从词基左边界（left，L）开始，二是从词基右边界（right，R）开始。所以 E 常常和 L 或者 R 替换。

第三个是 B，代表词基（base），例如 su:lu、siwa:nak 和 karasmak 都是词基。在具体到某一个词基的加缀运作时，B 常与具体的词基替换。

韵基和剩余成分的函数形式如下：

  韵基：B：Φ（C，E）或 B：Φ

  剩余成分：B\Φ

其中，"："表示"等于"，"\"表示"不等于"。函数"B：Φ（C，E）"或"B：Φ"的意思是：等于韵基，且括号内容可以省略。

以 su:lu 为例，C、E 和 B 三个变量的取值如下：

（7）C = ft
  E = L
  B = su:lu

这样，它的韵基可以有三种表达式：

（8）su:lu：Φ（ft，L）
  su:lu：Φ（su:，L） （代入韵基 su：）
  su:lu：Φ   （省略圆括号及其内容）

以此类推，karasmak 的韵基也可以有三种表达式：

（9）karasmak：Φ（ft，L）
  karasmak：Φ（karas，L） （代入韵基 karas）
  karasmak：Φ   （省略圆括号及其内容）

函数符号 Φ 在不同条件下有不同的意思。当只涉及词基构成时，函数 Φ 表示界取。如果用运算符"*"表示组合关系，那么词基的结构表示如下：

B = B：Φ *B\ Φ
　　　核心成分 （韵基） 剩余成分

以 su:lu 和 karasmak 为例，它们的韵律结构用函数表示如下：

（10）su:lu ＝ su:lu：Φ *su:lu\Φ
　　　　　 ＝ su: 　　　*lu
（11）karasmak ＝ karasmak:Φ *karasmak\ Φ
　　　　　　　 ＝ karas 　　*mak

其次，当涉及构词运作时，函数 Φ 表示构词运作，是一个变量。如果用 SUFFKA 表示乌尔瓦语加后缀 ka 的运作，代表函数的 Φ 就可以被替换成 SUFFKA，整个运作的形式化表示如下：

（12）su:lu:SUFFKA（ft, L） *su:lu\SUFFKA
　　　＝ su:**ka** 　　　*lu
　　　＝ su:**ka**lu
（13）karasmak:SUFFKA（ft, L） *karasmak\SUFFKA
　　　＝ karas**ka** 　　*mak
　　　＝ karas**ka**mak

为了加深大家对韵律界取内涵的理解，我们再用一个汉语的例子来说明韵律界取的操作机制。普通话有一类 AB 式双音词可以进行部分重叠，变成 ABB 式重叠词，例如：

（14）冷清　冷清清　　孤单　孤单单
　　　甜蜜　甜蜜蜜　　滑溜　滑溜溜
　　　直溜　直溜溜　　热乎　热乎乎

干巴　干巴巴　　皱巴　皱巴巴

这种重叠式是界取词基右边界（R）第一个音节（σ）为韵基，重叠韵基后就构成 ABB 重叠式。用 RED 代表重叠运作，以"干巴、冷清"为例，韵律界取运作如下：

（15）干巴\RED　*干巴：RED（巴，R）
　　＝干　*巴巴
　　＝干巴巴
（16）冷清\RED　*冷清：RED（清，R）
　　＝冷　*清清
　　＝冷清清

以上两个公式分别描述了"干巴、冷清"的韵律界取过程。词基"干巴"的韵基是右侧的第一个音节"巴"，剩余部分是左侧第一个音节"干"。重叠运作只是以韵基为对象进行，即只重叠韵基（"巴巴"），而与剩余部分"干"没有关系。最后重叠韵基的结果与剩余部分再次组合，结果就是"干巴巴"。

普通话中还有一类 ABB 式重叠形式没有对应的 AB 词基。很多学者认为它们是 A 加 BB 构成的（吕叔湘 1980 等）。

（17）白茫茫　气冲冲　笑眯眯
　　　金闪闪　眼巴巴　火辣辣

这种重叠式的词基是单音节 B。B 重叠成为 BB，然后再与 A 组合。虽然这类重叠式与第一类的重叠表面相同，但这类重叠不是韵律界取的结果。

三、韵律界取与韵律模板的区别

韵律界取与韵律模板同属韵律构词。那么这两个概念有什么不同呢？简单地讲，两者最大区别在于韵律规则所限制的构词阶段不同。构词运作是从输入到输出的过程。输入形式是词基，输出形式是构词结果。如果韵律作用发生在输入形式，那么就是韵律界取；如果发生在输出形式，就是韵律模板。韵律界取已经在上文提到了两个例子。这些例子所展示的共同点是：构词运作都从词基开始界取韵基，再以韵基或者剩余成分来进行构词运作。所以说在韵律界取中，输入形式的韵律特征决定了输出形式的词形。乌尔瓦语领属格加缀的位置由输入形式的首音步决定，从而决定了最后的输出形式。但在韵律模板中，韵律模板直接作用在输出形式上。无论输入形式的韵律结构如何，输出形式的结构特征早已决定。为了说清楚两者的区别，下面借用第四章所提到的伊洛卡诺语（Ilokano）的重叠现象来进行说明。为了方便理解，这里再简单重述一下这个重叠现象的语言特征。

伊洛卡诺语是菲律宾使用人口第三多的语言，属于南岛语系。它与下文要提到的萨摩亚语（Samoan）等有一定的亲属关系。伊洛卡诺语用重叠表示名词复数。每种重叠前缀都是重音节。重叠词缀都位于词基的左边第一个位置，并且使用相对固定的韵律模板。例如：

（18）kaldiŋ（山羊）　　**kal**kaldiŋ（山羊（复数））
　　　pusa（猫）　　　　**pus**pusa（猫（复数））
　　　klase（班级）　　　**klas**klase（班级（复数））
　　　jyanitor（锅炉工）　**jyan**jyanitor（锅炉工（复数））
　　　trak（货车）　　　 **tra:**trak（货车（复数））

伊洛卡诺语复数形式的韵律模板是重音节（$\sigma_{\mu\mu}$），必须由两个韵素组成。填充模板的音段来自词基的首音节。如果首音节正好是重音节，那么首音节的所有音段就直接填充到模板中。例如 kaldiŋ 的首音节是 kal，是重音节，所以三个音段成分 k、a、l 全部都复制到韵律模板（$\sigma_{\mu\mu}$）中。如果首音节是轻音节，不够填充模板，那么就要借用第二个音节的首辅音，例如 pusa 的首音节是 pu，是轻音

128

节，为了满足重音节模板双韵素的要求，第二个音节 sa 的首辅音 s 也要被复制到模板中，变成 puspusa。总之，重音节模板不变，模板内的音段成分发生变化。韵律模板构词中参与词法运作的韵律规则作用在输出上。这是韵律界取与韵律模板最重要区别。

第二节 韵律界取的类型

韵律界取是界取韵基，并以韵基为基础进行构词的运作。不过这并不是说只有韵基可以是构词对象。除韵基外，剩余成分也可以是构词对象。这样就有两种不同的界取类型：以韵基为对象进行构词，是韵律正界取（positive prosodic circumscription）；以剩余成分为对象，是韵律负界取（negative prosodic circumscription）。

一、韵律正界取

韵律正界取的对象是韵基，上文提到的乌尔瓦语和汉语重叠式的例子都是韵律正界取。这种运作常用函数式表述：

（19）O：Φ（B）= O（B：Φ）*B\ Φ

等号左边"O：Φ（B）"是正界取的函数，意思是：构词运作（O）作用在韵基上。等号右边的"O（B：Φ）*B\ Φ"是正界取的操作机制，意思是：发生构词运作后的韵基和剩余成分组合。"干巴巴"的运作机制用韵律正界取的表达式如下（注意区别例（15））：

（20）RED：Φ（干巴）= 干巴 \Φ　*RED（干巴：
　　　　　　　　　　　Φ（σ,R））
　　　　　　　　　= 干　*RED（巴）
　　　　　　　　　= 干　*巴巴
　　　　　　　　　= 干巴巴

这种公式还有另外一种写法，就是用 O 替换 RED：

（21）O：Φ（干巴） = 干巴\Φ*　O（干巴：Φ（σ, R））
　　　　　　　　　 = 干　*O（巴）
　　　　　　　　　 = 干　*巴巴
　　　　　　　　　 = 干巴巴

一般来讲，前缀重叠（reduplicative prefix）都属于韵律正界取运作。这里的"前缀重叠"是指重叠词缀总是加在韵基前面做前缀的重叠方式。这里用萨摩亚语（Samoan）的一个重叠现象来说明。萨摩亚语是南太平洋岛国萨摩亚的官方语言之一，属于南岛语系。该语言由右向左组织音步，但是每个音步的类型却是左重音步，所以该语言的词重音都是由词末最后两个韵素承担，最重的则是音步左边的韵素，例如 alofa（爱）的词重音由最后两个韵素 lofa 承担，最重的韵素是 o，用粗体表示。下面列举了萨摩亚语的重叠现象。左边是词基，右边是重叠式。

（22）nófo　　no**n**ofo　　（坐）
　　　 alófa　　alolofa　　（爱）
　　　 ʔalága　ʔala**l**aga　（喊叫）
　　　 fanáu　　fananau　　（欲望）

从上面的例子可以看出，所有的重叠词缀都是复制重音音节。例如 alófa 的重叠式是 alolofa，nófo（坐）的重叠式是 nonofo。但问题是，在词内的若干音节中，哪一个音节才是重音音节呢？确定重音音节是描写整个重叠运作的关键，而这可以借助韵律界取实现。因为萨摩亚语的音步都从词的右边界开始，所以右起的首音步就是韵基；又因为该语言的音步类型为左重音步，所以韵基左边第一个音节就是重音节。重叠的词缀总是放在韵基前面做前缀，这就是前缀重叠。如果用函数语言来描写整个运作过程，那么萨摩亚语的韵基可以被写作"B：Φ（ft，R）"，例如 alófa 的韵基可以记作"alófa：Φ（ft，R）"；fanáu 的韵基为"alófa：Φ（ft，R）"。重叠前缀运作记作 PREFRED。以 alofa 为例，整个过程可以表示如下：

（23）PREFRED：Φ（alofa）= alofa\Φ * PREFRED（alofa：Φ）
         = a * PREFRED（lofa）
         = a ***lo**lofa
         = alolofa

当然，韵律正界取所涉及的现象不只是加缀现象，也可以是词语缩略。日语昵称有一类被称作"乡姑名"（rustic girls' name）的昵称（Poser 1990）。这类昵称只保留原词基中的第一个双韵素音步。例如：

（24）Yuuko o-Yuu
   Ranko o-Ran
   Yukiko o-Yuki
   Kinue o-Kiu

双韵素音步 Cvv、CvN 和 CvCV 都是潜在的昵称形式。Mester（1990：479—480）认为这种昵称缩略就是界取韵基"B：Φ（F，L）"，舍去剩余部分 B\Φ 的过程。表示如下：

（25）O：Φ（Yuuko）= O（Yuuko：Φ）
        = O（Yuu）
        = Yuu

如果用 TRUN 代表整个词法运作，则整个运作过程可以表示如下：

（26）TRUN：Φ（Yuuko）= TRUN（Yuuko：Φ）
　　　　　　　　　　　= TRUN（Yuu）
　　　　　　　　　　　= Yuu

二、韵律负界取

与韵律正界取以韵基为构词运作对象不同，韵律负界取的构词运作对象是剩余成分。负界取运作的函数表达式是 O\Φ（B），其运作机制如下：

（27）O\Φ（B）= B：Φ *O（B\Φ）

等号左边"O\Φ（B）"是负界取的函数式，代表词法运作的范围与韵基无关。等号右边"B：Φ *O（B\Φ）"是负界取的运作机制，代表没有发生词法运作的韵基和发生了词法运作的剩余成分的组合。

这里以马来西亚西部的提姆根摩禄语（Timugon Murut）的中缀重叠现象来说明韵律负界取的内涵及其运作。提姆根摩禄语属于南岛语系，是摩禄人的一种方言。该语言中的一种重叠形式如下：

（28）bulud（山丘）　　　**bubu**lud（连绵的山丘）
　　　limo（五）　　　　**lili**mo（五左右）
　　　abalan（洗澡）　　a**ba**balan（经常洗澡）
　　　ompodon（闪）　　om**po**podon（经常闪）

提姆根摩禄语的重叠模板都是轻音节 σ_μ。填充轻音节模板 σ_μ 的音段成分取自词基。如果词基的首音节是以辅音开头，那么填充模板的音段成分直接取自于第一个音节。例如 bulud（山丘）的第一个音节是 bu，它以辅音 b 开头，所以直接复制第一个音节，重叠结果就是 bubulud（连绵的山丘）。如果词基的首音节不是以辅音开头，那么填充模板的音段成分就从第二个音节开始，也就是重叠第二个音节。例如 abalan（洗澡）的首音节是元音 a，没有以辅音开头，因此它的重叠词缀就是复制第二个音节 ba，最后重叠式就是 ababalan（经常洗澡）。再如 ompodon（闪）的首音节是 om，没有以辅音开头，所以它也是重叠第二个音节 po，最后的重叠式就是 ompopodon（经常闪）。

可见解释该重叠构词的关键是确定重叠词缀到底是复制词基的哪个音节。借助韵律界取就很容易说清楚。在提姆根摩禄语的重叠构词中，韵基是词基左边没有首辅音（音节的第一个辅音）的首音节。这里用 σ_v 代表首辅音不发音的音节。韵基标记为"B：$\Phi(\sigma_v, L)$"。但在这个重叠构词中，重叠词缀复制的不是韵基，而是剩余成分的第一个音节，并放在剩余成分之前做前缀。所以提姆根摩禄语的重叠构词是前缀重叠。这属于韵律负界取，记作 PREFRED。以 ompodon 为例，其运作如下：

（29）PREFRED\Φ(ompodon) = ompodon：Φ *PREFRED（ompodon\Φ）

        = om   *PREFRED（podon）

        = om   * σ_μ-podon

        = om   **po**-podon

        = om**po**podon

除了提姆根摩禄语之外，达科他语（Dakota）的加缀运作中也有属于韵律负界取的运作。达科他语属阿尔吉克语系（Algic languages），是美国达科他州土著印第安居民的语言。该语言有一个特点：有些表示一致关系的词缀所处的位置由其语义类型决定。同一种语义类型的词缀，在与词根组合时，它们的组合位置确定的。但是有一种表示一致性关系的词缀，它们与单音节动词词根组合时是前缀；与多音节动词词根组合时，则有时是前缀，有时却是中缀。既然语义相同，都是表示一致性关系，为什么这些词缀与多音节词根组合时的位置却不一致呢？其实，从种种迹象来看，这种表一致性关系的词缀其实还是前缀，但在与部分多音节动词组合时，却出现了例外。如果引入韵律界取的视角，这种例外就可以得到明确的解释。下面就是这些例外（一致性关系词缀做中缀）：

（30）paxta（包（起来））　　pawaxta（我包起来）
　　　ʔiktomi（Iktomi（名字））　ʔimaktomi（我是 IKtomi）
　　　lakhota（Lakota（名字））　lamakhota（我是 Lakota）
　　　nathaka（关门）　　　　　nawathaka（我关门）
　　　mani（走路）　　　　　　mawani（我走路）
　　　napca（吞）　　　　　　　nawapca（我吞）

　　从词缀位置可以看出，它们总是位于第一个开音节后面，例如词基是 mani（走路），那么词缀就加第一个音节后面，成 mawan（我走路）。如果词基的首音节不是开音节，而是闭音节（带有辅音尾的音节），那么词缀就会直接跳过辅音尾，加在一个开音节的后面，例如 paxta（包）、ʔiktomi（名字）和 napca（吞）的第一个音节虽然分别是 pax、ʔik 和 nap，都带有辅音结尾，词缀越过该音节的辅音尾，直接加在第一个开音节 pa、ʔi 和 na 的后面。这里用 $\sigma_{开}$ 代表开音节，左起第一个开音节是韵基，标记为"φ（$\sigma_{开}$，L）"。因为上文提到，达科他语的一致性关系的词缀都是前缀，所以就把这种加缀运作当作"加前缀"的词法运作，记作 PREF。在加前缀的过程中，这些前缀并不是加在整个词基之前，也不是加在韵基之前，而是加在剩余部分之前。其运作记作"PREF\φ（B）"。以 ʔiktomi 为例，加词缀 ma 的运作可以记作 PREFMA，过程如下：

（31）PREFMA\φ(ʔiktomi) = ʔiktomi: φ *PREFMA(ʔiktomi\φ)
　　　　　　　　　　　 = ʔi　　*PREFMA（ktomi）
　　　　　　　　　　　 = ʔi　　*ma-ktomi
　　　　　　　　　　　 = ʔimaktomi

这些一致性关系的词缀总是加在词基剩余部分之前，所以这些词缀其实仍是前缀。

第三节　汉语的韵律界取

汉语词法的韵律界取研究刚刚开始。汉语韵律界取常常涉及的是缩略现象和重叠现象，并且很难找到完全属于韵律负界取的例子。所以本节只以韵律正界取和韵律双向界取为例来说明。

一、汉语的韵律正界取

（一）界取单音节

本章第二节提到部分 ABB 重叠式是界取尾音节的例证，它们属于韵律正界取。其次，汉语有一些外来语会发生缩略。这种缩略也可以用韵律正界取来解释。例如：

（32）美国　　　　　美
　　　加拿大　　　　加
　　　麻萨诸塞州　　麻（麻省，麻州）
　　　佛罗里达　　　佛（如佛州、西佛、东佛等）
　　　帕斯卡　　　　帕
　　　瓦特　　　　　瓦
　　　卡路里　　　　卡
　　　安培　　　　　安
　　　巴士　　　　　巴（如大巴、小巴、中巴等）
　　　的士　　　　　的

上例中的缩略词都取自词基的第一个音节。词基的第一个音节就是韵律界取的韵基"B：φ（σ，L）"。这是韵律正界取的构词运作，可以记作"TRUN：φ（σ，L）"。以"巴士"为例，其运作机制如下：

(33) TRUN：ϕ（巴士）= TRUN（巴士：ϕ）
=巴

这些被界取的缩略词都不能独立成词，除科学术语以外，它们更倾向于和单音节词搭配，例如"大巴、*大型巴、大型巴士""美币、*美货币、美国货币"等。

除此之外，截取人名中的一个字作为昵称的用法很普遍。其中一种截取方法就是界取名字的尾音节。例如：

(34) 林华　　　　　　　　华
　　 陈冰　　　　　　　　冰
　　 李梅　　　　　　　　梅
　　 李文娜　　　　　　　娜
　　 林丽娟　　　　　　　娟

这些缩略的名字都取自词基的尾音节，如"林华"中的"华"、"李文娜"中的"娜"。词基的尾音节是韵基，即"B：ϕ（σ，R）"。这也是韵律正界取的构词运作，可以记作"TRUN：ϕ（σ，R）"。以"李文娜"为例，其运作机制如下：

(35) TRUN：ϕ（李文娜）= TRUN（李文娜：ϕ）
=娜

（二）界取最小词

1. 最小词的内涵

最小词是只含有一个标准音步的韵律词 $[Ft]_{PrWd}$。它的形式有两种：一是双音节 $[(σσ)Ft]_{PrWd}$，二是双韵素 $[(μμ)Ft]_{PrWd}$。这是通过韵律层级和音步双分两个原则共同推出来的。

首先，与韵律构词相关的韵律层级有四层：韵素、音节、音步、韵律词。音步由韵素或者音节构成。韵素可以是元音，也可以是辅音韵尾。音节有两种类型：轻音节和重音节。短的开音节

（如 pa）是轻音节，闭音节（如 pat）和长元音音节（如 paa）是重音节，如 McCarthy（1984，1986）的"音节重量类型"（syllable weight typology）所示（图 5-1）：

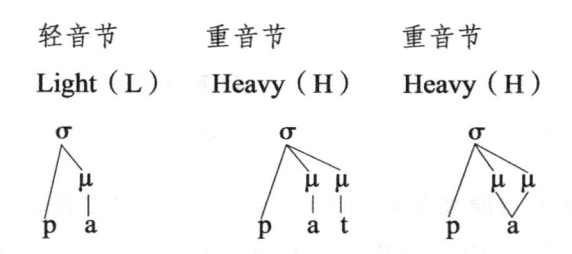

轻音节　　重音节　　重音节
Light（L）　Heavy（H）　Heavy（H）

图 5-1　韵素理论中的音节-重量模板类型

音节和韵素是定义音步的基础。Poser（1990）提出三种的音步类型：抑扬型（Iambic）、扬抑型（Trochaic）和音节型（Syllabic）。抑扬型音步的构成有三种类型：轻音节与重音节组合（如 about, polite），两个轻音节组合（如法语的双音节词 petit（小），fille（女儿））和一个单独的重音节构成（如 slow, meow）。扬抑型音步有两种类型：重音节独立构成（如 not, buy）和两个轻音节的组合（如 lily, Sisi（人名"茜茜"））。音节型音步则只有一个类型：双音节直接构成音步（如"师傅、豆腐"）。

其次，不管是音节音步还是韵素音步，音步必须双分。这就是音步双分枝原则（Foot Binarity Principle）。

最后，根据音步双分和韵律层级，可以推导最小词形式（McCarthy & Prince1986，1990）。

步骤一：由韵律层级可知，韵律词必须包含至少一个音步；

步骤二：由音步双分枝原则可知，每一个音步必须是双韵素或双音节；

步骤三：一个韵律词必须至少包括两个韵素，或者如果所有音节都是单韵素，那么应至少包含两个音节。

由此得到最小词就是一个韵律词 $[Ft]_{PrWd}$，它可以由双音节 $[(\sigma$

σ）Ft]$_{PrWd}$构成，也可以由双韵素［（μμ）Ft]$_{PrWd}$构成。

2. 界取最小词的典型现象

汉语中有一种缩略现象是界取名词的首音步作为缩略语。例如：

（36）清华大学→清华　　　商务印书馆→商务
　　　复旦大学→复旦　　　《聊斋志异》→《聊斋》

缩略的名词取自原来名称的前两个音节，即"首音步"。这是韵律正界取运作，记作"TRUN：ϕ（ft，L）"。以"清华大学"为例，其运作机制如下：

（37）TRUN：ϕ（清华大学）＝TRUN（清华大学：ϕ）
　　　　　　　　　　　　　＝清华

二、汉语的韵律双向界取

韵律双向界取是汉语特有的界取类型。上文提到，韵律正界取是韵基发生构词运作，剩余成分不变；韵律负界取是剩余成分发生构词运作，而韵基不变。与此相对，韵律双向界取是指韵基和剩余成分同时发生构词运作的韵律界取类型。双向界取的典型例证是汉语双音节形容词的重叠。汉语双音节形容词 AB 的重叠式是 AABB。例如：

（38）大方　　大大方方　　　漂亮　　漂漂亮亮
　　　清楚　　清清楚楚　　　干净　　干干净净
　　　整齐　　整整齐齐　　　老实　　老老实实

AB 式词基的韵基是左起的首音节，记作"B：ϕ（σ，L）"，例如"大方"的韵基就是"大"，记作"大方：ϕ（σ，L）"，即"大"。剩余成分记作 B\ϕ，例如"大方"的剩余成分就是

"大方\φ",即"方"。因为没有证据能够表明 AB 式词基到最后的 AABB 重叠式有任何过渡形式,如重叠式 AAB(如"*大大方,*清清楚,*漂漂亮")或者重叠式 ABB(如"*大方方,*清楚楚,*漂亮亮"),所以我们认为韵基和剩余成分同时被复制,并生成 AABB 重叠式。重叠运作记作 RED,以"大方"为例,整个运作如下:

(39) RED:(大方) = RED(大方:φ)　　*RED(大方\φ)
　　　　　　　 = RED(大)　　　　　　*RED(方)
　　　　　　　 = 大大　　　　　　　　*方方
　　　　　　　 = 大大方方

除了双音节形容词重叠属于双向界取之外,双音节拟声词的重叠也可以用韵律双向界取构词解释,例如"叮叮当当、乒乒乓乓、滴滴答答、叽叽喳喳、咿咿呀呀"等。以"叮叮当当"为例,拟声词的重叠运作如下:

(40) RED:(叮当) = RED(叮当:φ)　　*RED(叮当\φ)
　　　　　　　 = RED(叮)　　　　　　*RED(当)
　　　　　　　 = 叮叮　　　　　　　　*当当
　　　　　　　 = 叮叮当当

第四节　汉语最小词的句法效应

汉语韵律最小词(即"最小词")的形式是双音节。这种形式不仅在韵律界取中的作用非常重要,在句法上的作用也非常重要。它是判别词和短语的韵律条件。对于某些特定结构,只有当它是最小词时,该结构才有可能成为词;如果它不是最小词,那么它就只能是短语。这就是最小词的句法效应。下面以动宾结构、动补结构、助动结构和 X 化结构四种短语结构为例,来说明最小词的这种重要句法效应。需要说明的是，本章要谈的是韵律界取和最小词的句法效应，而不谈句法运作的深层机制。至于句法运作机制，请参看第六章第五节关于句法并入的具体阐释。

一、动宾结构

动宾结构作谓语时，常见的音节搭配有三种。例如：

（41）负责　　负责任　　担负责任
　　　讲学　　讲学术　　讲授学术
　　　起诉　　提诉讼　　提起诉讼
　　　解码　　解密码　　解开密码
　　　转岗　　转岗位　　转调岗位

以"负责"为例，它做谓语也有三种情况。例如：

（42）a. 总之这次失败完全是我们的错，我们<u>负责</u>。
　　　b. 总之这次失败完全是我们的错，我们<u>负责任</u>。
　　　c. 总之这次失败完全是我们的错，我们<u>担负责任</u>。

"责"是界取"责任"的首音节得到的韵基。它再与"负"组合，成为"负责"。所以"负责"的构成运作可以表示如下：

（43）负 *TRUN：ϕ（责任）＝ 负 * TRUN：责任（责，L）
　　　　　　　　　　　　　　　　＝ 负 * 责
　　　　　　　　　　　　　　　　＝ 负责

"负责、负责任、担负责任"都是动宾组合，都可以做谓语。但是这三种组合中，只有形式为最小词的"负责"是双音组合，符合最小词条件，可以成为动词。而其他组合则完全不能成为动词。"负责"作为动词的证据来自于它可以带宾语。例如：

（44）a. 联席会是社区环境管理体系的核心，<u>负责</u>社区的环境管理和具体实施。

b.*联席会……<u>负责任</u>社区的环境管理和具体实施。

c.*联席会……<u>担负责任</u>社区的环境管理和具体实施。

因为"负责"是最小词形式，所以它在语法上可以成为词；而其他超过最小词形式的组合，例如"负责任"和"负起责任"就只能是短语。除了"负责"之外，很多其他动宾组合也呈现相似的特征。如"转岗"和"转岗位"也都可以做谓语。例如：

（45）a. 虽然室外工作非常辛苦，可是她坚持要求不<u>转岗</u>。

b. 虽然室外工作非常辛苦，可是她坚持要求不<u>转岗位</u>。

c. 虽然室外工作非常辛苦，可是她坚持要求不<u>转调岗位</u>。

从韵律界取的角度看，"转岗"中的"转"是从"转调"界取首音节得到，"岗"是从"岗位"界取首音节得到，所以"转岗"可以看作从词组"转调岗位"界取每个词的首音节得到的结果。与"负责"的用法相似，只有符合最小词的"转岗"才能带后置宾语，这证明"转岗"是动词，而不是短语。例如：

（46）a. 这四名下岗工人已于今年初就<u>转岗</u>其他行业。

b.*这四名下岗工人已于今年初就<u>转岗位</u>其他行业。

邢公畹（1997）、刘大为（1998）、冯胜利（2000）等曾讨论过一种当时在书面中可以后带宾语的动宾组合，所有这些动宾组合都是最小词，例如"出台、援手、起诉、亮相、聚焦、摸高、联手、赠书、讲学"等。而这些词对应的多音节组合则都不具备词的特征，如"赠书"和"赠图书"的意思虽然相同，但是"赠书幼儿园"可以说，"*赠图书幼儿园"就不合法。

从上面的分析可以看出，最小词可以非常有规律地把动宾结构

141

"划出"词和语两种对立的语法成分。这是最小词作为成词条件的例证之一。

二、动补结构

依音节搭配的情况不同，黏合式动补结构有如下的形式。例如：

(47) 打牢　打牢固
　　 说明　说明白
　　 关严　关严实　关闭严实
　　 办妥　办妥当　办理妥当
　　 放稳　放稳当　放置稳当
　　 码齐　码整齐　码放整齐

做谓语时，随着音节数目的变化，不同类型的动补结构之间呈现有词与语之间规律的区别。例如：

(48) a. 在创业之初，我们要<u>打牢</u>基础。
　　 b.* 在创业之初，我们要<u>打牢固</u>基础。
　　 c. 在创业之初，我们要把基础<u>打牢固</u>。

(49) a. <u>放稳</u>玻璃杯
　　 b.* <u>放稳当</u>玻璃杯
　　 c. 把玻璃杯<u>放稳当</u>

"牢"是界取"牢固"的首音节得到的。它与"打"组合，成为"打牢"。它的生成与"负责"相同。动补结构与动宾结构的另一个相同之处就是：只有符合最小词条件的动补结构，才能是词，否则就只能是短语。其证据就是，最小词形式的动补结构可以带宾语，但是超过最小词形式的动补结构的后面不能带宾语。这说明最小词形式是动补结构成词的必要条件。符合最小词形式的动补结构可以带后置宾语，是词；而超过最小词形式的动补结构就只能是短语。

三、助动结构

助动词与动词组合时，有一种表示的是动词的被动式。例如：

（50）可敬　　可尊敬　　可被尊敬
　　　可靠　　可依靠　　可被依靠
　　　可疑　　可怀疑　　可被怀疑
　　　可恨　　可憎恨　　可被憎恨
　　　能产　　能生产　　能被生产

"可敬"的意思是"可以被别人尊敬"，"能产"也可以被解释为"能够被生产得很多"，其他组合的被动意义可以依此类推。"可敬"的形成与"负责"相似，它是由"可"和"敬"的组合，而"敬"是界取"尊敬"的尾音节而形成的。当这种助动词与动词组合做谓语时，随着音节搭配的情况，也呈现出词与语之间有规律的区别。

（51）a.＊他的成绩突然这么好，这非常<u>可怀疑</u>。
　　　b.他的成绩突然这么好，这非常<u>可疑</u>。
　　　a.＊一个大人上台还紧张，这非常<u>可嘲笑</u>。
　　　b.一个大人上台还紧张，这非常<u>可笑</u>。

"可怀疑"与"可疑"，"可嘲笑"与"可笑"，都是助词与动词的组合，可以用在相同的句型中。但是只有符合最小词条件的助动组合才能与"很"组合。这说明它们已经成为词。而与此相对，超过最小词形式的"可嘲笑、可怀疑"等组合，虽然也是助词与动词的组合，但是却不具备变成复合词的韵律条件，所以不能成词。

143

四、"X化"结构

"X化"结构有如下两种大的类型，一是双音节"X化"，另一种是非双音节"X化"：

（52）西化　西方化
　　　俗化　庸俗化、通俗化、低俗化
　　　丑化　丑恶化
　　　磁化　磁场化
　　　简化　简单化
　　　神化　神仙化
　　　细化　细节化
　　　妖化　妖魔化

"简"是界取"简单"首音节而得到的韵基，并由韵基直接做词根，与词缀"化"组合，成为"简化"。所以最小词形式的"X化"其实是多音节"X化"的界取结果。在这个韵律界取中，"化"一直没有参与运作，所以被排除在韵律界取范域之外，韵律界取的运作是排除"化"之后的成分。韵基是词基左边的首音节，函数形式是"B：φ（σ，L）"，例如"简单化"的韵基是"简单化：φ（简，L）"。其构词运作过程可以写作如下形式：

（53）TRUN：φ（简单）*化＝TRUN（简单：φ（简，L））*化
　　　　　　＝简*化
　　　　　　＝简化

虽然最小词形式的"X化"和多音节"X化"的内部结构相同，但是符合最小词条件的"X化"才能带后置宾语，超过这一韵律条件的组合，宾语都不能后置，例如：

（54）a. 简化各种不必要的手续

　　　b.*<u>简单化</u>各种不必要的手续

（55）a. 故意<u>丑化</u>本民族的形象

　　　b.*<u>丑恶化</u>故意本民族的形象

（56）a. <u>神化</u>电子商务的功能

　　　b.*<u>神仙化</u>电子商务的功能

总之，最小词在汉语中是区别词与语的重要韵律特征。这种韵律特征是母语者语感中对词判定的韵律基础。这就是最小词对汉语句法的效应。[①] 本章的主要内容是韵律界取。韵律界取是韵律构词的一种，是韵律界取词基的一部分作为构词运作的对象，对被界取的部分进行加缀和重叠等运作。韵律界取的结果多是最小词。这种结果是由音步双分原则和韵律层级原则两条规律共同决定的。由韵律界取得到的最小词在句法上有重要作用。在动宾、动补以及状语修饰动词等结构形式中，其组合长度如果超过最小词，就是短语；只有符合最小词形式的，才是词。

---

① 三音节带宾现象中，有时韵律因素也可能会受制于其他因素，具体分析可参王伟超、施春宏（2018a，2018b）。

第六章 韵律整饬

上一章所介绍的韵律界取，其根本依据是韵律模板。本章所要介绍的韵律整饬，同韵律界取一样，其根本动因也可以追溯到韵律模板。可以说，韵律模板为韵律整饬提供了一个基本的依据。下面我们将首先介绍韵律整饬的内涵，然后分别介绍韵律整饬的基本手段，即韵律整饬对词和短语的作用，包括韵律充盈、添加、减少，以及韵律对句子的整饬，包括并入和界外。

第一节 韵律整饬的内涵

所谓韵律整饬（prosodic adjustment），是指在韵律模板及其他韵律规则的共同作用下，对词、短语、句子的形式加以规整的韵律操作。韵律整饬也称韵律规整。汉语中词和短语的形式主要是受到韵律模板的规整作用，如吕叔湘（1963）所指出的"在现代汉语里，单音节多半不能单说，双音节单位越来越多"，便是韵律模板对词、短语形式加以规整的表现。

第四章第三节已经谈及韵律模板对词的外形起作用，即韵律模板一旦形成，就会通过设定词的典范形式，以强有力的作用影响词汇的表面形式（McCarthy & Prince 1986, 1995a, 1995b; Booij 1998; Holsinger 2000; Wiese 2000; Smith & Ussishkin 2014）。汉语的双音节其实就是韵律模板，而韵律词就是该韵律模板起作用的表现。韵律模板对汉语词和短语的规整手段主要包括韵律充盈、添加、减少等，对句子的规整则主要表现为并入。此外，韵律整饬还会通过韵律句法规则（如"核心重音"等）发生作用，如本章所谈的"界外"现象。

下面逐一介绍韵律整饬的基本方法。

第二节 韵律充盈

韵律充盈（prosodic augmentation），是指在韵律模板的作用下，汉语词的音步由单而双的现象。韵律充盈包含衍声增字和增位充填两种手段，每种手段内部还有不同的实现方式。

一、衍声增字

衍声增字是把一个音节延长而使之达到两个音节的长度，或增加语气词，以满足双音步的要求。衍声增字实为两类现象：衍声和增字。

衍声指单音词通过拉长元音来满足双音步需要（冯胜利1996b），如感叹时的单音词"啊！"、叹气时的"唉！"、呼叫时的"妈——"等等。

增字主要指的是一个音节变成两个音节的现象，如惊讶时的"妈呀！"。

这种一个音节延长而成为两个音节的增字现象自古就有，但当时多表现为辅音音节化。如"笔（*blj3t）"是单音节，但是又可说成"不律"；"倭（*klugx）"是一个音节，但是可以说成"句倭"，其他又如"孔→窟窿、茨→蒺藜"（这种现象我们称之为"韵律派生词"）。施向东（2004）曾将此概括为以下几个模式：

1）CCN → C·CN → CN+CN。在前上古音节开头的辅音丛中间插入了元音而双音化的。如：逮→唐逮，鍪→兜鍪，头→里兔（须），等等。

2）C_RN/C_LN → C·RN/C·LN → CN+RN/LN。在前上古音

节开头的辅音丛中间插入了元音而双音节化的，只是第二个辅音为流音（r/l）。如：笔→不律，黎、梨→冻黎、冻梨，錂、鑢→錂鑢、鑢錂，贪→贪婪，等等。

3）CN → CN+CN（→ CN+CN'/CN'+CN/CN+C'N/C'N+CN）。由于前上古单音节词根重叠或者重叠后其中有一个音节略有变异而形成双音节词。如：霏→霏霏，苍→苍苍，巍→巍巍，绵→绵绵→绵蛮，勉→勉勉→黾勉、密勿，郁→郁郁→郁郁，烂→烂烂→灿烂，绵→绵绵→绵蛮，勉→勉勉→黾勉，等等。

4）CN → CN+C'N'。一个单音节词根后边加上一个音节变成双音节联绵词，加上的这个音节与词根未必有音义的联系，并且多以鱼部字（-a）为之。如：次→次且、鏄→鏄于、龙→龙古，等等。

增字的现象在翻译中也屡见不鲜，如"Oh, God!"，倘若翻译成汉语，可译为"噢，上帝！"，也可译为"噢，老天！"，或者"噢，天啊！"，但一定不能译为"*噢，天！"。同样的道理，"Hey, man!"一定不能译为"*嗨，人！"，比较合适的翻译是"嗨，哥们儿！"或者"嗨，伙计！"。"Oh, God!"不宜译为"*噢，天！"，不是因为语义上"God"必须译为"上帝"，而是韵律上单音节的"天"不好，添加一个语气词"啊"，变成"天啊"就没有问题了（洪爽 2015：5）。另外，这类现象在感叹词中表现也很明显，如"哎呀""妈呀""哎哟"等。

这种"一生二"的变化恰恰是韵律充盈的结果。韵律模板要求两个音节，衍声增字便成了一种有效的手段。

二、增位充填

汉语史上的双音化还有一种句法运作方式，我们称之为"增位充填"（place holder）。增位充填指汉语在句法允许的位置填充一个单音节成分，以满足双音节音步的需要。具体有两种表现形式：第一，义素析出式填位，如"月"变成"月亮"、"海"变成"大海"等，其中，海本就大，月本就亮，该义项由隐到现；第二，轻动词填位，如"鼓"（动词）变成"打鼓"。

（一）义素析出[①]

"义素析出"（王宁 2014）是汉语史上一个重要的双音化现象。上古汉语趋向于用一个音节来表达一个概念，然而，在双音化的过程中，相关概念会分离出来而形成双音节形式。当然，这一形式需要有合适的句法位置，也就是说，必须是句法上允准的位置（通常以句法词的形式出现）。即：

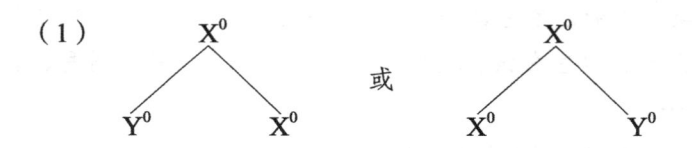

（1） X^0 或 X^0
　　　Y^0　X^0　　　X^0　Y^0

胡敕瑞（2005，2008）把这种现象又称作"从隐含到呈现"。参照胡敕瑞（2005，2008），这里把义素析出的方式分为以下七类（本部分的例子大多数来自胡敕瑞文，其中的"≥"表示"呈现为"）。

第一，本质义素析出。例如：

棒≥木棒、鞭≥皮鞭、策≥竹策、篮≥竹篮、篱≥竹篱、管≥竹管、环≥玉环、箭≥竹箭、筒≥竹筒、节≥竹节、笋≥竹笋……

叶≥树叶、干≥树干、杪≥树杪、末≥树末、梢≥树梢、荫≥树荫、枝≥树枝……

[①] 从韵律语法的角度来看，此处之"义素析出"当理解为"义素补出"，因为"析出"重在强调语义成分的呈现，而"补出"则强调双音节词的生成。为行文方便，这里遵从王宁（2014）的原文，仍用"义素析出"来概括这种现象。

波≥水波、岑≥山岑、巅≥山巅、峰≥山峰、冈≥山冈、麓≥山麓、崖≥山崖……

沫≥水沫、泡≥水泡、涯≥水涯……

犊≥牛犊、羔≥羊羔、驹≥马驹……

指≥手指、泪≥眼泪、发≥头发、臂≥手臂、腕≥手腕、趾≥脚趾、脉≥血脉、涕≥鼻涕……

第二，性状义素析出。例如：

地≥大地、海≥大海、矛≥长矛、鹏≥大鹏、象≥大象、箫≥长箫……

毫≥白毫、金≥黄金、简≥青简、日≥白日、雪≥白雪、羊≥白羊、银≥白银、夜≥黑夜、玉≥白玉、月≥明月、竹≥青竹……

蛇≥毒蛇、雉≥野雉……

第三，方式义素析出。例如：

见≥面见、罗≥网罗、蹑≥足蹑、眺≥远眺、望≥远望、渍≥水渍……

第四，动作对象义素析出。例如：①

钓≥钓鱼、发≥发矢、浣≥浣衣、汲≥汲水、猎≥猎兽、牧≥牧牛、启≥启户、娶≥娶妻、驯≥驯马、引≥引弓、耘≥耘草、植≥植树、逐≥逐兽、琢≥琢玉……

盥≥盥手、沐≥沐头、漱≥漱口、洗≥洗脚、浴≥浴身……

骑≥骑马、涉≥涉水、戍≥戍边、驭≥驭马、御≥御车……

---

① "吃饭""喝水"等也当属此类。

拱≥拱手、颔≥颔首、瞑≥瞑目、蹴≥蹴足……

第五，动词、名词义素分别析出。例如：

哀≥加哀、猜≥怀猜、愁≥抱愁/怀愁/作愁、念≥怀念、恨≥抱恨/怀恨、恚≥怀恚/兴恚、念≥发念/起念/兴念/作念、怒≥发怒/生怒、疑≥抱疑/持疑/生疑/怀疑、忧≥怀忧/作忧、怨≥抱怨/怀怨

害≥加害/行害、护≥加护/作护、敬≥加敬、计≥行计/作计、讲≥开讲/起讲、礼≥加礼/施礼/行礼/作礼、谋≥建谋/出谋/作谋、誓≥发誓、叹≥兴叹/作叹、问≥发问/启问/致问/行问/作问、想≥作想、羞≥怀羞、言≥发言/陈言/举言/启言/兴言、揖≥作揖、诤≥起诤……

城≥筑城、道≥取道、鼓≥击鼓、冠≥着冠、介（甲）≥被甲、履≥着履/贯履、目≥运目、实≥结实、使≥发使/遣使、树≥栽树/种树、王≥称王、衣≥着衣……

病≥被病/得病/发病/遘病、风≥起风/生风、光≥舒光/发光/生光、华（花）≥发花/敷华/开花/作花、雷≥起雷、热≥发热、雨≥降雨/下雨……

第六，动作载体义素析出。例如：

犇≥牛犇、崩≥山崩、驰≥马驰、冻≥冰冻、枯≥木枯、鸣≥鸟鸣、破≥石破、逸≥兔逸、溃≥水溃……

持≥手持、睹≥目睹、灌≥水灌、念≥心念、蹑≥足蹑、烧≥火烧、闻≥耳闻、削≥刀削、载≥车载……

第七，动作结果义素析出。例如：

败≥击败、饱≥食饱、成≥变成、大≥增大、坏≥打坏、见≥逢见、满≥盛满、破≥打破、伤≥殴伤、折≥打折、熟≥煮熟、碎≥捣碎、小≥减小……

出≥步出、到≥来到、来≥走来、还≥走还、起≥扶起、去≥飞去、入≥走入、上≥步上、往≥走往、下≥来下、至≥往至……

概而言之，从义素隐含到义素析出，是上古单音词向中古复音词发展的一个重要方式，是当时韵律音步双音化驱使的结果；其进一步的发展则造成上古以单音词为主的基本格局逐步瓦解，秦汉以来建立的双音节音步构词模式得到进一步巩固。

（二）轻动词填位

增位充填的另一种方式是轻动词填位，指的是以"打、搞、弄、整"等语义抽象但又具有动词形式的词填入到轻动词位置，以形成短语的现象。例如（冯胜利2005b：261；Feng 2017b）：

（2）鼓 vs. 打鼓

　　a. 齐人三鼓。（春秋《左传·曹刿论战》）

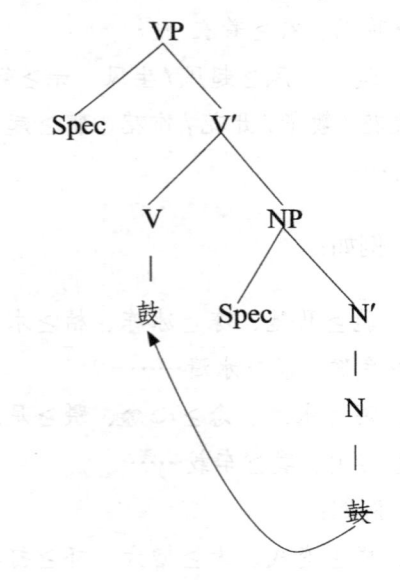

```
          VP
         /  \
      Spec   V'
            /  \
           V    NP
           |   /  \
           鼓  Spec N'
                   |
                   N
                   |
                   鼓
```

第六章 韵律整饬

b. 处处打鼓。(隋《佛本行集经·菩萨降魔品第三十二》)

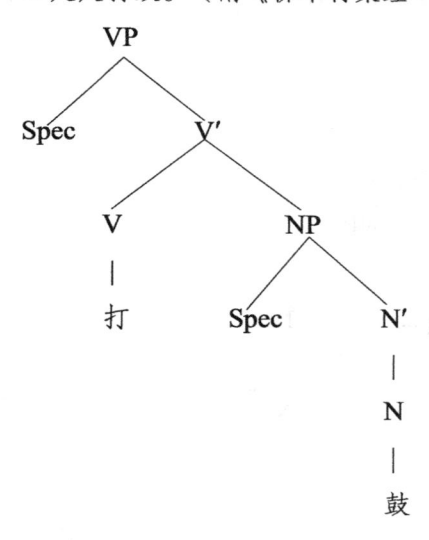

```
        VP
       /  \
     Spec  V'
          /  \
         V    NP
         |   /  \
         打 Spec N'
                |
                N
                |
                鼓
```

(3) 渔 vs. 打鱼①

a. 隐公五年,观渔于棠。(西汉《史记·鲁周公世家》)

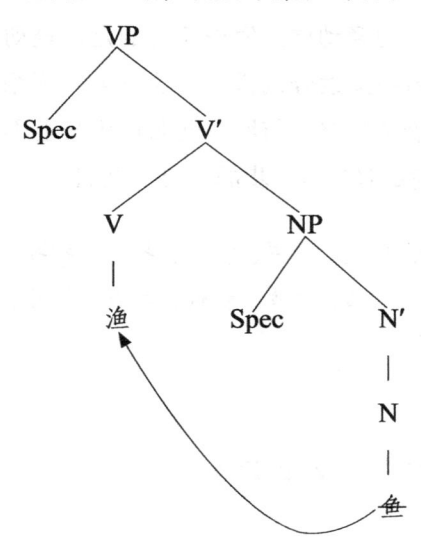

```
        VP
       /  \
     Spec  V'
          /  \
         V    NP
         |   /  \
         渔 Spec N'
                |
                N
                |
                鱼
```

---

① 请注意(3a)中从"鱼"到"渔"的字形变化,由此词性之差异,当然二者音自古无别,皆为疑钮、鱼韵、语局切。

153

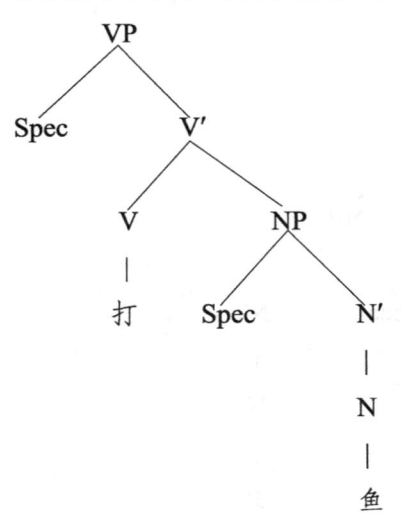

b. 温会在江州，与宾客看打鱼。（宋《太平广记·异虫》）

```
            VP
           /  \
        Spec   V'
              /  \
             V    NP
             |   /  \
             打 Spec  N'
                      |
                      N
                      |
                      鱼
```

也就是说，在汉代以前，名词可通过移位提升到动词位置，造成名词动用；汉代以后则出现了另一种现象，那就是，上面的动词位置填充了一个语义上为空的轻动词。值得注意的是，轻动词填位与义素析出中的"动词、名词义素分别析出"这一类并不相同，因为轻动词填位是利用一个语义为空（与所搭配名词语义上不相关）的动词填充句法位置，以满足双音节音步的需要。例如：

打水、打柴、打分、打饭、打更、打火、打井、打蜡、打雷、打铃、打气、打球、打拳、打伞、打铁、打鱼、打鼓、打针、打桩、打字

第三节　韵律添加

韵律添加（prosodic adding）是指在韵律模板作用下的词法手段，在单音节词的基础上添加一意义相关或相近的成分。韵律添加的方式有四种：重叠、加缀、增加类名和复合。

第六章　韵律整饬

吕叔湘（1963）指出："（现代汉语）单音节的活动受到限制，结果倾向于扩充为双音节。双音化的主要方式有两种：或者在前面或后面加上一个不增加多少意义的字；或者把两个意义相同或相近的字合起来用。"吕先生做了很详尽的列举，分析了双音节化的方式，说明和总结了双音化的多种手段。下面我们在吕先生的基础上再做进一步阐述。

一、重叠

重叠（reduplication），是指词语中部分或整体被复制的现象。重叠现象，自古已有。易熙吾（1954）谈到：

> 就《诗经》说，《北风》的"雨雪其雱"，而《采薇》作"雨雪霏霏"。《击鼓》的"忧心有忡"，而《草虫》作"忧心忡忡"。《车辇》的"依彼平林"，而《采薇》作"杨柳依依"。《宛丘》的"坎其击鼓"，而《伐木》作"坎坎鼓我"。《蟋蟀》的"日月其慆"，而《东山》作"慆慆不归"。《蓼萧》的"蓼彼萧斯"，而《蓼莪》作"蓼蓼者莪"。朱骏声《说文通训定声》假借有重言形况字，如朱朱像鸡叫，关关像鸟叫。王国维《联绵字谱》中，联绵字重文占大部分。史梦兰推广《尔雅》《广雅》中《释训》的变文，和杨升庵的复字，方以智的重音，搜罗古书上的重叠字作了一部《叠雅》，共十三卷，约有四千余词。例如"渐渐、峨峨、亭亭、列列、屏屏"这些个重叠字的双音词，都是表"高"的意义。又如"叠叠、层层、两两、双双"这几个重叠双音词，都是表重复意义。

也就是说，重叠其实就是人们利用音同或音近音节的自然延长、重复而构成单纯双音词（区别于形态重叠）。这里背后的原因是韵律的作用，音步的要求①。更多的例子如：

> 黄黄、昭昭、绰绰、滔滔、忡忡、跃跃、幽幽、处处、言言、语语、子子、孙孙、燕燕、天天、灼灼、菁菁、闲闲、交交、皎皎、粗粗、苍苍、青青、庸庸、呱呱、森森、亭亭、罗罗、弈弈、霍霍、铮铮

时至今日，虽然大量的重叠词仍在日常使用中，但由于其在语义扩展方面的局限性，总体说来用得并不是很多。吕叔湘（1963）指出：

> 重叠作为双音化的手段，普通话用得不多。名词除某些个亲属称谓外，只有"星星，乖乖，宝宝"等少数几个。有些方言里多些，如四川话。叠字动词更少，"痒痒"是一个，"吵吵"是一个。"嚷嚷"跟单字的声调不同（单字上声，叠字阴平），意思也稍微变了点。（动词和形容词的重叠形式有语法作用，而且不限于单音的，双音的也可以重叠，不在讨论之列。）

吕先生说"重叠作为双音化的手段"，直接道出了这类重叠的韵律原因。

二、加缀

加缀（affixation）即在韵律模板的作用下，在单音节词的前面或后面加上一个不增加多少意义且不会改变该词语法功能的音节，传统叫"衬字"。在汉语的双音节音步发展之早期，以词缀凑补的做法曾是满足汉语双音步的重要手段之一。历史上属于这类的词缀有很多，常见的就有"阿、老、打、有、子、儿"等。例如：

---

① 先秦单音节音步正在让位于双音节音步，这一现象不仅在诗歌节律中得到体现（施向东 2016），在称呼语中也明显表现出来（施向东 2018）。重叠只是其表现之一。

（4）春风尔来为**阿**谁？（唐·李白《山人劝酒》）

（5）**阿**你诸人，莫错用心。（五代《祖堂集》卷十六）

（6）妇人无名，第以姓氏加"**阿**"字。今之官府妇人供状，皆云"**阿**王、**阿**张"，盖是承袭之旧云。（宋《云麓漫钞》卷十）

（7）顾家一女，小名**阿**秀。（明《喻世明言》卷二，梁成等校点本，24页）

（8）**阿**嫂休怪，莫要笑话（明《水浒全传》第七回）

（9）大丈夫岂当以**老**姊求名？（唐《晋书·郭奕传》》）

（10）此是天上**老**鸦鸣，人间**老**鸦无此声。（唐·顾况《乌夜啼》）

（11）**老**虎穴中卧，猎夫不敢窥。（宋·苏辙《湖阴曲》）

（12）引军**打**劫，直到石头店。（唐《敦煌变文集》卷二）

（13）今日共师兄到此，又只管**打**睡。（五代《祖堂集》卷七）

（14）绣罗褛子间金丝，**打**扮好容仪。（宋·卢炳《少年游》）

（15）又有茶肆，专是五奴**打**聚处。（宋《梦粱录》卷十六）

（16）贱躯暴疾，**有**失迎候，罪甚！（明《三国演义》第二十回）

（17）母亲因甚，**有**唤孩儿？（明《紫钗记》第三出）

（18）**有**烦妈妈委曲则个。（明《初刻拍案惊奇》卷二十九）

（19）季相公扬州去了。太爷**有**请！（清《儒林外史》第四十七回）

（20）炉**子**边向火，镬**子**里澡浴。（唐《拾得诗·嗟见世间人》）

（21）他人骑大马，我独跨驴**子**。（唐·王梵志《他人骑大马》）

（22）门**子**见势头不好，一个飞也似入来报监寺。（明《水浒全传》第四回）

（23）山**儿**矗矗水**儿**清。船**儿**似叶**儿**轻。风**儿**更没人情。月**儿**明。厮合造、送人行。眼**儿**蔌蔌泪**儿**倾。灯**儿**更冷清清。遭逢着雁**儿**，又没前程。一声声。怎生得、梦**儿**成。（刘仙伦《系裙腰》，唐圭璋《全宋词》第四册2844—2845页）

然而，从整个汉语史来看，词缀填充音步不过是权宜之计，随着双音词的进一步完善，这些用来填充音步的词缀便逐渐淡出了。时至今日，汉语大量使用复合手段，早期用来填充双音节音步的词缀大多也因此而慢慢失去了其音步填充作用，走向衰落。① 例如：

（24）a. 阿母 → 母亲　　　　　　b. 阿奴 → 奴才
　　　c. 老乌/老鸦 → 乌鸦　　　 d. 打聚 → 聚集
　　　e. 婢子 → 婢女　　　　　　f. 雁儿 → 大雁
　　　g. 月儿 → 月亮　　　　　　h. 雀儿 → 麻雀
　　　i. 龟儿 → 乌龟　　　　　　j. 衫儿 → 汗衫
　　　k. 眉儿 → 眉毛　　　　　　l. 唇儿 → 嘴唇/红唇

单就现代汉语来看，加缀已不是重要手段，但目前仍不可忽视。这一点早已为吕叔湘（1963）所肯定。根据其出现的位置，现代汉语普通话中的词缀通常分前缀和后缀。

常用的前缀主要有"老"和"小"两个。② 对此，吕叔湘（1963）指出：

> 双音化的倾向在名词里最显著。在前面加字，大家最熟悉的是加老字。用于动物的有"老虎，老鼠，老鹰，老雕，老鸹，老鸦"等等；用于人的主要是在人伦关系和行第上，如"老公，老婆，老兄，老弟，老表，老乡，老师，老大，老二…"，此外有"老道、老美、老英"等等。这里的老都已经失去原有的意义，例如可以说"小老虎、小老婆、小老道"等等。跟老相对的小也有同样的作用（按，此指满足双音化的作用）。"小子"可以有"小小子儿"，"小孩儿"可以有"大

---

① 就汉语来说，由于变体繁多，内部差异较大，这些词缀的衰退情况并不一致，比如有的方言中还大量使用"阿"（如吴方言）；有的方言中"儿"仍独立成音节（如杭州话），能起到填充音步的作用。因此这里所谈的词缀衰变情况只是汉语的总体趋势，严格意义上讲，更适用于北方汉语。

② 方言中还有其他前缀，如晋语里的"圪"（刘育林 2001）。

小孩儿"，可见"小"也已经失去原有的意义。此外像"小偷，小贩，小照，小注"等，也都没有对立的"*大偷，*大贩，*大照，*大注"，那个小字也没有多少意义。

常见的后缀主要有"子、儿、头"三个。吕叔湘（1963）指出：

> 谈到后面加字（按，此指后缀），立刻会想到子，儿，头，可是这里边得有个分别。"厨子，瞎子，剪子"跟"厨师，盲人，剪刀"一样，由指处所、属性、动作的字眼（厨，瞎，盲，剪）转为指人指物，不是单纯的双音化。但是大多数后加的子字已经没有意义，只是双音化的一种手段。同样，"念头，想头，苦头，甜头"不是单纯的双音化，只有"石头，木头，竹头（方言），纸头（方言）"等才是。
>
> 加儿也有两种情形。有对立的形式的（"X儿"跟"X"或"X子"都出现），儿有指小的作用。如果带儿的是唯一的形式，那就只有双音化的作用了。儿在多数方言里已经失去音节独立性，在有些方言里还自成音节，在戏曲唱词里也常常是独立的音节。

在汉语史上，加缀一度是韵律整饬的重要手段之一，然而，随着汉语的发展，词汇手段逐渐淡出，原来的词缀或继续保持活性，或转为他用（如"打"变为一个轻动词），或径直脱落（如"阿"的丧失），或化入其前音节，引发变韵（如"儿"），对后世语音系统带来深远影响。

三、增加类名[①]

吕叔湘（1963）指出："在单音的动植物名字后面加上个类名，

[①] 从广义上来说，增加类名也是义素析出（王宁 2014）的一种。但考虑到两者增字的意义性质差异，位置也有所不同，故而分属两类。

这也是一种双音化的手段。一般的情形，单音节后面的类名必不可少，双音节后面就可有可无，三音节以上的一般不再加类名。"可见，增加类名应是韵律模板的作用。下面举例说明。

第一，单音节后面加类名的例子。例如：

> 兰花、菊花、梅花、莲花……
> 鲤鱼、草鱼、鲫鱼、鲢鱼、鳕鱼……
> 韭菜、荠菜、芹菜、芥菜……

第二，双音节后面类名可有可无。例如：

> 玫瑰（花）、牡丹（花）、芍药（花）、碧桃（花）……
> 白杨（树）、洋槐（树）、银杏（树）、胡杨（树）……

第三，三音节以上的一般不再加类名。例如：

> 毛白杨（＊树）、夹竹桃（＊花）、西葫芦（＊菜）

吕叔湘（1963）还谈到：

> "父亲，母亲"的亲，"心脏，肝脏，脾脏"的脏，"《诗经》，《书经》，《易经》"的经，也都是为了双音化而加类名的例子。……此外还有一些后加字，部分地起着双音化的作用。例如"鸟类，鱼类，肉类，豆类，酒类，鞋类"的类，"果品，药品"的品，"药物，谷物"的物，"头部，胸部"的部，"省份，县分"的份，"年度，季度"的度等等，都不是意义上不可缺少，而是带有衬字添音的作用的。

四、复合

复合是现代汉语最重要、最有活力的构词手段。有关复合构词的由来问题，董秀芳（2011：25）认为：

对于复合词的出生地，以下两种看法颇具代表性：一种认为复合词产生于句法，另一种则认为复合词产生于词法（参看黄月圆 1995）。这两种看法都能在共时语言系统中找到一定的证据。但从历时角度看，汉语最早的复合词是来源于句法的，在那时还没有复合构词法；当复合词不断地从句法中衍生出来之后，复合构词法就产生了，这以后复合词就可以不通过句法而被语言使用者独立地创造出来了。

也就是说，复合词至少有两个来源：一个是历时的，即通过短语的固化和词汇化而得（参看 Feng 1997）；一个是共时的，即通过复合构词法而成。应当指出：汉语复合构词的出现，从机制上说是汉语双音化促发或激活的结果，是韵律构词法建立后的产物（Feng 1997，庄会彬、赵璞嵩、冯胜利 2018）。在开始讨论之前，我们首先对复合词做出界定。

对复合词的界定，我们采用冯胜利（2009c：23）的标准，表述如下：

（25）语义标准

设 A 和 B 为两个相互独立的形式，且 A 的意义为 a，B 的意义为 b：只要 AB 的意义是组合性的，即"a+b"，那么 AB 就一定是一个短语，而非复合词……另一方面，如果 AB 组合的意义不是"a+b"的和，那么我们就有以下的几种可能：

a. ‖ AB ‖ ＝ a（AB 左边成分的意义）
b. ‖ AB ‖ ＝ b（AB 右边成分的意义）
c. ‖ AB ‖ ＝ c（其他）

只要某一组合满足其中的任何一种，AB 组合当为复合词。

如上所言，复合词的整体意义不等于部分相加之和，而是有所偏差。上面所列三条，可以再予以展开。

第一种，复合词的整体意义主要来自于第一个字，属于此类的同义复合词如"国家、窗户、报纸、灯火、雾气、事情、学习、班级"等等，偏义复合词如"窗户、国家、忘记、睡觉"等等。

第二种，复合词的整体意义主要来自于第二个字，属于此类的同义复合词如"干净、热闹、容易、发觉"等等，偏义复合词如"好歹、是非、兄弟、得失、缓急"等等。

第三种，复合词的整体意义包含两个字的意义，总体有可能更为抽象概括（王永娜 2010，2012）。例如"钢铁、皮肤、牙齿、背脊、年龄、衣服、树木、房屋、田地、墙壁、江河、状况、姿态、遗漏、驱逐、叙述、询问、购买、委托、健康、美丽、亲密、柔软、伟大、艰难、坚固、急促、全都"等等。

第四种，由于转类，复合词的整体意义虽与字面义有联系，但相去甚远，如"势利、富贵、贫贱"等等。

第五种，复合词的整体意义无法从字面义看出，如"东西、马虎、手足、领袖、栋梁、开心、关心、锤炼"等等。

第四节 韵律减少

一般谈及"双音化"，指的是单音节双音化。实际上，双音化不仅应包括单音节双音化，还应包括多个音节缩略成双音节的现象，如简称、缩略语等。周有光（1959）早已指出："把单音节的补充成双音节，把超过两个音节的减缩为双音节，这种现象叫做'双音节化'。双音节化是现代汉语的主要节奏倾向。"事实上，把多个音节缩略成双音节的现象，同样是在韵律模板的作用下完成。

多音节的双音化可分三音节的双音化、四音节的双音化、五音节的双音化以及六音节及以上的双音化等。①

三音节的双音化，古文献中不乏例证，但多见于外来词，如《旧唐书》的"吐谷浑"双音化为"退浑"，《佛经》的"阿难陀"

---

① 另外，还有一些双音化现象也值得注意，如"丈母娘"在快速的语流中变成了 [tsam niaŋ]，"豆腐脑"变成了 [təufnau]，"什么意思"变成了 [şəm·is]。这类现象还有待进一步的研究。

双音化为"阿难"。现代汉语中也不乏外来词语双音化的例子，如"麦克风"双音化为"麦克"。固有词的例子更显多见。例如：

（26）a. 山茶花 → 茶花　　　b. 生地黄 → 生地
　　　c. 熟地黄 → 熟地　　　d. 外国语 → 外语
　　　e. 照相机 → 相机　　　f. 机关枪 → 机枪
　　　g. 狼毫笔 → 狼毫　　　h. 龙井茶 → 龙井

四音节的双音化现象古已有之，如"菩提萨埵"双音化为"菩萨"，"沧海桑田"双音化"沧桑"，"泰山北斗"双音化为"泰斗"等。现代汉语中的例子也颇为多见。例如：

（27）a. 政治策略 → 政策　　　b. 政治权力 → 政权
　　　c. 劳动模范 → 劳模　　　d. 土地改革 → 土改
　　　e. 军人家属 → 军属　　　f. 政治委员 → 政委
　　　g. 北京大学 → 北大　　　h. 邮政编码 → 邮编
　　　i. 科学教育 → 科教　　　j. 人民警察 → 民警
　　　k. 亚细亚洲 → 亚洲

五音节的双音化现象如：

（28）a. 亚美利加洲 → 美洲　　b. 美帝国主义 → 美帝
　　　c. 文化大革命 → 文革　　d. 中国共产党 → 中共
　　　e. 流行性感冒 → 流感　　f. 彩色电视机 → 彩电

六音节及以上的双音化现象如：

（29）a. 政治协商会议 → 政协
　　　b. 住房制度改革 → 房改
　　　c. 美利坚合众国 → 美国
　　　d. 中华人民共和国 → 中国
　　　e. 微型电子计算机 → 微机

f. 阿拉伯也门共和国 → 也门

g. 苏维埃社会主义共和国联盟 → 苏联

多音节的双音化，其手段主要有压缩、截略、总括等多种方式，人们一般都把它们统称缩略。此外，在第五章我们还看到，一些外来语也会因为双音节韵律模板的要求而被"界取"成双音节。

第五节 并入

并入（incorporation）是指一个句法结构中存在中心语 X^0 和中心语 Y^0，两者之间不存在其他的中心语，处于较低位置的中心语 Y^0 经历句法移位，附接到管辖它的中心语 X^0 上面并成为其一个成分的现象（Baker 1988）。并入现象一般包括三种类型：动词并入、介词并入、名词并入。

动词并入和介词并入现象，有一个共同的特点，那就是它们皆为韵律促发作用下的中心语移位。我们可以将其简单定义如下：

在韵律模板（prosodic template，如汉语的词要求双音节）的作用下，居于较高中心语位置的单音节词 α 会吸引居于较低中心语位置的单音节词 β 上移，并通过附接的形式与之结合，从而形成一个新的句法单位。

名词并入则主要是为了完成核心重音的指派。正如第五章所言，最小词就是词，三个及三个以上音节就成了短语。只有最小词才能指派核心重音。

一、动词并入现象

就目前的文献来看，汉语的动词并入现象仅见于动结式。虽然今天越来越多的学者赋予动结式结构以（复合）词的地位（如 Chao 1968：435；Li 1990, 1993, 1995, 1999；顾阳 1996；Chang

1997；董秀芳 1998，2007；李亚非 2000；何元建，王玲玲 2005；等等），然而这些结构的（复合）词身份并不是从词库一出来就具有的，而是在句法运作中形成的，这一点已得到较多学者的认可，虽然不同分析策略对句法运作具体机制的理解存在差异（Sybesma 1992，1999；Cheng & Huang 1994；Cheng 1997；Shi 1998；冯胜利 2002b；熊仲儒，刘丽萍 2006；Sybesma & 沈阳 2006；施春宏 2008；Zhuang 2014）。

这类词是如何由句法运作而成的呢？根据以往的研究，它应该是通过一种前文所谓"并入"的句法操作实现的。并入操作由 Baker（1988）在观察多式综合语的基础上提出，其思想应该也适用于汉语相关现象分析。

汉语句法上的动词并入，其实是一个提升的过程。以"张三哭湿了手帕"为例，其派生过程应该如下：①

（30）

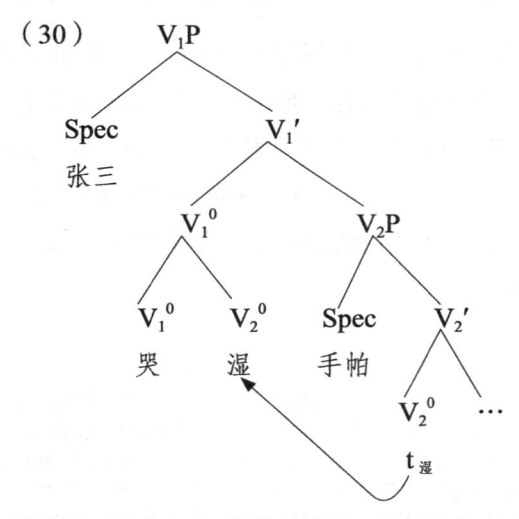

```
           V₁P
          /   \
       Spec    V₁'
       张三    /  \
            V₁⁰   V₂P
           /  \   /  \
          V₁⁰ V₂⁰ Spec V₂'
          哭  湿  手帕  |
                      V₂⁰ …
                      t湿
```

如图所示，例（30）中的"湿"本来处在句法结构上一个较低的

---

① 注意：V₁P 和 V₂P 之间其实应该还有一层 TP，这里为了简便起见，没有加上。感兴趣的读者可参阅 Zhuang（2014）。

165

位置，经过提升后，与"哭"合并成了一个"复合词"——"哭湿"。①"哭湿"是一个句法词，理由是：在例（30）中，"哭"的句法地位是一个中心语，"湿"的句法地位也是一个中心语；"湿"移向"哭"，两者结合的方式是附接，由"湿"附接于"哭"，其结果自然应该是句法词。

这里有一个问题：说"湿"附接于"哭"，岂不是说"哭湿"结构以"哭"为主？这一判断或许与以往许多学者的观点相抵牾（如 Chao 1968；龙果夫 1952；Tai 1973；汤廷池 1977；Li & Thompson 1978, 1981；Huang & Mangione 1985；马希文 1987），但根据黄正德（Huang 1988）的论证，汉语的动补结构②中，V_1才是主要动词，这在一定程度上表明，例（30）中"哭"与"湿"的结合，应该是"湿"附接于"哭"，而非"哭"附接于"湿"。

为什么"湿"需要并入"哭"？这是韵律整饬的结果。"哭"是一个单音节动词，没有宾语，又无法与后面的"手帕"组合成一个音步（句法上存在边界），而且也不处在句尾，无法通过延长元音等手段形成一个（蜕化）音步（见冯胜利 1996b），因此只能吸引或迫使下面的"湿"提升与之结合，形成一个音步。事实上，冯胜利等早已发现，汉语里并入的发生与韵律整饬③有着密不可分的关系（冯胜利 2000a, 2000c, 2002a, 2013a；Zhuang 2014）。这一点与多式综合语很不相同，后者并入的动机主要是来自于语素本身的要求（Baker 1988：249）。

---

① 至于这里的体标记"了"的由来，理论上可能存在至少两种观点，一种是根据最简方案的观点，动词从词库出来，已经羽翼丰满（full-fledged），也就是说，"湿了"作为一个整体直接插入到终端节点之下的；第二种观点是 Chomsky 早期的思想，即认为像"了"这样的屈折成分是通过句法操作（如 I- 降落或 V- 提升）才与"湿"出现在一起的（参见 Zhuang & Liu 2011）。无论哪一种方案都不影响此处的并入操作讨论。

② 这里的动补结构应该包括两类，"V-得结构"和动结式，根据 Zhuang（2014），二者共享一套 D-结构。

③ 根据冯胜利（2000a, 2000b, 2002a, 2013a），并入主要是为了满足音步要求、核心重音指派，同时受到最小词及信息传达等的限制。

二、介词并入现象

韵律促发的并入现象，还多见于介词并入。一方面，是因为单音节动词不能满足双音节音步的要求；另一方面，是为了满足指派核心重音的需要。于是，单音节动词后面的介词常会提升，与之结合，形成双音节的动介结构，从而满足双音节模板的要求。例如：

（31）张三躺在沙发上。

之所以说例（31）中的介词"在"已经"并入"了动词"躺"，是因为该动词与介词之间不允许插入其他成分，如体标记"了"只能出现在"在"之后，而不能出现在"躺"和"在"之间。如例（32）所示：

（32）a.* 张三躺了在沙发上。
　　　b. 张三躺在了沙发上。

这说明该句中"在"与"躺"已经组合成为一个复杂动词（Li 1990），其派生过程如下（参 Feng 2003a；冯胜利 2013a：225）：

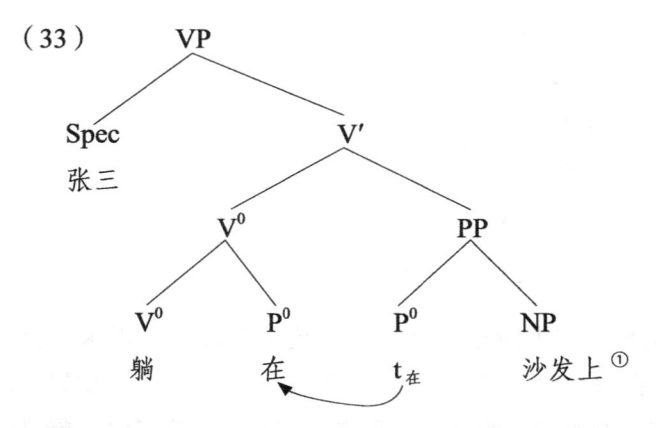

（33）
```
              VP
             /  \
          Spec   V'
          张三   / \
               V⁰   PP
              / \   / \
             V⁰  P⁰ P⁰  NP
             躺  在  t在 沙发上①
```

很显然，例（33）中介词并入所形成的"复杂动词"满足了双

---

① 方位词应属于名词的一个次类，详见庄会彬（2015）的相关论述。

音节韵律模板的要求，是韵律整饬的。有趣的是，汉语中通过介词并入而形成句法词的现象，极为多见，不仅见于现代汉语，古汉语中也不乏这样的例子，如"等于、在于、生于"等。其结构可表示如下：

（34）[$_{VP}$ 生 [$_{PP}$ 于 [$_{NP}$ 忧患]]] → [$_{VP}$ [$_V$ 生于 [$_{PP}$ t$_于$ 忧患]]]

三、名词并入现象

并入操作不仅作用于（动）词，有时候还作用于短语，如例（35）中的"收徒"、例（36）中的"讲学"，就是通过移位分别出现在"山神庙"和"中南海"之上的：

（35）**收徒**山神庙
（36）**讲学**中南海

以例（35）为例，其移位前的结构应该如下：

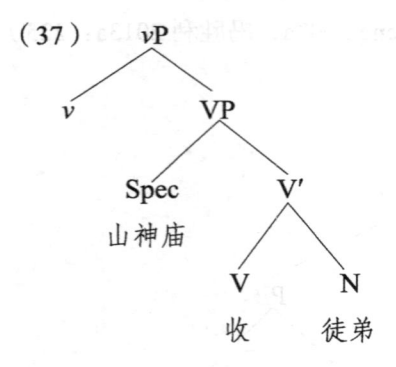

（37） vP
　　　／＼
　　 v　 VP
　　　　／＼
　　 Spec　V′
　　 山神庙／＼
　　　　 V　 N
　　　　 收　徒弟

其移位的动机，如上所述，是为了满足信息表达的需求，换句话说，是为了凸显信息，"山神庙"需要处在句尾焦点的位置。而要做到这一点，必须把"收徒弟"移走，其可能的途径之一就是话题化。例如：

（38）——张三今天要干吗？

——收徒弟，PRO 在山神庙。

再一种可能就是把"收徒弟"提升到轻动词位置。可问题是，"收徒弟"是一个短语，作为一个短语，它是无法提升到 v 位置的，否则它就违反了核心语移位限制。因此，在提升之前，它必须先要变身为"词"。这个过程是通过并入完成的。具体如下：

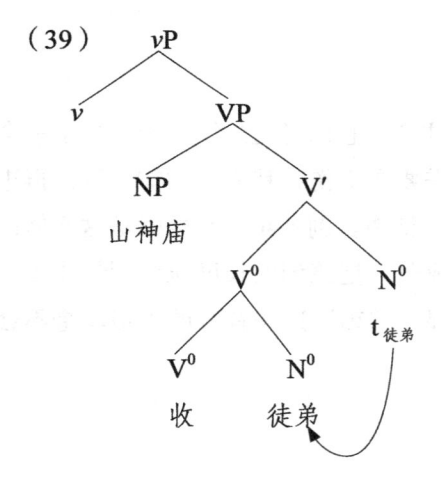

（39）

即"徒弟"通过移位而并入到动词"收"上，形成一个句法词 V^0。如此一来，"收徒弟"再行提升也就有了可能，如下（参冯胜利 2002b）：

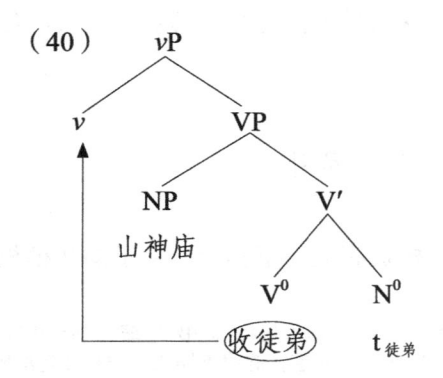

（40）

需要指出的是，例（40）在经过并入和提升操作之后，得到的不是"*收徒弟山神庙"，而是"收徒山神庙"，为什么？这就涉及韵律整饬，而整饬的目的，则是为了指派核心重音。根据冯胜利（2013a，2013b）、洪爽（2015），只有最小词（minimal word）才能指派核心重音（也见第五章）。"收徒弟"虽然经过句法上的词化，但形式上仍然不是一个最小词。最小词的定义如下：

（41）最小词：

$$[(\sigma\sigma)_{音步}]_{最小词}$$

因此，"收徒弟"这个 V^0（注意：它已经通过第一步变成了一个句法词）若要变成最小词，就需要在不伤害其意义的前提下，再进一步压缩其音节数，也就是韵律整饬。例（40）恰恰就是这么做的，剔除其内部的部分（冗余）成分，把该词的长度压缩到最小（对于"收徒弟"一词而言，很明显，"弟"这一音节的省略丝毫不会对其意义造成任何影响）[①]，即：

（42）收徒弟 → 收徒

于是，最终"收徒弟"以"收徒"的形式呈现。倘若说第一步的压缩是句法结构上的压缩（即把一个 VP 短语压缩成了一个 V^0 句法词），那么这一步的压缩则是音节数量上的压缩。经过以上两步操作而派生的"收徒山神庙"，既满足了信息表达的需要，又满足了核心重音指派的要求。

第六节 界外

以上所谈的现象多与韵律模板有关。事实上，除了韵律模板，

---

① 值得一提的是，逻辑上还有一个可能，即可先将"徒弟"压缩成"徒"再提升，但这不符合句法和韵律的先后作用的次序，要知道，韵律整饬或压缩是在句法操作之后才发生作用的。

韵律还会通过另一种手段——"界外"（emargination）来影响句子的形式。根据冯胜利（2013a：206），界外成分指的是出现在核心重音范围之外的成分。因为它们以轻读形式（不是轻声）出现在核心重音范围之外（亦即 VP 之外），核心重音的韵律结构并不会因此而被取代。例如：

（43）a. 我们吃晚饭了**都**。
　　　b. 你吃呀**你**。

这些动词前成分的后置也必须以轻读形式出现在最后的 VP 之外。又如：

（44）我们得弄点饭吃。

最后的中心动词是"弄"，而不是"吃"，因而核心重音范围是"弄点饭"，重音在"饭"上，而动词"吃"则以轻读形式出现。如下：

（45）我们得弄点**饭**吃。
　　　*我们得弄点饭**吃**。

再比较：

（46）A：你干什么去？
　　　B：我**坐车**去。（"坐车"是中心）
（47）A：你怎么去？
　　　B：我坐车**去**。（"去"是中心）

同样是"去"，同样都在句末，但是一重一轻，例（46）中的"去"可以读成 [tɕi⁰]（陆俭明 1985），例（47）中的"去"则只能读成 [tɕy⁵¹]。重的是中心动词，轻的是界外成分。

下面的例子不仅说明了 VP 后轻读（或轻音）成分的界外位

置,而且还说明了由轻读而"连读"的现象也往往发生在"界外"(冯胜利 2013a:207):

(48) 他喜欢你了。
(49) 他喜欢你了啊!
(50) 他喜欢你了啊(啦)吧!?

由于这里 VP 之后层层叠加的语气词都在界外轻读的位置上,所以汉语中的连读的现象(如"啦 = 了 + 啊")发生在句末。

另外,[P NP] 结构不能自由地出现在句末(见第二章第四节),因为它违背了重音的指派对动词依赖这一规则。例如:

(51) *我看了一本书在图书馆。
　　　*他买了三本书在商店。
　　　*他想唱支歌给我们。

根据核心重音律(第二章),上面的句子是不合法的,因为只有动词才能指派核心重音,动词的宾语是负载核心重音的对象。既然动词的宾语得到了重音,那么宾语后面的介宾短语成分便不可能赋有重音。介宾短语没有重音但是却占据了句尾核心重音的位置,因此为核心重音结构所不容,这类的句子自然也就不能接受。

然而,在现代汉语里,[[V NP][P NP]] 格式的句子并非绝对不能说,但是要对其中的 PP 进行一种韵律加工,让它们"集体"轻读。把后置介宾状短语读得非常轻,跟前面的句子形成明显的轻重差异,就会觉得舒服得多、顺口得多了(冯胜利 2013a:206)。例如:

(52) 他买了三本书 # 在商店。
　　　他想唱支歌 # 给我们。

这种句末 [P NP] 结构"集体轻读"的现象,实际上就是界外成分的韵律表现。也就是说,[P NP] 结构不是不能出现在句末,但是它们必须以轻读形式出现。这其实从另一个角度说明，界外成分根本无权参与重音的指派，只能以"界外"的身份出现。因此这种"集体轻读"也可以归结为一种经韵律整饬后的轻读现象。

第七章　韵律删除

第二章的第三、四节已经重点介绍了自然音步组合规则和核心重音律，它们是韵律语法中最为重要的两个结构化规则。其中，基于自然音步组合的规则，形成了"右向构词，左向造语"的韵律构词规则。核心重音律则是韵律句法的基本规则，对句法部门的产出形式进行着制约。除了这两条规则，第五章中介绍了"最小词"的基本概念，最小词必须至少包含两个音节或者两个韵素，即最小词限定条件。本章重点介绍韵律制约句法和词法的一种机制，即韵律删除，它主要是基于上述三条韵律规则进行运作的。

第一节　韵律删除的内涵

早期形式句法中，受"句法自治"理论的影响，产生了"句法不受语音制约"（Zwikcy 1969；Zwikcy & Pullum 1986）的观点。因此，有关音系与句法的界面研究主要集中在句法如何影响音系、音系单位，和句法单位如何投射等方面。直到 1990 年，Zec & Inkelas 第一次提出了"韵律制约句法"（prosodically constrained syntax）的观点，即句法与音系之间的作用并非先后派生的关系，而是一种比肩同行的双向交互作用关系。不仅句法可以影响音系，音系对句法也具有反向制约作用。

但是，Zec & Inkelas（1990）的研究材料有限，他们并未构建出一个系统的韵律句法互动理论模型。而与汉语有关的早期研究，主要是通过共时层面下汉语方言的连读变调现象探索音系与句法的界面问题,未从理论层面系统研究韵律对句法的制约作用。直到 Feng（1991，1995）才从历时句法演变的角度研究古今汉语的韵律句法现象,并依据 Liberman（1975）所创立的节律学（Metrical Phonology）,构建了一个汉语韵律句法学的基本理论框架。此后的二十多年,汉语韵律句法学的相关研究主要集中在韵律对句法的制约机制的探讨上。

Simpson（2014：482）总结汉语韵律句法学的界面研究的成果时,确认汉语韵律机制的两种功能:一是韵律对词和短语结构的过滤功能;二是韵律对历时句法演变的激活功能。其中,韵律对词和短语结构的过滤功能,就是本章要介绍的"韵律删除"。下一章则会介绍韵律对历时句法演变的激活功能,即韵律激活。实际上,韵律对句法的作用不限于此,除了韵律删除和韵律激活之外,还包括第六章讨论的韵律整饬。

所谓韵律删除（prosodic filter）,是指语言中的某一语言形式符合词法、句法、语义等其他语言层面的规则,但因违背音系层面的韵律规则而导致结果不合法、不能接受,进而被语言系统剔除的韵律操作。韵律删除也叫韵律过滤。

韵律删除以韵律规则作为前提,没有韵律规则就没有删除运作。例如（冯胜利 2009c：178）:

（1）取笑张三　　＊开玩笑张三　　跟张三开玩笑
　　 得罪领导　　＊拍马屁领导　　给领导拍马屁
　　 负责病房　　＊负责任病房　　对病房负责任

"取笑、得罪、负责"可以携带宾语,但是,"开玩笑、拍马屁、负责任"不能携带宾语。这种对立是如何产生的?结论是两者的韵律性质不同,前者是双音节标准韵律词,后者则是三音节韵律短语。根据汉语的辖重律（具体内涵参见第二章第四节）,动词将核心重音指派到其直接管辖的成分即宾语上。但是,作为核心重音指派者的动词还必须满足"词体条件",即核心重音的指派者必须

175

是一个（韵律）最小词，最小词是"一个由两个音节组成的音步"（Feng 2006，2009）。三音节动宾形式超出了最小词的音节限制，自然也就无法将核心重音指派到宾语上，如下所示：

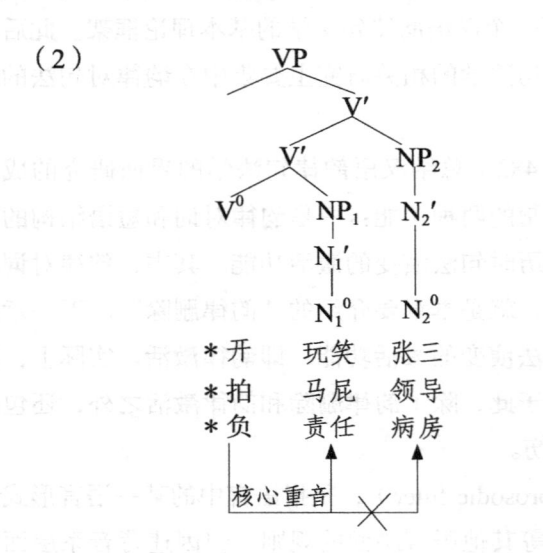

（2）
```
           VP
           │
           V′
          ╱ ╲
         V′   NP₂
        ╱ ╲    │
       V⁰  NP₁ N₂′
            │   │
            N₁′ N₂⁰
            │
            N₁⁰
       *开   玩笑  张三
       *拍   马屁  领导
       *负   责任  病房
       核心重音 ────✗
```

"开、拍、负"是动词，根据辖重律，由其宾语 NP_1 "玩笑、马屁、责任"获得核心重音。另一个宾语 NP_2 "张三、领导、病房"，在韵律上是一个非轻读成分，也可以承担核心重音。然而，核心重音只能指派给一个句法成分，这就造成了韵律上难以调和的矛盾。此时，韵律就会发挥其删除功能，将这类三音节动宾再带宾语的"$[VO]_{σσσ}+NP$"①类形式，从汉语句法系统中剔除。

下面再看另一类现象（转引自冯胜利2009c：176）：

（3）清仓库　　*清理仓　　清理仓库

"清理"和"清"都是动词，"仓库"和"仓"是动词所携带的宾语。在句法上，它们都是动宾结构，但是，"清仓库"和"清理仓

---

① "$[VO]_{σσσ}+NP$"中，"σ"是指一个音节，因此，下标"σσσ"是指三个音节，"$[VO]_{σσσ}$"则是指三音节动宾形式。

库"都是合法形式,"*清理仓"却是非法的。由上可知,无论"清仓库"还是"清理仓库",抑或是"*清理仓",都能在结构关系上顺利完成核心重音的指派。唯一的区别就在于,"仓库"是双音节名词,而"仓"是单音节名词。"清理"是一个双音节动词,根据韵律音系学上的"分枝必重"原则(Liberman & Price 1977),其韵律分量必然重于单音节名词"仓"。但是,按照核心重音律,必须由"仓"来承担重音,这就造成了动宾之间前重后轻的韵律冲突。因此,韵律便会发挥其删除作用,将其这类前重后轻的动宾结构上所负载的语音内容予以删除。

由上可见,语言形式的产出不仅要受到句法规则、语义规则的制约,同时还要受到韵律规则的制约。所有符合句法语义规则而违背韵律规则的语言现象,都会被韵律系统删除,这就是韵律对句法的删除机制。

除了上述句法层面的韵律删除现象以外,韵律在构词层面也同样发挥其"质检员"的作用。需要注意的是,韵律在构词层面和句法层面发挥删除作用时所遵循的韵律规则系统是不同的。构词层面上,韵律删除取决于相应的韵律构词规则。比如,以标准韵律单位作为模板来约束词的产出形式,将不符合韵律模版的"词"形式从词汇系统中删除。例如,"皮鞋店、皮革厂"可说,而"*鞋商店、*皮工厂"不可说,便是因为后者违背了汉语构词系统中的"右向造词"规则,因此,要在构词系统中予以删除。更多的韵律构词现象可参考第四章和第五章的内容。相较之下,句法层面的韵律删除则要依据不同语段(phase)的韵律规则来进行。例如,在 vP 语段中,核心重音律是删除运作的参照标准;在 CP 语段中,则主要依据"一句一调"规则来进行删除。

第二节 韵律删除的基本框架和运作过程

基于韵律删除的定义,这一运作具有两个基本特性。一是被删除的语言形式都满足除韵律之外的其他层面的语言规则；二是删除从本质上来说是一种过滤运作。那么，如何过滤？过滤的位置与过程是什么？这是本节要讨论的问题。

一、韵律删除的基本框架

本节先对生成语法各个时期的语音过滤模型进行回顾，确立韵律删除的基本框架，最后以班图语（Bantu）的关系从句为例，来说明韵律删除的运作过程。

标准理论阶段（20世纪60—80年代），Ross（1967）最早提出过滤模型（filter model），该模型是最早解释语音影响句法的模型。其中，在这一模型中，语音和句法是相互独立运作的两个部分。语音作为一个过滤器只作用于句子的表层结构，其过滤作用发生在句法部门产出之后。具体来说，基于普遍语法（Universal Grammar）规则，句法生成所有的句子，然后，语音过滤器排除所有违反语音规则的不良结构，如（4）所示（Feng 2003c）：

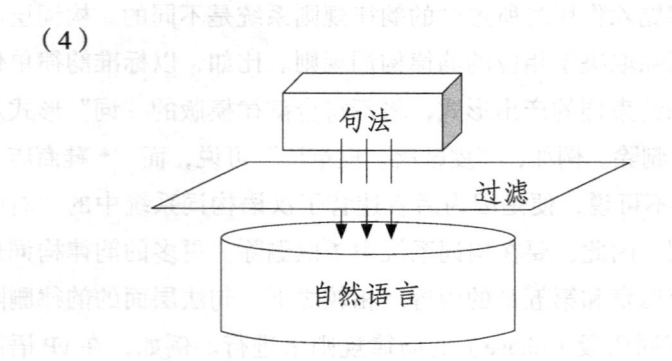

（4）

管约理论时期（20世纪80—90年代），Zec & Inkelas（1990）指出，上述语音过滤模型的本质是派生性模型，它只能解释音系对构词的制约，无法解释音系对句法的制约。例如，在塞尔维亚-克罗地亚语的话题结构中，能够充当话题的成分既要满足句法的要求，也必须同时满足音系的要求。充当话题的成分必须是音系上较重的成分，即必须是一个音系上的双分枝结构。否则，就会造成例（5）

与例（6）间的对立（转引自 Zec & Inkelas 1990：367）。

（5）Taj čovek voleo=*je* Mariju.
　　　that man love=aux Mary
　　　那个男人　爱　　玛丽
　　　'That man loved Mary.'
　　　那个男人爱过玛丽。

（6）*Petar voleo=*je* Mariju.
　　　Petar loved=aux Mary
　　　彼得　　爱　　玛丽
　　　'Petar loved Mary.'
　　　彼得爱过玛丽。

在句法上，Taj čovek（那个男人）和 Petar（彼得）的性质相同，都是名词短语。两者的区别只在于韵律性质不同：前者是双分枝成分，足以成为一个音系短语；后者是单分枝成分，不能构成一个音系短语。正是韵律性质上的区别决定了它们具有不同的句法功能。由于该语言中要求充当话题的成分，必须至少是一个音系短语，而单分枝成分韵律分量较轻，所以不能充当话题成分。先前的派生性语音过滤模型无法解释这一现象。因为在派生模型中，句法生成所有的句子，语音对句法的过滤运作只能在语音层面进行，不能改变句法结构。而单分枝成分 Petar 和双分枝成分 Taj čovek 具有同样的句法性质，自然能够出现在同一个句法位置。语音层面的过滤运作无法对两者加以区别，排除单分枝成分这种音系非法而句法合法的结构。于是，针对语音过滤模型的缺陷，他们提出一个"音系-句法界面的非派生性互动模型"（nonderivational model of phonology-syntax interface）。该模型的核心在于音系和句法之间的双向互动作用并不是直接发生的，而是间接发生的。音系规则并不能直接作用于句法成分上，直接对句法成分产生过滤作用，而是由音系结构的子成分即韵律结构来加以调节。也就是说，该模型是在韵律结构中进行过滤运作的。但是，Zec & Inkelas（1990）并没有对该模型的表现形式及其运作机制进行材料的阐述和理论的构建。

进入最简方案时期后（20世纪90年代至今），Zubizarreta（1998）基于该时期的句法生成体系，构建了一个新的模型，并且明确阐述了韵律制约句法所发生的位置与运作机制。该模型的核心是在句法拼出之前需要进行韵律轻重调节，以满足韵律的要求。然后，再进入逻辑层（Logic Form，LF），即语义部门。最后再进入语音部门（Phonetic Form，PF）和断言结构（Assertion Structure）两个接口部门，如（7）所示（转引自 Zubizarreta 1998：32）：

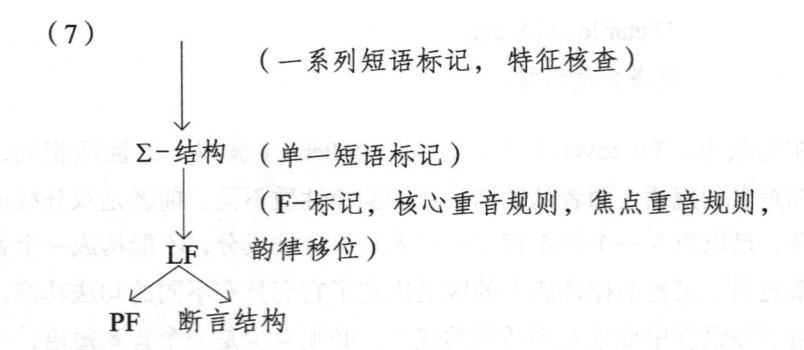

（7）

↓ （一系列短语标记，特征核查）

Σ-结构 （单一短语标记）

↓ （F-标记，核心重音规则，焦点重音规则，韵律移位）

LF

↙ ↘

PF 断言结构

在该模型中，韵律对句法的过滤作用发生在Σ-结构，即句法部门到语义部门之间。这一作用围绕着核心重音律（Nuclear Stress Rule）和焦点凸显律（Focus Prominence Rule）两个规则进行。语言不同，处理两个规则之间韵律冲突的方式也会有所不同。

具体步骤如下。首先，依据核心重音规则完成核心重音指派。其次，按照焦点凸显原则进行韵律调节，调节过程可能会促发移位，即韵律移位（P-movement）的发生。这种移位除了遵循句法移位的一般规则之外，还必须遵循相对轻重律（the Relative Weight Constraint）。[①]

---

① 对韵律移位有兴趣的，参阅 Zubizarreta（1998）及冯胜利（1995，2013a）。

例如，在英语、德语和法语等语言中，先按照核心重音律来进行核心重音指派。但是，当窄域焦点出现时，为了遵循焦点凸显律的要求，突出焦点成分，会使原本承担核心重音的句法成分变成韵律上的隐形成分，如（8）所示（转引自 Zubizarreta 1998：20，粗体字标记重音）：

（8）a. What happened?

怎么回事？

John **ate an apple**.

约翰吃了一个苹果。

b. Who ate an apple?

是谁吃了一个苹果？

John ate an apple.

是**约翰**吃了一个苹果。

例（8a）是针对广域焦点的提问，即针对刚刚所发生的事件整体提问，而非询问事件中的某一组成部分。因此，其答句是核心重音句。于是，按照英语的"尾重原则"，由 ate an apple 获得核心重音。例（8b）则是针对事件的施事提问，问的是"是谁吃了苹果"，其答句就不再是核心重音句，而是焦点重音句。由主语 John 获得焦点重音，而原本承担核心重音的成分 ate an apple 变为轻读，使之成为韵律隐形成分，也就不会对焦点重音造成干扰。

根据 Zubizarreta（1998）的研究，西班牙语和意大利语的核心重音必须指派到句中最右端的成分上，并且不存在韵律隐形成分。于是，为了协调核心重音与焦点重音，避免造成韵律冲突，就会促发韵律移位，如（9）所示（转引自 Zubizarreta 1998：138）：

（9）a. What happened?

怎么回事？

Maria　ha　messo　li　libro　sul　**tavolo**

181

Maria has put the book on-the table
玛丽亚 有 放 这本书 在 桌子
'Maria has put the book on the table.'
玛丽亚已经放了这本书在桌子上。

b. What did Maria put on the table?
玛丽亚放了什么在桌子上？
Maria ha messo sul tavolo il **libro**.
Maria has put on-the table the book
玛丽亚 有 放 在 桌子 这本书
'Maria has put the book on the table.'
玛丽亚已经放了这本书在桌子上。
*Maria ha messo il libro sul **tavolo**.
玛丽亚 有 放 这本书 在 桌子
Maria has put the book on-the table
'Maria has put the book on the table.'
玛丽亚已经放了这本书在桌子上。

例（9a）是针对事件整体进行的提问，因此其答句是一个核心重音句。按照意大利语的核心重音指派律，sul tavolo（在桌子上）这一介宾短语中的宾语 tavolo（桌子）是位于全句最右端的成分，由它获得核心重音。例（9b）问的是"Maria 放了什么在桌子上"，其答句是一个焦点重音句，由 libro（书）获得焦点重音。但是，意大利语中不存在韵律隐形成分，不能让原来承担核心重音的成分 tavolo 通过轻读变成韵律隐形成分。为了协调这种韵律冲突，只能通过句法移位，将介宾短语 sul tavolo 上移，移出最右端的重音范域，从而使 libro 变成句子最右端的成分，焦点重音和核心重音得以重合，最终形成"[S [V [PP] O]]"的语序。在意大利语中，焦点重音出现之后，动词的宾语成为全句的焦点，原本的"[S [V O [PP]]]"句法形式要予以删除。①

　　Feng（1995，2003c）也发现 Ross（1967）所提出的传统语音过滤模型具有较大的缺陷。这一缺陷是指该模型认定句法和语音是两个彼此独立的层面，只有当句法生成之后，语音才能发挥其过滤作用，无法排除诸如"*收徒弟少林寺"和"*打牢固基础"等非法现象。因此，他提出韵律过滤模型必须要满足两个条件：一是结构是否合法须通过韵律的检验；其次，该韵律过程必须在句法里操作，不能在语音层面操作。

　　此后，基于 Zubizarreta（1998）的研究和最新的语段理论，Feng（2009）提出了一个新的模型，即"韵律-句法界面互动模型"，如（10）所示（转引自 Feng 2009：236）：

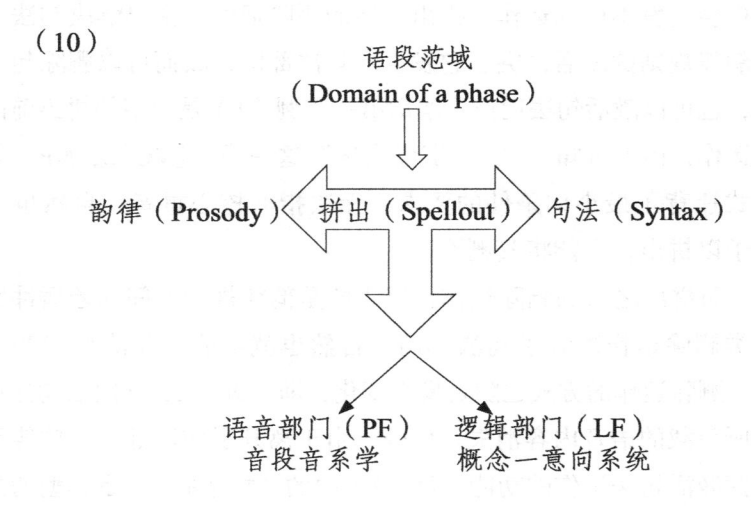

（10）

```
                    语段范域
                (Domain of a phase)
                        ↓
    韵律(Prosody) ← 拼出(Spellout) → 句法(Syntax)
                        ↓
              语音部门(PF)    逻辑部门(LF)
              音段音系学      概念—意向系统
```

　　根据语段理论，句子是一个语段一个语段生成的。每一语段生成时，韵律部门会根据韵律规则给句法结构相匹配的形式进行韵律赋值。如果韵律与句法两者之间产生不匹配的问题，就需要发挥韵律删除或韵律激活的功能，最终生成满足韵律规则要求的句法形

---

① 其中，句法移位就是韵律所驱动产生，这也是第八章韵律激活要讨论的内容，此不赘述，而将"[S [V O [PP]]]"的语言形式予以删除则是本章所介绍的韵律删除。

式,最后再进入语义部门和语音部门,得到正确的语义表达式和语音表达式(Feng 2009;冯胜利 2016a)。

本章将采用冯胜利的"韵律-句法界面互动模型"作为基本框架来讨论句法层面上的韵律删除。句法部门生成的每一语段,都要在拼出之前,同时接受韵律规则的过滤检查。一方面,韵律规则会将那些不符合韵律要求的句法形式予以删除;另一方面,保留这些非法形式所蕴含的话语表达需要发挥韵律激活的功能,返回句法部门重新改造,改造后的产品重新接受韵律检查,直到满足韵律要求为止,才能拼出。

需要说明的是,韵律删除既可以发生在语段拼出之前,也可以发生在拼出之后。两个阶段接受的是不同层面的韵律检查,检查结果也会引发不同的运作。拼出之前的删除运作,主要解决句法形式与韵律规则的矛盾冲突。它发生在句法部门,故而可以删除句法形式,也可以激活句法运作。本章第一节例(1)是典型的拼出前的删除运作,由上可知,"*负责任病房"这一类"[VO]$_{666}$+NP"句法形式违背了最小词条件的要求,无法指派核心重音,自然也就不能予以拼出,只能将其删除。

而拼出之后的删除运作,解决的是韵律规则之间的矛盾冲突。这类删除运作离开了句法部门,自然也就不能对句法形式产生影响。删除运作的方式也随之发生变化,即让进入 PF 部门的句法形式上所负载的语音内容消失。此外,由于离开了句法部门,韵律无法发挥激活句法运作的功能。例(3)中的"*清理仓"是典型的拼出后删除。因为"清理仓库"和"*清理仓"都能在结构上保证核心重音的指派,实现拼出。但进入 PF 部门之后,还需要韵律规则对其进行再次检查,发现"*清理仓"违背了"分枝必重"原则,韵律会将其所负载的语音内容删除。[①]

[①] 限于篇幅有限,本章不多讨论拼出后亦即 PF 部门的韵律删除,重点介绍拼出前韵律删除的运作机制及其相关的现象。关于 PF 部门的删除运作,第八章第五节的"韵律激活与韵律删除的关系"一节会进行后续介绍。

二、韵律删除的运作过程

这部分我们将介绍 Harford & Demuth（1999）的研究，通过班图语的关系从句展示拼出前韵律删除的运作过程，在下面的章节中会详细分析各类汉语现象。

作为班图语系的支系语言，塞索托语（Sesotho）和金绍纳语（Chishona）的基本语序都是 SVO（Doke & Mofokeng 1957；Fortune 1955，1967，1985）。但是，当关系从句充当宾语时，其语序有所不同。塞索托语的关系从句中，动词的移位并未发生，内嵌的关系从句仍旧是 SV 语序。而金绍纳语的关系从句中，充当宾语的关系从句中需要将动词提升到核心词 C^0 的位置上，进而引发从句主谓倒置的现象，如下所示（转引自 Harford & Demuth 1999）：[①]

（11）塞索托语

  a. dikobo tseo basadi ba-di-rekileng kajeno
   10/blankets 10/REL 2/women SM2-OM10-bought today
   毛毯   关系代词 女人 买   今天
   'the blankets which the women bought today'
   那个妇女今天买了的毛毯

  b. *dikobo tseo ba-di-rekileng basadi kajeno
   10/blankets 10/REL SM2-OM10-bought 2/women today
   毛毯   关系代词 买   女人 今天
   'the blankets which the women bought today'
   那个妇女今天买了的毛毯

[①] 例（11）和（12）中，"10"和"2"都是名词词类标记，数字不同，所代表的名词类型也不同；REL 是关系从句标记词的英文缩写形式；SM 是主谓一致规则的英文缩写形式；OM 是宾语标记的英语缩写形式；TAM 是时态标记的英文缩写形式。

（12）金绍纳语

    a. mbatya   dza-v-aka-sona   vakadzi
       10/clothes 10/REL-SM2-TAM-sew 2/women
       衣服   关系代词—缝制   女人
    'the clothes which the women sewed'
    那个女人缝制的衣服

    b. *mbatya   dza   vakadzi   v-aka-sona
       10/clothes 10/REL   2/women SM2-TAM-sew
       衣服   关系代词   女人   缝制
    'the clothes which the women sewed'
    那个女人缝制的衣服

在例（11）和（12）中，tseo 和 dza 都是关系从句的标句词（complementizer），其句法功能类似于英语的 that，引导从句对中心语名词 dikobo（毛毯）和 mbatya（衣服）进行补充说明。两者的区别在其韵律性质，前者是双音节，后者则是单音节。班图语要求所有单词（包括功能词在内）都必须是一个韵律词，一个韵律词必须至少由两个音节构成。因此，作为班图语的支系语言，金绍纳语的单音节标句词 dza 必须要黏附于相邻成分，与之组合构成一个韵律词，才能满足该语系的韵律构词条件，作为词进入句法运作。否则，就会出现例（12b）这类非法现象。

与此同时，dza 黏附对象的选择还受到句法的限制。在句法结构中，dza 位于中心语 C^{0}[①] 的位置。它的相邻成分 vakadzi（女人）是从句的主语，位于指示语（specifier）的句法位置。根据 X-bar 理论，指示语与中心语具有不同的句法性质，一个中心语只能与另一个中心语相结合，不能与指示语结合。而韵律上又要求 dza 必须黏

    [①] 依据 X-bar 理论，CP（Complementizer Phrase）是标句短语，而 C^0 是标句短语的中心语。

附于其他成分,于是,只能利用中心语移位(Head-to-head Movement)这一句法运作来满足韵律的要求。将动词 v-aka-sona(缝制)先上移到时态短语的中心语 T^0 的位置,再从 T^0 移位到标句短语的中心语 C^0 的位置,使其与标句词 dza 结合,变成多音节词 dza-v-aka-sona。最终,形成了从句主谓倒置的句法结构,如例(12a)所示。与之相反,塞索托语的标句词 tseo 作为一个双音节词,自然也就是一个韵律词。如果将动词 ba-di-rekileng(买)上移,并与之结合,就会违背语言生成的"经济性"(economy)条件[1],产生例(11b)这种非法结构。

那么,金绍纳语中的韵律删除是如何运作的?第一步,在从句的 CP 语段中,dza 出现在中心语 C^0 的句法位置上,会形成下述句法形式:

(13)(句法)形式 [...$_{CP}$[pro $_{C'}$[dza $_{TP}$[vakadzi$_j$ $_{T'}$[vakasona$_k$ $_{VP}$[t$_j$ $_{V'}$[t$_k$]]]]]]

第二步,进入韵律部门,依据该语言的韵律规则对其进行检查。由上可知,dza 是一个单音节词,其韵律性质决定了它不能独立存在于句子中。它必须黏附在相邻的成分上,与之结合构成一个韵律词,这样才能出现在句子中。

接着,在句法部门 CP 语段内,寻找 dza 能够黏附的句法成分。在线性序列上,与其相邻的是名词 vakadzi。但是,在句法上 vakadzi 处于指示语位置,指示语不能与中心语相结合。而其他句法成分,如位于中心语 T^0 位置上的动词 v-aka-sona 又距离 dza 太远,被指示语 vakadzi 所阻隔。

最终,标句词 dza 在整个 CP 语段找不到合适的黏附对象,只能

---

[1] 关于语言生成推导的"经济性"概念,请阅读 Chomsky(1995:129—166)

将整个"$[C^0]_\sigma$+S+V"[1]的句法形式予以删除，而不仅仅是删除 dza 这一个标句词。

另一方面，由于整个 CP 语段并未进行句法拼出，为了话语表达的需要，还可以发挥韵律的另一种重要功能——激活功能。就是将 CP 整个语段退回到句法部门，要求句法部门重新构造，最终生成下述结构：

（14）拼出形式　　[...$_{CP}$[pro $_{C'}$[dza-vakasona$_k$ $_{TP}$[vakadzi$_j$ $_{T'}$[t$_k$ $_{VP}$[t$_j$ $_{V'}$[t$_k$]]]]]]]

本章重点介绍韵律删除，激活功能的操作细节请参第八章。

综上所述，在句法拼出之前，韵律删除的运作机制是指，某一语段生成时，依据韵律规则，对拼出前生成的句法形式进行检查过滤。要将具有下述特点的句法形式予以删除（两者只要具有其一即可删除）：一是违背该语段所具有的韵律规则，并且现阶段无法加以修复；二是保留话语表达的需要，发挥韵律激活的功能，即将其退回到句法部门，依据普遍语法机制对其加以改造，然后再对改造后的句法形式进行韵律复查，如果改造后的句法形式仍旧无法满足韵律的要求，那么，就要把这一形式予以删除。

第三节　构词层面的韵律删除

韵律对于构词的制约，主要集中在词的长短或者大小问题上，其背后的作用机制是最小词限定条件和自然音步组合规则（冯胜利 1996b，1998，2001b，2002b）。其中，最为重要的一点是，这里的词指的是已经进入词库的词汇词。词汇词是相对于句法词来说，前者不是通过句法运作在线生成的，既不能预测其意义，也不能对其

---

[1] $[C^0]_\sigma$+S+V 中，$[C^0]_\sigma$ 是指中心语（也称作核心词）C^0 是一个单音节词，下标 σ 的意思是一个音节。

内部结构进行拆解分析;而后者则是通过句法运作在线生成的词,其结构具有(句法上的)可分析性,其意义也具有可预测性(冯胜利 2001b;石定栩 2002;庄会彬 2015:120)。这就是说,构词层面上,韵律只能基于最小词限定条件和自然音步组合规则对词汇词进行制约,而不能制约句法词。因为句法词并不是从词库中拿出直接插入句法终端的,而是通过句法运作在线生成的词。

于是,在构词层面上,韵律删除是依据最小词限定条件和自然音步组合规则,对词汇词进行筛选检查,而无法对句法词进行过滤删除,只能将违背韵律构词要求的词汇词予以删除。并且,所有词汇词只要违背了上述两条规则中的任意一条,就要采用删除运作,将其从词汇系统中剔除出去。

一、最小词限定条件制约下的韵律删除

在韵律上,对于词汇词的限制首先表现在词长的最低限度上,即所有词汇词必须满足最小词对最低词长的限制。在现代汉语中,韵律词不必是复合词,但是(原始)复合词必须首先是一个韵律词(冯胜利 1996b)。其中,原始复合词是指最基本、最简单的复合词,是从词库中产出的词汇词。它是一次复合而成的词,如"纸张、演员、休息室、电视台、电影院"[①],而不是如"中央电视台、汉语大词典、演员休息室"等多次复合而成的词。

既然原始复合词必须首先是一个韵律词,那么,它就必须是一个最小词。而根据第五章第三节可知,最小词至少是由两个音节组成的。于是得到下述结论:在现代汉语中,原始复合词必须至少由

---

① 从韵律构词的角度来说,"休息室、电视台、电影院"这类"[2+1]_{名+名}"形式是通过双音节名词加上单音节名词一次性复合而成的,"纸张"和"演员"这类[1+1]形式则是通过两个单音节名词一次性复合而成的。就运作次数而言,它们都是"一次性实现的"(冯胜利 1996b)。相较于[2+1]和[1+1],"中央电视台、汉语大词典、演员休息室"则是通过两次复合形成的。第一次是通过"电视+台""大+词典"和"休息+室"复合而成的,第二次是"中央+电视台""汉语+大词典"和"演员+休息室"形成的。

两个音节构成,不存在少于两个音节的原始复合词[①]。例如"*桌、腐、影、蚁"等单音节不能构成一个音步,自然也就不能构成最小词,违背韵律对词长的最低限制条件。在词库产出时,无法通过韵律的检查,只能将其从词汇系统中剔除出去。

但是,最小词限定条件并不能确保产出所有合法的词汇词。例如,"*糖工厂"和"制糖厂"都是三音节,都满足了最小词限制条件,应该都能从词库顺利产出。可是,只有"制糖厂"是合法的,能够从词库产出,然后进入句法部门。那么,"*糖工厂"到底为什么不合法?这是下面要进行讨论的问题。

二、自然音步组合规则制约下的韵律删除

除了对词长的最低限度进行了限制以外,韵律对构词的音步组向也提出了要求。前文已知,基于自然音步组合规则,得出一个韵律构词规则,即"右向构词,左向造语"(冯胜利1998)。下面来看几个例子,以理解构词层面的删除运作产生的动因。

(15) *车工厂　汽车厂、车厂
　　 *糖工厂　制糖厂、制糖工厂、糖厂
　　 *花商店　鲜花商店、花店
　　 *砖工厂　砖瓦厂、砖瓦工厂

[①] 此处所述的"原始复合词"的音节数量限制,其作用范围是现代汉语,而不包含古代汉语。也就是说,"猪、牛、马、羊、山、水、树"这类古代汉语中已有的单音节词不受到该限制条件的制约。冯胜利(2013a:99)指出,"汉语的韵律构词和古来的原生基础词,是两套系统",并由此得到一个推论:"老词可以单着用,但是,新词只能双着造——遵循韵律构词的韵律法则"。这是因为秦汉之前上古汉语的音步是韵素音步(冯胜利2013a:174),只需要满足韵素音步成双即一个音节必须至少包含两个韵素的韵律构词要求即可,由此产生了大量的单音节词。而随着韵尾辅音的脱落和声调的出现,音步类型也随之变化,逐渐演变为音节音步,由此秦汉之后产生了大量的双音节词。至此发展到现代时,现代汉语的音步类型是音节音步,故而也需要满足音步成双即一个音步必须至少包含两个音节的要求来生成韵律词。

例（15）中，首先，"汽车厂、制糖厂、砖瓦厂"等在句法上是[2+1]式的［名词＋名词］结构（下面简称为"［名＋名］"），其音步组向是由左到右，符合汉语自然音步对于构词的要求。因此，能够通过韵律的检查，最终作为复合词产出。其次，"糖厂、花店、车厂"等是双音节结构，形成了一个独立的音步。这个音步是无向音步，也符合汉语自然音步对构词的要求。因此，也能通过韵律的检查构成复合词。"鲜花商店"和"砖瓦工厂"等在句法上是[2+2]式的［名＋名］结构，其音步组向也符合"右向构词"的要求，同样也能通过韵律的检查构成复合词。

但是，"*车工厂、*花商店、*糖工厂、*砖工厂"等，在句法上是[1+2]式的［名＋名］结构。在韵律上，其音步组向是由右到左，违背了构词层面的"右向构词"的规则，也就无法成为复合词。于是，从韵律删除的角度来说，"[1+2]$_{名+名}$"这一形式违背了构词层面的"右向构词"规则，无法形成合法的复合词，须从构词系统中予以删除。

综上所述，词汇词要首先满足最小词限定条件，即必须至少是一个双音节词。如果超过两个音节，必须遵循"右向构词"规则的要求，按照从左到右的顺序来组构音步。只有同时满足这两条规则，才能通过韵律的检查，从词库中产出。

第四节　句法层面的韵律删除

语段理论最早是由 Chomsky（2000）提出的，他认为由于人类大脑的记忆存储容量有限，言语生成需要"一步接一步"（step by step）分阶段来完成，而不是一次性生成完整的单句结构。据此，单句生成的过程，分为两个阶段：轻动词短语（Light Verb Phrase,

简称 vP^①）和标句短语（Complementizer Phrase，简称 CP）。此后，Dikken（2006，2007a，2007b，2009）对 Chomsky 的语段理论进行了修订，提出了语段扩展理论（王世龙 2017），并将限定词短语（Determiner Phrase，DP）也作为一个语段[②]。本章采用语段三段论的观点，即先生成限定词短语，然后再生成轻动词短语，最后生成标句短语。并且，每一阶段生成的结构都要通过句法拼出运作（Spell-out）。也就是离开狭义句法部门，进入语义部门和语音部门，进而获得正确的语义表达式和语音表达式，而这一过程可以是多次操作，其具体流程如下（邓思颖 2009）：[③]

（16）

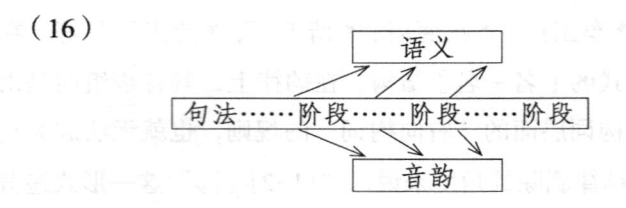

```
             语义
              ↗ ↗ ↗
    句法……阶段……阶段……阶段
              ↘ ↘ ↘
             音韵
```

其中，各个语段之间必须遵循"语段不可穿透条件"（Phase Impenetrability Condition）。每一语段中，只有语段中心语（例如 vP 中的轻动词 v^0、DP 中的限定词 D^0 以及 CP 中的标句词 C^0）以及

---

① 针对双宾结构和动词后一宾一补的结构，Larson（1988，1990）提出了 VP-shell 理论，即在原本的动词短语之上还有另一层动词短语，这一理论又称为"动词短语分裂假说"（Split VP Hypothesis）。Chomsky 基于 Larson 的研究，为了和动词短语 VP 相区别，将原本动词短语 VP 之上加盖的那一层动词短语，称之为轻动词短语（vP）。轻动词就是"词汇动词的结构或语义成分，因此通常没有自己独立的语音形式"（Huang et al. 2009：70）。例如，"送朋友礼物"是一个双宾结构，其初始结构是"CAUSE 朋友送礼物"，意思是"使朋友得到一件礼物"。因为轻动词"CAUSE（使）"的语义空泛，且没有语音形式。所以，吸引动词"送"从动词短语"送礼物"的 V^0 位置上移到自己所在的 v^0 位置上，与之相结合，形成一个复杂动词结构"CAUSE-送"，整体句法结构就变成"CAUSE 送朋友礼物"。由于 CAUSE 没有语音形式，最终呈现在自然话语中，就是"送朋友礼物"。

② 对语段理论感兴趣的读者，请参阅 Chomsky（2000，2001，2004，2008）、Dikken（2006，2007a，2007b，2009）、邓思颖（2009）、何元建（2011：60—64）以及王世龙（2017）等相关文献。

③ 该图示中的"阶段"就是本章所说的"语段"，邓思颖的文章中翻译为"阶段"。"音韵"就是本章中所说的"语音"。

位于语段边界的成分（如位于语段边缘的指示语）才能继续参与其他语段的句法生成。而已经拼出亦即确认了语音表达式和语义表达式的补述语（Complement），如动词短语 VP 作为轻动词 v^0 的补述语，则不能继续参与其他语段的句法生成。换句话来说，除了中心语和位于语段边界位置的成分，已经拼出的补足语，在其句法范域内（即在该语段内），不能对其进行任何句法运作。

在句法层面，韵律删除的基本框架是基于语段理论的，因此，删除运作也是分语段进行，先是 DP 语段，然后是 vP 语段，最后是 CP 语段。下面将举例说明汉语各语段的韵律删除运作是如何进行的。

一、DP 语段的韵律删除

DP 语段中，涉及汉语韵律制约句法的现象，主要是关于现代汉语中词能否独立成句的问题。在现代汉语中，单音节词单独成句会受到严格的限制，而该限制是由韵律所控制的。

吕叔湘（1963）在《现代汉语单双音节初探》一文中就已经注意到此类问题。他指出，现代汉语中，单音节词在某些语境下会受到限制，如例（17）—（21）所示，汉语的称呼、地名、山名、国名、数目字、岁数等均不能使用单音节词回答问题（冯胜利 2009c：176）。[①]

（17）a. 甲："他今年多大啦？" 乙："*五。""五岁。"
　　　b. 甲："他今年多大啦？" 乙："十五。"或"十五岁。"
（18）a. 甲："今天几号？" 乙："*八。""八号。"
　　　b. 甲："今天几号？" 乙："十八。"或"十八号。"
（19）a. 甲："您去哪儿？" 乙："*通。""通州。"
　　　b. 甲："您去哪儿？" 乙："大兴。"或"大兴区。"

---

① 吕叔湘先生在论文中提到了这几类现象，但是，例（17）—（21）是转引自冯胜利（2009c）的《汉语的韵律、词法与句法》（修订版）一书的附录部分。

（20）a. 甲："您去哪儿？"　　　乙："*美。""美国。"
　　　b. 甲："您去哪儿？"　　　乙："日本。"
（21）a. 甲："您怎么称呼？"　　乙："*宁。"
　　　b. 甲："您怎么称呼？"　　乙："李宁。"

但是，吕先生只是对单音节使用受限的现象进行了归纳总结，并未解释这一现象产生的原因。冯胜利（1996b）首次从韵律构词法的角度解释了这一现象。具体说来，根据 McCarty & Prince（1993：46）提出的音步双分枝原则，"一个音步必须至少是由两个音节或者两个韵素组成的。"现代汉语作为韵素非敏感型语言，韵素数量多少并不对音节的轻重产生影响，其最基本的音步是由两个音节构成的。基于韵律层级，韵律词是通过音步来实现的，不存在少于一个音步的韵律词。韵律词又是最小的能够自由运用的韵律单位，词要进入句法结构中，并且独立成句，那么，这个词首先必须是一个韵律词。在现代汉语中，单音节不足以构成一个音步，自然也就不是韵律词，因此它的使用受到严格的限制。

于是，冯胜利、王丽娟（2018：64）据此抽象出汉语的一条韵律规则：现代汉语中，"如果一个句子只包含一个词，那么这个词必须是一个韵律词"。基于这一规则，以例（17）为例，来说明 DP 语段的删除运作过程。首先，如（17a）所示，询问年龄，回答时只使用单音节数词"五"，就会形成下述句法形式：

（22）（句法）形式　　[...$_{DP}$[...$_{NumP}$[∅ $_{Num'}$[五 $_{CIP}$[∅ $_{NP}$[∅]]]]]]

然后，进入韵律部门，进行韵律检查。在（16a）中，单音节数词"五"不足以构成一个音步，自然也就不能实现为一个韵律词。那么，它就要在 DP 语段内找到可以配对的句法成分，与之结合变成一个合法的韵律词。但是，在整个 DP 范域内，量词和名词都是以零形式出现，即量词与名词都没有语音形式。数词"五"与这两个成分结合，无法构成一个音步，也就不能实现为一个韵律词。这就违背了上文中提到关于词独立成句所必须遵守的韵律规则。于是，整个范域就变成了韵律不可解读的部分，并且，无法对现有 DP 语段中存在的韵律问题进行修复。最终，要将（22）所示的句法形式予以删除，而不仅仅是删除"五"这一个单音节数词。

综上所述，在现代汉语中，由于受到韵律的制约，词进入句子，并且独立成句，必须要确保其本身必须是一个韵律词。[①] 否则，就会被删除。

二、vP 语段的韵律删除

在 vP 语段中，核心重音律是韵律制约句法的主要规则，所有韵律删除运作都是围绕着这一规则进行的，汉语也是如此。

汉语的核心重音律是由冯胜利提出的，第二章第四节中也已提及，即"辖重律"（Feng 1995, 2003a）。这一规则的重点在于核心重音的指派者与被指派者之间必须是相互管辖的关系。其中，管辖的定义如下：

（23）管辖

α 管辖 β，当且仅当

（a）α 是一个 X^0（中心语词项）；

（b）α 成分统制 β；

（c）每一分支节点既可支配 α 也可支配 β。

并且，在汉语中，只能由动词作为核心重音的指派者。因此，动词的补述语，作为被动词直接管辖的句法成分，自然就成为核心重音的被指派者。根据管辖的定义，在第一节例（3）的"清理仓库"和"*清理仓"中，动词"清理"是管辖者，其宾语"仓库"和"仓"

[①] 参照 190 页脚注①，此处，这条规则的作用范围是现代汉语中形成的韵律词，因此，"猪、牛、羊、山、水、树"等这类古代汉语中产生的单音节名词，可以独立成句。例如，被询问"你喝什么"，可以回答"水"。此外，不同于现代汉语，在上古汉语中，数词可以单独用做宾语，如西周金文《函皇父簋》中的"自豕鼎降十，又簋八"（达正岳 2004）。

就是被其直接管辖的句法成分。于是，根据上述规则，管辖者"清理"将核心重音指派到被管辖者"仓库"和"仓"上。这就解释了上文所说的，"清理仓库"和"*清理仓"都能完成核心重音的指派。

此外，在汉语核心重音指派的过程中，还要受到下述规则的制约（Feng 2003a）：

（24）隐形条件（Invisibility Condition）
　　在韵律规则的运作中，指代性成分如代词、语迹等均隐而不现。

顾名思义，进行韵律运作时，看不到指代性成分（anaphoric element）。那么，在指派核心重音时，即使指代性成分出现在动词的补述语位置上，也不能成为核心重音的指派对象。例如，"我喜欢他"中，"喜欢"是动词，"他"是由其直接管辖的补述语。但是，"他"是代词，也就是上面所说的指代性成分，核心指派时看不到这个成分，最终只能由动词"喜欢"来承担核心重音。

基于汉语辖重律和隐形条件，能将 vP 语段的韵律制约句法的现象分为三大类型。第一类是关于核心重音的指派者能否直接管辖被指派者的问题。核心重音的指派者必须直接管辖被指派者，这样才能顺利完成核心重音的指派，生成合法的句法形式。例如，"*睡了在小床上"这类"V+Asp+PP"句法形式中[①]，介宾短语"在小床上"是动词"睡"的补述语。vP 语段生成时，该句法形式从句法部门产出，进入韵律部门后，要完成核心重音的指派才能予以拼出。由上可知，动词"睡"是核心重音的指派者，"在"是介词，不能指派重音。但是，在句法上，介词"在"是"小床"的直接管辖者，动词"睡"则不是。那么，指派核心重音时，"在"就变成

[①] 关于这类现象的分析最早是由 Feng（2003a）提出的，本节是从韵律删除的角度加以补充。

"睡"和"小床"之间的障碍，导致"睡"无法将核心重音指派到"小床"上。此时，整个句法形式就变成韵律不可解读的语言形式，并且，在现有 vP 语段中无法对其进行修复。于是，只能将"V+Asp+PP"整个句法形式予以删除。另一方面，该语段并未从句法部门拼出，那就可以保留该句法形式的话语表达需要，进而发挥韵律激活的功能，这是下一章要讨论的重点，此处不赘，下面关于"韵律激活"的相关内容也是如此。

第二类是关于核心重音被指派者的数量问题。根据上述关于汉语核心重音的界定，只能由一个句法成分来承担核心重音，动词后不能出现两个重读成分。下面来看这类现象：

（25）*读了硕士两年

例（25）的句法形式是"V+[NP]$_S$+FreP/DurP"①。其中，名词"硕士"和频率短语"两年"都是动词"读"的补述语。在韵律上，"硕士"和"两年"具有相同的韵律性质，是双音节标准韵律词，属于韵律非轻读成分。与第一类一样，第二类中，例（25）从句法部门生成后，要进入韵律部门，完成核心重音的指派任务后再予以拼出。"硕士"和"两年"作为韵律非轻读成分，位于动词的补述语位置，这就决定了它们都是核心重音潜在的指派对象，由上可知，核心重音只能指派给一个句法成分。这就产生了矛盾：只有一个核心重音，却出现两个指派对象。无法完成核心重音的指派运作，整个句法形式，变成韵律不可解读的结构。并且，在现有 vP 语段中无法进行修复。此时，只能采用韵律删除，将其从语言系统中剔除出去。此外，与第一类相类似，在第二类中，由于 vP 语段并未进入拼出阶段，还可以进行韵律激活。将 vP 语段退回到句法部门让其加以

---

① V+[NP]$_S$+FreP/DurP 这一句法形式中，[NP]$_S$ 的下标 S 是 Strong（重读）的缩写形式。[NP]$_S$ 的意思是韵律上非轻读名词短语，排除了例如代词、定指名词短语、几个 NP 等韵律上的隐现成分和不可承重成分。FreP 是频率短语的英文缩写形式，例如"两次"。DurP 是持续时量短语的英文缩写形式，如"三年"。

改造，使核心重音得以指派，进而能够顺利进行句法拼出运作。

第三类是关于核心重音的指派者是否满足"最小词条件"的问题。简单来说，就是核心重音的指派者必须是最小词，具体规则如下（冯胜利 2013a：xxxiii）[①]：

（26）词体条件（Minimal-/ Maximal-word Condition）
    a. 最小词条件（Minimal-word Condition）（Feng 2006，2009）
        最小词是一个由两个音节组成的音步，亦即：MinWd = foot（[σσ]）。
    b. 核心重音指派者的最大极限（Maximality Condition on NS-assigner）
        核心重音接受者不必是最小词，但核心重音指派者必须是最小词。

核心重音进行指派时，其指派者的音节数量大于两个音节时，无论该指派者是单纯词、派生词、复合词还是句法词，都无法再携带另一个名词短语作为其补述语（冯胜利 2013a：xxiv）。例如，在"*讲透彻道理"这类"[VN/VR]$_{\text{-MinWd}}$+NP"[②] 句法形式中，"*讲透彻"是通过句法运作形成的动词性句法词，"道理"是它的补述语。进入韵律部门后，作为动词，"*讲透彻"要把核心重音指派到补述语"道理"上。但是，"*讲透彻"是一个三音节形式，违背了"最小词条件"对指派者音节数量的限制，它也就失去作为核心重音指派者的资格。为了完成核心重音的指派，只能继续在 *v*P 语段内寻找

---

    ① 注意，"最小词条件"是针对音节数量大于双音节动词的核心重音指派者而言的。当核心重音的指派者是单音节动词时，不受到该条件的制约。核心重音指派时，作为指派者的动词，其韵律分量越轻越好，而作为被指派者的动词补述语，其韵律分量越重则越好。如果动词的韵律分量重于补述语的韵律分量，就会产生如例（3）那样的韵律非法现象。

    ② "[VN/VR]$_{\text{-MinWd+NP}}$"这一句法形式中，"[VN/VR]$_{\text{-MinWd}}$"的意思是非最小词的动宾或者动补形式，简单来说就是，动宾 VN 或者动补 VR 都是大于两个音节的词，下标"-MinWd"是非最小词的意思。

合适的指派者。可是，整个语段中，只有两个成分，名词"道理"和动词"*讲透彻"。作为名词，"道理"不可能成为核心重音的指派者。最终，整个句法形式"[VN/VR]$_{\text{-MinWd}}$+NP"变成韵律不可解读形式，只能采用删除运作将其剔除。与第一类和第二类一样，在第三类中，vP 语段并未拼出，还可以发挥韵律激活功能。

综上所述，vP 语段的韵律删除主要围绕核心重音律来实现，该规则是对核心重音指派者、接受者以及两者之间的关系等三个方面进行严格的筛选，以便在句法拼出之前，能够顺利完成核心重音的指派运作。与此相应，如果违背了相应的韵律限制条件，且在 vP 语段中无法加以修复，那么，都要删除。

三、CP 语段的韵律删除

在 CP 语段中，对现代汉语来说，"一句一调"是最为核心的韵律规则。"一句一调"，顾名思义，就是一个句子只能具有一个调子。需要指出的是，这个调子是句调而不是语调。冯胜利（2017a）对语调和句调做了区分：前者是由"延宕语音特征所构成的待续调"进行标记的"韵律单位"，而后者则是由"停断语音特征所构成的止句调"进行标记的，且须"与核心重音相重合（match）的语调短语"；前者可以多个出现在一个句子中，而后者与句子之间只能是一一对应的关系。

实际上，"一句一调"理论包含三个方面的内容。一是在现代汉语中，一个单句可以具有多个语调短语，但只能具有一个句调短语，即"一句一调"的基本规则。二是"汉语句调限定律"，这也是第三章第三节中介绍过的"一调一动"规则。根据这一规则，在现代汉语中，由于一个句子只能具有一个句调，并且有且仅有一个核心重音，而核心重音又是在句子的最后一个动词短语内实现的，因此，每一个句调有且仅能包含一个谓语动词。三是"核心重音-语调对应律"，这一规则是针对核心重音与语调之间所具有的对应关系提出的，该对应关系是指"核心重音范域不容两个语调"。与此相应，CP 语段的韵律删除运作，也是围绕着"一句一调"所涵盖的三条韵律规则展开的。

于是，基于上述理论，CP 语段的韵律删除现象也大致分为三类。第一类是受到"汉语句调限定律"的限制，"VP & VP"和"CP & CP"等并列结构不能出现在同一个句子中。第二类是在"一句一调"基本规则的制约下，句调语气词如"吗、吧、呗"等不能出现在内嵌小句中，如"*他来吗跟我没关系"。第三类是核心重音范域内不能出现停顿，这是因为该范域内"不容两个语调"。篇幅所限，这里只选取第三类现象来说明 CP 语段中韵律删除运作，具体例子如下（转引自冯胜利 2017a）：

（27）a. He teaches English
　　　　 He teaches / English
　　　 b. 他教英文
　　　　 *他教 / 英文

在例（27a）中，英语能在动词短语 VP 内部中进行语音停顿，形成两个语调短语。动词 teach（教）和主语 he（他）组成一个语调短语，而动词的宾语 English（英语）则可以独立成为另一语调短语。与之相反，如例（27b）所示，汉语不能在 VP 内部进行语音停顿。因为对于汉语来说，句末最后一个动词短语是其核心重音的指派范域，根据上文所述的"核心重音-语调对应律"，"核心重音范域内不容两个语调"。所以，不能在动词"教"和宾语"英文"之间进行停顿，形成两个语调短语。如果非要进行语音停顿，形成两个语调短语如"*他教/英文"，就违背了 CP 语段的韵律规则，要将其删除。

综上所述，在现代汉语的 CP 语段中，必须遵循"一句一调"基本规则、"汉语句调限定律"以及"核心重音-语调对应律"，否则就要予以删除。这就使得"VP & VP""CP & CP"等并列结构不能出现同一个句子中，句调语气词也不能出现在内嵌小句中，并且，在句末最后一个动词短语即核心重音范域内不能进行语音停顿。

第五节　韵律删除在构词层面和句法层面的联系与区别

在构词层面上，韵律删除主要是围绕着是否成词来进行的，即将韵律作为模版来约束词的产出。而在句法层面上，韵律删除是依据各语段的韵律规则逐一进行的，先是 DP 语段，然后是 vP 语段，最后是 CP 语段。虽然在构词与句法两个层面，韵律删除的具体操作机制有所不同，但是，其基本原理是一致的，即将不符合韵律规则要求的语言形式分别从词汇系统与句法系统中剔除出去。并且，构词层面的某些韵律规则在句法系统中也同样具有约束作用。

一、韵律删除在构词层面和句法层面的联系

在现代汉语中，关于构词层面的韵律删除，由上可知，是依据最小词限定条件与自然音步组合规则这两种韵律构词规则，对词汇词进行筛选检查，将违背韵律构词要求的词汇词从构词系统中予以删除。由于句法词是通过句法运作生成的词，构词层面的韵律规则无法对其加以限制，自然也就不能采用删除运作将其从构词系统中剔除出去。构词层面的删除运作，其核心在于能否生成词汇词，只能将韵律作为模版来约束词汇词的产出形式，并不能对句法运作产生的句法词产生任何影响。

虽然最小词这一韵律构词规则无法在构词层面制约句法词的产出形式，但是，在句法层面仍会产生影响。上文所述的核心重音指派者须满足最小词这一词体条件，就是其中的一种表现。除此之外，在句法层面，一些语言形式必须是最小词，才能出现在相应的句法位置上与其他句法成分进行组配。例如（冯胜利 2009c：172）：

（28）a. 非常［可疑］　　　*非常［可怀疑］
　　　　 非常［可恶］　　　*非常［可厌恶］
　　　　 非常［可悲］　　　*非常［可悲哀］
　　　　 非常［可爱］　　　*非常［可喜爱］
　　　 b. 非常［年轻］　　　*非常［年轻轻］
　　　　 非常［头疼］　　　*非常［脑袋疼］
　　　　 非常［心虚］　　　*非常［耳朵软］

例（28a）中，"可怀疑、可厌恶、可悲哀、可喜爱"等超越最小词对于音节数量的限制，其句法性质是助动词"可"修饰动词或者形容词构成的谓词短语，而不是形容词。因此，也就不能受程度副词"非常"的修饰。同样，例（28b）中，"年轻轻、脑袋疼、耳朵软"等也不是最小词，其句法性质是主谓短语，也不是形容词或者动词，因此，也不能受程度副词"非常"的修饰。从韵律删除的角度来说，"Adv+[Aux+P]$_{-MinWd}$"和"Adv+[S+P]$_{-MinWd}$"等句法形式中[1]，由于"[Aux+P]"和"[S+P]"在韵律上都不是最小词，其句法性质也就不是形容词或者动词，而是短语，也就不能受到副词的修饰，所以，要将这两个句法形式予以删除。

虽然最小词是构词层面的一个基本韵律规则，但是，某些语言形式进入句法结构时，仍须是最小词，才能确保其句法功能。否则，就要采用删除运作将非法的形式予以删除。最小词作为构词层面的韵律规则，其作用能够延伸到句法层面，并能为句法层面的删除运作提供标准和依据。

二、韵律删除在构词层面和句法层面的区别

构词与句法两个层面上，韵律删除的基本原理是一致的，都是

---

[1] "Adv+[Aux+P]$_{-MinWd}$"和"Adv+[S+P]$_{-MinWd}$"中，"Aux+P"是指助动词修饰谓词形成的句法结构，"S+P"是指主谓结构，而下标"-MinWd"是指非最小词，"[Aux+P]$_{-MinWd}$"是指助动词修饰谓词形成结构不是最小词，"[S+P]$_{-MinWd}$"是指主谓结构不是最小词。

依据韵律规则对语言形式进行过滤检查，将违背韵律规则的语言形式予以删除。并且，构词层面的韵律规则，如最小词限定条件，在句法层面仍是韵律删除运行的依据之一。但是，韵律删除在这两个层面仍具有区别，主要表现在下述三个方面。

　　首先，韵律删除的具体运作机制有所不同。构词层面上，运作机制单一，其核心围绕着是否成词这一标准进行。并且，只能对词库中的词汇词进行过滤检查，不能约束通过句法运作生成的句法词。而句法层面的韵律删除则相对复杂，受到"语段不可穿透条件"的限制，要分语段逐级进行，先是 DP 语段，然后是 vP 语段，最后是 CP 语段。每一语段生成时，在句法语段产出之前，需要进入韵律部门，依据该语段所具有的韵律规则，对语段进行过滤检查，对韵律允许的句法语段予以产出，然后，再进行下一个语段的生成运作。

　　其次，韵律删除在两个层面上所依据的韵律规则具有不同的作用范围。在构词层面上，最小词限定条件与自然音步组合规则，同时监管所有词汇词的产出。简单说来，就是词汇词从词库产出时，都必须同时满足这两个规则，否则只要违反一条规则，就要将其删除。句法层面上，由于句法生成是分成不同的语段来进行的。每一句法语段起决定性制约作用的韵律规则是各不相同的，其作用范围也是有所区别的。每一句法语段的主要韵律规则只在该语段范围起作用，而在下一语段中则不能起决定性制约作用。删除运作也是围绕着各个语段的主要韵律规则来进行过滤检查的，例如，vP 语段的核心重音律只在该语段中作为删除运作的主规则，而在 CP 语段中，则是由一句一调规则作为主规则。

　　最后，构词层面的韵律规则能够部分作用于句法层面，如最小词限定条件。反过来，句法层面的韵律规则都不能反作用于构词层面。例如，核心重音律和"一句一调"规则并不能对构词层面产生任何影响。

　　综上所述，虽然在构词层面与句法层面上，韵律删除的基本原理是相一致的。某一韵律词法规则如最小词，仍能在句法层面起作用，并作为韵律删除的主要依据之一。但是，并不是所有的韵律词法规则都能作用于句法层面，例如，"右向成词"规则就不能在句法层面发挥作用。此外，两个层面的具体删除运作机制与规则应用范围也是有所区别的，前者机制单一，围绕着是否成词这一核心进行，并且，韵律词法规则能够同时作用于所有的词汇词。后者机制复杂，需要按照各个句法语段逐级进行删除过滤，并且，各语段的删除运作所依据的主要韵律规则也各不相同，例如，vP 语段的核心重音律不能作为 CP 语段的删除运作主规则。

第八章　韵律激活

上一章提到，当句法部门所生成的结构不符合韵律部门的规则时，有两种应对措施：第一，韵律直接"报废"句法的产品，即韵律删除；第二，韵律促发句法启用相应的操作，将其改造为符合韵律要求的产品，这一机制就是本章要讨论的韵律激活。探讨了韵律激活的内涵、动因、判定标准、原理机制以及运作位置之后，本章将在此基础上比较韵律激活与韵律删除，阐释这两种韵律-句法互动方式之间的共性和差异。

第一节　韵律激活的内涵

所谓韵律激活，是指当句法结构无法满足韵律的要求或限制时，韵律会促发句法部门启动相应的操作。根据这一定义，可以提取出两个跟韵律激活相关的核心要素：一、韵律的要求或限制；二、句法操作。也就是说，作为语法系统中的一种交互行为，韵律激活涉及两个参与方——韵律是促发者（发出指令），句法是执行者（执行指令）。

如果再将这两个核心要素细化，则要回答如下问题：第一，韵律自身作为一个语法部门，内部有若干组成部分，其中哪些可以激活句法？第二，句法部门中有哪些操作可以被韵律所激活？本节依次讨论这两个问题。

一、韵律激活中的韵律

第三章已经介绍过,韵律系统分为若干层级,包括韵素、音节、音步、韵律词、黏附语组、韵律短语、语调短语、句调短语、话语共九级。这些韵律单位层级所涉及的韵律规则是否都能激活句法操作?答案是否定的。很难想象施加于单词内部韵素、音节之上的韵律规则会对句法产生限制。例如,组成"老板"这个词的两个音节"老"和"板",它们的单字调都是三声(上声,调值214),前一个音节因此发生变调、读作二声(阳平,调值35)。这种词的内部的韵律规则显然不会促发句法部门的运作,这一论断不仅符合母语者的直感,更是理论上的必然——因为"词汇完整性假说"禁止句法操作对一个词的内部成分造成影响。由于句法操作不能渗透到词汇的内部,即使涉及词汇内部的韵律对句法部门下了指令,后者也无从响应。

其实,根据韵律激活的另一个要素——句法操作,也可以确定哪个层级的韵律单位可以激活句法。所谓句法,顾名思义就是造句的法则,而句法的产品——句法结构的本质特征就是具有层级性(hierarchy)。例如,生成句法中的短语 XP 结构中,XP 由若干成分构成,它们占据一定的节点,这些节点不是像一条直线那样排列[1],而是有高低之分。

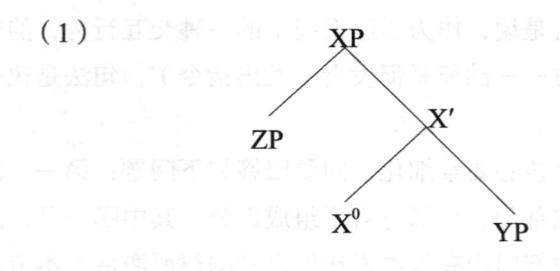

(1)
```
        XP
       /  \
      ZP   X'
          /  \
         X⁰   YP
```

---

[1] 当然,句子说出来之后,在语流中自然是线性的,但这不否定它有结构层次。

上图是一个标准的短语结构：任何短语都有一个中心[1]，XP 的中心语是词 X^0。除了这两个节点，还有 ZP、YP 和 X'。在生成句法中，它们分别被称作指示语（specifier）、补述语（complement）和中间投射层级（intermediate level）。按照层级高低排列，则会得到"ZP >X^0> YP"（">"表示"高于"）。这种结构上的高低，往往反映为语序的先后。例如，如果我们将上图中的 X 换作动词"喜欢"，那么 XP 就是 VP。再加入两个名词短语"张三""语言学"，分别置于指示语 ZP 和补述语 YP。那么，当我们说出这个有层级结构的 VP 时，就会依次听到"张三、喜欢、语言学"[2]。

既然句法结构一定是有层级的，能够激活句法的韵律，必须也是参照这一层级结构来运作的。在各个韵律层级中，核心重音所在的层级自然符合上述条件。在第二章关于核心重音的论述中，我们已经知道核心重音是一种根据句法结构确定的重音，这从汉语的核心重音指派程序不难看出[3]：其中的"管辖"，正是句法成分之间的结构关系。

二、韵律激活中的句法

确定了韵律激活中"韵律"二字的范畴，再看"句法操作"这个概念。在现阶段的生成句法中，句法的操作一般可分为"合并"

---

[1] 这不同于结构语言学对短语所作的二分法，即向心结构（endocentric construction）和离心结构（exocentric construction）（Crystal 2008：178）。在生成语法中，任何短语 XP 都是有中心的，尽管有时中心词未必有语音形式。

[2] 在生成语法中，"张三喜欢语言学"是一个句子 CP，主语"张三"在句法推导的最初阶段位于 VP 的指示语位置，后来移位到更高的地方，这叫作"动词短语内主语假说"（VP-Internal Hypothesis），汉语的情况也是如此，参见 Huang(1993：117—119)关于汉语主语位置的分析。

[3] 这不是说其他语言的核心重音不依照句法结构，而是说具体到汉语这类语言中，"管辖"是指派核心重音所需的结构关系。

（merge）和"移位"（movement）两种[①]。例如，造句的时候，语法系统选出三个词"张三、喜欢、语言学"，先把"喜欢"和"语言学"组合为一个动词短语"喜欢语言学"，再将"张三"与动词短语组合，形成"张三喜欢语言学"。这类操作属于合并。假设"张三喜欢语言学"已经构造完毕，现在把宾语位置的"语言学"放到句首作为一个话题，形成"语言学，张三喜欢"的语序，这就是移位。合并与移位的关键区别，就在于前者可以引入新的成分，例如有了动词"喜欢"，就需要一个新的成分做它的宾语和主语；而移位只能在现有的结构上运作，调整成分之间的结构关系，例如移位可以把"语言学"从位置较低的宾语移到较高的话题位置，但是没有增加新的成分。

如果再仔细考察移位操作，又可以将其分为两大类。既然句子的成分可以划为"词"（中心语 X^0）和"语"（短语 XP），移位自然也相应地分为中心语移位（X^0/head movement）和短语移位（XP/phrasal movement），分别如例（2b）和（3b）所示。

(2) a. 张三用大碗吃。

　　b. 张三吃大碗。

(3) a. 张三用大碗吃那些面条。

　　b. [那些面条]，张三用大碗吃[　]。

对比例（2a）和（2b），可以发现："大碗"是动词"吃"的工具，而非"吃"的对象。因此，不妨假设例（2b）中也有一个动词"用"，引入"大碗"作为"吃"的工具，只是这个"用"在语音上隐形，无法听到。那么，例（2b）的基础结构可以表示如下：

[①] 生成语法也从广义上使用"合并"这一术语来囊括这里所说的"合并"和"移位"（Radford 2009：186）。将两个新的单位加以组合，构造出新的成分，属于"外合并"（external merge）；在既有的句法结构上移动某个成分，即"移位"，则属于"内合并"（internal merge）。

（4）a. 张三［_］大碗吃。

b. 张三［吃］大碗［_］。

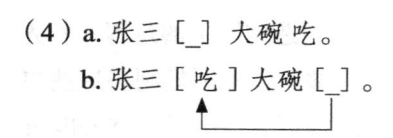

由于例（4a）的动词"用"没有语音内容，动词"吃"可以移位到此填充，形成"吃大碗"的语序。"用"和"吃"所在的位置都是中心语 X^0，因此这种移位属于中心语移位。

例（3b）的情况则不同。"那些面条"为名词短语，原本是动词后的宾语，后来移到句首做话题。不管是移位前的基础位置（动词的宾语）还是移位后的落脚点（话题），都属于短语占据的句法位置。例（3b）的基础结构和移位结构可以表示如下：

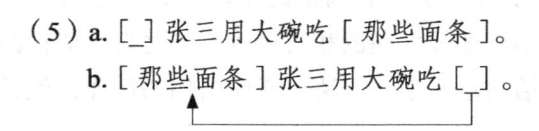

（5）a.［_］张三用大碗吃［那些面条］。

b.［那些面条］张三用大碗吃［_］。

例（5a）句首的空位代表话题位置，宾语的"那些面条"移位占据之后，形成例（5b）。

在区分了合并和移位之后，生成语法的理论会推导出如下论断：在合并和移位这两种主要句法操作中，韵律所激活的只能是移位（包括中心语移位和短语移位），而不能是合并。

我们在第七章第二节讨论韵律删除时，已经简要介绍了语法系统的运作程序。语法系统由不同的部门组成，如（6）所示。

（6）最简方案时期的语法模型

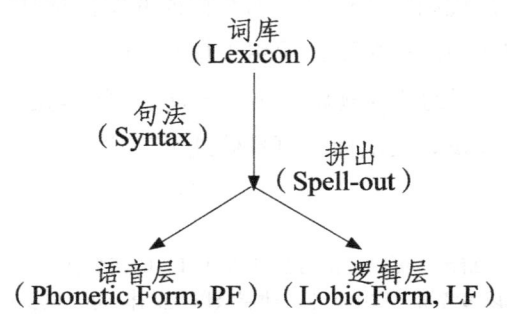

词库
（Lexicon）

句法
（Syntax）

拼出
（Spell-out）

语音层　　　　　　逻辑层
（Phonetic Form, PF）　（Lobic Form, LF）

209

图（6）大致展示了句法运作（即"造句"）的过程：首先，从词库中挑出若干单词，然后进入句法部门，根据规则将这些单词组成有层级结构的句子（即"合并"），执行"拼出"（Spell-out）操作，然后分别送到语音部门（PF）和语义部门（即逻辑层，LF）获得声音和意义的解读。[①] 这样，一个合格的句子就音义俱备了。

根据第二章关于汉语核心重音指派程序的论述，核心重音指派需要先等待句法部门完成操作——句法先将单词合并，构成 VP，然后韵律在 VP 结构上指派核心重音。也就是说，当核心重音指派时，句法早已完成了选词、合并，所有挑出的单词都按照句法规则构成了短语，再无新词可用。这时韵律激活句法，除了在已经造好的结构上进行调整，别无他法。而调整的手段，无非是采用移位的方式，变换句子中不同成分之间的相对位置，使之符合韵律的要求。因此，"韵律激活句法"中"句法"所能启用的操作，就是中心语移位和短语移位。

在生成语法中，语法系统除了韵律和句法部门，还有词库和语义。那么，韵律能否和句法之外的部门发生互动？比如，韵律是否会激活词法的操作？例如，第四章、第五章涉及的韵律构词，能否归入韵律激活的范畴？如果对韵律做广义的理解，韵律构词既然涉及词法与韵律这两个不同部门，自然也会存在韵律删除或者韵律激活的现象。但是，需要注意的是，即使将构词中韵律和词法的互动也叫作"删除"或者"激活"，它们跟第七章以及本章所论的韵律删除、韵律激活也有着本质差异，因为制约构词的韵律规则跟制约句法的韵律规则性质迥异。制约构词的韵律规则，适用于音步层级；制约句法的韵律规则，适用于核心重音以及核心重音以上的层级。[②] 制约构词的韵律规则，不一定能够制约句法，本章所讨论的激活现象只涉及句法层面。更具体地说，这里的韵律规则只能是

---

① 因此，"拼出"可以看作句法与 PF 和 LF 的交汇点。
② 读者可以参考第三章中关于韵律层级以及韵律-句法对应关系的部分内容。

核心重音相关的规则。核心重音是依托句法结构指派的（参考第二章），所以它所涉及的删除以及激活，对象必须是句法的产品。没有句法结构，核心重音就无从运作。因此，从狭义上讲，韵律删除，所删除的是句法产品；韵律激活，所激活的是句法操作。

第二节　韵律激活的动因及判定标准

讨论韵律激活，需要回答两个基本问题：韵律激活的动因是什么，即为什么会发生激活？韵律激活的判定标准是什么，即如何判断发生了激活？

一、韵律激活的动因

在回答上述问题之前，可以按照（6）的语法系统模型，先设想造句的大致过程。首先，从词库中挑选出单词，如果挑出的是"张三、喜欢、语言学、非常"[①]，这些单词形成一个集合{张三，喜欢，语言学，非常}。接下来，句法部门开始运作，将集合中的单词组合起来："喜欢"与"语言学"先组合为动词短语 VP[喜欢 语言学]；"非常"再与 VP 组合，形成一个更大的 VP[非常 [喜欢 语言学]]；最后，"张三"参与组合，形成 [张三 [非常 [喜欢 语言学]]]。句法部门的运作完成后，所形成的结构"[张三 [非常

[①] 从词库中挑选单词是随机无序的。也就是说，句子"张三非常喜欢语言学"这个句子里面的四个单词，在挑选的时候并没有先后次序；造句的时候，哪些词被挑出来，也是任意的，例如有可能被挑出来的四个词是"的、了、着、啊"。读者或许会想到如下问题：一、如果选词是随机的，如何确保挑出的词能够造成合法的句子（例如"的、了、着、啊"就无法成句）？二、如果选词是无序的，挑出"张三、喜欢、语言学、非常"之后，如何形成正确的语序？这两个问题，语言系统中都有专门的部分负责解决。第一个问题由语言的音、义部门与句法之间的界面——即 PF 和 LF——负责解决。如果挑出的词无法组成任何有意义的句子，即句子无法被理解，这样的"产品"就会被 LF 剔除；如不合语音的要求，句子无法用语音说出来，则被 PF 剔除。第二个问题正是由句法部门应对。例如，句法的规则确保"喜欢"和"语言学"组成一个合格的单位，并且排除"* 喜欢非常"这样的组合。参见 Hornstein et al.（2005：70—71）关于这个问题的讨论。

[喜欢 语言学]]]"需要被赋予一定的语音形式以及语义内容，以便让句子一方面"听得到"，另一方面"听得懂"。把句法造成的结构送到语音（PF）和语义（LF）两个部门的操作，即"拼出"。拼出一旦发生，句子的结构就分别由语音部门和语义部门处理。例如，"[张三 [非常 [喜欢 语言学]]]"一方面被赋予了语音形式"Zhang^{55} San^{55} fei^{55} chang^{35} xi^{214} huan^{0} yu^{214} yan^{35} xue^{35}"；另一方面被赋予语义内容，例如这个句子会被理解为"张三对语言学的态度是喜欢，喜欢的程度很高"。

　　语言之所以能够被习得、使用和理解，跟它是一个规则系统密切相关。通俗地说，语言有语法。如（6）所示，语法系统又由不同的部门（即若干子系统）组成，包含词库、句法、语音、语义。一方面，不同的部门有各自的运作规则，这保证了各个部门的独立性；另一方面，各个部门不是孤立存在的，而是有机地构成整个语法系统，不同部门之间因而存在衔接处，即界面。词库和句法之间、句法和语音、句法和语义之间都有界面。

　　现在可以从语法部门的运作出发，从理论上思考韵律激活句法的原因。当句法运用本部门的规则将词库中挑选出的单词组合为结构之后，句法的产品（句法结构）需要被传送到韵律部门（语音部门的组成部分）处理，即韵律在句法已经造就的结构上进行相关的韵律操作。前面提及，不同的语法部门有自己的规则，那么可能出现以下情况：由于句法在按照自身规则造句的时候，并不会提前知道韵律部门的要求，它只会按照句法规则运作，凡符合句法本身要求的，即送出去给韵律部门处理。理想的情况是，句法部门送出的结构，完全符合韵律的要求，那么无须进一步调整，韵律即可按照自己的规则给句法结构赋予韵律信息。然而，另一种情况也难以避免：句法部门的某个"产品"，符合一切句法的要求，送到韵律部门处理时，不符合韵律的条件。由于韵律无法处理，它被"退回"句法部门，句法部门启动一切可能的操作，重新处理这个贴上了"韵律不合格"标签的产品。再次处理完毕，送到韵律部门，如果通过韵律的审核，符合要求，那么就可以进行韵律部门的操作，直至最终构成合法的句子。若句法修改后的产品仍然不符合韵律要求，则最终会被删除，即上一章所论述的韵律删除。这两种韵律运作手段是相互配合、共同发挥作用的，实际是韵律制约句法的两条通道。

二、韵律激活的判定标准

由于韵律和句法部门有各自独立的运作规则，当句法的产品不能满足韵律要求时，可能之一就是韵律激活句法，迫使句法启动可用的操作进行修改。这是从理论出发，根据语法系统的模块特征探究韵律激活的动因。那么，语言中有哪些现象能够作为判断韵律激活发生与否的标准？哪些语言事实可以清楚地表明，韵律一定激活了句法、使其执行某些操作？

为了更为清楚地说明这个问题，可以把语言系统设想为一条"工厂流水线"。在这条流水线上，有若干个"车间"负责不同的生产任务，上一个车间组装好自己的产品之后，将它提交给下一个车间，在此基础上继续打造，直至整个流程完毕。在生成语法所设计的语言运作模型中，不同的语言部门也像不同的车间一样，按照程序依次运作，这就意味着可以采用"寻找参照点"的办法来判断是否发生了韵律激活。这个参照点，既可以根据车间内部不同的生产程序来确定（例如，车间 A 包含 a、b、c 三个依次完成的程序，如果知道 b 已经完成，那么就可以推断 a 一定已经完成了），也可以着眼于整条流水线，在不同的车间中确定（例如，流水线包括 A、B、C 三个依次运作的车间，如果发现 B 车间开始运作了，那么可以推断 A 车间一定已经完成了自己的生产任务）。

回到韵律激活句法的参照点，同样也可以运用这样的办法来判断。

第一，从句法部门寻找参照点作为判断标准。假设韵律的要求使得语法的某个部门执行了操作 A，此时尚不清楚 A 究竟是否发生在句法部门。如果 A 之后发生了操作 B，并且能够确定 A 是 B 运作的前提、B 需要在句法结构的基础上才能执行，那么则可以根据操作 A、B 的运用顺序，推断 A 是发生在句法部门的操作。[①] 又因为 A 是应韵律的要求而执行的，即可断定韵律激活了句法。

第二，从语义（LF）部门寻找参照点作为判断标准。如（6）的语法系统结构所示，句法部门运作完成之后，所生成的结构会送到 PF 和 LF，分别进行语音和语义处理。如果语法系统在某个阶段因韵律的要求执行了某种操作 A，同时操作 A 在 LF 产生了效应，即对语义解读施加了影响，那么可以判断操作 A 是发生在句法部门的。这是因为，拼出发生之后，句法产生的结构"兵分两路"，分别到 PF 和 LF。由于这两个部分彼此没有先后次序关系，一个部门的操作就不会对另一个部门产生影响。如果是发生在 PF，则不能解释为何会在 LF 产生效应。简而言之，如果韵律促使语法系统执行了操作 A，同时 A 在 LF 产生了语义效应，那么可以推断：韵律激活的操作 A 发生在句法部门，即韵律激活了句法。

下面分别举例说明，如何用上述两个标准推断语法系统中发生了韵律激活。

(7) a. *小鸟落了在树枝上。
　　 b. 小鸟落在了树枝上。

例（7b）中，体标记"了"没有附着在动词"落"之上，反而在介词"在"的后面。这说明"在"与"落"形成了一个复杂动词"落在"，"了"附着在整个复杂动词之后。"在"之所以需要并入"落"，是汉语中韵律激活所致，即核心重音指派的要求：汉语的核心重音要顺利指派，需要遵循"辖重律"，承载重音的成分必须被动词所管辖（Feng 2003，冯胜利 2013）。例（7b）中，介

[①] 按照（6）所示的语法系统结构，句法部门之前是词库，词库也有一系列的操作。因此，为了保证根据运作顺序进行正确的推断，不仅要确定 A 发生在 B 之前，而且必须排除 A 不是发生在词库中的操作。

词"在"成为动词"落"管辖载重成分"树枝上"的障碍（barrier）。只有通过并入（incorporate）动词，才能消除这一障碍，使得复杂动词"落在"管辖"树枝上"，从而顺利指派重音。其运作过程如下（◆表示管辖的障碍，也是阻挡动词指派重音的障碍）（冯胜利 2013：221、225）：

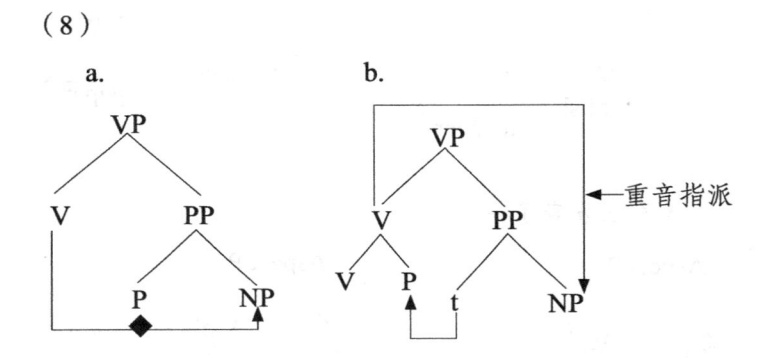

（8）

a.　　　　　　　　　b.　　　　　　　　　←重音指派

现在需要证明"在"并入"落"一定发生在句法部门。这是必须解决的问题，因为即使发生了并入，且并入的动因是韵律，但如果并入没有发生在句法部门，就无从说明韵律激活了句法（因为韵律可能激活了句法之外其他部门的操作）。

这里涉及两步操作：其一，"在"并入"落"，形成复杂动词"落在"；其二，"了"附着到"落在"之后。按照生成语法的分析，可以假设体标记"了"在句法部门位于"体态"（Aspect）中心语的位置。到了 PF 部门时，"了"通过"下降"（Lowering）操作，附着到动词之后。① 这跟英语中时态标记的附着过程相似，如例（9a）和（9b）英汉例句的句法结构图所示：

---

① 时体词缀下落的操作，称作"词缀跳跃"（affix hopping）。在生成语法的发展过程中，分布式形态学（Distributed Morphology）理论深入发展了这一分析，下降成为 PF（或者"后句法"（post-syntax）阶段）的一种主要操作，并且认为下降也需要遵守若干规则。相关论述参见 Embick & Noyer（2001）。

本章分析现代汉语的体标记（"了、着、过"），也采取了跟英语时态标记类似的下降操作。关于汉语的体标记如何与动词结合，读者可以参考李莹、徐杰（2010）和王晨、刘伟（2014）的评述，以及他们引用的文献。

（9）a. John published a paper.

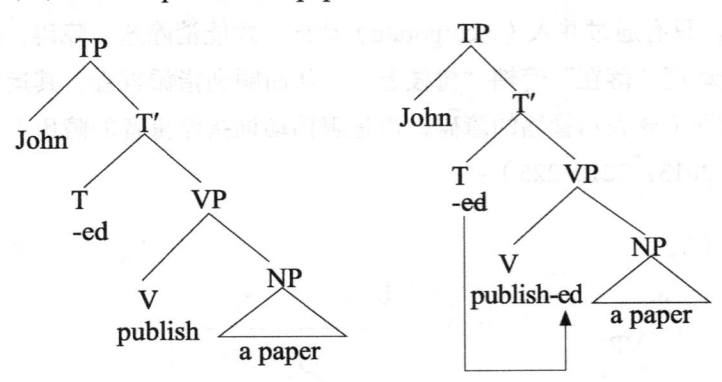

b. 张三发表了一篇文章。

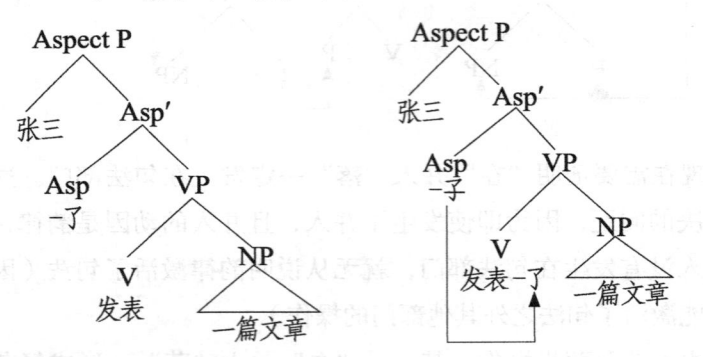

假如介词"在"并没有于句法部门并入动词"落"，那么情况如例（10a）所示："落"和"在"分别占据 V^0（动词中心语）和 P^0（介词中心语）的位置，当例（10a）的句法结构进入 PF 时，"了"进行下降操作。由于 V^0"落"离"了"最近，"了"只会下降到"落"之后，而不会舍近求远降到"在"之后。那么，则会形成例（10a）这样不合法的句子。这正从反面说明，在进入 PF 之前，"在"已经并入了"落"，如例（10b）所示。唯有如此，"落在"对于"了"来说只是一个（复杂）中心语，而不是两个独立的中心语，"了"自然可以下降到"落在"之后，形成例（10b）这样的合法句子。

（10）a. *小鸟落了在树枝上。

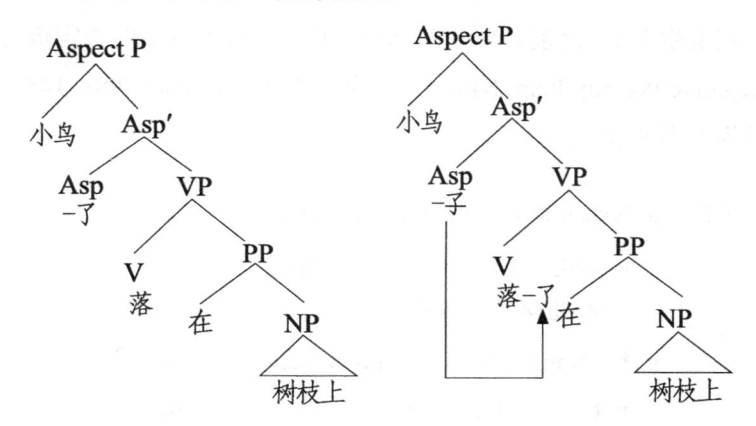

b. 小鸟落在了树枝上。

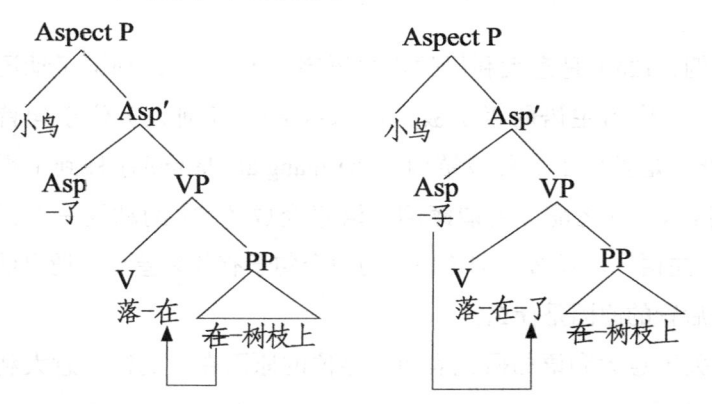

由此，证明"在"并入动词"落"属于韵律激活的句法操作，其推论过程如下：

（11）∵ i. "了"一定要附着在"在"之后，
　　　　ii. "了"附着的前提是"落-在"已经在句法中形成，
　　　　iii. "落-在" 并入的动因是韵律要求所致，
　　∴ "落-在"是韵律激活的句法操作。

判断韵律激活的另一个标准，是看所激活的操作是否在 LF 产生了语义效应。如果某个操作影响了 LF 的语义解读，那么可以判断它一定发生在 LF 之前，即句法部门之中①。意大利语的否定极性词（Negative Polarity Item, NPI）可以为证（Zubizarreta 1998：145，方括号为本书所加）。

（12）a. Nessuno ha mangiato la mela.
　　　　 nobody　has eaten　　the apple
　　　　 没有任何人吃那个苹果
　　　b. *（Non）[ha mangiato la mela]_i nessuno [t_i].
　　　　 not　　 has eaten　　the apple nobody
　　　　 吃那个苹果的没有任何人

例（12a）是意大利语的正常语序"主语+[助动词+动词+宾语]"，作为主语的否定极性词 nessuno（任何人）位于句首；例（12b）是发生了的移位结构，[ha mangiato la mela] 移到了否定极性词 nessuno 之前，主谓颠倒，语序变成了"[助动词+动词+宾语]+主语"。那么，例（12）的两个句子有什么差异？谓语前移、主语后置的原因是什么？

关于意大利语的研究表明，移位的原因在于韵律：意大利语的焦点必须处于句末。"主语+[谓语]"，表达的可以是宽焦点重音、VP 窄焦点重音或者动词补述语的窄焦点重音（假如动词后有其他成分，如宾语、介词短语等）；"[谓语]+主语"的结构，主语一定要解读为焦点，获得重音。（Zubizarreta 1998：135）如果将例（12）的两个句子翻译成中文，应当分别是"没有任何人吃<u>那个苹果</u>"和"吃那个苹果的<u>没有任何人</u>"——前者重音在宾语，后者重音在主

---

① 但反之未必如此。也就是说，"操作发生在 LF 前"是"操作影响 LF 语义"的必要非充分条件：'操作发生在 LF 前"，未必一定导致"操作影响 LF 语义"；但是"操作影响 LF 语义"，说明"操作发生在 LF 前"。关于句法移位与语义部门的关系，参见 Matushansky（2006）以及 Platzack（2013）。

语。所以，可以首先确定第一个事实——例（12b）的谓语前移，乃是受韵律驱使，以便让主语处于句末，获得焦点重音。①

例（12a）和（12b）的另一个不同之处，是移位后的例（12b）必须补出一个否定词 non（没有），目的是允准（license）位于句末的否定极性词 nessuno。相比之下，没有移位的结构例（12a）并无这一要求。生成语法中，否定极性词的允准，属于 LF 部门的要求。因此，例（12a）和（12b）的对比可以帮助确定第二个事实：例（12b）的移位对语义部门 LF 产生了影响，否则不会涉及 LF 部门的否定极性词允准机制。

综合以上两个事实，可以得出如下判断：由于例（12b）中发生的移位是韵律促发的（为了让主语获得焦点重音），而移位之后的结构又对 LF 产生了影响（必须出现允准否定极性词 nessuno 的 non），所以例（12b）中的移位一定发生在 LF 之前，即句法部门（否则无法影响语义部门）；既然这一操作是韵律激活的，那么例（12b）证明韵律激活了句法。

第三节　韵律激活的原理与机制

前两节探讨了韵律激活句法的内涵以及动因和判定标准，本节将进一步讨论韵律激活句法的原理以及机制。

一、韵律激活的原理

韵律能激活句法，关键在于核心重音。第二章介绍了核心重音的概念以及不同类型的核心重音。这一小节将在此基础上探讨为什

---

① 因此，例（12a）可以用来回答以下问句"发生了什么事？"（宽焦点）、"没人吃什么？"（宾语窄焦点）、"没人干什么？"（谓语动词短语 VP 窄焦点），而例（12b）只能用来回答主语窄焦点问句"有谁吃了苹果？"。参见 Zubizarreta（1998）的 3.3 节和 3.4 节，其中分别列举了西班牙语和意大利语中关于韵律促发移位的诸多例证。

219

么汉语的核心重音指派会允许韵律激活句法。

第二章提到，人类语言中存在三种不同类型的核心重音指派模式，可总结如下：

重音类型	代表语言
深重律（C-NSR）	英语
择重律（S-NSR）	德语
辖重律（G-NSR）	汉语

本章开篇提到，核心重音是韵律激活句法的原理。既然人类语言存在不同类型的核心重音指派规则，这些不同的重音指派规则是否都可以使得韵律激活句法？依次检视这三类不同的核心重音指派模式，可以发现：只有辖重律类型的核心重音才能激活句法。

先看深重律。深重律主要参考不同成分在句法结构上的统制关系，位置最低的最重。由于句子是层级性的结构，因此必然存在高低之分，深重律要求重音实现在位置最低、内嵌最深的成分上，这一要求必然可以得到满足。因为句子结构中总有一个成分位置最低。所以，采取深重律指派核心重音的语言，句法的产品总是符合核心重音指派的要求，二者没有冲突或错配，核心重音也就没有理由去激活句法执行某种操作，修改先前的产品。

再比较择重律。究其根本，择重律涉及句法中的论元结构（argument structure），即动词所选择的必有论元，可以简单地理解为一个动词需要哪些成分与其搭配。例如，动词"哭"要求一个施事（Agent），构成"张三哭"；"打"不仅要求一个施事，还需要一个受事（Patient），可以比较"*张三打"与"张三打李四"。择重律类型的核心重音在计算时只参考作为"选择者"（selector）的动词以及作为"被选择者"（the selected）的必有论元，而不会涉及修饰语这样的非必有论元。在选择序列（selectional ordering）上，选择者的位置高于被选择者，核心重音被指派给选择序列中位置低的成分。[①] 动词的论元结构以及选择序列在句法部门一定需要满足，否则就会被句法部门本身排除（如"*张三打"）。对于采取择重律的语言，由于论元结构和选择序列是句法内部必须满足的条件，当句法结构送到韵律部门时，意味着论元结构已经合格。韵律只需在已经满足了论元条件的句法产品上运作，指派重音即可。因此，同深重律的语言一样，择重语言在指派核心重音时，也不会出现句法（即论元结构）与韵律的冲突，韵律自然也不会激活句法去修改论元结构。

最后讨论辖重律。介词并入动词的例子已经简单说明了汉语中韵律激活句法的情况，并且第二章也已经指出汉语是采取辖重律指派核心重音的语言。当然，这只是从语言中的既定事实出发，判断发生的句法操作与韵律相关以及辖重语言允许韵律激活句法。现在必须回答：是什么原理使得辖重语言有别于深重语言和择重语言，允许韵律激活句法？

比较深重律、择重律以及辖重律，可以发现：三者的共同点在于，都确定了核心重音范围的右边界。具体而言，深重型语言，以内嵌最深的成分作为右边界；择重型语言，以选择序列中次序最低的成分为右边界；辖重型语言以被主要动词管辖的成分作为右边界。然而，辖重律与前二者的重要差别在于：它不仅界定了核心重音的右边界，还划出了左边界——管辖承载重音成分的主要动词。由于辖重确定了汉语核心重音的左右边界，这直接引发了对汉语 VP 的强制要求：指派核心重音的动词与承载重音的成分之间，不能有阻止管辖关系形成的障碍。动词与载重成分之间的障碍，可有两种情况：一是动词与载重成分之间有另一个中心语，该中心语与载重成分形成一个短语，导致动词无法管辖载重成分；二是动词之

[①] 德语的"动词居末"（V-final）结构体现了择重律。对于德语中"S$_{主语}$+XP+V$_{动词}$"语序的句子，如果主语和动词之间的 XP 是动词所选择的论元，那么 XP 是选择序列中位置低的成分，得到核心重音；如果 XP 是修饰成分，就并非动词选择的必有成分，那么计算核心重音时，XP 就不会参与，则核心重音指派给动词。可参考 Zubizarreta（1998）第 2 章 2.3 节的例子。

后有两个载重成分（均不可轻读的成分），导致其中之一无法得到管辖。这两类管辖"失败"的情况，可以抽象地概括为（13b）和（13c）：

（13）a. [V XP]_VP= 符合管辖条件
b. *[V [Y XP]_YP]_VP=Y 是 V 管辖 XP 的障碍
c. *[V XP YP]_VP=YP 得不到 V 的管辖

与之对应的具体例子，如例（14）所示：

（14）a. 张三 [打了_V 电话]_VP。
b. *张三 [坐了_V [在_P [沙发上]_NP]_PP]_VP。
c. *张三 [打了_V [电话]_NP1 [三次]_NP2]_VP。

例（14b）和（14c）都是按照句法部门的规则制造的产品，但是到了韵律部门，却不符合动词管辖载重成分的条件，成为导致核心重音无法运作的（韵律）非法结构（prosodically illegitimate structure）。这时，如果语法系统对此"无动于衷"或者"无计可施"，例（14b）和（14c）的产品无法通过韵律部门的"审核、批准"，最终无法表达出来（ineffable），只能成为非法结构被剔除。这是例（14b）和（14c）可能的"命运"之一。

另一种可能性，是语法系统采取了"挽救"措施：例（14b）和（14c）这类韵律不合格的产品被退回句法部门后，句法启动可用的操作进行修改，再次送到韵律部门交给核心重音处理，直至符合韵律要求。[①] 例如，不合韵律要求的例（14b）和（14c），可以采取句法所允许的操作让动词与载重成分形成管辖关系：

---

① 如果句法部门穷尽了所有可能操作，仍然不合韵律要求，那么这些"句法合格、韵律非法"的结构，最终只能被语法系统剔除。这是因为韵律虽然可以把不合要求的结构退回句法，迫使其采取可用操作进行修改，却无法创造出句法中不允许的操作。参见 Feng（2009）的讨论以及 Simpson（2014）的评述。

（15）张三坐在了沙发上。（介词并入动词）
（16）电话，张三打了三次（"电话"移位到句首做话题）

　　通过例（15）和（16）可以发现，韵律激活了句法中两种可用的操作：中心语移位和短语移位。在例（15）中，PP"在沙发上"的中心语"在"移位并入了 VP 的中心语"坐"，从而消除了"坐"与"沙发上"之间的管辖障碍，使动词顺利指派核心重音。在例（16）中，句法启用短语移位，将名词短语"电话"移到句首的话题位置，原本动词后的两个载重成分就少了一个，保证了核心重音的指派。

　　结合（13）以及例（14）至例（16）的具体例子，韵律激活了句法中两类相应的移位操作，分别应对两类管辖失败情况：一是如果动词与载重成分之间有另一个中心语阻隔，管辖者与被管辖者出现间隔，"太远了，管不到"，那么就启用中心语移位，将充当障碍的中心语和指派重音的动词"合二为一"，消除管辖障碍；二是如果动词后面有两个承重成分，则是"太多了，管不了"，那么就运用短语移位，"挪走"其中一个，使原本处于动词之后的两个成分各得其所。

二、韵律激活的机制

　　上一小节讨论了辖重原则中的语言允许韵律激活句法的原理，初步回答了"为什么"的问题；现在可以继续探讨"怎么样"的问题，即语法系统提供了怎样的机制，保证韵律激活句法得以顺利运作。

　　在生成语言学理论发展的大背景下，主张韵律制约句法的"互动型"界面理论就已经开始思考与主流语言学的语言模型的对接问题。例如，Zubizarreta（1998）在提出"焦点突显律"（Focus Prominence Rule, FPR）时[①]，就已经注意到了焦点特征（记作 [F]）

[①] 焦点突显律，即焦点成分比非焦点成分在韵律上更为突显（Zubizarreta 1998：21）。

与生成语法的包含原则（Inclusiveness Condition）之间的抵触。然而，[F]并不是词项的固有特征，那么它是如何参与句法运算，促发移位的呢？Zubizarreta认为，[F]是一种界面特征，原来语言模型中的包含原则应当修改为以下版本（Zubizarreta 1998：33）：

（17）包含原则（修改版）
　　语言的界面层次只包含两项内容：一，词项特征；二，从焦点/非焦点角度以及韵律相对凸显角度对短语标记的解读。

其后，基于语段推导的理念，韵律句法学提出了一个句法-韵律互动的双向模型（Feng 2009）。第七章讨论韵律删除的机制时，已经介绍了这一模型。为方便说明，现在重复如下：

（18）句法-韵律互动的双向模型

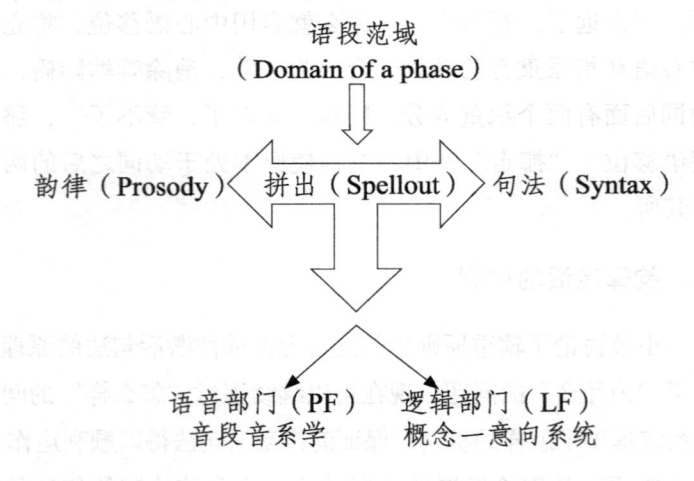

```
                    语段范域
               （Domain of a phase）
                        ⇓
  韵律（Prosody）⇐ 拼出（Spellout）⇒ 句法（Syntax）
                        ⇓
              ↙                ↘
      语音部门（PF）      逻辑部门（LF）
      音段音系学          概念—意向系统
```

上一语段推导完成之后、下一语段推导开始之前，若句法产品存在韵律不可解读成分，会进行一次"复核"操作。进行拼出时，每个语段都换算成韵律结构，并赋予韵律特征。如果存在不可解读的韵律特征，该语段就要返回句法部门复核。此外，不可解读的韵律特征，对应于句法反馈特征（Feng 2009：234）。就核心重音而言，如果语段中某个成分不能被核心重音的韵律规则所解读，那么语法系统就会给它指派一个句法反馈特征，以便启动句法上的操作（Feng 2009：235）。

尽管句法反馈特征由韵律指派，但可理解为功能范畴，表明某成分在当前位置发生错配。此时，反馈特征会搜索可用的合适位置，并激活句法操作。

现在仍以介词并入动词为例，说明韵律激活句法的运作机制。

（19）a. * 小鸟落了在树枝上。
　　　b. 小鸟落在了树枝上。

例（19b）句法运作完成后送到韵律部门处理前的结构，如（20）所示。

（20）

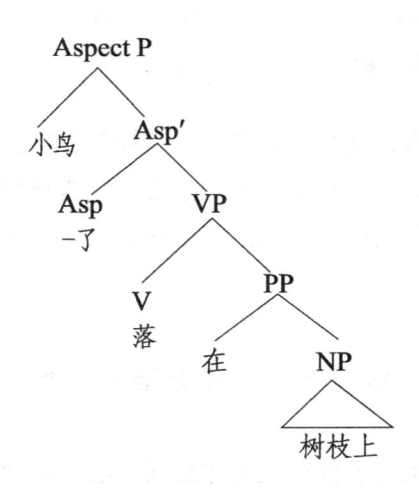

```
            Aspect P
           /        \
         小鸟        Asp'
                   /    \
                 Asp     VP
                 -了    /   \
                       V    PP
                       落   /  \
                          在   NP
                               △
                              树枝上
```

其结构可用括号表示如下（为节省篇幅，只讨论与核心重音指派相关的结构部分）：

（21）句法结构：［落［在［树枝上］］］

韵律部门接收之后，解读如下：

225

（22）韵律结构：［落［在*［树枝上］］］

一方面，名词短语"树枝上"是非轻读成分，可以承载核心重音；另一方面，动词"落"是核心重音的指派者。但是句法送到韵律部门的结构，却造成了两难局面：介词"在"成为"落"管辖"树枝上"的障碍，导致"落"无法指派核心重音，"树枝上"也无法得到核心重音。

由于（22）无法被韵律解读，它被韵律指派了一个句法反馈特征"*"，退回句法部门。"*"对于句法来说是一个不可解读的特征，因此必须启动相应的句法操作，消除这一特征。假设此时句法选择了中心语移位，介词"在"向上移动，与动词"落"发生并入。句法操作的结果以及韵律结构如下：

（23）a. 句法结构：［落-在$_i$［t_i［树枝上］］］
　　　b. 韵律结构：［落在［树枝上］］

修改后的结构，复杂动词"落在"管辖"树枝上"，符合核心重音的指派要求，"树枝上"得到重音，结构被韵律审核通过。由于"落在树枝上"同时符合句法和韵律的要求，最终成为合法的句子，被表达出来。

第四节　韵律激活的位置

前三节分别阐述了什么是韵律激活句法、韵律为什么激活句法以及韵律如何激活句法，本节将要讨论的问题是韵律在什么地方（或者在什么时候）激活句法，即韵律激活句法操作的位置。这里的"位置"有两层含义：一、从语法系统运作的阶段来看，韵律在哪个阶段激活句法；二、从句法的层级结构来看，韵律激活句法发生在哪些结构区域。从语法系统的属性、韵律句法的基本理论出发，可以推导出如下结论：韵律激活句法必然发生在拼出之前、VP之内。

一、语法系统运作与韵律激活的位置

根据生成语法最近的语法系统模型，可以推断：如果韵律激活句法，则必然发生在拼出之前。句法的推导是一步一步、分语段进行的。生成语法假设，句子是由不同的中心语投射出来的短语构成的，主要的中心语包括 V、v、T 和 C，相应的投射则是 VP、vP、TP 和 CP。[①] 轻动词 v 和 C 是语段中心语，因而它们的投射（即 vP 和 CP）是语段。当一个语段形成后，语法系统会执行拼出操作，将句法建造出的结构送到 PF 和 LF 处理。[②] 当拼出发生之后，送到 LF 和 PF 的结构，就被"冻结"了，其内部的成分不能再参与下一步的句法操作。[③] 这一限制，即是"语段不可穿透条件"。仍以介词并入为例，"小鸟落在了树枝上"采用语段推导，图示如下：

（24）语段拼出示例

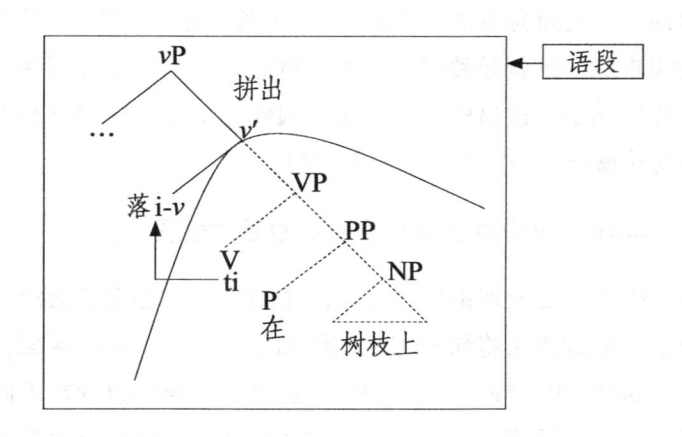

上图中，vP 为语段，中心语是轻动词 v，动词"落"从词汇动词 V 的位置移位到 v。当语段 vP 构造完成之后，语段中心语 v 的

---

① 关于语段推导，可参考邓思颖（2009）的介绍。
② 具体而言，拼出的是语段中心语的补述语，即 VP 和 TP。
③ 不过被拼出的部分作为一个整体，是可以参与接下来的句法操作的，例如整体发生移位。但是，被拼出结构的组成部分，不能单独参与句法运作。

补述语 VP 被拼出（即虚线部分）。一旦拼出发生，VP 即被"冻结"，其内部的成分（P 和 NP）无法参与下一步的句法运作。

假设此时核心重音没有介入，那么（24）的句法结构就不会被韵律裁定为非法形式（即"落"无法管辖"树枝上"，无法指派重音），韵律也就不会"退回"（24）的结构，让句法进行修改。由于介词"在"已经在动词"落"之前拼出，当"落"于下一个语段拼出时，它已经无法"看到"先行拼出的"在"，因而也不可能让"在"并入。

如此一来，句法和韵律就产生了不可调和的矛盾：一方面，韵律要求介词并入动词，消除管辖障碍，以便顺利指派重音；另一方面，动词和介词在拼出之前没有经过核心重音"审查"，句法部门不存在执行并入操作的动机。也就是说，如果核心重音的指派发生在拼出之后，句法只能造出"[落 [在 [树枝上]]]"（即介词没有并入动词），又因为不符韵律要求，"[落 [在 [树枝上]]]"最终又被韵律剔除，这就导致说汉语的人将无法说出"小鸟落在了树枝上"这样的句子！这显然有违事实，因此也从反面证明核心重音如果激活句法操作，一定发生在拼出之前。

二、韵律－句法对应层级与韵律激活的位置

韵律语法的最近理论进展也可以帮助确定核心重音激活句法操作的位置。生成语法将句子按照层级高低划分为不同的区域，从高到低主要包括 CP、TP、vP 和 VP。[①] 此外，韵律中也存在不同类型的重音，如核心重音、焦点重音、句调重音等。韵律语法最新的研究表明，句法的层级结构和重音的类型存在对应关系，即"韵律—句法对应层级"（Prosody-Syntax Co-Hierarchy）。

也就是说，重音根据句法结构层级的不同表现出不同的规则和

---

① 这就好比把句子的层级结构看作由不同区域构成的"地图"，因此这一方法也被称作"制图理论"（Cartographic Approach）。关于制图理论，参见 Cinque（1999）、Rizzi（1997）、Tsai（2008）、Si（ed.）（2017）等。

作用。① 具体而言，在汉语中，VP 属于核心重音区域，TP 属于窄焦点重音区域，CP 则属于句调重音区域。不同的重音按照句法层级由低到高启动，前一层级的重音结构合格之后，才能进入后一层级的重音操作（冯胜利 2013，2016，2017）。如（25）所示（冯胜利 2017：14）：

（25）韵律-句法对应层级

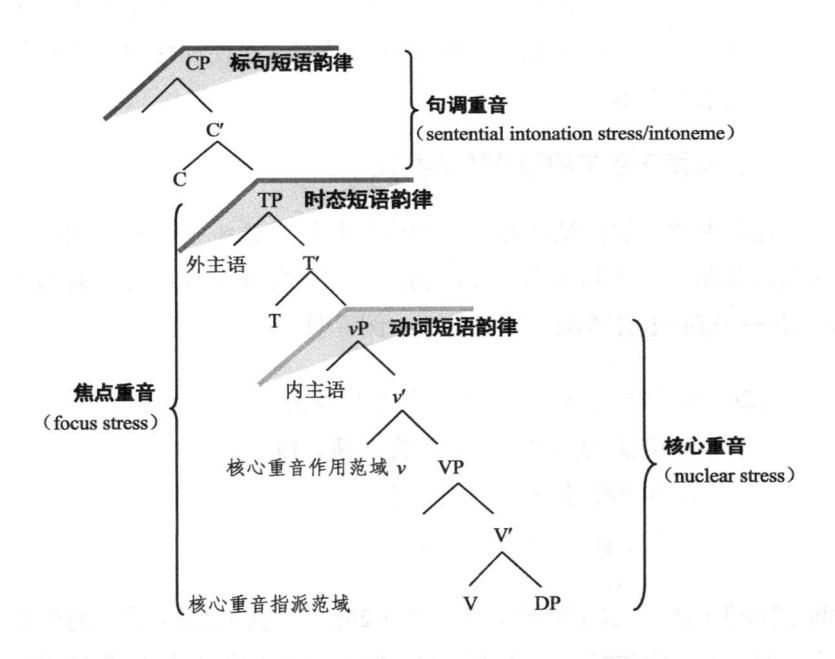

按照韵律-句法对应层级，核心重音在句法结构上的专属区域是 VP，这就意味着跟核心重音相关的操作都发生在 VP 区域。超出了这一区域，到了 TP 和 CP，核心重音则鞭长莫及，因为它不能替代其他类型的重音（如焦点重音和句调重音）去发挥作用。

---

① 关于韵律层级的详细内容，请参考第三章的论述。

第五节 韵律激活和韵律删除的关系

本章开篇提到，由于韵律和句法是语法系统中两个独立的部门，二者有各自的运作规则，因而会出现错配的现象。当句法产品不合韵律要求时，韵律可以删除句法的产品，也可以激活句法，修改先前的结构。上述两种现象，分别是韵律删除和韵律激活。第七章已经专门讨论了韵律删除，本章前四节则阐述了韵律激活的相关问题。这一节将在此基础上比较二者的异同，以便加深对韵律和句法互动关系的理解。

一、韵律激活与韵律删除的共性

究其本质，韵律激活和韵律删除都是语法系统中两个不同部门的互动现象，属于句法和韵律的错配。这两种互动现象有着共同的动因——核心重音指派。下面各举一例说明：

（26）a. 落在了树枝上　*落了在树枝上
　　　b. 读报　读报纸　阅读报纸　*阅读报
　　　c. 负责病房　*负责任病房
　　　　 打牢基础　*打牢固基础

例（26a）的现象属于韵律激活，例（26b）、例（26c）属于韵律删除。例（26）中包括三个非法形式："*落了在树枝上""*阅读报"以及"*负责任病房"。它们非法的原因，前文已经提及："*落了在树枝上"是因为介词"在"阻碍了动词"落"管辖载重成分"树枝上"，导致核心重音无法指派；"*阅读报"是[2+1]的动宾结构，而宾语作为核心重音的承载者，在韵律上却比动词轻，形成了"前重后轻"的格式；"*负责任病房"和"*打牢固基础"里面的"负责任"和"打牢固"违背了最小词条件的要求，无法指派核心重音。可见，不管是删除还是激活，背后的原因都是核心重音与句法运作的冲突。

第八章 韵律激活

先看韵律激活的情况。前文指出，核心重音是导致介词并入动词的原因。作为一种中心语移位操作，介词并入是普遍语法所允许的手段。然而，并不是所有的语言都会要求介词并入动词；在汉语中，这种并入也并不总是强制性的。例如：

（27）a. 张三放了一本书在桌子上。
　　　b. 张三在桌子上放了一本书。

例（27a）和（27b）的介词并没有并入动词。相反，它们也不能并入动词，否则会形成非法的句子：

（28）a. *张三放［在$_i$］了一本书［t$_i$］桌子上
　　　b. *张三［t$_i$］桌子上放［在$_i$］了一本书

例（27a）中，动词"放"管辖"一本书"，核心重音成功指派，而介词短语"在桌子上"处于核心重音范围之外，属于界外成分（emarginated element）；[①] 同样，例（27b）中，重音也被"放"指派给了"一本书"，介词短语"在桌子上"处于核心重音的范围之外。在例（27a）和（27b）中，介词并没有成为动词管辖载重成分的障碍。相应地，韵律也不会对句法所造的结构"提出异议"，更不会把它们作为韵律不合格的产品退回。因此，介词也就没有并入动词的动因了；没有动因，句法自然不能随意启动移位操作，否则就会造成非法结构，如例（28）所示。

再看韵律删除的例子。现代汉语的动词和名词，有单音节的，也有多音节的。例如：

（29）单音节动词：买、种、读……
　　　多音节动词：购买、种植、阅读……
　　　单音节名词：书、树、报……

[①] 相应的韵律表现就是轻读（de-stressed）。可参考 Feng（2003：1107—1110）。

多音节名词：书刊、树木、报纸、阿司匹林、加利福尼亚……

然而，当动词和宾语组合成［动＋宾］的结构时，语法系统却提出了限制条件：宾语的音节不能少于动词。① 这一限制，即是韵律的要求："前重后轻"的［动＋宾］结构不是实现核心重音的理想环境。

"＊阅读报"是因为核心重音的承载者太轻，导致它被韵律删除。而另一种韵律删除的例子，如"＊负责任病房"，则是因为核心重音的指派者太重。值得注意的是，这不是说句法规则不允许"负责任"和"打牢固"再带宾语。只要把宾语"挪走"，句子就合法了。

（30）a.＊负责任病房　　＊打牢固基础
　　　b.病房，应该你负责任　把基础打牢固

比较韵律激活与韵律删除的例子，可以发现：没有核心重音，语法系统不会激活介词并入，形成"落在了树枝上"；没有核心重音，语法系统也不会删除"＊阅读报、＊负责任病房、＊打牢固基础"。因此，无论是激活还是删除，背后都是核心重音在起作用。

二、韵律激活与韵律删除的差异

韵律激活与韵律删除都是以核心重音为动因的操作，但是二者在语法系统中发生的阶段却不尽相同。本章已经指出，韵律激活句法，必须在拼出操作发生之前。相比之下，韵律删除则是在拼出的前、后都有。

例如，"＊落了在树枝上、＊阅读报、＊负责任病房"都是违反韵律要求的非法结构，但是在核心重音指派方面却有不同。比较

---

① 注意，"吓唬人、喜欢钱"这样的动宾结构中，表面上看，动词也是两个音节，但是这两个音节不是音足调实的，而是其中一个轻声，如"喜·欢、吓·唬"，因此跟例（29）的"购买、种植"不属于一类。

第八章 韵律激活

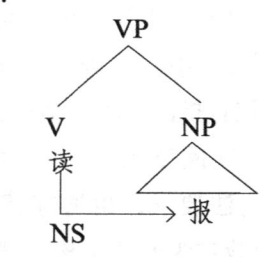

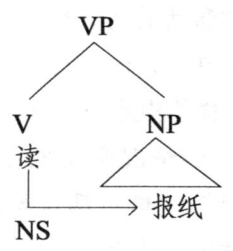

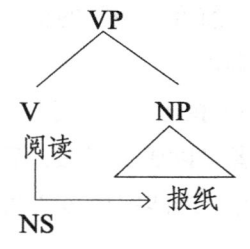

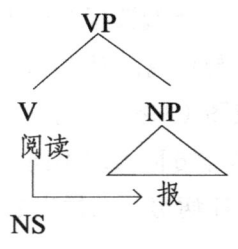

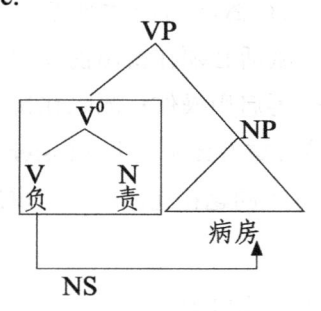

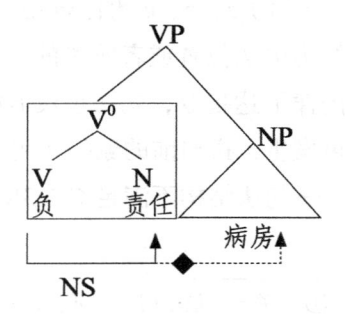

(31)的图示。

(31)

a.

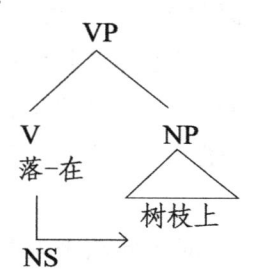

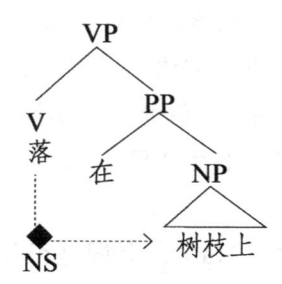

b.

c.

观察（31）的结构图示，可以发现：（31a）中，介词是否并入动词，影响核心重音能否顺利指派，没有发生介词并入的结构，核心重音无法指派；（31b）中，"读报、读报纸、阅读报纸"以及"*阅读报"在核心重音指派结构方面并无差异，动词（"读/阅读"）均管辖补述语（"报/报纸"），核心重音指派可以顺利进行；（31c）中，"负责"是最小词[①]，可以充当核心重音的指派者，而"负责任"韵律"尺寸"超标，不符合最小词条件，不能指派核心重音。

对于图（31a），介词是否并入虽然对于句法来说都是合格结构，但是对于韵律却有合法与非法的区别。本章已经论证，介词并入动词是韵律激活的句法操作，并且只能发生在拼出之前。如果拼出前没有发生并入，由于动词和介词处于不同的拼出阶段，二者无法通过中心语移位构造一个符合核心重音指派要求的结构。

图（31b）的情况则截然不同，"*阅读报"与"读报、读报纸、阅读报纸"一样，都是既符合句法要求，也遵守辖重律的结构，它们在拼出之前没有被任一部门裁定为非法结构。然而，到了PF部门之后，"*阅读报"由于是"前重后轻"的格局，并非实现核心重音的理想环境，因此被韵律删除。

最后比较图（31c）。与图（31b）相比，"负责"与"负责任"在核心重音指派方面表现不同：前者可以成功指派，后者不行。因此，"*负责任病房"在拼出之前由于未能完成核心重音指派，被韵律删除。

（31）a、b、c的比较说明，韵律激活与韵律删除的区别可以归结为语法位置或者阶段的差异：激活必须在拼出前发生，否则即使韵律下达指令，句法也没有机会再启用操作；删除在拼出前、后皆可发生，拼出前的删除作用于核心重音无法指派（assigned）的结构——句法结构不满足 G-NSR 条件（问题在句法），而拼出后的删

---

① 关于"最小词"，可参看第七章第一节的讨论。

除作用于核心重音无法表征（represented）的结构——句法结构满足 G-NSR 条件、但轻重格局不利于实现核心重音（问题在韵律）。因此，就删除操作而言，句法结构、韵律格局与核心重音，好比建筑中地基、砖石与房屋的关系：地基不合格，整体框架原本难立；砖石有瑕疵，部分材料后来可抛。

　　本章讨论了与韵律激活相关的一系列问题，包括什么是韵律激活、如何判断韵律激活、韵律如何激活、韵律何时（何处）激活、韵律激活与韵律删除的异同。韵律激活的本质，在于两个不同语法部门的错配（冲突）。韵律激活，其动因在于核心重音指派。然而，尽管所有的人类语言都包含韵律和句法这两个部门，所有的语言也都有核心重音，但并非所有的语言都会发生韵律激活句法。汉语中之所以存在这一现象，既有普遍语法的因素，也离不开具体语言的特性：核心重音以及句法中的合并、移位等操作，都是普遍语法的内容，但是不同语言设定了不同参数指派核心重音，这造成了韵律（核心重音）与句法之间不同的互动方式。从这一视角看韵律激活，汉语就不是人类语言中"特立独行"的一员了。汉语的韵律激活，只是普遍语法参数化的一个例子而已：汉语的核心重音指派，遵循普遍语法的规则；核心重音所激活的句法操作，也是普遍语法所允许的操作。

第九章 韵律形态

就韵律在语言中的功能而言，前面几章分别谈到了韵律在词法或句法中的模板作用、界取作用、整饬作用、删除作用和激活作用，本章将从语言形态的角度入手，介绍和讨论韵律的形态功能。从语音成分的性质来看，传统形态学中较为关注的是音段形态，而韵律形态属于超音段形态。音段形态表现为音段的增加、减少或替换；超音段形态表现为改变音段成分的音高、音强、音长。因此，所谓韵律形态（morphological prosody），指的就是利用音高、音强、音长等超音段层面的韵律手段实现词的形式变化、进而标记语法范畴的一种形态类型及其操作过程。对汉语这种音节音步型的语言来说，单音节和双音节在汉语的构词形态中作用显著，标准韵律词和超韵律词更是在汉语语法中具有各自不同的构词或构形形态功能。

第一节 形态和形态学

语言作为人类最基本的交际工具和思维工具，其自身就是一个精密的系统。语言系统包含发音的部分、结构组织规则的部分、表达意义的部分、言语交际使用的部分、记录有声语言的书面符号的部分等等。其中，形态便是与语言中"词"这个基本语法单位的结构组织规则有关的内容，形态学便是研究语言学中词的结构组织规则的学问。而要学习和研究语言的形态，必须先明确形态的内涵、形态的语言学功能等基本内容。

一、形态的内涵

德国语言学家施莱歇尔（August Schleicher）较早将"morphology"（形态学）一词用于语言学，当时指对词的形式的研究。

当代语言学中"形态学"的研究内容不仅包括词的内部结构，还包括词形和词义之间的系统性对应关系。比较有代表性的定义如 Matthews（1991），他认为不同用法和结构中的"词的形式"叫作形态。这里的"用法"和"结构"指的是语法表现和语法结构。换句话说，跟语法相关的词的形式才叫形态。

国内文献对"形态"的较早定义见于《中国语文》1958 年 11 月号上刊登的《语言学名词解释》（二），其中有一条是"词形变化（形态变化）"，指的是用词的形式变化去表示词的各种语法作用的方法和规则。具体包括词根的屈折、附加成分的添加、词内声调的变化、词内重音的变化几种情况。词形变化可以是构词法的，也可以是构形法的。

词根屈折即词根内部或外部的语音成分发生替换进而改变词根的语法意义。比如英语中 tooth 变成 teeth，词汇意义"牙齿"不变，但前者是单数而后者表复数，词根内部的语音成分 -oo- 替换为 -ee-，这是内部屈折。再比如英语中 study 变成 studied，"学习"的词汇意义不变，但从现在时变成了过去时，这种语音变化发生在词根的外部，所以叫外部屈折。

添加附加成分即在词根上加词缀或词尾。词缀又根据加在词根之前、之后、之中分别叫作前缀、后缀、中缀，词缀主要用来改变词义或词类，比如英语 move 加上后缀 -ment 变成 movement，就从动词"移动"变成了名词"位移"。词尾的添加不改变词汇意义而改变语法意义，比如英语 like 的词汇意义是"喜欢"，加上词尾 -s 后，likes 表示主语是第三人称、单数、现在时。词缀和词尾相比，词缀的添加会产生新的词位（lexeme），而词尾的添加也就是词根的外部屈折，不会产生新词，因此添加词缀叫构词变化，添加词尾叫构形变化。

词内声调的变化常见于声调语言，即通过改变声调改变词义、词类或词的语法范畴。譬如汉语的"散"，读上声调 sǎn 是形容词，比如"头发散开了"；如果读 sàn 就是动词，例如"会还没散"。又如荷兰方言林堡语（Limburgian），形容词中重读音节的声调变化可以标记其性范畴，中性用 H-L-H（降升调）模式，阴性用 H-L（降调）模式（详参王丽娟 2015：74）。

词内重音的变化如英语的 object，词重音落在首音节上、读为 ['ɒbdʒɪkt] 是名词，意思是"目标、对象、宾语"；重音落在第二音节上、读为 [əb'dʒekt] 是动词，意为"反对"。

由此可见，形态的本质是与语法结构、语法性质相关的语音形式的变化。但就"语音形式的变化"而言，由于早期研究主要关注印欧语系语言，限于语言的韵律类型特征，前人发现的词形变化手段主要集中在音段成分层面（如上所述的前缀、中缀、后缀、词尾），对于超音段成分的声调、重音等偶有提及但缺乏系统的、深入的研究，更不可能将超音段看作与音段相对的另一种形态类型。也正是因为如此，用基于印欧语言的形态视角观察汉语的词形变化，我们只能得出"汉语缺乏形态变化"这样的只见树木不见森林的结论。通过下文的介绍我们将会看到，实则不然。

二、形态的语言学功能

如上所述，形态是词的形式变化，词形变化的功能既涉及词法层面的构词，也涉及句法层面的构形。具体来说，词法层面的构词指改变词汇意义或词类范畴的形态，比如屈折语中的派生词缀；句法层面的构形指不改变词汇意义只改变语法意义的形态，比如屈折语中的屈折词缀。因此，沿用前人文献中的说法，构词和构形可以看作形态的两大语言学功能。

以英语为例，根语素 work（工作）与词缀语素 -er（-者）组合构成 worker（工人），这种添加词缀的词形变化改变了原根语素的词汇意义，属于纯词法层面的构词现象。但在"He is working"（他正在工作）中，根语素 work 与词缀语素 -ing（进行体标记）组合构成 working，词形变化没有改变根语素的词汇意义，而是在原有词汇意义的基础上增加了"正在进行"的语法意义，这种词形变化依赖句法条件，与句中不同词之间的句法语义关系有关，这属于关涉句法层面的构形现象。

由于词的形式涉及语音属性和音系特征，因此，形态又可以说是联系语言学内部不同部门及其关系的一种现象。形态学通过"形式变化"关涉到音系学，又通过"语法意义/语法属性"关联到句法学、语义学，它是连接音系和句法语义的中枢系统。

可见，形态学的研究不仅可以为人类描写和分析语言中的形态现象提供一套概念和工具，同时也是人类探索语言共性与差异的重要窗口。

近年来普通语言学、韵律形态学和汉语韵律句法学研究的推进让我们看到，人类语言的形态在语音属性上呈现出音段性和超音段性两种不同的类型。这种认识可以指导我们重新认识汉语的形态问题：汉语不仅有形态，而且具有极为丰富的超音段形态，这种超音段形态与印欧语言中常见的屈折性音段形态具有同样的功能，殊途同归。

为便于理解，第二节先介绍大家熟悉的音段形态的表现，在此基础上第三节介绍超音段形态的表现，第四节集中讨论汉语中韵律的形态类型。

第二节　音段形态

以往的形态学教材中涉及的形态类型多为音段形态，一般从语素类型的角度进行分类，如词缀语素与根语素的附加形态、根语素与根语素的复合形态、根语素的重叠形态等。这里从音段视角入手，分别介绍与音段增加、减少、替换相关的形态表现。

一、音段增加

人类语言中普遍存在通过增加音段来构词或构形的现象。

从音段性质及其单位归属上来看，音段增加经常表现为在基词上增加元音、辅音、音节等，形态学上往往根据所增加的音段在词中出现的相对位置而称为前缀、后缀、中缀、环缀等。

（一）增加元音

根据 Lieber（2009：34），拉丁语通过在动词根语素上增加元音 -o 表达第一人称。例如：

（1）a．am+o"我爱"
　　　b．dic+o"我说"

如上所示，根语素 am 表示"爱"，增加元音 -o 后变为 amo，意思是"我爱"；同理，根语素 dic 意为"说"，变为 dico 后表示"我说"。从形态的功能上来说，拉丁语的元音 -o 表达动词的人称语法范畴，属于构形性的音段形态。

英语中也存在增加元音 -y[i] 而转变词性的形态变化。例如：

（2）a．sleep"睡觉"　　sleepy"瞌睡的"
　　　b．cloud"云"　　cloudy"多云的"
　　　c．wind"风"　　windy"有风的"

英语中的动词、名词添加元音 [i] 后变为形容词，一般认为是派生构词形态，实际上这种语法属性的转变与句法直接相关。

（二）增加辅音

英语中存在通过增加辅音音段 -th[θ] 改变词义和词性的现象。例如：

（3）a．wide"宽的"　　　　width"宽度"
　　　b．heal"恢复健康状态"　health"健康状况"

可见，通过在原有词形上增加辅音 -th 将形容词、动词转变为语义相关的名词。从功能上来说，仍属于构词性的音段形态。

英语中还可以通过在动词上增加辅音 -s 表达第三人称单数现在时，如 stand（站立）在"The girl stands there quietly"（女孩安静地站在那儿）中必须变为 stands。与此同时，英语中名词也可以增加辅音 -s 表示复数，如 an apple（一个苹果）和 three apples（三个苹果）。无论是表达动词的人称、时态，还是表达名词的复数，同形而不同质的 -s 都属于构形性的音段形态。

（三）增加音节

语言中音段形态较为普遍的是增加音节。如英语中表达否定意义的前缀音节 un-，加在基词 happy（快乐的）上构成 unhappy（不快乐的）、加在基词 perfect（完美的）上构成 unperfect（不完美的）；表达变化意义的后缀音节 -ize，加在基词 verbal（动词的）上构成 verbalize（动词化）、加在基词 global（全球的）上构成 globalize（全球化）。

又如汉语的前缀音节"老"，加在根语素"虎、鼠"前面构成"老虎、老鼠"，使之成为句法上自由的名词。汉语的后缀音节"子"既可以加在黏着语素上，使之成为句法上自由的名词，如"桌子、椅子"；又可以加在自由语素上，使之转变语法属性，如"盖子、铲子"。

马来语可以在基词的内部增加音节，如动词 patuk（啄）增加中缀 -el- 后变成名词 pelatuk（啄木鸟）。

印尼语还可以在基词的前后同时增加音节，如形容词 besar（大），添加 ke- 和 -an 后变为名词 ke-besar-an（庞大性、伟大性）。

这里列举的英语音节 un- 和 -ize、汉语音节"老 -"和"- 子"、马来语音节 -el-、印尼语音节 ke- 和 -an，都属于构词性的音段形态。

上面所述的元音、辅音、音节音段都是添加在基词上的，其中基词是主要形式，增加的音段是附加形式，这种增加音段的形态操作叫作加缀（affixation）。增加的音段又依据其构词或构形功能而分别称作派生词缀（derivational affix）或屈折词缀（inflectional affix）。与此不同的是，语言中还存在两个根语素组合的形态现象，这也可以看作音段的增加，但这种组合没有词根和词缀在表达词的根义上的那种主次之分，形态学中称之为复合（compounding）。现代汉语普通话及其方言便以根语素的复合为主要的构词手段，如"人"和"类"复合构成名词"人类"，"整"和"理"复合构成动词"整理"，"美"和"妙"复合构成形容词"美妙"，"非"和"常"复合构成副词"非常"，等等。如果不考虑超音段层面，汉语中音节和音节的组合主要是构词性的音段形态。

除此之外，语言中还有一种特殊的音段组合形态，即将基词的部分或全部复制，也就是形态学中的重叠（reduplication）。例如汉语的动词可以通过完全重叠表达非正式体中"短时、尝试"的语法意义和"随便"的语体意义，"看"可以重叠为"看看"，"收拾"可以重叠为"收拾收拾"。又如新西兰的莫图语（Motu）通过重叠名词的词首部分表达复数，tau（"男人"单数）部分重叠为 ta·tau（"男人"复数）、mero（"男孩"单数）部分重叠为 me·mero（"男孩"复数）。而新西兰的毛利语（Maori）通过重叠名词的词末部分转变为动词，aahua（外表）部分重叠为 aahua·hua（相像）、hiikei（脚步）部分重叠为 hiikei·kei（跳）[1]。需要说明的是，重叠在传统的形态学研究中，有的将其视为与加缀、复合不同的独立操作；也有的将其归入加缀，即在基词的基础上附加部分或全部与基词相同的词缀；还有的将完全重叠看作词根的复合。无论看作加缀还是独立操作，从音段的角度出发，其本质都属于音段的增加。然而，形态学家们在对伊洛卡诺语（Ilokano）、伊蒂尼语（Yidiny）、穆鲁特语（Timugon Murut）等语言的重叠研究后发

---

[1] 莫图语和毛利语的语料均引自 Bauer（2003：31—32）。

现，这些语言中的重叠形式从音段视角看毫无规律可循，而从韵律单位（结构）剖析就会一目了然，这一点我们将在第三节中详细介绍。

二、音段减少

与增加音段相比，语言中通过减少基词中的音段成分来构词或构形的形态现象较为少见，这种现象往往都出现在口语非正式语体中。

根据 Bauer（2003：39），法语口语中可以通过减音改变形容词的阴性、阳性形式。例如：

（4）法语形容词阴性、阳性形态例举

形容词（阴性）	形容词（阳性）	词义
fos	fo	错的
ʃod	ʃo	热的
pətit	pəti	小的

如果从阳性形式出发，我们无法得到阴性形式的增音规则。但如果反过来从阴性形式出发，规则便一目了然，即删除阴性形式的末尾辅音，形态学上把这种被删减的音段叫作删减语素（subtractive morpheme）。就功能而言，因为表达"性"语法范畴的转变，所以上表中的例子属于构形性的减音形态。

很多语言中都存在词语的缩略形式，这种现象在形态学上叫作剪切（clipping）。比如汉语中的多音节专有名词大多可以缩略为双音节或三音节，"北京师范大学"简称"（北）师大"、"新型冠状病毒"简称"新冠"等。再比如英语中人名的昵称形式，全名的 Cynthia、Edward、Abraham 可以通过剪切缩略为 Cynth、Ed、Abe。至于剪切操作究竟选取基词中的哪部分，早期的形态学研究认为无规律可循，但以 McCarthy & Prince（1986）为代表的韵律形态研究发现，剪切后的缩略形式受到该语言韵律模板（prosodic template）

的限定，这一点下一节将详细讨论。

此外，还有一种通过在已有基词上删减部分音段而临时造词的现象叫逆序构词（backformation）。如"Little spider, spiding sadly."一句中，根据已有的词spider（蜘蛛）减音后临时造出的spiding；又如根据disgruntled（不高兴的）减音造出gruntled（高兴的）等。逆序构词一般被认为是特殊词汇现象，这里不做详细介绍。

三、音段替换

（一）部分替换

部分替换指通过改变基词中的部分音段而改变词汇意义或语法意义，进而实现构词或构形的功能。这里的部分替换又可以分为辅音替换和元音替换。

先看辅音替换（consonant mutation）。英语中可以通过将清辅音替换为浊辅音而使名词变为动词，如thief（小偷）和thieve（偷窃）、strife（冲突）和strive（斗争）、wreath（环状物）和wreathe（围绕）等。

再看元音替换（vowel mutation）。印欧语系日耳曼语族的语言常见元音替换的形态现象，如丹麦语、英语、冰岛语都可以通过元音替换表达名词的复数。以英语为例，mouse（老鼠，单数）变为mice、louse（虱子，单数）变为lice，foot（脚，单数）变为feet、tooth（牙齿，单数）变为teeth。Bauer（2003：35）谈到，除了印欧语系日耳曼语族外，苏丹南部的Dinka语也可以通过元音替换表复数，如met（儿童，单数）变为miit，dom（田地，单数）变为dum。

（二）完全替换

上述形态现象都是规则性的、可推导的，语言中还存在少数不规则的、不可推导的形态现象：同一词位采用完全不同且彼此无关的词形，形态学上称之为异干互补（suppletion），属于同一词位的这些不同词形叫作异干形式（suppletive form）。例如英语的动词词位 GO①（去）便有现在时的 go 和过去时的 went 两种形式，英语形容词词位 GOOD（好）也有原形 good 和比较级 better 两个异干形式。再比如法语的动词词位 ALLER（去），其现在时、过去时、未完成体分别为 je vais、j'ir·ai、j'all·ais，三者的词根形式完全不同。

由上可见，音段成分是人类语言的普遍性形态手段，其中，固定音段的增加尤为常见，音段的减少或替换相对较少。然而，倘若我们将与音段相对的超音段成分考虑在内，人类语言的形态表现将会呈现出更为系统、丰富的画面。

第三节 超音段形态

自 Nida（1946/1949）起，形态学领域已经关注到了超音段成分在形态系统中的作用。与音段成分构成的语素相对，Nida（1949：62）将其描述为"由超音段音位构成的语素"。如刚果（金）的恩巴卡语（Ngbaka）中表达动词时体范畴的四种声调对立、蒙班迪语（Mongbandi）表达与单复数范畴一致的动词的两种声调对立等。之后的形态学文献如 Bauer（2003：35）将其归入基词变形构词（word-building by modification of the base），并将这种通过改变词内超音段成分实现构词或构形的手段叫作超音段词缀（suprasegmental affix），简称超词缀（superfix/suprafix）。总体看来，传统的形态学研究仍将超音段成分视为音段形态成分（语素或词缀）的一部分，而没有看到超音段的独立性及其蕴含的规则系统。

直到冯胜利（2007，2009b）基于韵律语法学理论框架研究汉语的形态，才将超音段成分作为与音段成分同等重要的一种独立形态手段（而非从属、依附手段），提出汉语中存在丰富的超音段形态现象，并据此将人类语言的形态类型分为音段形态（segmental mor-

---

① 形态学上一般用小号的大写字母形式代表词位，如 LEXEME。

phology）和超音段形态（suprasegmental morphology）。本章介绍的超音段形态即以这一创见为基础。

超音段成分与语音形式的音高、音长、音强等特征相关，因此，下文介绍的超音段形态将分为改变音高、改变音强、改变音长三个方面。

一、改变音高

语音的音高属性在自然语言中表现为声调（tone）、语调（phrasal intonation）或句调（sentential intonation）。从负载的语言单位来看，声调可以负载在词上，因此以构词或构形为目的的词内声调的变化属于形态现象；但句调属于句子的音高变化，已经超越了形态之"词的形式"的界定①，所以本章对句调不做讨论。

根据林焘、王理嘉（2013：123），世界上的声调语言分为两种：一是高低型／平调型；二是旋律型／曲拱型。前者多见于非洲和美洲的声调语言，后者多见于亚洲汉藏语系的声调语言。无论是哪种类型，声调在声调语言的形态系统中都发挥着重要的作用，我们称之为**声调形态**。

（一）曲拱型声调形态

汉语是汉藏语言中典型的曲拱型声调语言，汉语普通话和方言中存在丰富的变调构词现象②，其中尤以借助声调改变词类和词义最为常见。例如陆宗达、俞敏（1954：32）谈到，普通话中形容词"凉"读升调 [liaŋ^{35}]，动词读降调 [liaŋ^{51}]。而在粤方言里，"说话"的"话"（名词）是高升调，而"话你听"里的"话"（动词）是中平调。前人文献中将这种现象称为"四声别义"，实际上从形态学的层面来看这不单纯是"别义"的问题，而是改变词类的同时改变词义，这在前面所述的音段形态中属于派生构词形态，因此我们也可以说，"四声别义"的本质是形态操作中的声调构词，因此

---

① 独词句的句调另当别论。
② 关于汉语的变调构词研究，详细可参考孙玉文（2015）。

246

称之为"四声别性"(亦即"区别语法属性")似乎更合适。

(二)高低型声调形态

高低型声调语言中往往通过声调标记词的语法范畴。

根据 Bauer(2003：35),尼日利亚北部的卡努里语(Kanuri)用降调表示动词的第三人称单数并列式(conjunctive),用高调表示动词的祈愿语态(optative)。例如 lezê(走)和 lezé(想走)、tussê(休息)和 tussé(想休息)。

不仅如此,Booij(2007：181)还谈到在荷兰的林堡语(Limburgian)方言中,重读音节的声调用以标记形容词的性范畴。例如 wiis(聪明的)存在 wiis(H-L-H,中性)和 wiis(H-L,阴性)的对立,stiif(严厉的)也有 stiif(H-L-H)和 stiif(H-L)的对立。可见,中性范畴采用降升调(H-L-H),而阴性范畴用降调(H-L)。[①]

尼日利亚南部的埃多语(Edo)用声调标记动词的体范畴。例如动词 ima(显示),低平调(L-L)为一般体,下降调(H-L)表示进行体,上升调(L-H)表示完成体。

由此可见,无论是卡努里语中的声调标记"语态"、林堡语中的声调标记"性",还是埃多语中的声调标记"体",从功能上来看都属于构形变化,我们可以称之为声调构形形态。

二、改变音强

语音的音强属性在自然语言中表现为重音和轻音,很多语言都存在通过音强对比改变词类、词的词汇意义或语法意义的现象。我们可以将这类形态叫作音强形态。

英语中可以通过改变词内重音的位置将名词转变为相应的动词,如 'import(进口贸易)和 im'port(进口)、'discount(折扣)和 dis'count(打折)。与此同时,英语还可以通过重音模式区分同

[①] H 代表高调(high tone),L 代表低调(low tone)。

音同形的词和短语，如重轻式的词 'blackboard（黑板）和轻重式的短语 black'board（黑色的木板），这属于构词性的音强形态。

同样，荷兰语中的"形+名"结构也可以通过重音区别复合词和短语。如果是短语，形容词的第二音节必须重读；如果是复合词，形容词丢失重音。如 gezéllige kámer（舒适的房间）中的 gezéllige（舒适的）第二音节重读，而 donkere kámer（暗室）中的 donkere（黑暗的）第二音节不重读，这也属于构词性的音强形态。

与英语、荷兰语的重音形态不同的是，陆宗达、俞敏（1954：26）发现汉语亲属称谓词通过轻声与否区分背称（背后称呼）和面称（当面称呼）。如"照片上这位老人就是我奶奶"中的"奶奶"是背后称呼，采用第二音节轻声的读法 nǎinɑi；而"奶奶，你在哪儿？"中的"奶奶"是当面称呼，此时不能读轻声，词重音要从第一个音节转移到第二个音节上，而且还伴随着第二音节音高的上升和音长的拖长，听起来比较接近 nǎināi。其他亲属称谓词如"姥姥、姐姐、爸爸、妈妈、伯伯"等都是如此。陆、俞两位先生认为这是重音标记名词格范畴的现象，背称相当于主格（nominative case）或普通格（common case），面称就是呼格（vocative case），因此，从形态的功能来看，这属于构形性的音强形态。

三、改变音长

语音的音长属性表现为自然语言中语音单位的长度。对于基本音段单位如音位来说，音长指发音的时长。但从超音段单位或韵律单位来看，音长往往表现为某一韵律单位内部包含的组成成分的数量多少。比如音节的长度通过其韵母中包含的韵素数量来衡量，音步的长度通过包含的音节或韵素数量衡量，以此类推。比如，就音段层面的单位来说，[i] 和 [i:] 都是一个元音音素；然而从超音段层面来看，[i] 是单韵素而 [i:] 是双韵素，[i] 构成轻音节而 [i:] 实现为重音节，人类语言可以利用 [i] 和 [i:] 的音长韵律手段实现区分语法范畴或语义范畴的目的，比如英语、拉丁语利用音长区别词义

（即构词形态），而藏语借助音长标记领属格（即构形形态），这两种情况都属于音长形态的具体表现。因此，本章以承载音长特征的韵律层级单位为标准，将与音长相关的形态手段细分为音位音长形态、音节音长形态和音步音长形态三类。

（一）音位音长形态

音位音长形态具体又表现为元音长短和辅音长短两类，音位长短的功能又分构词形态（改变词汇意义）和构形形态（改变语法意义及语法范畴）两种。

根据 Ladefoged（2001：44），人类语言中有利用元音音长构词的，如英语、爱沙尼亚语、芬兰语、阿拉伯语、日语；也有少数语言通过辅音音长对立特征构词，比如卢干达语、意大利语。

比如英语中的 week（星期）和 weak（弱的）、sheep（羊）和 ship（轮船）、sheet（表格）和 shit（粪便）等，前者读长元音[i:]，后者读短元音[i]，这便是通过元音音位的长短区别词义的现象；类似的现象还有拉丁语中的 maalus（苹果树）和 malus（邪恶）、阿拉伯语的 kaataba（一致）和 kataba（写了）、日语中的 toori（路）和 tori（鸟）等等，这都属于构词性的音长形态。

据林焘、王理嘉（2013：44）介绍，中国境内的藏语、壮语、蒙语、瑶语等民族语言中也普遍存在元音音长形态。如藏语中的[mi:]（人的）和[mi]（人），长元音用以标记领属格，这属于构形性的音长形态。又如瑶语中的[la:i]（箩筐）和[lai]（菜）、壮语中的[i:n]（烟）和[in]（疼）等，元音长短区分了不同的词义，这属于构词性的音长形态。当然，发音时长的对立往往也会伴随发音器官紧张程度的差别，因此在语音学或音系学的文献中，元音的长短对立有时也被描写为或同时伴随松紧元音音色的对立。

意大利语、阿拉伯语、日语等都可以通过辅音音位的长短区别词义。如意大利语的 nonno（祖父）和 nono（第九），前者中间是长辅音[nn]，后者中间是短辅音[n]。又如阿拉伯语的 darrasa

（教了）和darasa（学了）、日语的sakka（作者）和saka（斜坡）等等。这属于辅音音长发挥作用的构词形态。

此外，Kenstowicz（1994：45）提到，埃及阿拉伯语中的名词báab（门）本为长元音，但添加双数后缀构成bab-éen（两扇门）之后，由于重音落在后缀上，原词中的长元音必须变为短元音。因为这种长短元音的变化并未改变原词的词汇意义或词类，所以这也属于构形性的音长形态。

（二）音节音长形态

音节音长形态指通过音节自身的长短来实现构词或构形目的的现象，这里的音节长短具体表现为其韵母（注：介音归入声母）所包含的音段的数量多少。韵母所包含的音段在韵律音系学中称为韵素。因此，就韵母部分而言，包含两个元音的音节（V_1V_2）比包含一个元音的音节（V_1）更长，包含长元音的音节（V_1V_1）比包含短元音的音节（V_1）更长，包含一个元音加一个辅音的音节（VC）也比只包含一个元音的音节（V）更长。韵律音系学也将韵素的数量视为衡量音节轻重的标准，前者称为重音节（heavy syllable），后者叫作轻音节（light syllable）。

人类语言中单纯通过音节内部的长度来构词或构形的现象极少。根据Kenstowicz（1994：45）的介绍，斯洛伐克语中阴性名词的属格复数形式，可以通过扩展词根中最后一个音节的长度实现。如下表所示：

（5）斯洛伐克语阴性名词的格、数形态列举

主格、单数	属格、复数	词义
lipa	li:p	菩提树
mucha	mu:ch	飞翔
lopata	lopa:t	铁锹
kazeta	kaziet	箱子
sirota	siruot	孤儿

不难发现，属格复数形式中扩展词根中最后一个音节的长度主要借助于两种手段：一是将短元音（高元音或低元音）延长为长元音，如（5）中的前三例；二是在中元音之前增加同类特征的高元音，如 kaziet 在 e 前增加了 i，而 siruot 在 o 前增加了 u。如果从增加元音的角度来看，这是音段形态，然而这种音段形态没有一致的规律，因为每个音节增加的元音音段不同（有的加 i、有的加 u）；但如果将前三例的元音延长与后两例的元音增加结合起来放在超音段的视角下，其本质都是为了增加音节中韵素的数量，最终增重音节的重量，从轻音节变为重音节，也就是有着一致的韵律规则。从表达格范畴和数范畴这一功能上来看，这种现象应该视为构形性的音节音长形态，甚至是构形性的音步音长形态。

（三）音步音长形态

如前所述，音步是韵律音系学研究中发现的单位，指语言中最基本的节律单位。因此，音步的长度是通过组构音步的下一级单位（音节或韵素）来确定的。对韵素数量敏感的语言中存在韵素型的音步，而对韵素数量不敏感的语言往往选择音节型音步。韵律形态学的早期研究成果中发现了音步长度对形态操作限定的很多现象。

根据 Spencer & Zwicky（2001：287），阿拉斯加州中部的尤皮克爱斯基摩语（Yup'ik Eskimo）中的人名及其呼格形式如下：

（6）人名　　　　　　近邻呼格

　　Aŋukaɣnaq　　　　Aŋ~Aŋuk

　　Nupiɣak　　　　　Nup~Nupix/Nupik

　　Kalixtuq　　　　　Kał~Kalik

　　Aɣnaɣayaq　　　　Aɣən

　　Nəŋəxalɣia　　　　Nəŋəq

从音段角度出发，（6）中的呼格形式为原词的首音节（如 Aŋ、Nup、Kał）或前两个音节（如 Aŋuk、Nupix/Nupik、Kalik、Aɣən、Nəŋəq）。至于一个词同时存在单音节和双音节两种呼格形式的原

251

因，音段视角无法提供答案。但从超音段视角下的韵律层级单位来看，呼格中的单音节都是包含两个韵素的重音节，而双音节都是一个单韵素的轻音节加一个双韵素的重音节，两者综合起来便是一个（抑扬式）音步。可见，音步是其呼格形式的标记，这属于构形性的音步音长形态。

Spencer & Zwicky（2001：288）还提到，英语的昵称也是如此：

（7）人名　　　　　昵称
  Mortimer Mort, Mortie
  Cynthia   Cynth, Cindy
  Marjorie   Marge, Margie
  Edward   Ed, Eddie, *Edwie
  Abraham Abe, Abie, *Abrie
  Agnes   Ag, Aggie, *Agnie

可以看出，上述昵称中的 Mort、Cynth、Marge、Ed、Abe、Ag 都是包含两个韵素的重音节，也就是最小音步。至于可选择的 Mortie、Cindy、Margie、Eddie、Abie、Aggie，Spencer & Zwicky（2001/2007：288）认为是在昵称的基础上增加了后缀 [i]，拼写形式为 -y 或者 -ie。无论是尤皮克爱斯基摩语的抑扬式音步还是英语的最小音步，如果从传统的音段增减视角出发，都只能归于前文所述的剪切；只有从韵律层级单位出发，才能看到剪切操作背后的制约规则——音步结构。从功能上来说，上面两种语言的现象都属于构形性的音步音长形态。

第四节　汉语韵律的形态类型

  汉语中存在通过超音段成分实现形态功能的现象（简称"韵律形态"），这是近年来汉语韵律语法研究的重要发现之一，相关研究可参陆宗达、俞敏（1954：28—33）、俞敏（1954a，1954b）、冯胜利（1996b，2007，2009b）、王丽娟（2009，2013，2014，2015）等。这一节我们主要从音节与语素的关系、韵律词形态、嵌偶形态、合偶形态这几个方面介绍汉语韵律的形态类型。

一、单音节语素和双音节语素

讨论形态问题，就必须从构词的基本单位——语素说起。对汉语来说，构成语素的语音形式包括音段性的元音、辅音和超音段性的声调。然而现代汉语的根语素都是单音节语素[①]，换言之，汉语根语素具有显著的韵律特征，冯胜利（2009a）将这种特征概括为作用于根语素（root morpheme）的"音节-语素对应律"（mophosyllabicity rule, MR）。这一规则在汉语构词法中作用的直接结果是：一个根语素对应一个音节，根语素的原始复合（不是多次复合）必然产生双音节形式。这里需要注意的是，如果是音段形态，那么无论是根语素还是词缀语素，都不必受限于单音节这种语音形式；如果是音段形态，那么无论是词根之间的复合还是词缀附加在词根上，也都不必受限于双音节这种语音形式。如果说单音节既可以是由音素组合而成的音段性单位，也可以是由韵素组合而成的超音段性单位，那么双音节则只能是由音节组合而成的超音段性单位（亦即韵律单位）。因此，能够将单音节语素和双音节复合词统一起来的唯一可能是，这是一种超音段规则的作用，即超音段语素和超音段构词形态。

当然，除了单音节语素之外，汉语中还存在一部分源自古代汉语的双音节联绵词，以及一些源自外来语的以双音节或多音节为主的外来词，这两类词在传统的词法分析中都被认为是双音节语素或多音节语素。需要说明的是，由于构成联绵词的双音节无法作

[①] 非单音节语素构成的音译外来词和源自古代汉语的联绵词都不是根语素。

为根语素再度参与构词[①]，只能整体作为词参与句法运作，因此本章不展开讨论联绵词中的语素问题，有兴趣的读者可以参考冯胜利（2009a）。

双音节或多音节的外来词虽然为双音节语素或多音节语素，但这种语素在汉语构词系统中依然严格遵循音节语素对应律，最明显的证据便是汉语往往从双音节或多音节外来词中选择一个音节作为语素，然后与汉语中原有的语素进行组合。例如：

（8）伏特→伏→千伏/*千伏特、毫伏/*毫伏特、微伏/*微伏特
　　 佛陀→佛→佛经/*佛陀经、佛典/*佛陀典、佛祖/*佛陀祖

这样看来，虽然外来词的确是双音节或多音节语素，但其进入汉语词法系统时仍然以单音节语素身份参与汉语的构词，换句话说，音节语素对应律是汉语构词法的本质特征。

如果说音节语素对应律要求汉语中一个根语素对应一个音节，那么根语素之间的复合在节律上会有两种表现：两个语素组合便会实现双音节词，多个语素组合便会实现多音节词。汉语显然是选择了前者，原因在于冯胜利（2009a）提出的另一条韵律规则——音步组构律（foot formation rule，FFR），即汉语的一个音步至少由两个音节组成。如果说音节语素对应律使得一个根语素对应一个音节，音节组构律又要求一个音步至少包含两个音节，那么两条规则综合作用的结果便是：汉语的音步组构客观上要求两个单音节根语素组合，结果便产生了双音节复合词。

正是因为音节语素对应律和音步组构律的合力和互动，下面我们将会看到，双音节音步在汉语的形态系统中发挥着极为重要的作用。

[①] 如果有，比如"蝴蝶"的"蝶"，可以作为语素与其他语素复合构成"彩蝶、粉蝶"等，这属于联绵词中单音成分的语素化，可以看作前述"音节-语素对应律"作用的必然结果之一，是规则作用下的语言演变现象，毫不违反这里讨论的规则及其系统。

二、韵律词形态

我们将从双音节标准韵律词和三音节超韵律词两个方面介绍韵律词的形态作用。

（一）标准韵律词形态

我们已经知道，汉语的标准韵律词由标准音步实现而成，也就是包含两个音足调实的音节。标准韵律词是汉语中最基本、最显著的形态标记。

1. 标准韵律词标记动词转为动名词

关于词类与词长的关系，陈宁萍（1987）、张国宪（1989a，1989b，1989c）、刘丹青（1996）等早有观察，学者们发现汉语动词的典型词长是单音节，名词是二至三音节。何以如此？前人未从原理上予以解释。

冯胜利（2007，2009b）、王丽娟（2009，2014，2015）基于韵律形态理论提出，标准韵律词是汉语动名词（nominalized verb）的形态标记。例如：

（9）a. 编教材　编写教材　教材（的）编写　*教材（的）编
　　 b. 调工作　调动工作　工作（的）调动　*工作（的）调

不难发现，同一动词的单音和双音形式在携带宾语上没有差别，"编教材、调工作"和"编写教材、调动工作"都合法；但如果将宾语提前变成定中式偏正结构，只有双音形式才可接受，如"教材（的）编写、工作（的）调动"，单音形式都不合法①，如"*教材（的）编、*工作（的）调"。这一对立显示，定中式偏正结构要求其中心词必须为双音节标准韵律词，换句话说，标准韵律词是动词转变为动名词的形态标记。

这种韵律形态的直接后果是导致了"双+双"动名组合的结构

---

① 像"他的走、张三的笑"这类接受动词单音形式的现象与"教材的编写、工作的调动"结构属性不同，对两类 [N 的 V] 结构的详细讨论请参王丽娟（2014）。

255

性歧义。例如：

（10）出租汽车　补充材料　出口商品　译制影片　改良品种

显然，这些动名组合既可以理解成偏正关系，如"出租（的）汽车、出口（的）商品"等；也可以理解为动宾关系，如"出租（了）汽车、出口（过）商品"等。这种结构歧解和语义歧义的根源正是动词双音形式的"动名"属性。如果将动词改为单音形式，如"租汽车、补材料、改品种"等，歧构和歧义便不复存在。从形态的功能上来说，我们可以称之为构词性的韵律词形态。

2. 标准韵律词标记名词的可数性范畴

名词多表事物或概念，数量是名词的重要范畴之一。

大家较为熟悉的是可数名词的单数或复数的形态变化。比如英语通过音段性后缀 -s 标记复数，book（书）在 two books（两本书）中变为 books；又如哥伦比亚的得萨诺语（Desano）通过音段性的后缀标记单数，yukü（很多树）的单数形式为 yukü-gü（一棵树）、nome（很多女人）的单数形式为 nome-o。

除了单复数的标记之外，Doetjes（1997）、司马翎（2007）发现一些语言还需要标记名词是否可数。换句话说，单复数让我们知道某个名词是单一的个体还是两个（或多个）个体，而可数性（countability）帮助我们了解某个名词是可数的个体事物还是不可数的物质概念。

司马翎（2007）对比了英语、荷兰语、汉语粤方言和北方方言后指出，英语的量词或不定冠词、荷兰语的小称词缀 -(t)je、汉语粤方言的量词、汉语北方方言的小称词缀"-子"都可以用来标记名词的可数性。例如（转引自王丽娟 2015：68）：

（11）英　语：furniture（家具）→ a piece of furniture（单个桌
　　　　　　　子、椅子、柜子等）
　　　　　　dog（狗 / 狗肉）→ I saw a dog.（一只狗）

（12）荷兰语：hout（木头）→ houtje（木头块）
　　　　　　vlees（肉）→ vleesje（肉丁）
（13）汉语粤方言：本书系桌子上。（*书系桌子上）（那本书在桌子上）
　　　　　　　　即刻派个电工来。（*即刻派电工来）（马上派那个电工来）
（14）汉语北方方言：*孩—孩子　*房—房子　*桌—桌子
　　　　　　　　　*椅—椅子　*柜—柜子

据此，王丽娟（2009，2015：67）提出，汉语普通话名词可数性的形态标记是双音节韵律模板，这种模板既可以借助音段性后缀"子、头"实现，也可以通过词根复合、词根重叠等手段实现。例如：

（15）*孩—孩子/孩童—*孩童子
　　　*房—房子/房间—*房间子
　　　*关—关头/难关—*难关头
（16）*斧—斧子/斧头—*斧头子
　　　*钻—钻子/钻头—*钻头子
　　　*由—由头/理由—*理由头

可以看出，添加后缀"子/头"或词根复合都可以使黏着语素变成独立的可数名词。不仅如此，后缀"子"和"头"在一些名词中还可以互换。更重要的是，添加的不同后缀之间是相互排斥的，词缀与复合的根语素之间也是相互排斥的，不同手段只能选择其一。这些手段从音段的角度看并无共性，但从超音段角度看，都是标准韵律词形态的要求和实现手段而已。

当然，汉语中仍然存在少量的单音节可数名词，如"马、牛、羊、人、口、手"等，这些属于历史继承的基本词汇，这类词汇往往会违反当下的形态规则，这在人类语言中具有普遍性，详细可参考 McCarthy & Prince（1990）、Kenstowicz（1994：640）。

3. 标准韵律词标记形容词转为形名词

标准韵律词不仅可以标记普通话动词转变为动名词，还可以标记形容词转变为形名词（nominalized adjective）。例如：

（17）生活很（艰）难　　身体很（肥）胖　　空气有点儿（潮）湿
　　　生活的艰难　　　　身体的肥胖　　　　空气的潮湿
　　　*生活的难　　　　 *身体的胖　　　　　*空气的潮

可见，对于充当谓语来说，形容词的单音节和双音节形式并无对立。然而在 [N 的 A] 这种名词性结构中，只有双音节形式可以出现，单音节形式不合法。因此我们同样可以说，标准韵律词是形名词的形态标记。

不仅如此，标准韵律词还具有标记语言成分是否成词的作用，我们将从词法构词和句法构词两个方面分别介绍这一作用。

4. 词法构词的标准韵律词模板限制

在词法构词层面，汉语的基础复合词和基础派生词都以标准韵律词为形式标记。复合词是根语素的组合，派生词是根语素和词缀语素的组合。所谓基础复合词、基础派生词，指的是语素的一次性组合，而非多次的递归性组合。基础复合词如主谓式的"地震"、动宾式的"吃力"、动补式的"提高"、联合式的"动静"、偏正式的"自动、黑板"等，基础派生词如"阿姨、老虎、椅子、石头、下巴"等。相比之下，汉语中不存在也无法构成"*地震动、*吃力气、*提拔高、*动和静、*自己动、*黑色板"这样的复合词，也无法构成"*阿姨夫、*老麒麟、*玻璃子、*疙瘩头、*下面巴"这样的派生词，这些不可接受的词并没有违背汉语语素组合的词法规则，更没有违背语素组合的语义规则，不谈韵律形态则无法解释上述对立。

5. 句法词的标准韵律词模板限制

不仅是词法层面，句法层面构成的句法词更是遵循标准韵律词的要求。根据冯胜利（1996b，2005a：119—136）的研究，汉语中

"动宾＋补"和"动补＋宾"两种结构中的"动宾"和"动补"都必须满足标准韵律词要求才能携带补述语。例如：

（18）a. 捐款地震灾区　　收徒北师大
　　　b.＊捐善款地震灾区　＊收徒弟北师大
（19）a. 关严窗户　　讲透道理
　　　b.＊关严实窗户　＊讲透彻道理

显然，句法和语义层面无法对（18a—b）中"捐款"和"捐善款"、"收徒"和"收徒弟"在携带补述语上形成的对立给予解释，这种对立显然源于韵律上的音节数量，而音节数量差异背后的韵律规则便是标准韵律词对句法词的形态标记作用。（19a—b）也是同样的道理。邓丹等（2008）从实验语音的角度为此提供了实证性支持。

（二）超韵律词形态

三音节（以上）的超音步实现为超韵律词，超韵律词是汉语词汇系统中固定短语（如俗语、缩略语）的形态标记。例如：

（20）吹牛皮　乱弹琴　掉链子　尥蹶子
（21）北师大　中小学　高精尖　无人机

超过超音步的限制，如由两个（以上）音步组合构成韵律短语，"乱写乱画、掉了一地的芝麻、尥起了后面的蹶子"等都不是俗语，"捡了芝麻丢了西瓜"只能固化成语。

同样，汉语缩略语的语音形式也不能超过超音步限制，比如"北上广深、柴米油盐酱醋茶"等都不是专有名词的缩略语，而是由多个单音词组合而成的并列短语，它们无法满足超韵律词的形式要求，也就无法从短语范畴转变为词范畴。

综合上述两类韵律词形态，我们可以说，标准韵律词是汉语原始复合词和原始附加词的形态标记，超韵律词是汉语短语固化成词的形态标记，两种韵律词在汉语词汇系统中各有分工。除此之外，如果将语体语法因素考虑在内，汉语书面语的正式体和庄典体中还存在另外两种语体韵律形态现象——嵌偶词和合偶词。

三、嵌偶词和嵌偶形态

冯胜利（2006a：5—6）首次提出了"嵌偶单音词"（简称嵌偶词）和"合偶双音词"（简称合偶词）这两个概念。

嵌偶（单音）词指汉语书面正式语体和庄典语体中必须嵌入双音节模块才能使用的单音词。例如：

（22）a.＊评估专家想**访**在校学生。
　　　b.＊这个**校**的老师都很低调。

（23）a. 评估专家想走访/寻访/访问/访谈在校学生。
　　　b. 此校/该校/贵校的老师都很低调。

（24）a.＊评估专家想行走访/寻找访/访提问/访座谈在校学生。
　　　b.＊此所校/该所校/高贵校的老师都很低调。

可以看出，诸如"访、校"这样的单音词既不能独立使用，也不能与双音节（或多音节）词组合使用，必须与另一个单音词组合成双音节的"X访、访Y、X校、校Y"才能使用，从韵律模板的角度来看，这类单音词必须嵌入双音节模板才能使用。

这种"非双不合法"的单音节形式在韵律语法学之前的研究中被认为是黏着语素，因为它们不能"独立使用"。然而我们需要注意的是，形态学对黏着语素的定义、句法学对词的定义都是就词法功能和句法功能的"独立性"而言的，然而上述非法的"＊这个校"和合法的"此校"中"校"的语法属性毫无改变，都是一个终端节点（terminal node）上的名词（N^0），"访、校"之所以不能独立使用，在于其单音节不成音步的韵律属性，换言之，所谓的"黏着"只是"韵律黏着"。正因如此，冯胜利（2006a：2）提出嵌偶词的属性是"句法自由、韵律黏着"。

从形态学的角度来看，"访、校"这类单音形式是根语素，而且是自由语素、成词语素，然而这一切成立的前提是必须嵌入双音节模板。因此我们必须承认，双音节模板是"访、校"这类庄典词的形态标记，这属于书面正式语体中的标准韵律词形态。关于嵌偶词嵌入双音节模板的具体手段及相关细节，可参考黄梅（2012：160）。

四、合偶词和合偶形态

根据冯胜利（2006a：6），合偶（双音）词是指必须和另一个"双音词"组成"[双+双]"的韵律格式才能合法使用的双音词。例如"进行、加以、从事、损害、阅读、伟大、胜利"等，这批双音节词汇古代汉语中没有，现代汉语的口语体也不用，它们只出现在书面正式语体中。合偶用法如下所示：

(25) a. *无法学 / *禁止说 / *经受批 / *进行查 / *加以改 / *伟大人 / *胜利开
　　 b. 无法学习 / 禁止说话 / 经受批评 / 进行检查 / 加以改正 / 伟大人民 / 胜利召开

可见，与嵌偶词不同的是，合偶词无法与单音词组合，必须与双音词组合。从韵律模板的角度来看，书面正式语体中的合偶词的使用以"双音节音步+双音节音步"的标准韵律短语为形态标记。关于汉语合偶词的相关研究，可以参考贾林华（2015）、王永娜（2015：1）。合偶词的韵律语体规则在语体语法的最新成果中称为"双步律"，详参冯胜利（2020）。

综上所述，传统的形态学研究以音段视角为出发点，不仅无法准确描写汉语的形态事实，而且遗漏了汉语中很多重要的形态现象。通过本章的学习，我们可以对汉语的形态乃至人类语言的形态问题有一个全新的认识和思考：一种语言究竟是否"缺乏"形态，取决于我们如何基于该语言的音系特征尤其是韵律特征去发掘其用以标记语法功能的"语音形式"。当然，关于汉语韵律形态的研究才刚刚开始，很多细节问题有待全面展开。

第十章 历史韵律语法

韵律是语言演变的重要因素，在语言的历时演变中起着不可忽视的作用。韵律系统本身的变化会促发语言的演变。韵律的变化驱动语法变化、平衡语法变化并且完成语法变化。从语法结构层次来看，韵律对各级语法单位（语素、词、短语、句子）均能产生促发演变的作用，使得不同层级的语法结构在历时层面发生演变。从韵律系统来看，韵律系统和韵律规则的变化都会引起语言的变化，韵律系统中各个层级的单位（如韵素、音节、音步、韵律词、黏附词组、韵律短语、语调短语、句调短语、话语等）以及韵律本身的语法机制也在语言演变中起着重要作用。前面诸章已从共时层面论及"界取、整饬、删除、激活"等韵律语法机制。本章将从历时层面讨论历史上韵律系统发生的变化，以及由韵律促发的语言演变。

第一节 历史韵律语法的研究对象与范围

历史语法描述语言的演变并解释语言的演变。在语言的历时演变中，韵律的形态功能（见第九章）扮演着重要角色。历史韵律语法是从韵律的角度描述语言的演变，借助对韵律语法机制的考察来解释语言的演变。那么，语言演变中的哪些现象属于历史韵律语法的研究对象与范围呢？历史韵律语法关心的研究对象与范围主要表现在以下三个方面。

一是韵律系统本身的演变。以汉语为例。汉语的历史可分为原始汉语（商代及商代以前）、上古汉语（西周至东汉）、中古汉语

（魏晋至南宋）、近代汉语（元代至清初）和现代汉语（清代中期至今）五个阶段（杨剑桥 2008：3—4）。不同历史时期汉语的韵律系统及其韵律规则（如音步类型、核心重音指派规则、语调的实现等）都是历史韵律语法关心的现象。历史韵律语法需要对不同历史时期的韵律系统进行详尽的描写，还需要说明不同时期韵律系统的面貌，并且解释韵律系统发生变化的原因。

二是由韵律促发的词法的演变。韵律在构词上具有形态功能，是许多词法演变的促发因素和必要条件。历史韵律语法关心的对象和范围包括韵律促发的词法演变现象、促发这些词法演变现象的韵律机制以及韵律促发这些词法演变的过程。

三是由韵律促发的句法的演变。研究句法演变就是研究句法结构古今差异的产生原因和机制。历史韵律语法关心的是由韵律系统的历时演变以及"界取、整饬、删除、激活"等韵律语法机制促发了哪些句法演变现象。

下面分别从词法层面和句法层面，介绍韵律系统及其机制的自身演变，以及由此促发的语言演变。

第二节 双音化与音步转型

在词法层面，双音化是汉语语法史上最重要的变化之一（王力1988）。什么是双音化？

（1）双音化

当某一语言中大量地出现由两个音节组成一个语法单位并形成一种趋势，就称为双音化。即两个音节的单位化。（冯胜利 2000b：124）

例如，上古汉语的单音词"叶、拱"演变为今天的双音节词"树叶、拱手"。双音化的结果是形成一个满足音节音步的双音节短语（冯胜利 2000b：125）。现代汉语中音节音步与构词的关系，第二、三、四、六章已详细介绍。那么，从历时层面来看，什么时候形成音节音步？音节音步如何促发双音化的产生？音节音步的形成如何影响双音化的结构类型？下面对这些问题逐一回答。

一、音步转型

从原始汉语到现代汉语，汉语的音步类型经历了由韵素音步到音节音步的转变。什么是韵素音步？第二章第三节指出，音步必须二分，由两个下属成分组成。如果这两个下属成分是韵素，那么这种音步就称为韵素音步。上古汉语属于韵素音步型语言（mora-foot language，冯胜利1997）。在这种音步类型下，首先，单音节词可以独立成句。例如：

（2）信，噫公命我勿敢言。（先秦《尚书·金縢》）

如例（2）所示，单音节词"信"（义为"确有此事"）独立成句，在韵律上自成音步。从音步双分枝的要求来看，单音节"信"（hljins）[①]中包含了3个韵素 /i/、/n/ 和 /s/，可以满足韵素音步双分枝的要求，所以"信"可以独立构成韵素音步。

其次，上古汉语中音节内部韵素的数量、元音的长短及元音开口度的大小还会决定单音节词的韵律分量（冯胜利2012c）。不同韵律分量的词在句法结构中的分布会有差异。例如：

（3）a. 孔子以为德之贼，<u>何哉</u>？（先秦《孟子·尽心下》）
　　　b. *孔子以为德之贼，<u>胡哉</u>？

例（3）中，"孔子以为德之贼"做主语，疑问词"何"做谓语，后接语气词"哉"。但同为单音节的"胡"不能做谓语。从韵素音步的角度看，韵律分量较重的"何"（gaal）可以出现在谓语位置，

[①] 文中的上古音构拟均采用郑张尚芳的构拟结构，参见郑张尚芳（2013）。

"胡"（gaa）的韵素比"何"少，韵律上分量轻，不能出现在同样位置（李果 2017）。

从先秦（前 770—前 221）到两汉（前 202—220），汉语的音步类型逐渐由韵素音步变为音节音步，引发音步类型转变的原因是汉语音节结构逐渐简化（冯胜利 1997）。根据丁邦新（1979：717—736）和余迺永（1985：290）的研究，上古汉语和中古汉语的最大、最小音节结构见表 10-1：

表 10-1　上古汉语和中古汉语时期的音节结构[①]

年代	最大音节	最小音节
上古汉语（约前 1000）	CCCMVCCC	CVC
中古汉语（约 800）	{C,S}V{C,S}	CV

复辅音声母消失，韵尾辅音脱落，导致重音节和超重音节消失，汉语的音节结构从结构 CCCMVCCC 简化为结构 CV。[②] 当音节简化为只包含 1 个元音（V）的单韵素结构 CV 时，一个音节只包含一个韵素。如图 10-1 所示：

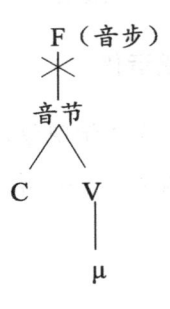

图 10-1　CV 型音节的韵素分析

[①] C 是英文 consonant（辅音）的首字母，V 是英文 vowel（元音）的首字母，S 表示半元音（Semi-Vowel），M 表示韵头/介音，{C，S} 表示在 C 和 S 中选一个音素。

[②] 见第六章"韵律整饬"。

在 CV 结构中，只包含一个韵素的单音节无法满足韵素音步双分枝的要求。音节简化的同时，声调的逐渐产生使得音步对音节内韵素的数量不再敏感。"不管音节中韵素数量的多少，只要是同一调型，这些音节的调长都是一样的"，也就是说"声调控制着该音节的实际发音长度"（冯胜利 2000b：129）。因此，汉语由韵素音步变为音节音步，最小的、能够自由运用的韵律单位是双音节音步，见表 10-2：

表 10-2　韵素音步与音节音步

韵素音步	音节音步
F（音步） 　／＼ 　μ　μ 韵素　韵素	F（音步） 　／＼ 　σ　σ 音节　音节

音步转型改变了汉语的面貌，推动了汉语词法和句法的历时演变。接下来我们先看音步转型对汉语双音化的影响。

二、音步转型促发的双音化

音步类型的转变促发了双音化现象。下面将从双音化发生的时代以及双音化的演变历程两个方面分析音步转型对双音化的促发作用。

（一）双音化的时代

与汉语韵律系统的转变同时，双音化也在同步发展。虽然双音节组合在《尚书》和《诗经》中已经出现（如"呱呱、踟蹰"），但是汉代才是双音化急剧发展的时期，东汉则是上古汉语阶段双音组合的巅峰时期。如表 10-3 所示（冯胜利 1997：33）：

表 10-3 《论语》《孟子》《论衡》中的复合词

年代	书名	字的数量/个	复合词/个	复合词占比/%
前 5 世纪	《论语》	15 883	183	1.15
前 4 世纪	《孟子》	35 402	336	0.95
2 世纪	《论衡》等 5 篇	15 553	462	2.97

《论语》和《孟子》中，双音节复合词的比例仅为 1% 左右，而《论衡》中双音节复合词的比例提高到近 3%，表明汉代双音节复合词的比例有了翻倍增长。

另外，在《孟子章句》169 例双音组合中，有 43% 的用例对应《孟子》中的单音节词，有 36% 的双音组合在《孟子》中没出现（冯胜利 1997：27、33）。二者相加的结果是《孟子章句》中共有 79% 的双音组合是新出现的用例。这也说明东汉是双音化迅猛发展的时代。东汉而非其他时代如先秦或者宋元明清，成为双音化发展的高峰，正是韵律系统转变驱使双音化发生的结果。

（二）双音化的演变历程

音步转型使得双音化生成的短语经历了由音步实现为词的演变。第三章已讨论过双音成词的结果可分为单纯词、重言词和复合词三类：

（4）a. 单纯词：恍惚、侏儒、不律（＝笔）
b. 重言词：关关、皎皎、灼灼
c. 复合词：供给、干戈、俯仰

在双音音节音步的历时发展中，复合词所占比例最高（向熹 1993：407）。第六章已从韵律整饬机制入手对单纯词和重言词的双音化进行探讨。我们这里从历时层面考察双音化生成的短语如何演变为复合词。

复合词双音化的过程可以按照双音组合的性质分为四个阶段。

第一阶段，双音组合是一个音步。韵素音步时期，一个音节可以构成一个音步。当音节音步取代韵素音步后，音步必须由两个音节构成。先秦汉语是一种单音节语言（冯胜利 2000b），一个音节对应一个词。所以，按照双音节音步的韵律模板（见第四章），两个单音节词组合在一起形成了新的语法单位。在韵律上它是一个音步，在句法上则是一个短语。如图 10-2 所示：

```
         音步
        /    \
   音节=词   音节=词
        \    /
         短语
```

图 10-2　音步-短语对应式

这样的音步组合最佳的实现方式是将相邻的两个单音节词组合在一起，如例（5）的"衣裳"、例（6）的"甲兵"。韵律模板只要求组成双音节组合，满足音步双分枝的要求，所以这一阶段的双音节组合中顺序相对自由。例（5）的"衣裳、裳衣"，例（6）的"甲兵、兵甲"都是合法形式。

（5）a. 东方未明，颠倒衣裳。（先秦《诗经·齐风·东方未明》）
　　　b. 东方未晞，颠倒裳衣。（先秦《诗经·齐风·东方未明》）
（6）a. 抑王兴甲兵，危士臣，构怨于诸侯，然后快于心与？
　　　　（先秦《孟子·梁惠王上》）
　　　b. 城郭不完，兵甲不多。（先秦《孟子·离娄上》）

第二阶段，双音组合是一个韵律词。第二章和第三章已经讨论了韵律构词学中的韵律层级系统。当音节音步取代韵素音步后，一个韵律词由一个双音节音步实现。如果某个语言单位小于双音节模板，那么除非另有其他条件，否则这个语言单位不是一个可以自由地单说单用的词。因此音步的完整性使得双音节组合中的两个成分紧密结合，缺一不可。例如：

（7）于是上重其事，<u>依违</u>者一年。（东汉《汉书·韦玄成传》）

例（7）中"依"和"违"组成了韵律词"依违"，只有其中任一音节（"依"或"违"）都不能满足韵律词的要求。

第三阶段，双音组合成为一个固化韵律词：

（8）固化韵律词

　　韵律词在日常语言实践中被反复使用时，组成韵律词的两个音节就逐渐固化为一个语法成分，称为"固化韵律词"。（冯胜利 2009c）

到了双音化的第四阶段，固化韵律词就经过"词化"而演变成复合词。例如：

（9）a. 剥了他<u>衣裳</u>。（明《西游记》第一回）
　　　b. 叫过<u>妻子</u>来。（明《西游记》第八十七回）
　　　c. 须要看看<u>动静</u>。（明《西游记》第十六回）

例（9）中的"衣裳、妻子、动静"都是词库中的复合词，在句法上都作为一个词项占据一个句法节点，词的含义也不是两个组成成分的简单相加。汉语双音化的全过程如图 10-3 所示（冯胜利 1997：46）：

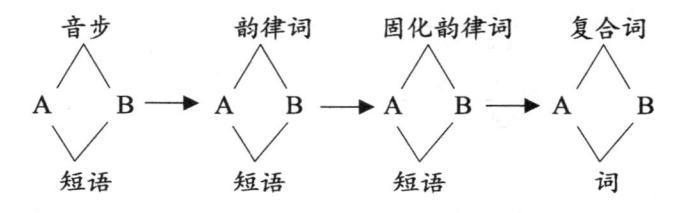

图 10-3　汉语双音化过程

综上所述，汉语音步类型转变对双音化的发生及其演变历程均有促发作用。不仅如此，音步类型转变还决定双音化过程中结构类型的演变：从偏正式为主转为并列式为主。

三、音步转型促发的双音化结构类型演变

汉语由韵素音步转型为音节音步后，音步组合规则要求一个音步必须由两个音节组合而成。在双音化的早期阶段，句法上自然形成的短语成为首选模式。在这一阶段产生的双音组合以偏正式和并列式为主（张永言 1988：383）。如图 10-3 所示，这些双音短语成为复合词的前身。在上古汉语中存在 9 种类型的偏正式短语和 6 种类型的并列式短语（程湘清 1981：112），见表 10-4：

表 10-4　偏正式和并列式类型 ①

a. 偏正式

类型	示例
1.NN＞N	天子
2.AN＞N	大象
3.VN＞N	遗训
4.VV＞N	复兴
5.NV＞V	草创
6.AV＞V	燕居
7.AV＞N	先生
8.Pron+N＞Pron	吾子
9.Num+N＞N	百姓

b. 并列式

类型	示例
1.NN＞N	甲兵
2.VV＞V	攻击
3.AA＞A	便利

---

① N=名词，A=形容词，V=动词，Pron=代词，Num=数词，">"表示"导致"。（冯胜利 2009b：47）

续表

类型	示例
4.AA＞N	贤良
5.VV＞N	学问
6.Num+Num＞A	三五

如表 10-4 所示，偏正式的结构类型比并列式多三种。在其他条件相同的情况下，偏正式产生的短语的数量比并列式多，相应地偏正式复合词也多（冯胜利 2009c：48）。也就是说，在这个时期，双音节音步组成的双音节组合中结构类型以偏正式为主。《诗经》中有 400 个偏正式复合词，比并列式多出一倍（向熹 1993：417）。在先秦的散文文献中也是如此，如《论语》（表 10-5）：

表 10-5 《论语》并列和偏正复合词的比率（冯胜利 2009c：48）

复合词	并列复合词	占比/%	偏正复合词	占比/%
180	48	26.7	67	37.2

由表 10-5 可知，《论语》中偏正式复合词的比例比并列式复合词高出 10% 左右。

到了双音化的发展成熟阶段，并列式成为双音化结构类型的主要模式。为什么会发生这种变化呢？这是韵律和语义交互作用的结果。和偏正式相比，并列式可以在不改变语义的前提下创造双音节组合。并列结构可以通过添加一个单音节词的方式满足双音节音步的要求。但偏正式很难自由创造双音节形式而不改变原来的意义。对于双音节并列式组合［A+B］来说，它的结构意义不会因为缺少其中一个音节而改变。例如并列结构"杀戮"的含义是"杀害"，和"杀"或"戮"的语义相同。但偏正结构"天子"的含义是"上天的儿子"，和"天"（"上天"）或"子"（"儿子"）都不同。因此到了双音化的发展成熟阶段，并列式取代偏正式成为双音化的主要结构类型，见表 10-6：

表 10-6　《论语》《孟子》《论衡》中并列及偏正复合词的比率

（程湘清 1981：112，1985：337）

年代	出处	复合词总数	并列式总数	复音词占比 /%	偏正式总数	复音词占比 /%
前 5 世纪	《论语》	180	48	26.7	67	37.2
前 4 世纪	《孟子》	333	115	34.5	100	30
2 世纪	《论衡》	2088	1401	67.24	517	24.76

从表 10-6 中的数据来看，《论语》中使用偏正式结构产生的双音复合词的比例仍然超过并列式结构。但是《论衡》中偏正式复合词只有 517 个，占《论衡》复合词总数的 24.76%；与之相对，并列式复合词有 1401 个，占复合词总数的 67.24%。并列式复合词的数量远远超过了偏正式。

第三节　韵律词与词汇化

前面各章已经从韵律语法的运作机制入手探讨了现代汉语中韵律词对汉语构词的影响。那么，从历时层面看，韵律词及相关的韵律机制对汉语的构词又有哪些影响呢？这是本节需要回答的问题。从历时层面来看，韵律词及相关的韵律机制对汉语构词的影响集中在词汇化的现象上。词汇化（lexicalization）是指短语或词组逐渐凝固或变得紧凑而变为单词的过程。本节将介绍汉语词汇化过程中，韵律词奠定词汇化的基础，也制约、促发词汇化。

一、词汇化的韵律基础

从历时层面来看，韵律词是词汇化的前提和基础。首先，大规模的词汇化发生在汉语确立了双音节韵律词之后。这个过程从先秦开始。先秦时代双音节形式的复音词（如单纯词、重言词、复合词等）开始逐渐趋多。到了汉代，更是迅猛增长，如下表所示（蒋冀骋 1991：258—259）：

第十章 历史韵律语法

表 10-7 不同时期复音词分布情况

年代	书名	调查字数	复音词数	复音词占比 /%
前 5 世纪	《论语》	15883	378	约 2.4
前 4 世纪	《孟子》	35402	651	约 2
2 世纪	《论衡》	3582	270	约 7.5
5 世纪	《世说新语》	1998	190	约 9.5
10 世纪	敦煌《变文》	2580	349	约 14
14 世纪	《西厢记》	1473	257	约 17
18 世纪	《红楼梦》	2628	466	约 18

从表 10-7 可知，相较于先秦时代《论语》《孟子》中复音词的比例不足 3%，东汉《论衡》中复音词的比例接近此前《论语》《孟子》中的 3 倍。此后这一趋势一直延续至今。而词汇化的研究（如 Feng 1997；董秀芳 2002；江蓝生 2004；徐时仪 2006；等）中讨论的特殊词汇化现象，如双音组合"的话、因而"的词汇化，均发生在双音节音步确立后，说明它们是韵律促发的结果。

其次，含义不同的短语进行词汇化的结果也要满足双音节。当双音节短语中的两个成分被反复使用形成固化韵律词后，固化韵律词可能进一步发生词汇化（冯胜利 2009c）。虽然不同的短语在语义上各不相同，但它们均以韵律词作为模板，词汇化的结果都满足韵律词要求。例如：

(10) a. 布帛："<u>布帛</u>长短同，则贾相若。"（先秦《孟子·滕文公上》）
　　b. 布施："今上征敛于富人，以<u>布施</u>于贫家。"（先秦《韩非子·显学》）
　　c. 布告："事已<u>布告</u>诸侯。"（西汉《史记·吕后本纪》）

单音节词"布"可以表示例（10a）"棉麻织物"、例（10b）"施予"、例（10c）"宣布"等不同的意思。"布"和其他词分别组

273

成短语"布帛、布施、布告"。这些短语经历了词汇化的过程,到现代汉语中成为复合词"布帛、布施、布告"。它们的词义、词性不同,但均以韵律词为模板,满足双音节音步的要求。

如前所述,能够发生词汇化的短语或结构都是以韵律词为模板,即图10-3所述发展模式。下面我们将看到,韵律词一直制约着词汇化的结果。

二、词汇化的韵律制约

从历时层面来看,韵律词对词汇化的制约主要表现在以下两个方面:一是词长,二是词的结构类型。

首先,韵律词限制了词汇化产物的音节长度。汉语词汇化的产物在音节长度上以双音节形式为主。例如,上古汉语中单音节疑问词"何"与名词"物"组成双音节组合"何物"(如例(11a)),满足了韵律词的要求,含义是"什么东西",指物不指人。随着"何物"的反复使用,"何物"渐渐固化,进而形成了固化韵律词"何物"。到了中古汉语阶段,固化韵律词"何物"词汇化为名词"何物",含义由过去仅指物变为指人、物都可以,表示"谁"(如例(11b))或"什么"(如例(11c)):

(11) a. 何物=什么东西:在有<u>何物</u>?(东汉《仪礼·乡饮酒礼》郑玄注)

b. 何物=谁:是卿<u>何物</u>?有后不?(南朝宋《世说新语·言语》)

c. 何物=什么:充曰:"语卿道<u>何物</u>?"(南朝宋《世说新语·贤媛》)

与"何物"相对,疑问词"何"与双音节名词"旧怨"组成三音节短语"何旧怨"(例(12))。"何旧怨"超过标准韵律词的音节长度,而且音步的组合方式是[1+2]式"左向音步"(见第七章),没有满足启动词汇化的条件,因此在历时演变中"何旧怨"一直是短语，没有变为名词"何旧怨"：

（12）数见困，有<u>何旧怨</u>？（先秦《国语·晋语四》韦昭注））

其次，韵律词制约着词汇内部的组织结构，亦即限制词汇化的实现方向。如果短语词汇化的结果不符合韵律词内部音步实现方向的要求，语法系统会采用韵律删除机制，将其从词汇系统中剔除出去。第七章指出，韵律构词的长度和音步组向对单词进行筛选检查，将违背韵律构词要求的词予以删除。以偏正式短语"爱孺子"（义为"得宠的姬妾"）为例：

（13）贵夫人，<u>爱孺子</u>，便僻好色，此人主之所惑也。（先秦《韩非子·八奸》）

例（13）中"爱孺子"由单音节动词"爱"和双音节"孺子"组合，属于[1+2]式三音节组合，音步的实现方向是由右向左实现，违背了构词层面"右向构词"的规则。所以，短语"爱孺子"被韵律删除，不能进行词汇化，无法进入汉语的词汇系统。

与之相对，三音节短语"丧家狗"由双音节"丧家"和单音节"狗"组合，属于[2+1]式三音节组合，音步实现方向是由左向右，满足"右向构词"的规则。短语"丧家狗"具备了进行词汇化的条件，发生了词汇化，最终进入词汇系统。例如：

（14）形状未也，如<u>丧家狗</u>，然哉！（东汉《论衡·骨相》）

三、词汇化的韵律促发

韵律不仅制约词汇化，也促发词汇化。词汇化过程中产生的某些结构即应韵律词要求而生，是汉语韵律系统发展的结果。

首先，韵律词决定了不符合构词法规则的短语仍然可以发生词汇化。不在同一个句法层次上的两个成分可以跨越原有的组合层次，在韵律的压力下，启动词汇化（董秀芳2009）。如果双音节组合[A+B]满足韵律的要求实现为韵律词[AB]$_{PrWd}$，那么它们就具备词汇化的基础，可以启动词汇化的过程（如先"固化"再"词化"）。词汇化对韵律的依赖使许多不符合构词法规则的双音节组合也发生词汇化：

（15）a. 语法标记类：所有、学者、其实、时间。
　　　b. 代词类：相亲、自杀、何以。
　　　c. "动作+受事"型偏正结构：遗言、藏书、爱妻。
　　　d. "名词+动词"型状中结构：瓦解、响应、蚕食。（董秀芳2009）

以例（15a）中的"所有"为例。双音节组合"所有"是由名词化标记"所"与动词"有"组成，表示"所拥有的东西或人"。例如：

（16）以其所有，易其所无者。（先秦《孟子·公孙丑下》）

中古汉语时期"所有"词汇化为形容词"所有"，意思是"全部、一切"（吕叔湘1999：522）。例如：

（17）天下所有僧尼解烧炼咒术禁气……者，并勒还俗。（唐《入唐求法巡礼行记》卷三）

虽然[所+有]不符合构词法规则，属于跨层组合，但"所有"满足了韵律词要求（参考第三章、第四章），所以在历史发展上，"所有"才发生了词汇化，最后演变为形容词的"所有"。

其次，韵律整饬机制促发短语变为韵律词，提供了词汇化的基础。以上古汉语中四音节短语"丧家之狗"为例。例如：

（18）累累若丧家之狗。（西汉《史记·孔子世家》）

"丧家"与"之狗"两两组合，分别构成双音节音步，整个结构"丧家之狗"为词汇化的启动奠定了基础。双音节标准音步地位确立后，至东汉时期汉语出现了独立的三音节超音步，并延续至今（冯胜利 2008）。此外，韵律整饬机制会通过设定词的典范形式作为韵律模板影响词汇的表面形式（见第六章）。由此可知，当[2+1]式三音节超音步形式在东汉确立后，韵律词对"丧家之狗"这类四音节短语进行韵律整饬，使其满足超音步的韵律要求。这表现为：一是音节长度上由四音节简化为三音节，二是音步实现方向上满足"右向构词"规则。这为这些短语的词汇化提供了促发条件。例如：

（19）a. 丧家狗（东汉《论衡·骨相》）
　　　偃月钩（东汉《论衡·乱龙》）
　　　马下卒（东汉《论衡·吉验》）
　　b. 耳刮子（明《水浒传》第二十一回）
　　　半瓶醋（清《红楼梦》第六十四回）
　　　俏皮话（清《儿女英雄传》第十七回）

第四节　韵律词与句法化

不同于语法化和词汇化，句法化是指某些句法格式或操作在历时发展中经历了由无音形式到有音形式，或者由无到有的过程。韵律是句法化重要的促发因素。韵律词的建立、发展促发了一系列汉语史上重要的句法结构的演变。本节将以下面三种句法现象为例探讨韵律词促发的句法化问题：音节音步双分枝的要求促发的名量词和方位词的产生；韵律词的词语分界促发的补语提升；上述两类韵律特征共同作用促发的"被"字句的演变。

一、音步转型促发的句法化

（一）名量词的产生

名量词（classifier）指"能够放在数词后头的黏着词"，主要是对不同物体的分类（数量、体积、性质、形态等），例如"枝"（"一枝粉笔"）、"张"（"一张纸"）等（朱德熙 1982：48）。[1]

从先秦到两汉，汉语逐渐由韵素音步转型为音节音步。音步的转型使得韵律词要求音步必须由两个音节构成。这一韵律要求促发了古汉语中量词的产生。韵律词促发名量词的产生，首先表现在韵律决定了名量词产生的具体语法环境。在上古汉语中，名词性结构的语序是［名＋数＋量］，到中古汉语时期才演变为［数＋量＋名］（王力 1958；刘世儒 1965；贝罗贝 1998；张赪 2010；等）。名量词产生的早期阶段对数词的音节数量有严格要求，体现在上古汉语时期的名词性结构［名＋数＋量］中，单音节数词需要与名量词组合为数量短语，以满足双音节音步的要求。例如：

（20）a. 皆赐玉<u>五瑴</u>，马<u>三匹</u>，非礼也。（先秦《左传·庄公十八年》）

　　　b. 钩<u>十枚</u>，弓<u>二枚</u>，弩<u>二枚</u>。（汉《居延汉简》）

如例（20）所示，单音节数词"五、三、二、十"分别和"瑴、匹、枚"组成双音节韵律词"五瑴、三匹、十枚、二枚"。

如果数词本身的音节数超过双音节，那么量词可以出现，也可以不出现。例如：

---

[1] Feng（2012b）指出名量词和容量词（Measure Word）有本质的不同。容量词的功能类似名词，不能被（一般的或普遍的）名量词所取代。以容量词"桶"为例。能够用木桶称量的东西，都可以和容量词组合，例如"三桶水、三桶鱼"。但是名量词只能和可数名词"鱼"组合为"三条/尾鱼"，不能和不可数名词"水"组合为"*三个/条/尾水"。

第十章　历史韵律语法

(21) a. 负服矢<u>五十个</u>。(先秦《荀子·议兵》)
　　 b. 凡郡<u>一百三</u>，县邑<u>千三百一十四</u>。(汉《汉书·地理志下》)

如例（21）所示，数词"五十"和量词"个"组成数量短语"五十个"，但数词"一百三、千三百一十四"后面却没有出现量词。

中古汉语时期，如果数词自身的音节数量已满足韵律模板的要求，或者数词与名词的组合已组成韵律词，那么韵律就不会强制要求名量词以有音形式出现。例如：

(21) a. 且寺内现有<u>数个猛狗</u>，但见<u>一狼</u>。(南朝梁《广弘明集》卷17)
　　 b. <u>七枚</u>热铁丸……<u>十八</u>铁丸。(唐《法苑珠林》卷七)

例（21a）中双音节组合"一狼"满足韵律词的要求；例（21b）中双音节数词"十八"自己组成韵律词，直接与名词"铁丸"组合。两例都没有出现名量词。

其次，韵律决定了名量词的产生时代。这一演变大致到魏晋时代完成（冯胜利2016b：184）。上古汉语的名词结构中最初是没有名量词的。例如：

(22) a. <u>三人</u>行，必有我师焉。(先秦《论语·述而》)
　　 b. 入于穴，有不速之客<u>三人</u>来。(先秦《易经·需卦》)

在双音节音步出现后，单音节数词几乎不能出现在名词性结构的末尾，韵律要求数词后必须出现名量词，数量短语出现在全句句末。例如：

(23) 少牢则以羊<u>左肩七*（个）</u>。(西汉《礼记·少仪》)

如例（23）所示，"七"必须与名量词"个"组成韵律词"七个"。

到了中古时期，在［数＋量＋名］结构中，单音节数词必须和

279

名量词组合才能修饰双音节名词。例如：

（24）堂屋西壁下……有三*(个）石柱。（晋《搜神记》卷一）

没有名量词"个"的名词性结构"*三石柱"不存在。

再次，韵律词决定了不同类别的名量词在历时发展中出现的先后顺序。因为名量词是在韵律的要求下出现的，名量词的作用是填充音节组成双音节音步（Feng 2012），所以名量词出现的最初阶段，多数带通用名量词的名词大多没有对应的特指名量词（张赪 2012）。在汉代广泛使用通用名量词"枚、个"，到了中古汉语时期才出现"头、条、张"等特指名量词。如表10-8所示（Feng 2012：75）：

表10-8　通用名量词与特指名量词的历史演变

	带通用名量词的名词结构	带特指名量词的名词结构
汉朝（前206—220）	55	11
魏晋时代（220—420）	75	43

最后，在名量词的历时演变中，核心重音也起到促发作用。根据辖重律，在核心重音的范域中动词的宾语位置承担核心重音。在名量词产生及发展阶段，虽然名量词引导的名词性结构可以出现在主语、宾语、定语等位置，但在魏晋至五代的中古汉语时期，无论是［数量名］结构还是［名数量］结构，带名量词的名词性结构在宾语位置出现的比例远远高于其他位置（张赪 2010）。如表10-9、10-10所示：

表10-9　魏晋南北朝时期名量词引导的名词性结构所在句法位置的统计

（张赪 2010：157）

名词性结构	宾语	占比/%	主语	%	定语	占比/%
数量名/次	21	62	7	21	2	6
名数量/次	11	92	1	8	0	0

表 10-10　晚唐五代时期名量词引导的名词性结构所在句法位置的统计
（张赪 2010：157）

名词性结构	宾语	占比 /%	主语	%	定语	占比 /%
数量名 / 次	234	68	97	28	3	1
名数量 / 次	62	81	12	16	0	0

由二表可见，承担核心重音的宾语位置上［数量名］结构和［名数量］结构的用例都超过了 60%，而主语、定语位置等不在核心重音的范域，［数量名］结构和［名数量］结构的用例大大少于宾语位置的用例。

（二）方位词的产生

与名量词类似，韵律词也促发了汉语方位词的产生。与名量词从无到有产生不同，方位词是名词"上、下"等重新分析（reanalysis）[①]的结果。

（25）重新分析

　　第一代人根据自己的语法创造的结构被第二代人根据普遍语法重新理解为新的结构的语言演变机制称为重新分析，例如将结构［x［y z］］理解为［［x y］z］。（冯胜利 2016b：81—84）

韵律促发方位词的产生首先表现在方位词是依照韵律词的韵律模板产生的。先秦时期的方位词以无音形式出现。方位短语的句法结构如下所示（以"于庭"为例）：

[①] 重新分析是历时语法和汉语习得领域的重要概念，可以追溯到亚里士多德时代，Bopp、Paul、Brugman、Wackernagel、Roberts 等学者都曾对"重新分析"进行过研究。（冯胜利 2016b：81）

（26）

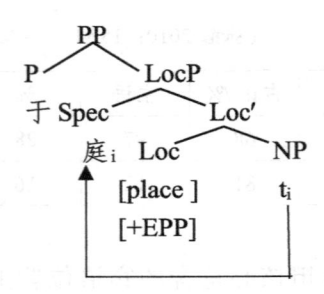

```
         PP
        /  \
       P   LocP
       于  /    \
         Spec   Loc'
         庭ᵢ   /    \
             Loc    NP
           [place]  tᵢ
           [+EPP]
```

如（26）所示，名词"庭"在无音方位词 Loc[+EPP]① 特征的要求下，移到方位词短语指示语（Spec, LocP）"于"后，形成短语"于庭"。

如果介词与名词或名词自身已经组成双音节结构，满足韵律的要求，那么方位义名词可以隐去。例如：

（27）a. 是自埋于民，自藏于畔。（先秦《庄子·则阳》）
　　　b. 臣始至于境。（先秦《孟子·梁惠王下》）

例（27a）"于民、于畔"和（27b）"于境"中，方位词 Loc 都是无音形式。

到了汉代，如果单音节名词出现在核心重音的范围中，承担核心重音，那么它必须和表方位义的名词组合为韵律词，移至指示语位置（Feng 2012）。例如：

（28）a. 齐梁之兵连于城*(下)。（西汉《史记·张仪列传》）
　　　b. 桓公与夫人蔡姬戏船*(中)。（西汉《史记·齐太公世家》）

---

① 扩展投射原则（Extended Projection Principle，EPP），是生成语法学中的一个重要原则。Haegeman（1994：69）指出，"扩展投射原则"要求所有的词在句法上的投射都必须有指示语（specifier）。按照这一原则，（26）中的无音方位词 Loc 必须具有一个指示语，作为"庭"移位后所在的位置。

例（28）中韵律词"城下"和"船中"出现在核心重音范域。到了中古汉语，"城下、船中"这类韵律词经历重新分析后，由名词分析为方位词，方位词才作为一个独立的词类在汉语中正式产生（冯胜利 2016b）。例如：

（29）a. 上古汉语

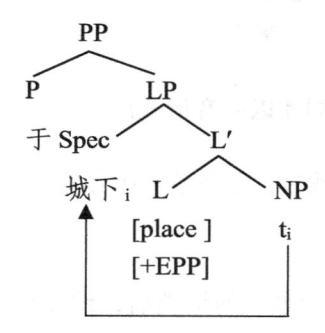

```
           PP
          /  \
         P    LP
         于  /  \
           Spec  L'
          城下ᵢ  / \
                L   NP
             [place] tᵢ
             [+EPP]
```

b. 中古汉语

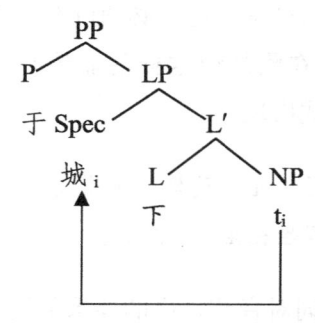

```
           PP
          /  \
         P    LP
         于  /  \
           Spec  L'
            城ᵢ  / \
                L   NP
                下   tᵢ
```

位于指示语的"下、中"被重新分析为方位词，并占据方位词 Loc 的位置。

其次，方位词产生于音步转型之后。先秦时期汉语没有有音形式的方位词，直到东汉以后方位词的使用才越来越多（Sun 2008; Huang 2009）。在上古汉语中，"上、里、外"等表方位义的名词与名词之间通常需要助词"之"连接。例如：

283

（30）a. 葛卢来朝，舍于<u>昌衍之上</u>。（先秦《左传·僖公二十九年》）
　　　b. 文夫人敛而葬之<u>邹城之下</u>。（先秦《左传·僖公三十三年》）

这个时期方位词以无音形式（以 e 表示）出现在方位词短语（localizer phrase）中（Huang 2009）。例如：

（31）a. 八佾舞<u>于庭 e</u>。（先秦《论语·八佾》）
　　　b. 子产使校人蓄之<u>池 e</u>。（先秦《孟子·万章上》）

到了汉代，方位词才以有音形式出现。例如：

（32）孔子去曹适宋，与弟子习礼大树<u>下</u>。（西汉《史记·孔子世家》）

最后，方位词成为独立的词类后，韵律仍会影响方位词是否以有音形式出现。例如，例（33b）中包含方位词"面"的介宾短语"在里面"在核心重音范域内出现，当短语中的名词"里"为单音节时，核心重音要求方位词"面"必须以有音形式出现。例（33a）中，"在里面"出现在附加语这样的非核心重音范域内，方位词"面"可以以无音形式出现。

（33）a. 终日在里（面）默坐。（宋《朱子语类》卷一一三）
　　　b. 果见太宗坐在里＊（面）。（明《西游记》第十一回）

综上所述，韵律词对音节长度的要求促发了量词与方位词的产生。下面我们将看到，韵律词对音步实现方向上的要求促发了汉语史上补语提升的现象。

二、词语分界促发的补语提升

第二章和第七章都介绍了韵律词具有决定词与短语界限的作用。本节从历时角度考察这一作用如何促发动补结构中的补语提升（冯胜利 2000a）。

随着双音节音步的逐渐发展，[2+1]式三音节超音步成熟，东汉时期出现一批三音节复合词，如"马下卒、丧家狗、偃月钩"（《论衡》）等（冯胜利2009c）。根据音步实现的方向，三音节结构具有区分词与短语界限的作用——[2+1]式是超音步复合词，[1+2]式属于短语。这影响到了述补结构中补语的提升操作。

述补结构的产生是汉语史上的重要现象，它出现在中古汉语时期（蒋绍愚1994，2005/2017）。其中有一类重要的类型是［动词+宾语+补语］，称为"分用式述补结构"，补语后不再接宾语（蒋绍愚2003）。例如：

（34）a. 当<u>打汝口破</u>。（南朝宋《幽明录》）
　　　b. 春风复多情，<u>吹我罗裳开</u>。（南朝《子夜四时歌·春歌》）

例（34a）中，动词"打"后接宾语"汝口"和补语"破"。

从汉末到六朝，如果分用式述补结构中的补语为单音节，那么允许出现"打破头"（《百喻经》）和"打汝头破"（《祖堂集》）两种形式（Feng 2003b）。如果补语由两个单音节词组成，那么韵律要求补语必须进行提升，且只能提升前一个单音节词。例如：

（35）a. 打<u>破</u>烦恼<u>碎</u>。（唐《坛经》卷一）
　　　b.* 打烦恼<u>破碎</u>。
　　　c.* 打<u>破碎</u>烦恼。

例（35b）中"打烦恼破碎"有两个单音节补语"破"和"碎"，而且两个补语都出现在宾语"烦恼"后。但是在文献中只出现了把其中一个补语提升至宾语"烦恼"前的结构"打破烦恼碎"（例（35a））。两个补语都出现在宾语后的结构"打烦恼破碎"和两个补语"破、碎"都提升至"烦恼"前的结构"打破碎烦恼"（如（35c））在典籍中都未见记录。我们先来看（36）"打破烦恼碎"这类动补结构的句法操作：

285

（36）

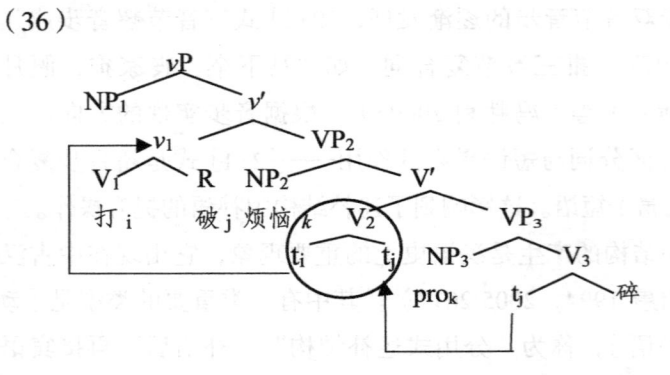

```
              vP
           ╱    ╲
         NP₁    v'
              ╱   ╲
            v₁    VP₂
          ╱ | ╲   ╱ ╲
         V₁ R NP₂ V'
         打ᵢ 破ⱼ 烦恼ₖ  V₂    VP₃
                    ╱ ╲   ╱ ╲
                   tᵢ tⱼ NP₃  V₃
                          proₖ tⱼ 碎
```

如上所示，在结构"打破烦恼碎"中，单音节补语"破"由 V₃ 移位至 V₂，然后双音节组合［打+破］整体由 V₂ 移至 v₁。根据第二章对韵律词和核心重音的介绍，在（36）中，v₁ 位置的"打破"是一个最小词。最小词"打破"可以将核心重音指派给"打破"的宾语"烦恼"。

在"打烦恼破碎"中，核心重音只能分派给动词直接支配的姊妹成分，动词"打"将核心重音指派给宾语"烦恼"。留在句末的双音节补语"破碎"无法得到重音，韵律删除机制将这类结构删除，因此补语"破碎"必须上移。但是上移的成分音节数量同时受到韵律词的限制。

因为指派核心重音的动词必须满足动词是标准韵律词的要求（见第六章），所以补语"破碎"同时提升的结构也不见于历史文献。如果双音节补语"破碎"全部上移至 V₂，和单音节动词"打"组成［1+2］式三音节结构"打破碎"。按照韵律词区分词/语的规则，"打破碎"是一个短语，不是词。这样产生的结果是在结构"打破碎烦恼"中，动词"打"将核心重音指派给补语"破碎"，宾语"烦恼"仍然无法得到重音。不仅如此，句法上短语"打破碎"不是词，它也不能进行中心语移位（head movement），所以短语"打破碎"无法移至中心语 v₁ 上。

上面我们分别介绍了韵律词对音节长度以及音步实现方向的要求促发的语言演变。接下来我们将会看到，二者综合作用下共同促发的"被"字句的历史演变。

三、音步转型与词语分界共同促发的"被"字句

韵律词由双音节音步实现的要求与韵律词具有词语分界属性的综合作用，也对汉语的历时演变起了重要的促发作用。这方面典型的句法演变是"被"字句的形成与发展（冯胜利 2000b）。

首先，韵律词为"被"字句中［被+NP］重新分析为［被+V］提供了可能。作为动词的"被"在上古汉语中已经出现。但是用"被"表示的被动式却是在唐代以后才广泛地运用。上古汉语中"被"是及物动词，后接宾语为名词短语。（蒋绍愚 2005/2017：287）例如：

(37) a. 万民<u>被</u>其利。（先秦《墨子·尚贤》）
　　　b. 处非道之位，<u>被众口之谮</u>。（先秦《韩非子·奸劫弑臣》）

例（37）中"被"是全句唯一的动词，而且名词短语"其利、众口之谮"都不是单音节结构，它们的核心名词"利、谮"还拥有修饰语"其、众口（之）"。

如果［被+NP］中 NP 为单音节，那么 NP 也可分析为名词（N^0）（Bennett 1981）。这为"被"字句由［被+NP］演变为［被+N］提供了可能，但还不足以让"被"由动词演变为被动式。"只有当'被'字后面跟一个动词时，才有重新分析的可能。"（蒋绍愚 1994：226）例如：

(38) 当此之时，邾娄人常<u>被</u>兵于周。（西汉《公羊传·昭公三十一年》）

例（38）的"兵"既可视为名词短语，也可视作名词。

随着音节音步建立，韵律对"被"字后成分的词性没有要求，使得［被+N］具备了重新分析为［被+V］的可能。从先秦至西汉

287

有些［被+N］也可以分析为［被+V］，整个结构仍满足韵律词的要求。例如：

(39) a. 今兄弟<u>被侵</u>必攻者廉也，知友<u>被辱</u>随仇者贞也。（先秦《韩非子·五蠹》）
b. 而七国之乱，发怒于错，错卒以<u>被戮</u>。（先秦《史记·酷吏列传》）

例（39）中"侵、辱、戮"既可分析为 N 也可分析为 V。

其次，韵律词促发"被"字句由［被+V+P+NP］演变为［被+NP+V］。如第四章所述，韵律词作为一个韵律模板，是独立的语法单位。韵律词［被+V］不能拆开，动作施动者只能由介词短语引入，组成结构［被+V+P+NP］。例如：

(40) 以万乘之国被围<u>于赵</u>。（先秦《战国策·齐策六》）

到了东汉，双音节音步已经建立，[2+1]式超音步也已成熟，这使得作为施动者的名词也可以插入"被"和 V 之间。这个过程又可分为两个阶段。

第一阶段，在双音节音步的韵律模板要求下，动词迅速由单音节发展为双音节。这使得先秦时期的双音节组合［被+V］发展为三音节组合［被+VV］。这为施动者插入提供了可能。例如：

(41) 然至<u>被刑戮</u>，为人奴而不死，何其下也！（西汉《史记·季布栾布列传》）

例（41）中双音节动词"刑戮"和"被"组成结构［被+刑戮］。

第二阶段，在［被+VV］基础上，音步实现的方向决定了三音节组合是词还是短语。［被+VV］是［1+2］式三音节组合，符合"左向造语"原则，［被+VV］被重新分析为短语。这样，"被"和后面的双音节动词（如"刑戮"）不再是一个独立的语法单位，二者间允许插入施动者 NP。"被"字句由［被+V］进一步发展为［被+NP+VP］。例如：

（42）a. 臣<u>被</u><u>尚书</u>召问。（东汉蔡邕《被收时表》）
　　　b. 玚、桢各<u>被</u><u>太祖</u>辟为丞相掾属。（《三国志·魏书·王粲传》）

例（42）中施动者"尚书、太祖"插入"被"与"召问、辟为丞相掾属"之间。

第五节　轻动词发展的韵律条件

第六章"韵律整饬"第二节"韵律充盈"中已经提到，有音轻动词来填位，可以满足双音节音步的需求。本节将从历时角度出发，说明韵律系统的变化使得轻动词由隐至显，而轻动词的发展又带来了重要的句法效应，以表明韵律在汉语历史发展中的重要作用。

一、轻动词的内涵

轻动词（light verb）是独立的功能语类，在句法层级上，高于动词。在语义上，轻动词表达的是谓语共同拥有的事件意义，DO（做、弄）、BE（是）、BECOME（成为）、CAUSE（使）等虚动词都属于轻动词（冯胜利 2005b）。与普通实义动词相比，它们的语义比较抽象，因此称为"轻"。在语音上，轻动词可以没有语音形式或只有词缀形式，也可以是实足音节。没有语音形式的轻动词又称为空动词。比如，下面例句都含有致使义，也就是都含有致使轻动词，但表面形式不同：

（43）风飘万点正<u>愁</u><u>人</u>。（唐杜甫《曲江》其二）
（44）<u>绿化</u>环境
（45）烟波江上<u>使</u><u>人</u>愁。（唐崔颢《黄鹤楼》）

这三个例句中的致使轻动词语音形式不同，"愁人"表示"使人愁"，但是句中没有直接出现表示致使义的动词或词缀，我们认为这个致使轻动词是一个空动词；"绿化环境"就是"使环境变绿"，其中致使义由后缀"化"表达；"使人愁"的致使义则直接由具有实足音节形式的轻动词"使"来表达。不同语音形式的轻动词在句法功能上也不相同。空动词和词缀形式的轻动词不能像词一样独立使用，在句法上具有强特征（strong feature），会促发成分统制的下层中心语上移并附接到它们的位置。这也是中心语移位的一种，遵守"中心语移位限制"（head movement constraint, HMC）：轻动词只能使离它最近的下层中心语上移，不能跨层吸引更下层的中心语，也不能促发短语移位。而音节型轻动词因为语音实足，在句法上不会促发其成分统制的下层中心语的移位和附接。我们仍以表示致使义的"绿化环境"和"使人愁"为例来说明。"绿化环境"中有两个轻动词，一个是表状态变化义的空动词 BECOME（v_2）和另一个是表致使义的轻动词"化"（v_1）。空动词 BECOME 促发其成分统制的下层中心语"绿"上移附接到 v_2，"化"又促发"绿"上移并附接到 v_1，生成"绿化环境"。如（46）所示：

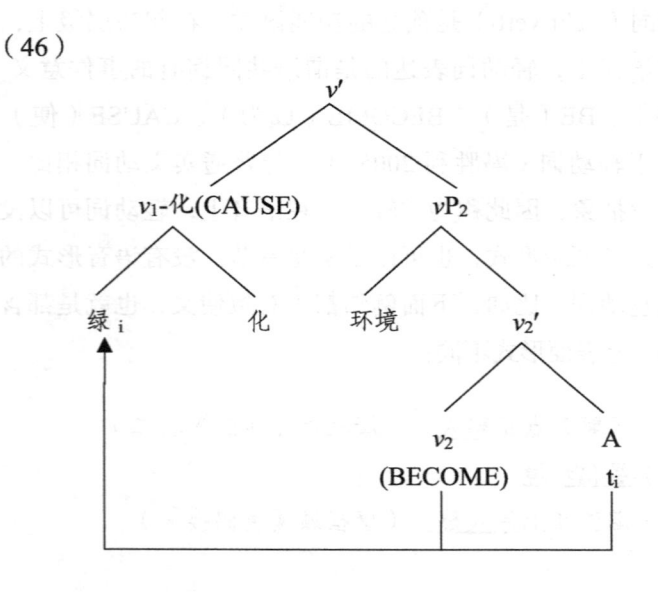

（46）

```
                    v′
                   / \
                  /   \
            v₁-化(CAUSE)  vP₂
              /  \       /  \
           绿ᵢ   化    环境   v₂′
                            / \
                           v₂   A
                        (BECOME) tᵢ
```

而"使人愁"的情况就不一样了。"使人愁"中表状态变化义的轻动词BECOME没有语音形式，吸引"愁"上移附接到BECOME的位置上；但表致使义的轻动词CAUSE是音节型轻动词"使"，按照我们上面所说的，"使"不会促发"愁"继续向上移动，不可能出现"*愁使人"这样的结构。如（47）所示：

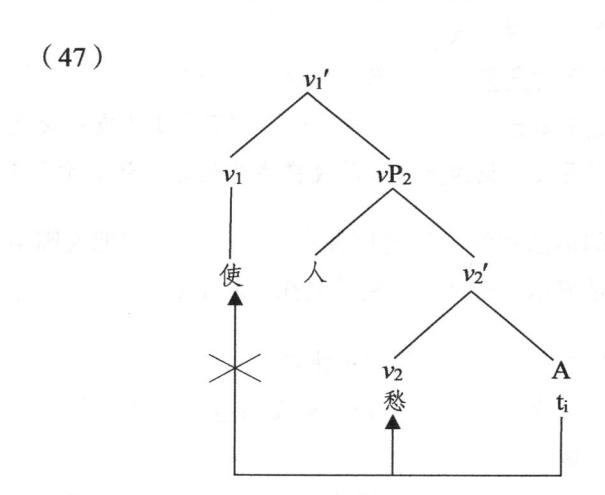

（47）

```
           v₁′
          /  \
         v₁   vP₂
         |   /  \
         使  人   v₂′
                /  \
               v₂   A
               愁   tᵢ
```

由此可见，轻动词是否具有语音形式、具有怎样的语音形式，会影响到轻动词的句法功能，由此生成不同的句法结构。因此，如果轻动词的语音形式发生了变化，句法结构也会发生相应的变化。下面我们可以看到，从历时层面来看，在韵律系统的促发下，轻动词发生了从无音形式到实足音节形式的变化，亦即在语音形式上由隐至显，并使得汉语句法结构发生了历时演变。这是汉语从综合型向分析型发展的重要表现之一。

二、音步转型促发的轻动词显形

汉语历史上轻动词由隐至显的变化发生在音步必双的时代和韵律环境中。上古汉语时期，轻动词常常没有语音形式，可以说是"隐形"的。东汉以后，在"隐形"轻动词的位置上开始出现一批音节型轻动词。试比较：

（48）a. 填然鼓之，兵刃既接，弃甲曳兵而走。（先秦《孟子·梁惠王上》）（鼓：打鼓）

b. 时彼大众……或复腾铃，或复打鼓。（隋《佛本行集经》卷八）

（49）a. 遂置姜氏于城颍，而誓之曰。（先秦《左传·隐公元年》）（誓：发誓）

b. 今于佛前发誓。（后秦《佛说华手经》）

（50）a. 无友不如己者。（先秦《论语·学而》）（友：交友）

b. 我不用汝与我作友。（隋《佛本行集经》卷二十五）

但是，当时的语法系统也还允许存在空动词。我们把《佛本行集经》中几个同是表示"打鼓"的例子放在一起来看：

（51）a. 不鼓自鸣。（隋《佛本行集经》卷二）

b. 时彼大众……或复腾铃，或复打鼓。（隋《佛本行集经》卷八）

c. 复教打鼓振铃，遍告城内人。（隋《佛本行集经》卷十四）

例（51a）中"鼓"在语义上表示"打鼓"，在结构中包含一个空动词；而例（51b）和（51c）则用"打鼓"，轻动词以音节形式"打"出现了。例（51）中的三个句子出自同一部文献，它们之间没有时代的差异，"鼓"都是表示"打鼓"，唯一的不同就在韵律环境上。在第一节中我们已经介绍过，东汉时期，汉语已由韵素音步转为音节音步。从音步组成来看，例（51a）中"不"和"鼓"组成了一个双音节音步"不鼓"，已经满足了音步双分枝的要求，不需要另外添加音节；而在例（51b）和（51c）中，如果没有轻动词"打"，单音节名词"鼓"自己不能独立构成双音节音步（"（）"代表一个音步）：

（52）a.（不鼓）（自鸣）

b.（或复）（*鼓）
　　　c.（复教）（*鼓）（振铃）

这样的话，必须要有一个实足音节和"鼓"组成双音节音步，以满足音步双分枝的要求。而结构中有一个原本无音的句法节点——轻动词，正好显形以填位：

（53）a.（或复）（<u>打鼓</u>）
　　　b.（复教）（<u>打鼓</u>）（振铃）

　　轻动词的显形与句法、语义均无关，只是为了填充音节、满足双音节音步需求。第六章提到"义素析出"与"从隐含到呈现"两类现象。就显形以构成双音节音步而言，汉语双音构词中的"义素析出"现象（王宁2014），在形成双音合成词时，该词语原先所含的特征属性的义素，可被作为一个构词语素析出，内涵和外延并没有发生实际的变化。就显形的构词语素的性质而言，"从隐含到呈现"（胡敕瑞2005）中对象的动作可能从隐至显，其中就包括了轻动词的显形现象，如"念—<u>怀</u>念、怒—<u>发</u>怒、花—<u>作</u>花"等等，"怀、怒、作"不表示具体的动作，是音节型轻动词。一个实足音节的轻动词可以搭配不同的对象作为它的宾语。例如：

（54）其夜<u>作</u>梦，见有人来。（唐《法苑珠林》卷七十六）
（55）仁者何用工巧之人共<u>作</u>婚为？（唐《佛本行集经》卷十三）

　　不同的轻动词也可以表示同一个动作。例如：

（56）a. 桃始<u>华</u>。（西汉《礼记·月令》）
　　　b. 枯木<u>发花</u>，腐草荣秀。（南朝宋《过去现在因果经》）
　　　c. 中庭杂树多，偏为梅咨嗟，问君何独然，念其霜中能<u>作花</u>。（南朝宋鲍照《梅花落》）

以上介绍了汉语轻动词从无音形式到音节形式的演变原因。在第一部分中我们曾经提到，轻动词语音形式不同，句法功能也不同，生成的句法结构也相应不同。那么，轻动词语音形式的变化也会引起汉语句法结构上的变化，下面我们就来看看轻动词变化带来的句法效应。

三、由隐至显的轻动词引起的句法演变

轻动词在历时演变中的由隐至显引发了汉语的一系列句法演变。有语音缺陷的轻动词会促发下层中心语移位，前面我们提到了"愁人"，上古时期的"名词动用、使动、意动"也是由相同的句法操作造就的。例如：

（57）名词动用：公膳日双鸡，饔人窃更之以鹜。（《左传·襄公二十八年》）

（58）使动：（匠人）斫而小之。（《孟子·梁惠王下》）

（59）意动：孔子登东山而小鲁，登泰山而小天下。（《孟子·尽心上》）

上古汉语中还有一类轻动词促发的移位现象——"无介词结构"（PP structure without P）。在介词发展之前（即两汉前），由介词表达的意思以及无适当介词可转说的意思，均由轻动词促发移位生成的结构表达，这类结构被称为"无介词结构"（冯胜利 2014b）。

（60）地点：晋侯使士蒍为二公子筑蒲与屈。（先秦《左传·僖公五年》）

（61）对象：君三泣臣矣。（先秦《左传·襄公二十二年》）

（62）受惠者：天佑下民，作之君，作之师。（先秦《尚书·泰誓》）

（63）经历者：为人后者为之子也。（西汉《公羊传·成公十五年》）

这种现象也被称为"非典型宾语结构"（non-canonical object constructions）。动词（包括名词、形容词、不及物动词活用为及物动词）与宾语间的关系是支配关系之外的其他语义关系，动词后面的宾语不是受事论元，而是事件的涉入成分。如例（60）中的名词性结构"蒲与屈"是动词"筑"发生的地点，例（61）中的"臣"是动作"哭泣"涉及的对象，例（62）中的"之"（下民）是从动作"作君、作师"中得到好处的人，例（63）中的"之"（人）是经历"为后"事件的人。

东汉以后轻动词由隐至显，有音轻动词不能再促发移位。我们可以看到，在文献中，在先秦时期通过移位生成的结构到了两汉时代被其他句法结构所代替。例如：

（64）a. 吾能<u>为之足</u>。（先秦《战国策·齐策二》）
　　　b. 曰"吾能<u>为之足</u>。"……<u>此为蛇为足</u>之说也。（西汉《史记·楚世家》）

先秦时期的《战国策》和两汉时期的《史记》叙述的是相同的内容。例（64a）"为之足"中代词"之"表示受惠者；例（64b）先出现结构"为之足"，是在引述故事，次回重复使用的"为蛇为足"则是司马迁的总结。也就是说，从西汉开始，用介词"为"表达受惠关系的介词结构"为蛇为足（＝给蛇画足）"开始逐步取代无介词结构"为之足"。

轻动词移位结构的消失是由于轻动词由隐至显，而轻动词之所以在语音上显形，又是音步转型的结果。这是韵律作为形态引起汉语句法演变的又一重要现象。

第六节　重音与句法演变

第二章介绍了韵律与词法、句法对应的层级结构。前面几节分别从韵素、音节、韵律词层面探讨韵律系统的历时演变以及它们对汉语历时发展的促发作用。那么，重音（包括核心重音、焦点重音、语调重音和句调重音）在历时演变中发生了怎样的变化？它们促发了哪些汉语语法的历时演变？这是本节将要讨论的问题。简单来说，核心重音指派规则会影响到名词短语（NP）、动词短语（VP）乃至轻动词短语（vP）层面句法结构的历史演变，焦点重音会促发时态短语（TP）层面的演变，而语调重音、句调重音则影响到标句短语（CP）层面的变化。

一、核心重音与句法演变

（一）核心重音的转型

第二章和第八章已从共时层面介绍核心重音的指派规则，现代汉语核心重音的指派遵从辖重律。从历时层面来看，核心重音指派规则并非一直如此。先秦时期，汉语的核心重音指派跟英语的运作一样，以句中最后一个短语为单位（Feng 1996；冯胜利 2000a：162）。也就是说，先秦时期汉语的核心重音指派规则遵从深重律，当介词宾语的音节数量多于动词宾语的音节时，作为附加语的介词短语［以+NP］可以出现在全句句末（马建忠 2010；鲁国尧 1980），它能够承担全句的核心重音，成为韵律上最凸显的成分（冯胜利 2000a：162）。例如：

（65）a. 杀人以<u>梃与刃</u>。（先秦《孟子·梁惠王上》）
　　　b. 吾闻观近臣以<u>其所为主</u>，观远臣以<u>其所主</u>。（先秦《孟子·万章上》）

例（65a）中介词"以"的宾语"梃与刃"是三个音节，而动词"杀"的宾语"人"只有一个音节。韵律上"梃与刃"比"人"重，所以介词短语"以梃与刃"出现在全句句末。

如果介词宾语的音节数量少于动词宾语的音节，那么按照深重律作为附加语的介词短语［以+NP］只能出现在动词短语前，由动词宾语承担核心重音。例如：

（66）以<u>暇日</u>修<u>其孝悌忠信</u>。（先秦《孟子·梁惠王上》）

例（66）中，介词"以"的宾语"暇日"只有两个音节，在韵律上比动词"修"的宾语"其孝悌忠信"轻。因此动词宾语"其孝悌忠信"出现在全句句末。

到了两汉，在句法上谓语越来越复杂，并列、连动、兼语、动补等结构大量出现及发展（何乐士1992：35）。这使得动词和它的直接宾语组成的动词短语在结构上越来越凸显，因此在复杂谓语中很少见到附加语出现在句中（冯胜利2000a：166）。例如：

（67）a. 故孔子闵王路废而邪道兴，于是<u>论次</u>诗书，<u>修起</u>礼乐。（西汉《史记·儒林列传》）
　　　b. 怀君三十一年，朝魏，魏<u>囚杀</u>怀君。（西汉《史记·卫康叔世家》）

《史记》27个充当补语的动词中，携带介词短语附加语的只有"胜、却、动、破、败、得"6个（何乐士1992：172）。复杂谓语的出现及其在句法结构上的日益凸显，使得核心重音越来越多地在动词及其宾语之间指派。这使得此时的核心重音指派规则逐渐向德语式的择重律[①]转型。

而核心重音的转型进一步推动原来动词后充当附加语的介词短语前移。例如：

（68）a. 将行，谋<u>于桑下</u>。（先秦《左传·僖公二十三年》）
　　　b. 赵衰、咎犯乃<u>于桑下</u>谋行。（西汉《史记·晋世家》）

例（68a）是先秦时期的例子，其中"于桑下"在动词"谋"后，而到了汉代文献中的例（68b）中，"于桑下"移到"谋行"前。介词"于、以、在、及"引导的介词短语从先秦到汉代都呈现出同样的

[①] 有关择重律及德语的核心重音指派情况，见第二章"韵律语法的结构基础"和第八章"韵律激活"。

历时变化，以《左传》和《史记》为例（何乐士 1992：197）（表 10-11）。

表 10-11　《左传》《史记》动词前后介宾出现频率[①]

介词	动词前				动词后			
	《左传》		《史记》		《左传》		《史记》	
	数量	占比/%	数量	占比/%	数量	占比/%	数量	占比/%
以	826	0.4	576	0.7	225	0.1	37	0.05
於	230	0.1	105	0.14	1534	0.78	417	0.57
在	20	0.01	2	0.2	17	0.08	0	—
及	282	0.14	75	0.1	22	0.1	0	—

从表 10-11 可见，在历时层面上，介词"以、于、在、及"引导的介词短语在动词前出现的比率逐渐增加，在动词后出现的比例逐渐减少。这说明介词短语越来越多地出现在动词前。在句法上，动词前的介词"具有轻动词的句法功能"（冯胜利 2005b；冯胜利，苏婧 2018：109），它们组成的介词短语可以代替移位生成的句法结构（见例（64））。最终核心重音指派规则变成了现代汉语的辖重律。

汉语韵律系统中的核心重音的转型同样改变了汉语的语法面貌，推动了汉语句法的历时演变。接下来我们将从疑问宾语的语序和"而"字结构的发展两个现象入手，逐一介绍核心重音转型对汉语句法演变的影响。

（二）疑问宾语的语序

在动词短语（VP）层面，核心重音是疑问宾语语序改变的动因。先秦时期，疑问代词作宾语总是紧邻动词的前边。例如：

（69）a. 然则亦何欲何恶？（先秦《墨子·天志上》）
　　　b. 亡于不暇，又何能济？（先秦《左传·昭公四年》）

例（69a）中"何"做"欲"和"恶"的宾语，紧邻动词，表示"什

[①] 这里的比例分别是《左传》各介词占全书的比例和《史记》各介词占抽样调查部分总字数的比例。

么";例（69b）中"能"插在"何"与动词"济"之间，"何"不是动词"济"的宾语，"何能济"中的"何"是副词做状语，表示"怎么"。先秦时期的疑问代词宾语前置现象是一种"古语残留"，古汉语的前身本来是一种底层结构为主宾谓（SOV）型的语言（章太炎1982；邢公畹1947；王力1958；裘锡圭1979；俞敏1989；冯胜利2000a：219—221）。上古汉语的出土文献中存在代词"是"做动词宾语出现在动词前的用例（裘锡圭1979）。俞敏（1989：239）从汉藏语比较的角度入手，认为这里的"是"对应藏语的远指代词de。例如：

（70）a. 是用寿老。（先秦《毛公鼎》）
　　　b. 子孙是保。（先秦《陈逆簋》）

例（70）中宾语"是"都在动词"用、保"前。先秦时期汉语已变为主谓宾（SVO）型语言，疑问代词宾语前置现象，可以视为以主谓宾型语言作为底层结构进行句法操作的产物。这一句法操作是由核心重音促发的结果（冯胜利2000a：220—221）。

如第二章所述，主谓宾型语言的重音结构为前轻后重，重音落在全句句末。上古汉语中，疑问代词是韵律上的弱形式（weak form），不能独立承担重音。当单音节疑问代词宾语出现在单音节动词前，核心重音迫使疑问代词宾语进行附着移位，与动词组成双音节结构［代词宾语＋动词］，承担核心重音。例如：

（71）吾谁欺？（先秦《论语·子罕》）

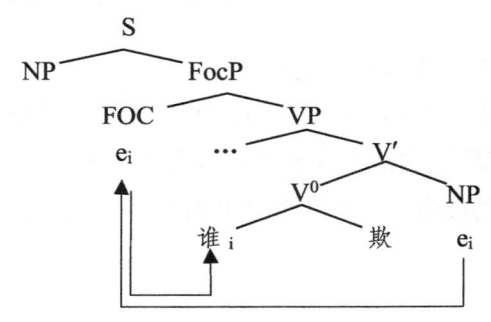

```
              S
          ／      ＼
        NP        FocP
                ／    ＼
              FOC      VP
               |      ／  ＼
               eᵢ   …     V'
                         ／ ＼
                       V⁰    NP
                      ／ ＼    |
                    谁ᵢ   欺   eᵢ
```

例（71）中宾语"谁"作为语义上的疑问焦点先移位至焦点 FOC。因为核心重音要求位于句末的单音节动词"欺"组成双音节音步以承担核心重音，所以疑问代词"谁"又从 FOC 移至 V^0 并出现在"欺"前组成双音节音步"谁欺"。（冯胜利 2000a：228）

如果疑问代词为双音节或多音节组合，当它出现在动词前的时候，核心重音要求结构采用［疑问宾语 + 之 + 动词］的形式。如果省略了"之"，韵律结构变为前重后轻，违背了先秦汉语核心重音前轻后重的要求，如第七章所述，核心重音会启动韵律删除机制，将非法结构删除，在文献中没有类似结构的用例。例如：

（72）a. 宋何罪*（之）有？（先秦《墨子·公输》）
　　　b. 谁子*（之）与也？（先秦《荀子·王霸》）

例（72）中疑问宾语"何罪、谁子"与动词"有、与"间的"之"不能省略。

虽然"何罪之有"这类结构满足了核心重音的要求，但随着主谓宾型语序在汉语中的逐渐强化以及由此而来的重音后移，至两汉时期，疑问代词作为动词的宾语也开始出现在动词后。核心重音要求全句的重音结构是前轻后重，而单音节代词又是韵律上的弱形式，所以疑问词后移的早期文献中，动词后的疑问宾语均为非单音节成分（魏培泉 1990）。例如：

（73）a. 数见困，有<u>何旧怨</u>？（三国《国语·晋语四》韦昭注）
　　　b. 今欲返国，由<u>何道</u>也？（三国康僧会《六度集经》卷一）

（三）"而"字结构的发展

辖重律也是［VP 而 VP］中连词"而"消失的重要动因。辖重律促发［VP 而 VP］结构演变为并列式复合动词 $V_{双}$（Feng 2003b）。按照其中谓语的类型，上古汉语［VP 而 VP］结构大致分为以下五种类型：

（74）a. 叔孙将沐，闻君至，喜，捉发走出，前驱射而杀之。
（先秦《左传·僖公二十八年》）（[Vt$_1$ 而 Vt$_2$+NP]）

b. 弟子入则孝，出则弟，谨而信，泛爱众，而亲仁。
（先秦《论语·学而》）（[A$_1$/Vi$_1$ 而 A$_2$/Vi$_2$]）

c. 子反受而饮之。（先秦《韩非子·十过》）（[Vt$_1$ 而 Vt$_2$+ 之]）

d. 共工……怒而触不周之山。（东汉《论衡·谈天》）
（[A/Vi 而 Vt+NP]）

e. 哀公作色而怒。（东汉《论衡·四讳》）（[Vt+NP 而 A/Vi]）

汉代以后，"而"在[Vt$_1$ 而 Vt$_2$+NP]与[Vi$_1$ 而 Vi$_2$]两种类型中消失。

在[Vt$_1$ 而 Vt$_2$+NP]中，宾语NP承担全句核心重音，无音形式e作为韵律隐形成分，不能承担核心重音。虽然及物动词Vt$_1$和Vt$_2$都具有指派核心重音的能力，但受到连词"而"的阻隔，只有Vt$_2$能将核心重音指派给宾语NP；Vt$_1$只能与"而"组成双音节音步，不能指派核心重音给NP。因此辖重律启动了韵律激活机制，促发结构[Vt$_1$ 而 Vt$_2$+NP]进行全域规则移位（across-the-board rule application）操作。如图10-4所示：

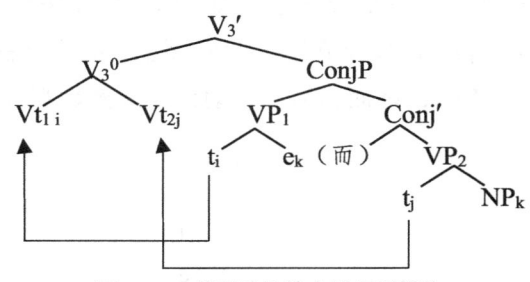

图10-4　并列结构的全域规则操作

在辖重律的促发下，及物动词Vt$_1$和Vt$_2$分别进行移位操作，移至节点V^{0}组成复合动词[Vt$_1$ Vt$_2$]。例如：

（75）郤至杀豕奉进，宦者夺之。郤至<u>射杀宦者</u>。（西汉《史记·晋世家》）

在 [A₁/Vi₁ 而 A₂/Vi₂] 中，连词"而"连接单音节不及物动词或形容词。例如：

（76）a. 狱成而孚，<u>输而孚</u>。其刑上备，有并两刑。（先秦《尚书·吕刑》）

　　　b. 弟子入则孝，出则弟，<u>谨而信</u>，泛爱众，而亲仁。（先秦《论语·学而》）

这里以不及物动词的并列结构 [Vi₁ 而 Vi₂] 为例。按照辖重律，Vi₁ 和 Vi₂ 分别把核心重音指派给自己。如图 10-5 所示：

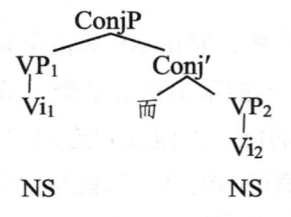

```
          ConjP
         /     \
       VP₁    Conj'
        |     /    \
       Vi₁   而    VP₂
                    |
                   Vi₂
        NS           NS
```

图 10-5　[Vi₁ 而 Vi₂] 的核心重音结构

但承担重音的 Vi₁ 和 Vi₂ 都不能自己组成双音节音步。连词"而"也无法解决这一韵律困境。如图 10-6 和 10-7 所示，无论"而"向左与 Vi₁ 组成双音节音步 [Vi₁ 而]，还是向右与 Vi₂ 组成双音节音步 [而 Vi₂]，都面临另一个动词无法满足双音节音步的问题。

```
       F           *F
       |            |
       S            S
      / \           |
    Vi₁  而        Vi₂
```

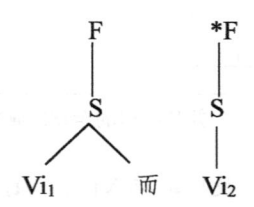

图 10-6　[Vi₁ 而 Vi₂] 的音步可能性 1

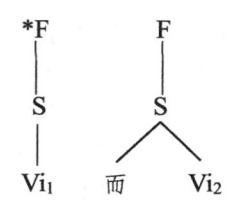

```
      *F            F
       |           / \
       S          S
       |         / \
      Vi₁      而  Vi₂
```

图 10-7 [Vi₁ 而 Vi₂] 的音步可能性 2

因此，辖重律和双音节音步共同促发了结构 [Vi₁ 而 Vi₂] 中的 Vi₁ 和 Vi₂ 移位，组成复合词 [Vi₁ Vi₂]。移位后形成的新结构 [[Vi₁ Vi₂] [tᵢ 而 tⱼ]] 中，Vi₁ 和 Vi₂ 之间的联合关系保留在 [Vi₁ Vi₂] 中，连词"而"在语法上被删除。如图 10-8 所示：

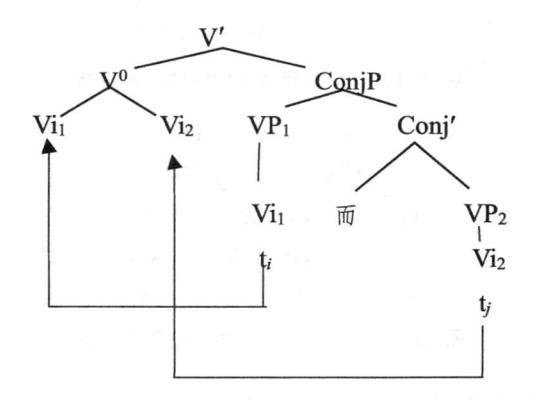

```
                V′
              /    \
            V⁰      ConjP
           /  \    /      \
         Vi₁ Vi₂ VP₁      Conj′
                  |      /     \
                 Vi₁    而      VP₂
                  |             |
                  tᵢ           Vi₂
                                |
                                tⱼ
```

图 10-8 [Vi₁ 而 Vi₂] 组成 [[Vi₁ Vi₂][tᵢ 而 tⱼ]]

这类结构在汉代以后逐渐减少，最终被复合词 [Vi₁ Vi₂] 取代。例如：

(77) a. 二子北至于首阳之山，遂饿而死焉。（先秦《庄子·让王》）
　　b. 遂饿死于首阳山。（西汉《史记·伯夷列传》）
　　c. 伯夷不食周粟，饿死于首阳之下。（东汉《论衡·刺孟》）

但 [Vt₁ 而 Vt₂+之][A/Vi 而 Vt+NP] 和 [Vt+NP 而 A/Vi] 本身能够

满足辖重律和双音节音步的要求，如图 10-9、10-10、10-11 所示：

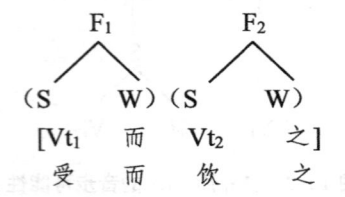

```
        F₁           F₂
       /  \         /  \
     (S    W)     (S    W)
     [Vt₁   而    Vt₂    之]
      受    而    饮     之
```

图 10-9　[Vt₁ 而 Vt₂+ 之] 的音步分析

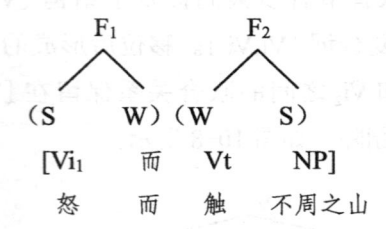

```
        F₁           F₂
       /  \         /  \
     (S    W)     (W    S)
     [Vi₁   而     Vt    NP]
      怒    而    触   不周之山
```

图 10-10　[A/Vi 而 Vt+NP] 的音步分析

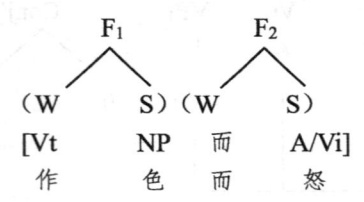

```
        F₁           F₂
       /  \         /  \
     (W    S)     (W    S)
     [Vt   NP     而   A/Vi]
      作   色     而    怒
```

图 10-11　[Vt₁ 而 Vt₂+ 之] 的音步分析

因此，从先秦到两汉，这类 [VP 而 VP] 非但没有被复合词 VV 取代，反而大量增多（潘允中 1982）。《韩非子》中仅有 12 例 [Vt₁ 而 Vt₂+ 之]，《论衡》中类似的结构反而增加到 60 多例。

二、焦点重音与句法演变

除了核心重音，焦点重音也是句法演变的重要动因。在"把"字句的历时演变中，焦点重音和核心重音交互作用，在"把"字句两个演变阶段起了至关重要的促发作用。

首先，辖重律促发"把"由表实义的动词虚化为表工具义的轻动词。在 [把 +NP₁+V₂+NP₂] 中，辖重律将 [把 +NP₁] 排除在核心重音范围外，动词"把"丧失指派核心重音的地位，促发了"把"

虚化为表示"拿、用"义的轻动词。这一过程又可细分为三个阶段，下面以"把竿逐鸟雀"（唐储光羲《田家杂兴》）为例来说明（冯胜利2000a：319）：

阶段1：并列结构：［把竿］［逐鸟雀］
阶段2：偏正结构：［握着竹竿 赶鸟雀］
阶段3：虚化：［用竹竿赶鸟雀］

在三个阶段中，表面形式始终是"把竿逐鸟雀"，但在辖重律的促发下，人们对同一个形式的解读发生了变化，促发了实义动词"把"向轻动词"把"的演变。

其次，诗歌环境下焦点重音的后移促发"把"字句由目的式演变为处置式。早期表处置义的"把"字句出现在诗歌、韵文中。例如：

（78）a. 如将月窟写，似把天河扑。（唐皮日休《吴中苦雨因书一百韵寄鲁望》）
b. 莫将天女与沙门，休把眷属恼人来。（唐敦煌变文《维摩诘经讲经文》）

这类早期的处置义"把"字句都是由表目的义的"把"字句演变而来（钱学烈1991），这是重音转移引出的结果（王力1958：476）。例如：

（79）a. 闲常把琴弄，闷即携樽起。（唐任华《寄杜拾遗》）
b. 把君诗卷灯前读，诗尽灯残天未明。（唐白居易《舟中读元九诗》）

在目的式中（如"把君诗卷灯前读"），"把"的语义接近"拿"，"拿诗卷"是为了"读"，而"读"的宾语也恰是"诗卷"，于是句子的重音逐渐转移到动词"读"上，导致"'把'字渐渐虚化了"（王力 1958：476）。

如例（79a）所示，"把"的宾语"琴"作为第一次引入的新信息，承担焦点重音。在诗歌的环境中，诗的节律压倒了口语的重音规则。诗歌要求最后的三音节超音步最凸显，引发目的式中重音后移（冯胜利 2000a：331）。在"闲常把琴弄"中，由于诗歌的焦点韵律要求，全句的重音后移至动词"弄"，促发目的式"闲常把琴弄"重新分析为处置式"闲常把琴弄"。诗歌环境中焦点重音的转移为"把"字句由目的式演变为处置式提供了可能。

三、句调与句法演变

除了核心重音和焦点重音，语调重音和句调重音也是促发汉语历时演变的重要动因。第三章从共时层面介绍了语调重音和句调重音的概念。在第十二章还会介绍语调、句调产生的语体效应。这里从历时层面入手，重点讨论一下由句调重音促发的两个重要语言演变：一是句调重音实现方式的转变促发了汉语句末语气词的产生；二是句调重音与核心重音的互动促发了结构 [VP 而 VP] 的发展。

（一）句调重音与句末语气词

先来看句末语气词的产生。语气词是汉语中一类重要的虚词，在功能上"表示全句的语气"（王力 1958：514）。例如：

(80) a. 子曰："朝闻道，夕死可<u>矣</u>。"（先秦《论语·里仁》）
　　 b. 交邻国有道<u>乎</u>？（先秦《孟子·梁惠王下》）

例（80a）中的语气词"矣"表示陈述语气，例（80b）中的语气词"乎"表示疑问语气，都出现在全句句末。但语气词并非自古就有，从原始汉语到上古汉语，语气词经历了从无到有的历时演变。"在西周以前，汉语可能没有语气词……春秋时代以后，语气词逐渐产生和发展了。"（王力 1958：514）

汉语中声调的出现，使句调重音由超音段形态变为以音段形态实现，并促发了句末语气词的产生（冯胜利 2015b，2017c）。

首先，在一种语言中，如果声调系统比较复杂，那么声调会迫使句调重音由超音段的音高成分趋变为音段成分，实现为句末语气词。① 声调和句调都要使用音高来实现，致使这种超音段形式一身兼二职，不得不保留其一。既然音高专注于实现声调，那么句调无法以超音段形态在标句短语上实现，句调重音趋向于实现为音段成分，于是产生了句末语气词。句调重音和句末语气词的关系如图 10-12 所示（冯胜利 2016e）：

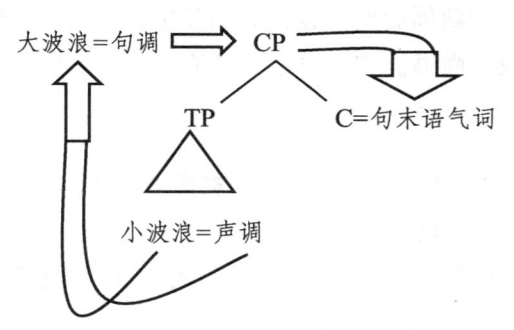

图 10-12　句调重音和句末语气词的关系

另一方面，如果语言的音高特征没有实现为声调，那么句调可以在标句短语中以超音段成分实现。例如声调越多越复杂，句末语气词就越多越复杂（粤语）；句末语气词越多越复杂，句调就越简单越贫乏（闽南语）。（见第三章相关讨论）

其次，从历时层面来看，汉语的声调经历了从无（原始汉语）到有（上古汉语）再到齐备（中古汉语）的过程。在中古汉语时期，汉语的四个声类（平、上、去、入）方才齐备。但在原始汉语时期汉语是没有声调的。当时的仄声都还未建立（"古无去声"（段玉裁），"古无上声"（黄侃），"入声非声"（岑麒祥）），② 只

---

① 从语音的物理性质来看，语言的音高特征（基频 F0）可以实现为声调（如普通话）或语调（如英语）。

② "古无去声、古无上声"表示上古汉语没有上声和去声这两个调类。岑麒祥提出"入声非声"，认为塞音韵尾 [-p,-t,-k] 是一种音段特征，不属于超音段特征，入声不应该视为一种声调。

有平声一个声类，声调无法起到区别意义的作用，由此可推出商周时期的汉语并无声调，四声是后来逐步发展的。（冯胜利 2015b：65）从汉藏语言比较的角度来看"古汉语最初大概也跟藏语类似而没有声调"（郑张尚芳 2013：218）。在缺乏声调的原始汉语和上古汉语中，句调可以实现为超音段的音高。

再次，从先秦时期开始，随着声调的逐步发展，句调受到声调的干扰，逐渐发展出句末语气词。以句末语气词"也"为例。语气词"也"产生于西周后期，春秋后期开始普遍使用"也"（李佐丰 2014）。比较《尚书》和《史记》可清楚看到"也"的发展过程。例如：

（81）a."兹故弗言。"……说筑傅岩之野，惟肖。（先秦《尚书·说命上》）
　　　b. 皆非也。……见于武丁，武丁曰"是也"。（先秦《史记·殷本纪》）

如例（81）所示，在《尚书》中用句调表达语气（"兹故弗言"），还没有出现"也"。到西汉的《史记》中，同样的内容则用"也"表达陈述语气（"非也、是也"）。

不仅"也"，其他句末语气词（"矣、乎、哉"等）也呈现同样的历时演变。它们都是在西周时期随着声调的产生由句调重音转化而来。例如（冯胜利 2015b：68）：

（82）a."矣"：始见于战国。
　　　b."哉"：始见于西周《禹鼎铭》"乌乎，哀哉"。
　　　c."乎"：始见于西周。

最后，句末语气词的声调和表达的语气之间存在系统性的对应（冯胜利 2017c）。如表 10-12、10-13 所示：

表 10-12　上古汉语表陈述语气的句末语气词和上声的对应关系

	也	矣	尔	耳	而已
陈述语气	+	+	+	+	+
上声	+	+	+	+	+

表 10-13　上古汉语表疑问语气的句末语气词和平声的对应关系

	邪	乎	哉	欤
疑问语气	+	+	+	+
平声	+	+	+	+

由二表可见，表陈述语气的句末语气词"也、矣、尔、耳、而已"均对应上声声调，表疑问语气的句末语气词"邪、乎、哉、欤"均对应平声声调。这种同类语气词和同类句调、同类声调的系统性对应，也说明语气词是在声调环境下由句调转化而来。

（二）句调重音与结构 [VP 而 VP] 的发展

第三章已经介绍了共时层面句调重音的韵律特征及其语法效应。我们这里从历时层面探讨句调重音和核心重音的相互作用促发的连词"而"的衰落。

前面介绍了两汉时代在辖重律的影响下，结构 [Vt$_1$ 而 Vt$_2$+NP] 和 [Vi$_1$ 而 Vi$_2$] 变为复合动词 V$_双$，而结构 [A/Vi 而 Vt+NP] [Vt+NP 而 A/Vi] 和 [Vt$_1$ 而 Vt$_2$+ 之] 保持不变。但到了中古汉语时期，所有的 [VP 而 VP] 结构均消失（梅广 2003）。杨荣祥（2010）推测"东汉以后的实际口语中，连词'而'已经很不活跃了"。连词"而"的衰落，与句调重音及辖重律密切相关。

两汉时代，根据辖重律，每个句子只有一个核心重音，由句末最后一个谓语指派。同时，每个句子有多个语调，但只有最后包含核心重音的语调成为全句的句调（冯胜利 2017a）。所以，从两汉时期开始，在一个句子中，一个句调只有一个核心重音（即"一句一调"）。句调与核心重音一一对应。这一韵律规则的变化促发结构 [VP 而 VP] 的发展，导致连词"而"的衰落。按照结构 [VP 而

309

VP]的类型可以分为三类情况。

首先,结构[Vt$_1$ 而 Vt$_2$+NP]和[Vi$_1$ 而 Vi$_2$]在汉代已变为复合词V$_双$。在这类结构中句调仅有一个核心重音,由复合词V$_双$指派给补述语。例如:

(83)汉王疑之,<u>召让</u>魏无知。(西汉《史记·陈丞相世家》)

其次,其他类型的结构[VP$_1$ 而 VP$_2$],如[A/Vi 而 Vt+NP][Vt+NP 而 A/Vi][Vt$_1$ 而 Vt$_2$+ 之]及[V$_1$+NP$_1$ 而 V$_2$+NP$_2$],也逐渐演变为并列复合动词V$_双$。这是因为这些结构中,连词"而"联结两个VP,每个VP都对应一个核心重音,那么在整个[VP而VP]结构中同时存在两个核心重音。随着一句一调原则的确立,[VP而VP]结构通过句法移位变为复合动词V$_双$,连词"而"在韵律上被删除。这样整个结构满足了一个句子中仅有一个核心重音和一个动词指派者的要求。下面以结构[V$_1$+NP$_1$ 而 V$_2$+NP$_2$]为例来说明。

并列结构[V$_1$+NP$_1$ 而 V$_2$+NP$_2$]中,按照辖重律,动词V$_1$和V$_2$分别指派核心重音给对应的宾语NP$_1$和NP$_2$。整个结构有两个核心重音。随着一句一调原则的确立,双核心重音结构和韵律发生冲突。韵律系统启动了韵律整饬机制,促发了整个结构的历时演变,所以到了中古汉语时期,均变为[VV+NP],连词"而"消失。例如:

(84) a.敬事而信,<u>节用而爱人</u>,使民以时。(先秦《论语·学而》)

b.方听<u>捕杀</u>人贼。(宋《太平广记·妖怪七》)

例(84a)中有两个核心重音:动词"节"指派重音给宾语"用",动词"爱"将核心重音指派给宾语"人"。到了中古汉语时期,变为例(84b)中的双音节复合词"捕杀"。

再次,一句一调的原则促发先秦时期分开叙述的动词短语发展为用一个并列动词表述。例如:

（85）a. 及战，<u>射</u>共王，<u>中</u>目。（先秦《左传·成公十六年》）
　　　a′. 晋败楚，<u>射中</u>共王目。（先秦《史记·楚世家》）
　　　b. 遂<u>袭</u>虞，<u>灭</u>之。（先秦《左传·僖公五年》）
　　　b′. <u>袭灭</u>代王，迎取其姊。（西汉《列女传·节义》）

例（85a）中"射共王"和"中目"是分开叙述的两个动词短语，二者中间有停顿把它们隔开。在每个动词短语中，动词"射、中"分别指派一个核心重音给宾语"共王"和"目"，这样在全句"射共王，中目"中有两个核心重音。到了两汉时期，句调与辖重律交互作用，迫使动词短语"射共王"与"中目"进行全域句法操作，合并为复合动词"射中"，指派一个核心重音到它们的宾语"共王目"上（例（85a′））。

历史韵律语法研究是一个长期的课题，本章讨论和介绍的现象只是沧海一粟，更多的历史韵律语法现象还有待深入的考察与挖掘。

第十一章　方言韵律语法

方言韵律语法研究是用对照比较的方式，探讨不同方言（尤其是方言和普通话之间）在相同的韵律制约下所采用的不同手段，以及不同韵律现象所采用或激活的不同的韵律句法运作。譬如，本书前文曾提及普通话为了让介词补述语取得核心重音，就必须把介词并入动词来构成复杂动词，再让该复杂动词把核心重音指派至介词补述语上才能满足辖重律，但下文介绍的方言却可以利用动词性较强的介词来满足辖重律，所以无须进行介词并入的语法操作。我们在第一章看到韵律语法的层级结构包括：动词短语韵律（核心重音）、时态短语韵律（焦点重音）、标句短语韵律（句调重音）。其中动词短语韵律层级关注的是与核心重音相关的韵律现象。核心重音的指派是在句子最深嵌的成分或最深嵌的动词短语成分中进行，因此动词短语韵律关注的是核心重音。时态短语韵律层级则指狭域焦点重音对应的句法位置，该层关注的是与狭域焦点重音相关的韵律制约语法现象。位于顶层的标句短语韵律层级包含了语气助词的句法位置，由于语气助词和句调是一体两面，所以与语调重音相关的韵律现象是该层的重要关注对象。

本章将基于这三个韵律层级分别介绍方言中不同层级存在哪些韵律制约语法的现象，这些现象是以什么样的方式实现了韵律的整饬，以及方言的个性特征如何影响韵律制约语法。

第一节　不同方言中的动词短语韵律

一、核心重音律的语言学类型

如前所述（第二章），核心重音律决定的是广域焦点下（即回答"发生了什么事？"）核心重音的指派。

普通话的核心重音律为辖重律（可详见第二章第四节），那么，汉语方言中的重音指派规则是什么样的呢？

汉语各方言间语法系统存在差异，其重音体现方式也并不相同，所以不同方言的核心重音指派是否都遵循辖重律，仍需要根据各个方言的具体语料进行研究。

前面第二章已经介绍，当代韵律语法研究已经发现了三种类型的核心重音指派规则，即深重律、择重律和辖重律。三种核心重音规则的核心重音范域都是句末短语或句末动词短语。了解三种核心重音规则的实际内涵，将可帮助我们判明不同方言所采用的核心重音规则。

（一）深重律

Chomsky & Halle（1968）的核心重音律（Nuclear Stress Rule，简作 NSR）是根据英语的语言事实提出的，其规则依照句子的线性排序确立。其后 Cinque（1993）将其发展为以树形结构为基础的深重律：

（1）深重律
　　在结构上内嵌最深的成分得到重音。

根据深重律，核心重音范域是一个句子的最后一个任何类型的短语。该类核心重音规则的典型语言是英语。下面的例句中，无论句末短语是补述语，还是附加语，均可以承载核心重音（Zubizarreta 1998：67）：

（2）a. Karl lost [补述语 his book].

卡尔弄丢他的书

"卡尔弄丢了他的书。"

b. Karl lost his book [附加语 in the living room].

卡尔弄丢他的书在客厅

"卡尔在客厅弄丢了他的书。"

c. Karl worked [附加语 in his office].

卡尔工作在他的办公室

"卡尔在他的办公室工作。"

d. Karl worked [补述语 on his manuscript].

卡尔工作在他的手稿

"卡尔在写他的手稿。"

e. Karl worked on his manuscript [附加语 in his office].

卡尔工作在他的手稿在他的办公室

"卡尔在他的办公室写他的手稿。"

（二）择重律

深重律容许核心重音在内嵌最深的任何类型的短语上实现。然而并非所有的语言均遵循这一规则，事实上，很多语言对于实现核心重音的短语类型有其自身的偏好。譬如德语动词居末的句子只能把核心重音指派给句中最深嵌的动词短语。据此，Zubizarreta（1998：56）提出了择重律（Selectionally-based NSR）[①]：

（3）择重律

给定两个节点 C_i 和 C_j，若 C_i 和 C_j 为选择次序，那么在选择排序上较低的一个较为凸显。

遵循择重律的语言只有动词选择的成分（即动词的补述语）才

[①] 择重律在运作时依循 Kayne（1994）提出的线性对应定理（Linear Correspondence Axiom），因此被句末动词所选择的补述语，虽然在线性次序上并非句子最右边的成分，但事实上，在底层结构中是最深嵌且最右边的成分。

可以实现核心重音，附加语成分不能取得核心重音，因此在择重律下，核心重音出现的位置不再限定为句子最右边的成分。

根据这一规则，下面德语动词居末的例句中内嵌最深的成分如是补述语才能取得核心重音，而若内嵌最深的是附加语，核心重音则转由动词实现。例如（Zubizarreta 1998：51）：

（4）a. Peter hat [补述语 an einem <u>papier</u>] gearbeitet.

　　　彼得在一张纸工作

　　　"彼得在写论文。"

　　b. Peter hat [附加语 an einem kleinen tisch] <u>gearbeitet</u>.

　　　彼得在一张小桌子工作

　　　"彼得在一张桌子上工作。"

（5）a. Er hat sie [附加语 im schlaf] <u>geküßt</u>.

　　　他她在睡觉吻

　　　"他当她在睡觉时吻她。"

　　b. Er hat sie [补述语 in den <u>schlaf</u>] geküßt.

　　　他她在睡觉吻

　　　"他吻她以使她睡着。"

（三）辖重律

冯胜利（Feng 2003a：1091）发现普通话的核心重音遵循的是辖重律（Government-based NSR）：

（6）辖重律

　　给定两个姊妹节点 C_i 和 C_j，若 C_i 和 C_j 为选择次序，且彼此管辖，那么 C_j 则较凸显。

辖重律与择重律相同之处在于它们只允许补述语取得核心重音，但是，辖重律对于承载核心重音的成分要求得更为严格，核心重音只能给予动词直接管辖的补述语。因此，汉语动后介宾短语，只有在介词并入动词的情况下,介词宾语才能取得核心重音(详细讨论可见第六章第五节)。例如(Feng 2003a:1087):

(7) a. 他想睡[补述语在小床上]。
    b. *他想睡[附加语在家]。
(8) a. *他放了[补述语在椅子上]。
    b. 他[放-在]了椅子上。

二、核心重音在不同方言中的不同表现

现有的三种核心重音类型,每一种都对核心重音的负载成分有不同的要求:深重律只要求句子中最深嵌的成分承载重音;择重律要求实现核心重音的成分是最后一个动词所选择的补述语;辖重律则要求实现核心重音的成分既是最后一个动词所选择的补述语,而且该成分须受最后一个动词直接管辖。研究方言时,只要考察该方言对于实现核心重音的成分有怎样的要求,就大体可知其核心重音律的类型。具体来说,核心重音在不同方言中需考察的对象至少包括下面这些(唐文珊2018:26):

(9) 核心重音在不同方言中的考察对象
    a. 附加语能否承载核心重音
    b. 介词短语能否承载重音
    c. 有无介词并入现象
    d. 核心重音实现的方式(如:音节数量、延长时长等)

句法和语音在不同的方言之间有或多或少的系统上的差异(句法系统、音系系统以及节律音系系统),因此由句法和音系系统决定核心重音在不同系统里的表现。核心重音在不同的语言里有类型之别,它在不同的方言里也会有类型上的不同和差异。

三、方言介词的性质与其韵律语法表现

既然不同核心重音规则的差异主要体现在句末短语上,那么,观察不同方言的句末短语的性质及其特殊性,便可以判断该方言的核心重音类型。由于所有核心重音规则都允许句末动词短语携带核心重音,动后介宾短语在有的语言中为附加语,有的则为补述语,它的句法性质和能否承载核心重音,直接反映核心重音的类型,因此成为核心重音研究的一个重要的研究对象。具体来说,这一问题有两个要点,一是介词短语能否携带核心重音,二是携带核心重音的介词短语是否必须为补述语。

普通话、香港粤语、温州方言和惠阳淡水客家话采用的都是辖重律,核心重音由动词指派给它直接管辖的补述语。在一般规律发生作用的情况下,个别的例外一定有其他原因在起作用。

汉语介词来源于动词,已经完成语法化的介词无法指派核心重音。可是,不同方言中的介词的动词属性强弱不一,动词性较强的介词仍保留了指派核心重音的能力,而动词性较弱的介词则无法指派核心重音。在动后介宾结构中,完全虚化的介词无法指派核心重音,并且会阻断动词对介词补述语的管辖,因此核心重音不能由完全虚化的介词补述语承载。在辖重律作用下,介词补述语要取得核心重音只能采用两种方式:其一是介词本身仍保留了动词性质;其二是利用韵律整饬,如介词并入动词来构成复杂动词。下文以惠阳淡水客家话、温州方言和香港粤语去分别说明。

(一)"介词"的韵律整饬

惠阳淡水客家话有介词并入的情况,作为补述语的介词短语只有在介词与动词合并成复杂动词后才能取得核心重音。例如(黄韵瑜 2015):

(10) a. *鸟子落开在树丫。[1]

---

[1] 方言语例的第一行为语言实例,楷体文字为该句的对应释词,引号内是该句的标准语释文。

小鸟落了在树枝

"小鸟落了在树枝上。"

b. 鸟子落在开树丫。

小鸟落在了树枝

惠阳淡水客家话也存在介词不并入动词的情况，例如表面上看似是介词的"畀（给）"不会触发介词并入。其原因是"畀"的动词性很强，因此核心重音可以由"畀"直接指派给其补述语。例如（黄韵瑜 2015）：

（11）a. 捉一本书送开畀你。

把一本书送了给你

"把一本书送给了你。"

b. * 捉一本书送畀开你。

我把一本书送给了你

温州方言的动后介词结构同样说明了"介词"的动词性影响核心重音的指派。温州方言不存在介词并入的情况。这是因为温州方言的"介词"都用作了动词，从而成为核心重音的指派者，这也就意味着温州方言仍然符合辖重律的要求。例如（朱赛萍 2015：93）：

（12）a. 动词 拉_{体貌词} 囥 名词短语

b.* 动词 囥 拉_{体貌词} 名词短语

例（12）中"囥"没有与前面的动词并合。这是因为温州方言中"囥"既可做介词，也可做动词，动词的"囥"和介词的"囥"声调不同，根据其声调我们可以清楚地确定上例的"囥"为动词。"囥"为动词，因此它无须与前面的动词合并以指派核心重音，二者没有发生并入运作的一个重要的证据是体貌词"拉"可以出现在前面的动词和"囥"之间。

与"囥"不同,"到"在温州方言里为真正的介词。但是"到"同样没有触发介词并入的运作。例如(朱赛萍 2015:104):

(13) a. 存拉_{体貌词}到银行底_{方位词}。
　　 b.*存到_{体貌词}拉银行底_{方位词}。

根据朱赛萍(2015:104),上面的结构实际上是利用了模仿本土结构的方式让"到"暂时取得了动词的性质。[V 囥 NP]是一个本土原生的结构,而[V 到 NP]是外来的结构。在语言接触时,外来语进入本土语言一般会仿照本土语调整。由于[V+拉+到+NP]和[V+拉+囥+NP]两种结构表达的句法语义类型有相似之处,所以[V+拉+囥+NP]会影响[V+拉+到+NP]的形成。这种结构的模仿,使"到"在该结构中暂时取得了动词的地位,并把核心重音指派给自己的补述语。

香港粤语的介词也没有并入动词。这是因为香港粤语的介词十分特殊,它可以像动词一样带体貌词(何丹鹏 2015),可见,香港粤语的介词有很强的动词性。例如:

(14)我喺过呢间餐厅食饭。
　　我在过这家餐厅吃饭

由于粤语的"介词"用如动词,"介词"的补述语就可以取得核心重音。香港粤语没有介词并入的动因,介词并入也就不合法。例如(唐文珊 2015):

(15) a. 佢摆咗喺凳度。
　　　 他放了在椅子上。
　　 b.*佢摆喺咗凳度。
　　　 他放在了椅子上。
(16) a. 我将本书送咗畀你。
　　　 我把本书送了给你。

b.* 我将本书送畀咗你。

我把本书送给了你

（二）动介结构对 NP 的轻重要求

完全虚化的介词和动词性较强的介词，除了会否触发介词并入这一差异外，还会影响介词对补述语类型的选择。纯粹的介词短语无法负载核心重音，因此它必须集体轻读，以成为界外成分（如果动词后宾语已有重音），这就决定了介词短语只能带不重读的定指成分。非定指成分是参重成分[①]，不能轻读，因此，如果动宾后面的介词的宾语是非定指成分，那么它不能成为没有核心重音指派能力的介词的补述语。[②] 例如（朱赛萍 2015：51；Feng 2003a：1108）：

（17）普通话

  a.* 送几本书给三个学生。

  b. 送几本书给这三个学生。

（18）普通话

  a.* 我放了那些纸在好几个杯子上。

  b. 我放了好几张纸在那些杯子上。

温州方言的情况与普通话相同，由于动词的补述语是承载核心重音的成分，所以该结构的动词补述语可以是非定指的参重成分，但是介词的补述语就只能是定指成分（朱赛萍 2015：51、47）：

（19）温州方言

  a.* 送徕本书匄三个学生。

  送几本书给三个学生

  b. 送徕本书匄个三个学生。

  送几本书给这三个学生

[①] "参重成分"指的是能参加核心重音指派的成分。

[②] 参见第六章的相关说明。

（20）温州方言

　　a.*存三千钞票园三个弗一色个银行底。
　　　存三千块钱放三个不一样的银行里
　　b. 存三千钞票园个个银行底。
　　　存三千块钱放这个银行里

由于香港粤语介词普遍保留着动词的特征，因此香港粤语的介词与普通话和温州话不同，它并不限制补述语的类型，既可以带非定指名词，也可以带定指名词。例如（唐文珊 2015）：

（21）a. 我摆咗嗰啲纸喺好几个杯度。
　　　我放了那些纸在好几个杯子上
　　b. 我摆咗好几张纸喺啲杯度。
　　　我放了好几张纸在那些杯子上
（22）a. 送几本书畀三个学生。
　　　送几本书给三个学生
　　b. 送几本书畀呢三个学生。
　　　送几本书给这三个学生

粤语句末"介词"短语可以承载核心重音，动介结构中的介词和其直接宾语就是句子的核心重音范域，所以介词补述语既可以是非定指名词，也可以是定指名词。

第二节　不同方言中的时态短语韵律

如前所述，韵律语法的层级结构分为动词短语韵律（核心重音）、时态短语韵律（焦点重音）和标句短语韵律（句调重音）。韵律对语法的制约可以只在其中一个层级起作用，也可以跨层级相互作用。与狭域焦点重音相关的韵律制约语法现象就一般是两个不同的韵律层级互动的结果。

时态短语韵律关注的是焦点重音，本章的"焦点重音"指的是狭域焦点重音。相对于广域焦点下的核心重音，狭域焦点重音出现的位置十分自由，句子中的任何成分均可承载焦点重音，甚至一个词的某一个音节也可以承载焦点重音。焦点重音主要依靠音高、音强和音长的变化来实现，语言不同其手段不同。

在某些语言或方言中，焦点重音必须与核心重音的位置相互协调，以避免狭域焦点重音与核心重音规则发生冲突，这种不同层级之间产生的冲突可称之为韵律冲突（P-conflict）。

一旦韵律冲突发生，就必须进行韵律整饬以调解韵律矛盾。下面我们来介绍一下语言中常见的四种韵律整饬方式，它们分别是韵律触发的移位、删除、部分重复和韵律补偿。

一、韵律移位

韵律移位（P-movement）意思是"韵律促发的移位"，专门指为了让承载焦点重音的成分出现在实现核心重音的位置上而进行的移位。Zubizarreta（1998：99）在有关西班牙语的研究当中曾指出，将焦点成分移出去，从而让承载狭域焦点的成分出现在可以实现核心重音的位置上，这种移位是韵律触发的操作，由此将其命名为韵律移位。

汉语中最为典型的韵律移位现象是代体结构（冯胜利 2013a：243）。例如：

（23）普通话
  a. 用电扇吹风→吹电扇
  b. 用毛笔写字→写毛笔
  c. 在饭馆吃饭→吃饭馆

方言中也有与普通话一致的代体结构，例如香港粤语的代体结构同样也是调解韵律冲突的结果：

（24）香港粤语
    a. 用冻水冲凉→冲冻水

       用冷水洗澡
    b. 喺大家乐食饭→食大家乐

       在大家乐（饭馆名称）吃饭

代体结构中，动词后的宾语，并非动词的真正宾语。这是动词发生了核心动词移位，移至轻动词位置，从而形成的次序。下图中的 Ø 代表非音化抽象动词（冯胜利 2013a：247）：

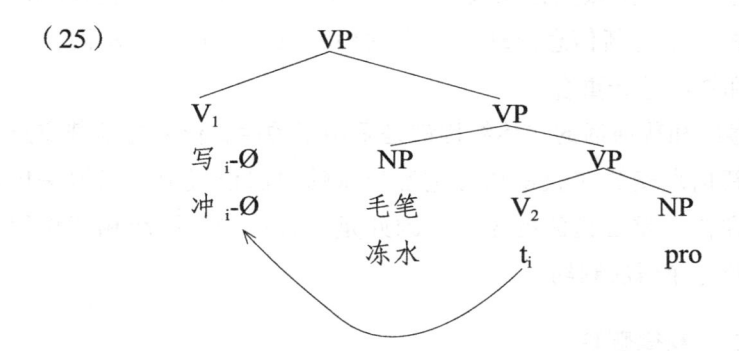

（25）

```
            VP
           /  \
         V₁    VP
        写ᵢ-Ø  /  \
        冲ᵢ-Ø NP   VP
             毛笔  / \
             冻水 V₂  NP
                 tᵢ  pro
```

根据辖重律，核心重音由动词指派给其直接管辖的补述语，并以相对凸显的方式表现重音。可是考虑到上例的信息结构，就会发现核心重音指派的位置和信息结构造成了冲突。邢福义（1993）指出能当代体结构宾语的名词都代表了一种新信息，即是说，上例的"毛笔"和"冻水"都是新信息。综合以上两点，代体结构在进行移位前的句法、信息与焦点重音结构必然如下（冯胜利 2013a：252）：

（26）移位前信息与焦点重音结构

    [Ø 毛笔 新信息/重][写 pro 旧信息/轻]

    [Ø 冻水 新信息/重][冲 pro 旧信息/轻]

从信息结构来看，代表新信息的"毛笔/冻水"出现在代表旧信息的"写/冲"前，句末位置为旧信息占据。由于新信息一般是重的，而旧信息一般是轻的，因此移位前是前重后轻的结构。可是，汉语辖重律产出的应该是前轻后重的重音结构。这就造成了焦点重音和核心重音位置的不对应（冯胜利2013a：252）。

（27）核心重音前轻后重
　　　[Ø 毛笔]_轻[写 pro]_重
　　　[Ø 冻水]_轻[冲 pro]_重

为了调解焦点重音和核心重音的冲突，便需要进行韵律移位，以让相对重的新信息出现在句末的核心重音位置上，从而让焦点重音和核心重音重合。

粤语和普通话的代体结构都是采用了韵律移位来把承载焦点重音的新信息安放在获得核心重音指派的语法位置上，以解决焦点重音和核心重音指派的矛盾，因此是一种跨韵律层级相互作用下产生的韵律语法制约。

二、韵律删除

香港粤语存在一种为调解狭域焦点和广域焦点的冲突而进行的韵律整饬，这可以看作典型的韵律删除。粤语的一类倒置双宾语结构限制了间接宾语的类型。韵律删除指为了调解焦点重音与核心重音的冲突而进行词项删除的运作。在下例中，删除了与格词从而让焦点重音和核心重音指派重合。

（28）a. 双宾语结构：　动词　间接宾语　　直接宾语
　　　　　　　　　　*送　　佢　　　　一本书
　　　　　　　　　　送　　他　　　　一本书
　　　b. 与格结构：　动词　直接宾语　与格标记　间接宾语
　　　　　　　　　　送　　一本书　　畀　　　　佢
　　　　　　　　　　送　　一本书　　给　　　　他

c. 倒置双宾语结构： 动词　　直接宾语　间接宾语
　　　　　　　　　　送　　　一本书　　佢
　　　　　　　　　　送　　　一本书　　他

邓思颖（Tang 1998；邓思颖 2003）运用"无声半拍假定"（Silent Demibeat Addition Hypothesis）证明倒置双宾语结构中的直接宾语和间接宾语之间确实存在一个空成分，所以倒置双宾语结构其实是带有无声与格标记词的与格结构。唐文珊（2015）根据香港粤语倒置双宾语结构删除与格词的不同机制再把其细分为两类：第一类是由同音删除产生的倒置双宾语结构，其动词为"畀（给）"，由于动词和与格标记词"畀（给）"同音，因此与格标记词被删除；第二类是并非由同音删除产生的倒置双宾语结构，其动词和与格标记词不同音，但仍然省略了与格标记词。因为第二类倒置双宾语结构的动词和与格标记词不同音，所以此与格标记词的省略并非同音删除，而是一种调解焦点重音与核心重音的冲突的选择性操作。

（29）倒置双宾语结构类别
　　a. 第一类　由同音删除产生的倒置双宾语结构
　　　　　　　畀 样野 你
　　　　　　　给个东西你
　　b. 第二类　并非由同音删除产生的倒置双宾语结构
　　　　　　　送 样野 你
　　　　　　　送个东西你

两类倒置双宾语结构所能选择的间接宾语有显著的差异。第一类倒置双宾语结构与典型的与格结构一样，对自己能携带的间接宾语没有任何制约；第二类倒置双宾语结构，则只能选择轻的间接宾语，这恰好就是一种与焦点重音相关的韵律制约。例如（唐文珊 2015）：

（30）倒置双宾语结构所能携带的间接宾语类型
    a. 第一类：同音删除
        畀个苹果 嗰个细路 / 妈妈 / 佢。
        给个苹果 那个小孩 / 妈妈 / 他
    b. 第二类：调解冲突
        送个苹果 * 嗰个细路 /* 妈妈 / 佢。
        送个苹果 那个小孩 / 妈妈 / 他
（31）与格结构所能携带的间接宾语类型
        送个苹果 畀 嗰个细路 / 妈妈 / 佢。
        送个苹果 给 那个小孩 / 妈妈 / 他

上文提及香港粤语的介词有很强的动词性，可以指派核心重音给它的补述语，因此位于句末核心重音位置的"介词"补述语可以是重的间接宾语。唐文珊（2015）指出第一类倒置双宾语结构是先指派核心重音，再进行同音删除，所以第一类倒置双宾语结构仍然可以携带重的间接宾语。

（32）与格结构与第一类倒置双宾语结构的核心重音指派
    V DO ［与格 / ⌴IO］
        [w   s]
            重宾语

可是，第二类倒置双宾语结构的与格标记词的删除并非同音删除，而是为了改变承载核心重音的位置才删除的，所以间接宾语不轻就无法触发与格标记词的删除。与格标记词存在的时候，动宾短语和介词短语各自形成一个韵律短语，"介词"短语是核心重音范域。可是，在与格标记词删除后，轻的间接宾语就往前黏附在动宾短语上，并与其合并成一个单一的韵律短语。同时，这个新形成的韵律短语就成了句末最后一个韵律短语，核心重音将由直接宾语承载。

（33）焦点重音与核心重音范域
    a. 有与格词：   V DO$_{焦点}$（与格 IO）$_{核心重音范域}$
    b. 没有与格词：（V DO$_{焦点}$ IO）$_{核心重音范域}$

间接宾语如是一般不参与重音指派的代词，就可以顺利进行韵律黏附，可是，如果间接宾语是无法轻读的长宾语就不能满足韵律要求。

（34）第二类倒置双宾语结构的核心重音指派

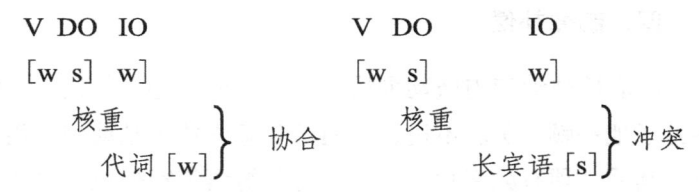

    V DO IO   V DO   IO
    [w s] w]   [w s]   w]

    核重   核重
            } 协合   } 冲突
    代词 [w]   长宾语 [s]

当与格结构中承载焦点重音的成分是直接宾语时，粤语就可选择以删除与格词的方式来调整核心重音位置，以让焦点重音和核心重音重合。

当狭域焦点重音和核心重音指派的位置不一致，粤语可以选择性执行与格词删除，删除的结果是核心重音的承载者会从动词性强的介词补述语转移到动词的直接宾语上。因为这是一种为了转换核心重音承载者而进行的韵律删除，因此只有介词动词性强的语言或方言才可能采用。普通话的介词已经完全虚化，所以普通话没有相类的操作。

三、部分重复

在香港粤语口语中（普通话也有类似的现象），说话者有时候会把句子的部分内容重复再说一遍。这种部分重复是为了强调句子中的标句短语。例如（陈冠健 2016：33—36）：

（35）部分重复
    a. 我食意粉呀 [我食]$_{重复部分}$
    我吃意粉呀我吃

b. * 我食意粉呀［我食意粉］重复部分
我吃意粉呀我吃意粉

利用部分重复去协助实现焦点时，重复的部分可长可短，但是重复的部分不能包含携带核心重音的成分，可见香港粤语采用的是辖重律，亦即由动词指派核心重音。正因如此，实现焦点重音时也不能违反核心重音"一个句子只能有一个核心重音"的规定，所以禁止重复句子中携带核心重音的动词补述语。

四、韵律补偿

汉语长被动句内嵌动词后有复指（或语迹）代词（"张三被警察打了他一顿"）。不过，普通话和粤语的长被动句使用复指代词时，其后必须有频率短语或持续时间短语等额外成分以作为韵律补偿。韵律补偿（prosodic compensation）指利用其他成分的时长，以辅助实现重音，所选取的辅助成分是一般不吸引焦点重音的"一N"类成分。语法允许长被动句中出现复指代词。不过，长被动句使用复指代词时，其后必须有频率短语或持续时间短语等额外成分以作为韵律补偿。例如（唐文珊 2017a）：

（36）a. 粤语

小明$_i$畀细佬打咗佢$_{i/*j}$*（一下）。

小明 BEI 弟弟打了他一下

b. 普通话

小明$_i$被弟弟打了他$_{i/*j}$*（一下）。

（37）长被动句结构

a.［NP$_1$畀/被 NP$_2$ V * 复指代词］

b.［NP$_1$畀/被 NP$_2$ V（复指代词）频率短语/持续时间短语］

长被动句的复指代词是选择性使用的，所以它并非为拯救语法而出现，也就是说，复指代词的隐现并非由语法制约。长被动句中使用复指代词是为了强调。类似的现象也见于意大利语中，乔姆斯基（Chomsky 1981：323）指出："语迹可以拼读为代名词，如意大利语强调代词。"① 例如（Burzio 1981：112、176）：

（38）意大利语被动句
  a. Fu mandato Giovanni a prendere il libro
   PM 派 Giovanni P 取 Det 书
   "Giovanni 被派去取书。"
  b. Giovanni fu mandato lui ad occuparsi di quella faccenda
   Giovanni PM 派 3sg P 处理 P Det 事件
   "Giovanni 被派去处理那件事件。"

意大利语的宾语可以选择性上移，一旦宾语移出，它的语迹就可以拼读为代词，即上例中的 lui。Burzio（1981：112、176）和乔姆斯基（Chomsky 1981：323）同时指出：拼读出来的代词有强调的作用。

汉语长被动句内嵌动词后的复指代词，具有类似意大利语中的"语迹代词"的功能，亦即强调了整个行动。换言之，汉语的"语迹代词"强调的是整个动词短语。粤语复指代词出现在不同位置所强调的成分不同（唐文珊 2017a）：

（39）粤语被动句的复指代词   强调成分
  a. 张三佢畀警察打。   张三
   张三他 BEI 警察打
  b. 张三畀警察打咗佢一下。   事件
   张三 BEI 警察打了他一下

---

① 乔姆斯基（Chomsky 1981：323）的原文为："Trace may be 'spelled out' as a pronoun, as in the case of emphatic pronouns in Italian."

汉语长被动句狭域焦点重音和广域焦点重音实现的位置重合，很难实现动词短语狭域焦点，所以需要拼读出复指代词去实现动词短语强调。例如（唐文珊 2017a）：

（40）a. 张三畀警察 [_{NS/VP emphasis} 打 Ø]。
　　　b. 张三被警察 [_{NS/VP emphasis} 打了 Ø]。

焦点是通过拉开与普通形式的距离的办法去实现的，即焦点成分必须与它正常的形式保持一定的差异（Deviation）。拼读出复指代词使该被动句不同于普通的被动句，以这种方式去表达狭域焦点是一个既合理又方便的选择：第一，出现复指代词不会对语义造成很大的影响；第二，复指代词是要强调的动词短语的一部分，采用它来帮助强调十分适合。

可是，拼出的复指代词是韵律上隐形的成分，是一个弱读成分，其先天条件注定它的重量不足以独自承担强调动词短语的功能，所以它需要额外的辅助成分去做出韵律补偿。这就解释了为什么复指代词后都必须有频率短语或持续时间短语等额外成分，句子才上口。例子中的"一下"是作为韵律补偿而出现的，它有一定的时长，又不是一个韵律上的强形式，一般不会把重音吸引过去，因此，"一下"就成了一个辅助复指代词强调动词短语的理想选择。①

香港粤语和普通话长被动句的语法结构一致，且面对相同的韵律制约。两者都要求长被动句复指代词后必须要有额外的成分以做

---

① "一 N"类并不是韵律上的隐形成分，只是它如非有意强调，一般不会成为狭域焦点。如上所及，作为韵律上的补偿，需要一定的时长，所以我们也可以预测韵律上隐形的成分难以使长被动句带复指代词合法化。量词是功能词，在很多语言中，包括北京话里，都是韵律上的隐形成分。所以当"一"省略了，我们可以预测频率短语／持续时间短语将无法辅助复指代词（唐文珊 2017a）：
（i）妹妹畀人踢咗（一）脚。
　　妹妹 BEI 踢 ASP 一 CL
　　"妹妹被人踢了一脚。"
（ii）妹妹畀人踢咗佢*（一）脚。
　　复指代词后的韵律隐形成分没有补偿作用，因此省略了数词后不合法。

韵律补偿，而且采用的都是不吸引焦点重音的"一N"类成分。

第三节　不同方言中的标句短语韵律

标句短语韵律讨论的是句调重音如何表现。一个语言可以采取超音段或音段两种语音手段来表达句调（冯胜利 2015b：62），因此，用语气词和用音调高低变化来表达句调不仅效果相同，机制也是一样的。冯胜利（2015b）提出"句末语气词是句调变体"的假说，得出非声调语言采用超音段手段表达句调（或句调素 intoneme），而声调语言则一般采用音段（语气词）的手段来实现句调的普遍规律。据此，人类语言的"句调类型"就可以预测如下：

(41) a. 有声调语言都有句末语气词；
　　　b. 非声调语言没有句末语气词（除非该语言有其他因素造成类似于句调和声调的冲突，才产生语气词）；
　　　c. 声调越多越复杂，句末语气词也越多越复杂；
　　　d. 句末语气词越多越复杂，句调就越简单越贫乏；
　　　e. 某一语言从非声调语言变成声调语言，将无可避免地带来"从无句末语气词变为有句末语气词"的平行发展。

根据这一理论预测，汉语方言中的语气词与句调之间，必然存在一定的对应性。本小节将介绍粤语语气词和句调的对应调查和是非疑问句与声调、句调、语气词的对应调查。

一、粤语句调与句末语气助词

张凌、邓思颖（2016）利用粤语句末助词的语音实验证明了粤语超音段特征有一定的语用意义（亦即，特定类型的句调是特定的句调素），并发现句末助词可以视为语段化的句调，提供了"语气词＝句调变体的假说"的粤语证据。粤语语气词的实现是句调和声调的叠加。粤语句末助词的声调与语义有一种对应关系。陈述时，会叠加低调或降调，表示疑问时则会叠加高调或升调。因此，粤语句末助词的声调并非普通意义上的声调，而是句调语段化和语气词化后的结果。

（42）粤语上升调语气词的分解
  a.T2（35）= T3（33）+ T1（55），或 M+H
  b.T5（23）= T4（21）+ T3（33），或 L+M

粤语第二声（35）和第五声（23）的语气词（如"定、系；吓、咧"）就是由叠加而来。第二声在阴去调（33）上叠加了阴平调（55），第五声在阳平调（21）上叠加了阴去调（33）。两者都是在原有声调上叠加了高调。张凌、邓思颖（2016：124）指出："粤语句末助词并不是任意的，而是与语义有一定的对应关系。若将粤语句末助词的声调视为普通的声调，则有违语音与语义关系任意的语言学通则。"

普通话句末语气词和语调之间也有对应。譬如陈述句采用降调，普通话会用语气词"啊"；问句采用升调，汉语对应语气词为"吗"；表达亢奋时用高调的"啊"，如"早上好啊"；表达焦点时则可以用降调的"哎"，如"你知道吗？他考上了大学了哎"（冯胜利 2015b：57）。

不同语言和方言中"句调–语气助词"的对应情况并不一定相同。可是，这种对应性并不是偶然产生，而是存在内在关系的。

二、是非疑问句声调、句调、语气词的类型学相关性调查

叶述冕（2016）调查了数据库中 260 种语言的声调系统表现和是非疑问句表达手段，也从类型学上证明了"语气词 = 句调变体假说"原理中"声调–句调"的对应性。其结果见表 11-1：

表 11-1　"声调系统复杂程度 - 语气词使用倾向"列联表

是非疑问句	声调系统					
	无声调		简单声调系统		复杂声调系统	
	数量 / 种	占比 / %	数量 / 种	占比 / %	数量 / 种	占比 / %
有语气词	83	53.9	45	68.2	35	87.5
无语气词	71	46.1	21	31.8	5	12.5
总计	154	100.0	66	100.0	40	100.0

所调查的语言中有 106 种是有声调语言，而在有声调语言当中则有 80 种语言使用语气词去表达是非疑问句，即有 75% 的有声调语言拥有语气词。该文统计进而证明了有声调语言更倾向使用语气词的预测。而且，比较拥有简单声调系统和复杂声调系统的语言的调查数据，可以看到拥有较复杂声调系统的语言有更大可能（87.5%）有语气词。这无疑从人类语言的普遍性上证明了句末语气词是句调变体的假说。

第四节　方言特性与韵律语法

方言间的语言差异，除了核心重音律和介词的性质所造成的核心重音承载成分的差异外，还可以是实现核心重音方式的差异。方言的个别语言特性，如语音特性、韵律形态要求、相对凸显的实现方式等都会影响核心重音承载成分最后的面貌。因此，本节将介绍方言的个别语言特性（即方言的韵律形态和方言实现相对轻重的方式）如何影响韵律对语法的制约。

一、韵律形态

一般所言的形态是指利用语音的手段（如加缀、变形等）来改变一个成分的语法性质，韵律形态则指通过韵律这种超音段成分实现形态功能（详见第九章），如用超音段手段实现名词标记就是一例。粤语的处所名词，处于主题短语内时，需要满足一个音步的大小，其本质是用超音段手段（双音节规则）实现主题短语的标记，即主题 $_{\sigma\sigma}$。[1]

普通话动词或介词选择非专有名词作为处所名词短语时，处所名词短语中必须包含有声方位词，可是香港粤语的处所名词短语里，却可以选择使用有声或无声方位词两种方式。例如（唐文珊 2017b）：

（43）a. 普通话：我坐在沙发 *（上）。
　　　b. 粤语：　我坐喺梳化（度）。
　　　　　　　我坐在沙发 方位词

与普通话有所不同的是，单音节和多音节粤语处所名词短语无论是处于附加语内，还是处于句末核心重音位置上，都可以选择性使用有声或无声方位词。例如（唐文珊 2017b）：

（44）a. 附加语：
　　　　　爸爸妈妈喺厅（度）食紧饭。
　　　　　爸爸妈妈在客厅 方位词 吃着饭
　　　　　"爸爸妈妈正在客厅吃饭。"
　　　b. 核心重音：
　　　　　佢乜都记喺心（度/里面）。
　　　　　他什么都记在心 方位词
　　　　　"他什么都记在心里。"

第二种情况是，当处所名词短语位于句首主题短语[2]时，只有双音节或多音节普通名词可以自由选择使用有声或无声两种方位词，而单音节的普通名词则必须使用有声方位词，以利用双音节来标识

---

[1] 别的语言或采用音段手段去标识主题,譬如日语的主题后必须带标记"は"。
[2] 主题短语（Topic Phrase）是主题所处的句法位置，位于句法树的上端。

主题 $_{\sigma\sigma}$。例如（唐文珊 2017b）：

(45) a. 客厅（度）有只狗。
　　　客厅 方位词 有只狗
　　b. 厅*（度）有只狗。
　　　客厅方位有只狗

这是因为主题短语是一个独立的音韵短语（Phonological Phrase）。语言中普遍存在韵律成分的大小限制，主题短语处所名词短语必须为双音节，体现的正是这种对韵律成分大小的制约。以汉语为例，单音节词在一些语境中不能独立（冯胜利 2009c：176）：

(46) 年龄　甲："他今年多大了？"
　　　　　乙："*五。""五岁。""十五。""十五岁。"
　　　日期　甲："今天几号？"
　　　　　乙："*八。""八号。""十八。""十八号。"
　　　地名　甲："您去哪儿？"
　　　　　乙："*通。""通州。""大兴。""大兴区。"
　　　国名　甲："您去哪儿？"
　　　　　乙："*美。""美国。""日本。"
　　　人名　甲："您怎么称呼？"
　　　　　乙："*叫我宁吧。""叫我李宁吧。"
　　　　　　　"叫我建明吧。""叫我李建明吧。"

当然，不同语言对韵律成分的大小要求并不相同。粤语要求音韵短语的大小为最小一个音步，粤语的一个音步由两个音节组成，所以位于主题短语内的处所名词短语就必须是两个音节。因此，双音节处所名词短语可以选择使用有声或无声方位词，但单音节处所名词短语则需要有声方位词以组成双音节音步。

主题短语内的处所名词要满足双音节音步，以实现主题短语标记（Topic$_{\sigma\sigma}$）的韵律形态才合法，也就是说，双音节音步就是主题短语的韵律形态要求。

二、相对轻重的实现

核心重音律决定句子的哪个成分可以承载广域焦点下的核心重音，而核心重音的实现则是采取相对轻重的方式。相对轻重在不同语言中可以通过音高、音长、音强、音节数量，或是其他方式来表现。

郑张尚芳（2017）发现温州方言的轻重关系是以变调的方式实现的，而这种实现方式同时也彰显了该词的词性。以"炒饭、报酬/报仇"两组词语为例，如果是名词的话，前字"炒"和"报"会变调，而如果是动宾的话，则要读成轻重式，动词"炒"和"报"必须读成轻声。变调后，名词的"炒饭、报酬"是前重后轻的扬抑格，动宾的"炒饭、报仇"是前轻后重的抑扬格。

汉语要求核心范域内的动词和宾语要以相对凸显的方式实现重音，因此"读报纸"合法，"阅读报"不合法，而动词和宾语音节数量相等的动宾形式"读报"也合法。温州方言的变调证明了在动词和宾语音节数量相同的环境下，宾语仍然比动词相对为重。

本章讨论方言中韵律对语法的制约。方言韵律语法研究需要考察每一个方言所采用的核心重音规则，从而确定汉语各方言是否都采用辖重律去指派核心重音。而在此之上，由于汉语方言各自有其独特的语音系统、词汇特性和韵律形态等，种种因素交互影响下，采用相同的核心重音律的方言之间，韵律制约语法的情况仍然会出现差异。

第十二章 与韵律语法相关的学科

前面各章基于汉语事实讨论了韵律语法学的理论体系架构和韵律语法的运作机制，以及韵律语法在汉语历时演变和汉语方言中的作用方式与表现。在此基础上本章进一步探讨韵律语法学与相关学科中的结合和交融情况，主要包括韵律文体学（如诗歌、骈文、散文的韵律）、韵律语体学、韵律音韵学以及句读和吟颂等学科交叉领域的探索。

第一节 诗歌的韵律

在文学艺术的各种形式中，诗歌与韵律的联系最为紧密，节奏和谐也一直为古今诗家孜孜以求。那么，现代语言学中韵律语法的研究，对诗歌韵律研究有何启发？汉语诗体的发展过程中，韵律学原理又如何发挥作用？本节即尝试在诗体韵律中寻找语言学的普遍规律，探索诗歌的韵律特征。

一、诗律：诗歌的形式要求

什么是诗？首先，有诗意方可为诗。缺乏诗意的文字，即使节奏鲜明、朗朗上口，也未必能成为诗歌。其次，在有诗意的基础上，具有诗歌韵律形式的文字才能称为诗。诸多文学体裁都能在表达中实现诗意，例如散文诗并不是诗，然而却往往具有诗意。因此，具有诗歌韵律结构与否，是区分诗歌与其他体裁的一个重要标准。也就是说，在界定诗歌时，意义和形式的要求须同时具备，缺一不可。

诗歌的韵律研究关注诗歌在韵律形式上的表现，即"诗律"。诗律的本质是重复。汉语诗歌以押韵最为显著，前后诗行韵的重复，实现了节奏上的呼应。例如孟浩然《春晓》：

（1）春眠不觉晓，处处闻啼鸟（iao）。
　　 夜来风雨声，花落知多少（ao）。

除此之外，诗歌中的重复还有很多种。音段层面，英语诗歌中有头韵（alliteration）、谐元韵（assonance）的现象。韵律层面，汉语诗有韵脚的重复（即"押韵"），还有音节的重复，如"赫赫明明"（《诗经·大雅·常武》）；音步的重复，如"悠哉悠哉"（《诗经·周南·关雎》）；诗行的重复，如"祁父！"一句的三次重复（《诗经·小雅·祁父》）；甚至是诗章的重复，如《诗经·国风》中常见的重章叠唱。可以说，不同层面的重复是诗歌韵律的本质体现。

关于汉语诗律这种重复的特质，早在唐朝，日本遣唐僧遍照金刚（774—835）就以一行两分的方式定义三言、五言、六言和七言诗（参见遍照金刚《文镜秘府论》，今印本1975：17）。林庚（2000：73）也提出诗行的"半逗律"，认为每个诗行由"逗"分为两半。可见，汉语诗歌以一行两节为佳。这正是汉语诗歌诗行结构的最佳条件，也是最小条件，即：一个最小诗行＝两个节律单位（冯胜利2011b：48）。

（2）汉语诗歌结构的最小条件（Minimality Condition）
　　 单音不成步，单步不成行，单行不成诗。因此：
　　 一个最小音步＝两个音节（韵素音步时期则为两个韵素）
　　 一个最小诗行＝两个音步（或者两个节律单位）
　　 一个最小旋律单位＝两个诗行（一个诗联）
　　 一首最小的诗＝两个旋律单位（一首绝句）

（3）汉语诗歌结构的最佳条件 (Optimality Condition)

汉语诗歌结构系统默认最基本、最小的结构，是最佳的结构，因此汉语的最佳诗歌形式是：

【 { [(σ *2) *2]* 2} *2 】

其中"σ"代表音节，"( )"代表音步，"[ ]"代表诗行，"{ }"代表诗联，"【 】"代表绝句。

下面我们将会逐步发现，在汉语诗体的演变过程中，这一最佳条件发挥了至关重要的作用。

二、汉语诗体演变的韵律机制

对汉语诗体演变的原因历来有诸多讨论。从先秦二言诗发展到《诗经》中四言为主、兼有三言等杂言形式，直至东汉后五言诗产生、南北朝后七言诗的发展兴盛，汉语诗歌形式经历了不断发展演变的过程。文学史研究十分关注诗体呈现如此发展趋势的原因，并常常从功能驱动的角度进行解释，即：字数不断增多以适应不断发展的表达需求。然而事实并非如此。诗歌是语言的艺术，诗体发展也因此受到语言韵律系统变化的影响。汉语诗体是在诗行最佳条件的客观规律下，随着汉语韵律构词系统的发展而发展的。

（一）韵素音步与二言诗

汉语诗体以二言诗为肇始。由于年代久远且不见系统收集的原始材料，二言诗在汉语诗体的起始地位并未得到充分重视。然而事实上，二言诗的存在毋庸置疑。典型二言诗如《弹歌》："断竹，续竹。飞土，逐宍（即'肉'）。"（引自《吴越春秋·勾践阴谋外传》）两字一韵，四句成篇，勾画出了原始时代的狩猎场景。此外，《诗经》中也存在一些二言诗行，《周易》卦爻辞中二言诗的数目更是可观。

上古汉语作为对韵素敏感的韵素音步型语言，是二言诗得以存在的语言基础。

根据内部轻重单位性质的不同，音步可以分为韵素音步和音节音步（McCarthy & Prince 1993：46）。顾名思义，韵素音步的轻重在韵素之间实现，音节音步的轻重在音节之间实现。用树形图表示如下（μ代表韵素；σ代表音节；f代表音步）：

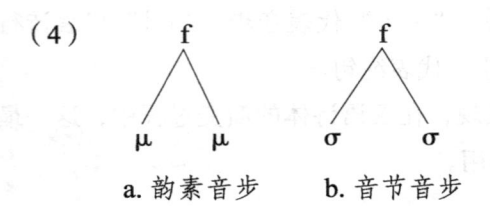

（4）

        f   f

    μ   μ   σ   σ

  a. 韵素音步   b. 音节音步

已有研究发现，不同于现代汉语以双音节为标准音步，上古汉语对韵素敏感，单音节可以独立形成一个韵素音步。[①] 在此基础上，二言诗中的单音节成分，内部可以通过韵素的轻重实现双分支，一个诗行中的两个音节形成两个音步，满足了前文所述诗行结构的最小条件。以《弹歌》为例，根据郑张尚芳（2003）的拟音，其诗行韵律结构可表示如下：

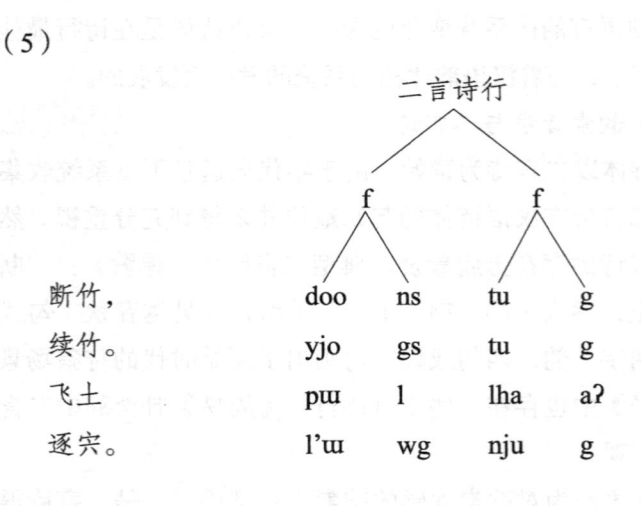

（5）

断竹，	doo	ns	tu	g
续竹。	yjo	gs	tu	g
飞土，	pɯ	l	lha	a?
逐宍。	l'ɯ	wg	nju	g

---

① 详参冯胜利（2012c）、赵璞嵩（2014）、李果（2015b）。

可见，远古二言诗行中的两个音节都是由两个以上韵素的韵母组成，即：$CV_{\mu\mu}CV_{\mu\mu}$，而不存在$CV_{\mu}CV_{\mu}$的情况（见下文）。

（二）音节音步与四言诗

自《诗经》时代开始，四言诗成为汉语诗歌的正统和主流。刘勰《文心雕龙·章句》有言，"诗颂大体，以四言为正"，即指出了以《诗经》为代表的四言诗的正统地位。诗体从二言诗到四言诗的发展，与汉语从韵素音步到音节音步的转型密切相关，是先秦时代韵律系统发展变化的文学见证。

与远古二言诗不同，《诗经》时代的诗行基本以四言为主。例如《诗经·国风·关雎》的第一部分：

（6）关关雎鸠，在河之洲。
　　窈窕淑女，君子好逑。

从上面短短几行诗句可以看出，《诗经》在词语构成上已经出现很多双音节词语。

传统语言学很早就关注到此种现象，将其界定为汉语的"双音化"，即双音节词语在语言中的大量出现。双音化不仅涉及联绵词，也涉及各类短语结构、句法结构甚至跨层结构词汇化后形成的双音节词（Feng 1997；冯胜利 1997；董秀芳 2002：48—291；庄会彬，赵璞嵩，冯胜利 2018）。在韵律音系学视角下，汉语双音化正是汉语音步转型的重要证据。在韵律系统的驱动下，汉语的构词系统发生了双音化的转变，即标准韵律词的产生；反映在诗歌文体上，便带来了四言诗体的产生与发展。

与远古汉语的韵素音步不同，音节音步使得诗行中的最小音步变为两个音节。根据前文所述汉语诗行结构的最佳条件，两个音步构成一个最小诗行，音节音步时期的最小诗行即为四个音节，由此便带来了四言诗的发展与兴盛。以《诗经·国风·关雎》中诗句为例，其韵律结构可分析如下：

（7）

```
        四言诗行
         /\
        f  f
       /|  |\
      关 关 雎 鸠
      在 河 之 洲
      窈 窕 淑 女
      君 子 好 逑
```

（三）超音步与五言诗

遍照金刚在《文镜秘府论》中如下定义五言诗："凡……上二字为一句，下三字为一句。五言。"（今印本 1975：17）根据汉语诗行最佳条件推导（见上（3）），五言诗的出现必定发生在三音节成为一个独立的韵律单位开始。事实也的确如此，汉语韵律系统中三音节音步（超音步）的产生和定型，与五言诗歌的出现呈现出显著的相关性。

我们首先看三音节结构在诗歌文体中的出现情况。早在《诗经》时代，就已经出现了像《诗经·国风·召南·江有汜》这样几乎通篇都是三言的诗歌：

（8）江有汜，之子归，不我以。不我以，其后也悔。
　　 江有渚，之子归，不我与。不我与，其后也处。
　　 江有沱，之子归，不我过。不我过，其啸也歌。

韵律结构可以表示如下：①

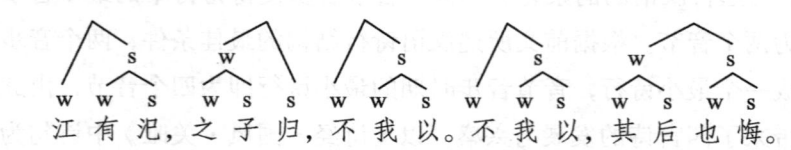

```
   s     s      s     s     s     s
  /|    /|     /|    /|    /|    /|
 w w   w w    w s   w w   w w   w s
 江有 汜， 之子 归， 不我 以。 不我 以， 其后 也 悔。
```

---

① "w"代表"轻"，"s"代表"重"。

考虑到"一个诗行=两个音步"的诗行最佳条件，可以确定的是，此时的三音节尚未形成一个完整的韵律单位，而是作为两个音步的组合，其具体韵律结构将在本节后文详细讨论。从《诗经》时代到东汉，原本可拆分为[1+2]或者[2+1]的三音节结构，在韵律上逐步酝酿、发展和成熟，逐渐成为一个独立、完整的韵律单位。

很多语言事实都指向了这一点。西汉之前没有三言诗体，也不存在三音节复合构词法。而到了东汉，《论衡》中已经出现了数目可观的三音节复合词，如"马下卒、丧家狗、东南方、万岁宫"等等，不一而足（冯胜利 2011b：53）。结合汉乐府中以《陌上桑》《孔雀东南飞》等为代表的五言诗在东汉产生的事实，可以发现，三音节复合词与五言诗之间存在一个平行发展的对应关系。例如汉乐府《陌上桑》：

（9）日出/<u>东南隅</u>，照我/<u>秦氏楼</u>。……
　　　头上/<u>倭堕髻</u>，耳中/<u>明月珠</u>。……

其韵律结构如（10）所示：

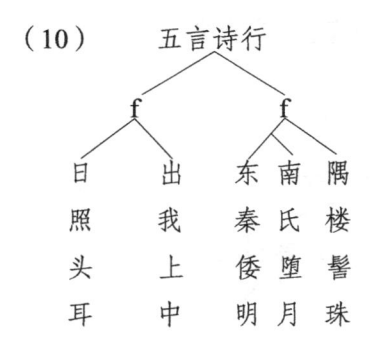

（10）　　　五言诗行

```
            f        f
           ╱ ╲      ╱ ╲
          日  出   东 南 隅
          照  我   秦 氏 楼
          头  上   倭 堕 髻
          耳  中   明 月 珠
```

也就是说，只有到了超音步成为汉语韵律构词系统中的一部分，三音节复合词能够自由创造以后，五言诗才开始兴盛起来。

（四）复合韵律词与七言诗

正如五言诗的产生以三音节形成超音步的韵律条件为基础，七言诗"上四字为一句，下三字为一句"（遍照金刚，今印本1975：

17）的诗行结构，也必然对"上四字"的韵律属性提出了新的要求，即：四音节作为复合韵律词，成为汉语韵律系统中独立的韵律单位。①

真正意义上"一行两段"的七言诗，在南北朝才开始出现。的确，早在屈原时代，就已经有"帝高阳之苗裔兮"（屈原《离骚》）这样七音节的诗句；《宋书·乐志》中如《旧邦曲》也出现了"旧邦萧条心伤悲"这样看似七言的诗句。然而，这些都并非真正意义上的七言诗律。《离骚》的七言句，是在《诗经》二步律基础上，加上节外拍、间拍词等成分形成的（冯胜利2014a）；《旧邦曲》中的七言诗行，实则为[4+3]式的断行诗，即前四音节为一行，后三音节为一行。到了南北朝，四音节在韵律上逐渐成为具有固定韵律格式的独立单位，即通常所谓的"四字格"，此时才有刘勰《文心雕龙·章句》中"四字密而不促"的语感出现，"密"即韵律上作为一个整体的模板属性。可见，在五言诗所依存的超音步复合词已经定型的基础上，复合韵律词在汉语韵律系统中的产生，是[4+3]的七言诗律得以形成的关键条件。例如吴均《行路难》：

（11）<u>年年月月</u> / 对君子，<u>遥遥夜夜</u> / 宿未央。

七言诗行的韵律结构如下图：

```
                  七言诗行
                 /        \
          复合韵律词    超韵律词
           /    \        / | \
          f      f      /  |  \
         / \    / \    /   |   \
        年  年 月  月  对  君   子
        遥  遥 夜  夜  宿  未   央
```

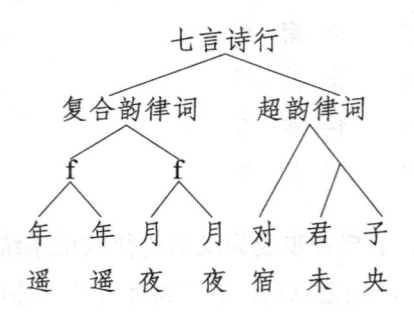

① 上文（2）汉语诗歌结构的最小条件（Minimality Condition）中的"一个最小诗行＝两个音步或者两个韵律单位"，在七言诗里就是：一个复合韵律词＋超音步。

总而言之，汉语诗歌从二言直至七言诗体的发展，是汉语韵律系统发展与汉语诗行最佳条件共同作用下的必然结果。

三、韵律影响诗体：二言诗"$CV_\mu CV_\mu$"诗行缺位

为进一步说明韵律系统对汉语诗体的重要影响，我们以二言诗为例进行专门考察。早在四言诗的集大成者《诗经》之前，上古汉语中就已经出现了二言诗。二言诗主要有三个来源：《诗经》、《周易》卦爻辞及其他散见于文献中的二言诗歌（袁愫 2016）。

首先，《诗经》收集了西周至春秋时期共 305 篇诗歌，其中 12 篇有二言诗行。总体而言，《诗经》中二言诗行的数目比较有限，均少量穿插于其他诗行中。例如：

（12）鱼丽于罶，<u>鲿鲨</u>。君子有酒，旨且多。
鱼丽于罶，<u>鲂鳢</u>。君子有酒，多且旨。
鱼丽于罶，<u>鰋鲤</u>。君子有酒，旨且有。……（《诗经·小雅·鱼丽》）

其次，《周易》卦爻辞中存在着大量二言诗行，是研究二言诗的重要材料。通过穷尽式搜集，共收集到 33 爻 82 句二言诗行。例如：

（13）屯如，邅如。乘马，班如。匪寇，婚媾。（《周易·屯·六二》）

此外，二言诗行还散见于其他文献中，共 5 首，全部列举如下：

（14）断竹，续竹。飞土，逐宍。（《吴越春秋·勾践阴谋外传》）
（15）候人，兮猗！（《吕氏春秋·音初》）
（16）燕燕，往飞！（《吕氏春秋·音初》）
（17）呜呼，有疾，命矣夫！（《吕氏春秋·音初》）

（18）瓯窭，满篝。污邪，满车。五谷，蕃熟。穰穰，满家。（《史记·滑稽列传》）

考察二言诗的韵律特征，首先要把握二言诗行的语音形式。根据郑张尚芳（2003）在《上古音系》中提出的上古拟音，我们对所有二言诗行进行转写。结果发现，二言诗行涉及的音节类型多种多样，诗行的整体音节类型也因此呈现出各类组合。然而值得注意的是，在全部诗行中，不存在两个单韵素音节的组合，即不存在音节结构为"$CV_\mu CV_\mu$"的诗行。这一现象恰与音步理论的预测相符合，从而反证远古韵素音步的存在。否则无法解释为什么没有[$CV_\mu CV_\mu$]结构诗行的事实。一般而言，音节声母不承担韵律重量（Hayes 1989）。$CV_\mu CV_\mu$型二言诗行，单个音节内部仅包含一个可充当韵素的元音V_μ，因此无法实现韵素的双分支，也就无法满足一个诗行两个音步的条件，所以必为诗歌韵律系统所排斥。如下图所示（袁愫 2016）：

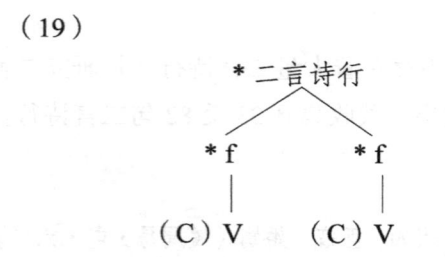

（19）

```
        *二言诗行
         /     \
       *f      *f
        |       |
      (C)V    (C)V
```

上古二言诗以韵素为音步单位，$CV_\mu CV_\mu$型诗行无法实现双分支，因此不可能存在于诗歌系统中，这正体现了韵律规则对诗体节律的制约与影响。

四、韵律影响诗体：难成诗体的三言与六言

在汉语诗歌体式的发展过程中，三言诗和六言诗独立于其他几类之外，虽有短暂的出现，但从未获得过主流诗歌的地位。这其中的原因，也与韵律密切相关。

三音节诗行的一大特点，即是韵律上大于两个音节的标准韵律单位，又不足以形成两组十足的音步。为使三音节诗行满足汉语诗歌构造的条件，三音节里的那个挂单音节，必须以停顿的空位为伴（以"#"表示），组成一个"虚音步"，如下图所示：

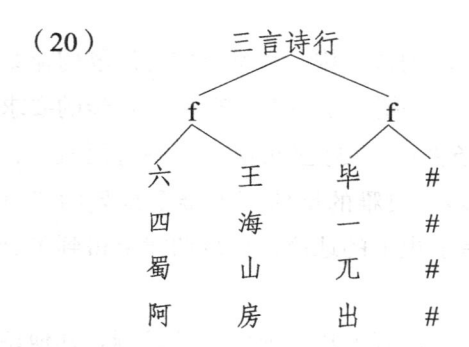

（20） 三言诗行

```
        f           f
       ╱ ╲         ╱ ╲
      六   王     毕     #
      四   海     一     #
      蜀   山     兀     #
      阿   房     出     #
```

不可避免，前后两个音步的轻重差别过于悬殊，形成典型的音步层悬差（可表示为：$[F_{\sigma\sigma}]+[f_\sigma]$），其音律结构也因此赋有诙谐的含意。在正式的诗歌文体中，三音节悬差过大的韵律特征决定其不可能有充分的发展，却在后世轻松诙谐的民谣中不绝如缕，最耳熟能详的便是宋朝的《三字经》及清朝的《弟子规》。

六言诗在古典文学中也从来没有昌盛过。根据卢冠忠（2014）的研究，六言诗绝大多数以 [2+2+2] 为韵律结构，即三个标准音步的组合，例如杜牧《代人寄远二首》：

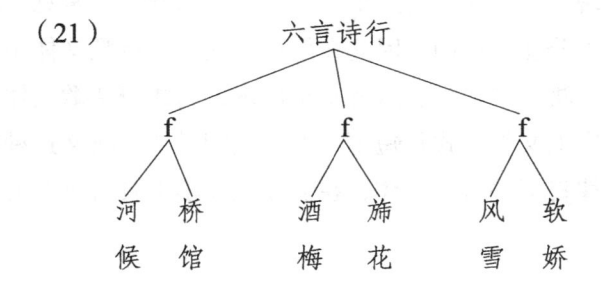

（21） 六言诗行

```
        f        f        f
       ╱ ╲      ╱ ╲      ╱ ╲
      河  桥   酒  旆   风  软
      候  馆   梅  花   雪  娇
```

与此同时，有极少数六言诗句为 [3+3] 的韵律结构，即两个超音步的组合，如嵇康《六言诗》：

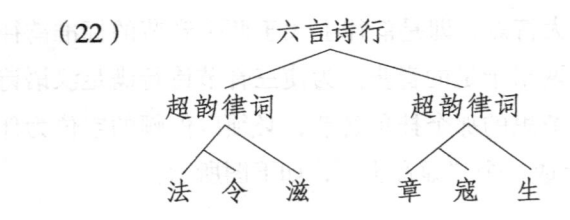

（22）　　　　　　六言诗行
　　　　　　／　　　　　＼
　　　　超韵律词　　　　超韵律词
　　　　／｜＼　　　　　／｜＼
　　　法　令　滋　　　章　寇　生

无论是 [2+2+2] 或是 [3+3] 的韵律结构，都难以成为诗歌韵律结构的优选。[2+2+2] 有三个音步，超过了一个诗行两个音步的要求，无法满足汉语诗歌的最佳条件；[3+3] 虽可满足"一行两段"，但每个音步本身是三音节音步，典雅的诗体不太接受重复的三言诗行。因此，六言诗在汉语诗歌史上的地位，也从韵律上得到了合理的解释。

韵律与诗体的关系问题，仍有大片领地尚未被发掘。其他诗体中韵律因素如何起作用？汉语韵律系统的发展，是否与诗体的演变有更深层的联系？诗歌的发展，对汉语韵律系统又是否具有反作用？这些都将是诗歌韵律未来研究的重要课题。

第二节　骈文的韵律

骈文又称"四六文"，是西汉产生的一种古典文学重要文体。它以四言句和六言句的连续对偶、交错使用为特点，是汉语文学追求骈偶的集中体现。一方面，骈文中有大量对偶的现象，常见句式重复和铺排，也十分注重押韵，因此在韵律形式上与诗歌文体密切相关；另一方面，骈文中四言、六言交杂出现，句式较诗歌文体相对错落，一定程度上又与句式长短不一的散文相类似。骈文这种兼具诗歌与散文韵律特征的特殊文体，在韵律文体学中具有重要的研究价值。

一、齐整之文：骈文与齐整律

讲求对偶、句式整齐，是骈体文最显著的节律特征之一。在声音形式上，骈文大多以四音节或六音节的工整对仗，形成重复而铿锵的韵律效果。这种工整的对仗，与诗歌文体的重复特质一脉相承。前面一节我们已经探讨了影响汉语诗体演变的韵律要求：一个诗行＝两个音步。实际上，诗歌最佳韵律结构不仅仅局限于诗行，从音节到音步，从诗行到诗联，从绝句到律诗，汉语诗歌的每一层韵律单位，都包含在汉语诗律的基本原则中，即上文（3）所示，重录如下：

（23）汉语诗律的基本原则
【｛［（σ*2）*2］*2｝*2】

两个音节构成一个音步，两个音步构成一个诗行，两个诗行构成一组诗联，两组诗联构成一首绝句。作为汉语诗歌构造在韵律上的基本原则，这一公式从形式上对汉语诗歌进行了定义，并直观地说明了汉语诗歌的显著特征：齐整。

无论在诗歌还是骈文中，我们都能直观感受到齐整的文体韵律特征。什么是文体韵律特征中的齐整律？简要说来，把口语中的节律提炼出来，再把它们整齐有序地排列在一起，就构成了具有齐整特征的韵律形式。我们之所以觉得骈文或诗歌朗朗上口，读起来易于记诵，就是因为它们的节奏相当整齐。

作为诗歌的第一要律，齐整是诗歌韵律的本质要求。定义如下（冯胜利2010a）：

（24）齐整律
　　　提炼口语的节律而形成的齐整有序的话语形式。

汉语诗歌不论音节数，无不体现着齐整律。例如：

（25）二言诗：贲如，皤如。白马，翰如。匪寇，婚媾。（《周易卦爻辞》）
（26）四言诗：蒹葭苍苍，白露为霜。所谓伊人，在水一方。

349

（《诗经·秦风·蒹葭》）

（27）五言诗：千山鸟飞绝，万径人踪灭。孤舟蓑笠翁，独钓寒江雪。（柳宗元《江雪》）

（28）七言诗：故人西辞黄鹤楼，烟花三月下扬州。孤帆远影碧空尽，唯见长江天际流。（李白《黄鹤楼送孟浩然之广陵》）

骈文中的齐整特质，主要表现在句与句之间的对仗。既有四音节或六音节的单句对仗，也有两组诗行之间的平行呼应，如吴均《与朱元思书》中：

（29）风烟俱净，天山共色。

（30）蝉则千转不穷，猿则百叫无绝。

（31）鸢飞戾天者，望峰息心；经纶世务者，窥谷忘反。

不难看出，作为诗歌第一要律的齐整律，在骈文中也有显著的运用。不同于古文运动后兴起的"散文"，讲求音节平衡、平仄工整的骈文，因此可看作"齐整"之文。

二、长短之诗：骈文与长短律

齐整律在骈文中发挥着重要作用，然而骈文毕竟有别于诗歌，是相对工整的"文"。什么是"文"？唐朝反骈俪之风，兴起"古文运动"，所提倡的"古文"即"散文"，这便是一般概念中的"文"。与诗歌在韵律上的特征恰恰相反，散文中不见整齐的重复，而是句式长短不一、参差错落。事实上，人们口头的话语，也并不会像诗歌那样整齐，而是字数不等，错落有致。散文模仿口语韵律，追求句式的自然分布，与口语韵律保持极高的一致性。

与诗歌的齐整律对应，散文中体现了"长短律"，定义如下（冯胜利2010a）：

（32）长短律

　　根据口语中的自然节律形成的话语形式。

骈文中三言、四言、六言或七言等多种音节形式的句子，在追求对仗工整（齐整律）之外，也常常呈现出错落分布（长短律）的特征，如鲍照《芜城赋》中：

（33）当昔全盛之时，车挂辖，人驾肩。廛闬扑地，歌吹沸天。

这种长短错落的句式分布，一般不出现在诗歌文体中，即使出现也并非诗歌的典型形式。可以说，和齐整律一样，长短律也在骈文中有大量运用，骈文因此可看作"长短"之诗。

三、骈文的齐整与长短：以《滕王阁序》为例

骈文通过对齐整律和长短律的交叉运用，形成了其独特的文体特征。我们选择骈文经典《滕王阁序》进行具体考察，对这种特殊的文学体裁进行韵律分析，挖掘其中的韵律特征和文体美学。

《滕王阁序》中基本以对偶句式贯穿全篇。除少数感叹语如"嗟乎、呜呼"之外，其余句式基本为四言或六言句。有"4+4"式的四言对偶，如"豫章故郡，洪都新府"；有"6+6"式的六言对偶，如"俨骖騑于上路，访风景于崇阿"；也有四言与六言的组合句式，如"4+6"式的"渔舟唱晚，响穷彭蠡之滨"，又如"6+4"式的"屈贾谊于长沙，非无圣主"。

四六言之外，亦有少数三言和七言句。三言句如"披绣闼，俯雕甍"，七言句如"落霞与孤鹜齐飞，秋水共长天一色"。其中，七言句的节奏与六言句类似，仅多出一个音节的间拍词，如上句中"与、共"，因此可作为六言变体。文中句式以四六言为主却又不局限于此，灵活加入三言和七言（六言变体），是运用长短律赋予作品长短不一的散文节奏。

除了对句之外，四句之间也可实现对偶。举例如下：

（34）[4+4]+[4+4] 式

  豫章故郡，洪都新府。星分翼轸，地接衡庐。

（35）[6+6]+[6+6] 式

  俨骖騑于上路，访风景于崇阿。临帝子之长洲，得天人之旧馆。

对偶句的重复，实现了齐整律的加强，是诗歌韵律在骈文中的典型体现。此外，[4+6] 式与 [6+4] 式句也可见对偶。例如：

（36）[4+6]+[4+6] 式

  渔舟唱晚，响穷彭蠡之滨；雁阵惊寒，声断衡阳之浦。

（37）[6+4]+[6+4] 式

  屈贾谊于长沙，非无圣主；窜梁鸿于海曲，岂乏明时？

总的说来，《滕王阁序》中，四言与六言的使用灵活多变，交替使用齐整与长短二律。既有四六相间，交错而行，也有四言、六言各自的重复铺排。两种韵律格式交错呈现，文章因此既显得气势磅礴，又不流于单调呆板，可谓齐整律与长短律的灵活搭配和使用。

第三节 散文的韵律

散文有狭义和广义之分。本节的散文泛指诗歌以外的文体（广义），而不是与小说、诗歌、戏剧并行的文学体裁（狭义）。

一、散文的界定

古人把文章二分为"文/笔"或"诗/文"等，其划分类似于今日的散文（prose）和韵文（verse）的区别。《文心雕龙·总术》云："今之常言，有'文'有'笔'，以为无韵者'笔'也，有韵者'文'也。"梁元帝萧绎《金楼子·立言》说："屈原、宋玉、枚乘、长卿之徒，止于辞赋，则谓之文，……至如不便为诗如阎纂，善为章奏如柏松，若此之流，泛谓之笔。"又如遍照金刚《文镜秘府论》引《文笔式》云："即而言之，韵者为文，非韵者为笔；文以两句而会，笔以四句而成。文系于韵，两句相会，取于谐合也；笔不取韵，四句而成，在于变通。"唐朝韩愈、柳宗元所倡导的古文运动主张"破骈为散"——既然骈文是讲求押韵、对仗的文体，那么骈散相对，可见散文即为不求押韵、对仗的体裁。由是观之，一篇文章属于"文"或"笔"、"散文"或"韵文"，其韵律表现必然是截然不同的。这里需要指出两点：

第一，虽然韵文大多押韵，但押韵并不是韵文的必要条件。押韵是一种追求齐整的手段，指在韵文的创作中，在某些句子的末字使用相同或相近的韵母，使吟诵或咏唱时声律铿锵和谐。然而，韵文并不都是押韵的，例如《诗经》里的"颂"多有无韵的作品，英国也流行一种符合抑扬格律要求、但并不押韵的无韵诗（blank verse）。同样，无韵并不是散文的必要条件，因为散文是不避齐整的（详见下文"散文韵律的基本特征"）。单以押韵作为定义散文或韵文的条件并不恰当。正如刘跃进（1992）所言："入梁以后，对于文学特征的认识进一步深入，许多作家已经不满足于仅从有韵等形式特征上区分文与笔的差异，因为许多应用文字也用韵。"事实上，历来不少散文名篇也有押韵的地方，例如韩愈的《进学解》：

（38）方今圣贤相逢，治具毕张。拔去凶邪，登崇畯良。占小善者率以录，名一艺者无不庸。爬罗剔抉，刮垢磨光。盖有幸而获选，孰云多而不扬？

现代也不乏押韵的散文：

（39）远方不动声色的云，和着冬日的寒意缠绵。安静地站在正退潮的海岸，刘海被风凌乱。直直的站立，无奈得张望着黑暗的无际无边。海岸线的斑白，没有了星辰，仅

有水天相连。(《押韵的悲伤》,经典散文吧,2011.2.19)

由此可见,散文里面可以押韵,也可有韵文、诗句等,但文章整体仍为散文。

第二,有人认为散文没有韵律,这是不正确的。散文的韵律与韵文不同,绝不等同说散文没有韵律。古今作家都注意到散文的韵律问题。《文心雕龙·声律》云:"属笔易巧,选和至难,缀文难精,而作韵甚易。""属笔"相当于散文,"缀文"则相当于韵文。刘勰说散文易于精巧,但"选和至难"。"和"是什么呢?刘勰说:"异音相从谓之和,同声相应谓之韵。""和"是不同字调谐协的结果。由于字调有高低抑扬之别,散文要做到声调和协是很难的。又如启功(1977)说:"散文句中也有各节抑扬的问题,篇中也有句式、句脚的排列问题。只是字面的对偶、句式的长短、句次的排列等都不那么机械严格罢了。"老舍(1980)说:"在一般的叙述中,长短相间总是有意思的,因它们足以使音节有变化,且使读者有缓一缓气的地方。短句太多,设无相当的事实与动作,便嫌紧促;长句太多,无论是说什么,总使人的注意力太吃苦,而且声调也缺乏抑扬之致。"朱光潜(1988)则认为:"既然是文章,无论古今中外,都离不掉声音节奏。古文和语体文的不同,不在声音节奏的有无,而在声音节奏形式化的程度大小……语体文的声音节奏就是日常语言,自然流露,不主故常。我们不能拉着嗓子读语体文,正如我们不能拉着嗓子谈话一样。但是语体文必须念着顺口,像谈话一样,可以在长短、轻重、缓急上面显出情感思想的变化和生展。"由此可见,散文虽然不似韵文那样对格律有明显的要求,但它也有自己的韵律模式。

二、散文韵律的基本特征[①]

散文的韵律到底是怎样的呢?不少作家都认为散文讲求"自

---

① 此部分主要参考冯胜利(2010a)。

然",但怎样才是"自然"呢?冯胜利(2010a)提出散文的韵律是口语的韵律,即"长短律"(见上节"骈文的韵律")。因为散文的韵律是由口语中的自然节律所形成的,所以朱光潜说"语体文必须念着顺口,像谈话一样"。从这个角度来看,散文便是以口语节律(长短律)而成的文体。例如朱自清的散文名篇《背影》,其韵律贴近口语:

(40)那年冬天,祖母死了,父亲的差使也交卸了,正是祸不单行的日子。我从北京到徐州,打算跟着父亲奔丧回家。

应注意,散文的基调是长短律,但当中也可使用其他韵律形式,例如引用诗句(齐整律)或者加插一段俚俗的顺口溜(悬差律[①])。不过,正如人们不会用诗歌形式来说话一样,带有诙谐意味的顺口溜一般不宜进入散文,尤其是美文。散文的韵律是口语的韵律,这里的"口语"指的是人们说话时所使用的自然语言,而不是与"正式"相对的、表示俚俗的"口语"。

举一个有趣的例子,即可说明改变了韵律即改变了文体:

(41)a. 清明时节雨纷纷,路上行人欲断魂。借问酒家何处有,牧童遥指杏花村。

(齐整律)

b. 清明时节雨,纷纷路上行人,欲断魂。借问酒家何处,有牧童,遥指杏花村。

(长短律)

例(41a)是杜牧的七言律诗《清明》,其韵律模式是齐整律。然而,只要我们将每句停顿的地方稍加修改,使句子变得长短不一,它便马上不像诗,而像词了。词虽然不是散文,但词较诗更有"口

[①] 悬差律,指轻重比差悬殊的节律,其音律结构赋有诙谐的含意(参冯胜利2010a)。

355

语感",则是长短律所带来的效果。

长短律的"不齐",体现在字数多少、韵律轻重、声调长短、节奏缓急、词的虚实和骈散相间等不同方面,构成散文韵律的基本特征,概括如下:

(一)字数不等

顾名思义,长短律最明显的特征便是字数不等。韩愈主张"破骈为散",他要刻意表现作品的"散",便大量运用了长短悬殊的句子,例如《柳宗元墓志铭》这个例子:

> (42)今夫[平居里巷相慕悦,酒食游戏相征逐,诩诩强笑语以相取下,握手出肺肝相示,指天日涕泣,誓生死不相背负,真若可信。一旦临小利害,仅如毛发比,反眼若不相识。落陷阱,不一引手救,反挤之,又下石焉]者,皆是也。

将之简化,这个例子的结构是"今夫……者,皆是也",但作者在"今夫"和"者"之间刻意运用了大量的长短句,突出了散文"散"的特点。

(二)轻重不一

这里的"轻重"是韵律上的轻重。长短律的"不齐",在韵律分量上的表现是能够任意调节轻重。例如,古代汉语的"仆"和"不谷"同为第一人称代词,两者的差别在于,古人在轻的地方用"仆",在重的地方(如核心重音或焦点重音位置)用"不谷":

> (43) a. 今提一匕首入不测之强秦,仆所以留者,待吾客与俱。(《战国策·燕策》)
>
> b. 齐侯曰:"岂不谷是为?先君之好是继,与不谷同好如何?"(《左传·僖公四年》)

例(43a)中,"仆"用在主语位置;例(43b)中,第一个"不谷"用在焦点重音位置("岂A是B"结构里的A是焦点),第二个

"不谷"用在宾语位置。散文能够基于轻重的需要任意选择轻重不同的词汇；而韵文则往往受限于格律，不能自由调节轻重。

(三) 声调长短

丁邦新（2015）指出，声调的搭配对于散文的节奏非常重要，特别注意平声可以延长，入声则表示短促或停顿。平仄相间，有自然的节奏感，例如：

(44) 伯乐一过冀北之野（仄），而马群遂空（平）。夫冀北马多天下（仄），伯乐虽善知马（仄），安能空其群（平）邪？（韩愈《送温处士赴河阳军序》）

在这个例子里，仄声用于句中的小停顿，表示句子还未完结，尚有下文；平声则用于大停顿。需注意，韵文虽然也运用不同的声调，但其情况与散文大不相同。以律诗常见的仄起式"仄仄平平仄，平平仄仄平"为例，两个仄声或两个平声自然组成一个单位（以音步的对立为单位），标示音步的划分，同时这种平仄的转换也赋有规律，造成齐整的节律性（参第一章第四节）。反之，散文的平仄运用十分灵活（以音节的对立为单位），可以据行文需要自由变换。

(四) 缓急有差

口语的节律有缓急，散文亦然。散文的节律可以通过不同的句式来调节，例如以短句表示急促，以长句表示舒缓；长短自由搭配，节律灵活变化。例如欧阳修曾写"仕宦至将相，富贵归故乡"一句，后改作"仕宦而至将相，富贵而归故乡"，前者韵短而节促，后者节缓而气通。又如以下例子：

(45) 武松抢到房前，夫人见条大汉入来，兀自问道："是谁？"武松的刀早飞起，劈面门剁着，倒在房前声唤。武松按住，将去割时，刀切头不入。武松心疑，就月光下看那刀时，已自都砍缺了。武松道："可知割不下头来。"便抽身去后门外去拿取朴刀，丢了缺刀。（《水

浒传》第三十一回）

老舍（1980）认为，这段描述表现得如此急速火炽，是大量运用短句之效。当然，"大量运用短句"不等于不使用长句。能够随意调整文中长、短句之间的比例，正是散文的特色。

（五）虚实相间

冯胜利（2010a）指出，实字音足，虚词轻短。诗歌虚词用为填衬，散语虚词功在顺气。前者所谓"填衬"，包括补足音节、帮助组成音步、满足格律等情况；后者所谓"顺气"，则可理解为使语气顺畅，以抒发作者的思想感情。例如，朱光潜（1988）认为，柳宗元《钴姆潭记》收尾于"于以见天之高，气之迥，孰使予乐居夷而忘故土者？非兹潭也欤？"，如果省去两个"之"字为"天高气迥"，省去"也"字为"非兹潭欤"，风味也就不如原文。

（六）骈散交替

散文的韵律虽为长短律，但不避齐整，因为骈散相间也是节律参差的表现。散文也多见重复、对偶和排比等手法，例如朱自清的《春》：

（46）<u>盼望着，盼望着</u>，东风来了，春天的脚步近了。一切都像刚睡醒的样子，欣欣然张开了眼。<u>山朗润起来了，水涨起来了，太阳的脸红起来了。</u>

这个例子的主体是像口语那样长短不一的散句，作者刻意在开首和结尾运用了重复和排比，使文章整体的节律更为多变。

（七）没有格律

没有格律绝不等于没有韵律。格律是韵文在创作时所应遵守的规则，可分作字句形式（例如字数、句数、对偶）和声调搭配（例如平仄、押韵）两方面的要求。散文虽然没有格律上的要求，但散文在口语节律的基础上形成，因此有口语的节律表现。

三、韵律的规则影响散文的形式

根据不同的条件，散文可以有不同的分类。例如，按写作的材料和目的，散文在大类上可分为记叙类、论说类、抒情类；如果按文体来分类，则类别繁多：古代的散文可分为论辩、序跋、奏议、书说、赠序、诏令、传状、碑志、杂记、辞赋、哀祭等等；现代的散文可分为文学性散文（小说、美文、杂文、散文诗等）和非文学性散文（新闻体、政府公文（公牍）、说明文、论说文等）。本节所指的散文的形式，并不是以内容区分的散文的小类，而指同一类别的散文所呈现出的相似的风格或所使用的相同的句型。越来越多研究发现，这种散文风格或句型的形成与韵律有密切的关系。

散文的韵律是长短律。然而，即使同为长短律，我们仍能轻易感受到以下两例的不同：

（47）a. 2011 年 9 月初，<u>适逢我校</u>和马来亚大学中文系、马来亚大学中文系毕业生协会<u>联合召开</u>"'中国现代文学之旅'暨中马文学研究国际学术研讨会"，他们<u>两人受邀联袂而来</u>。（谢川成《〈马来西亚天狼星诗社创办人：温任平作品研究〉序》）

b. 2011 年 9 月初，<u>正好我们的学校</u>和马来亚大学中文系、马来亚大学中文系毕业生协会<u>一起召开</u>"'中国现代文学之旅'暨中马文学研究国际学术研讨论会"，<u>他们俩都受到邀请，一块儿参加</u>。（据上例修改）

以上两个内容相同的例子虽然同属记叙类散文，但它们的行文风格迥异：前者较为文雅，后者较为通俗。细看两例，例（47b）的通俗感源于更多地使用助词和儿化等口语要素，因而加强了文句之间韵律上的轻重比差。这里所谓"风格"，并非指作者带有个人特色的遣词造句的习惯，而是指作者根据读者、写作场合等因素的不同而使用不同语法所构成的体式，亦即语体。不难想象，例（47a）可见于出版书籍的序言；例（47b）则很可能出现在微博等较为轻松的社交平台。这种意义上的"风格"，是由改变语言的语体所造成的（详见下节"韵律语体学"）。

事实上，改变韵律正是改变散文风格的重要手段。要写出好的散文，不能忽视调整字词甚至句子之间的韵律形式，例如以下例子（下加横线表示文雅句）：

> （48）吝啬的人，我们说他小气；妒忌的人，我们也说他小气。小气，<u>自然不够伟大</u>；即使不是十足的小人，至少该说是<u>具体而微的小人</u>。但是，如果小气的人就算是小<u>人之一种，则小人满天下，而足称为君子者</u>，实在太少了。（王力《小气》）

无可否认，上例属于现代汉语的散文，但当中使用的词语和句式却有别于一般日常聊天的口语，部分词语及句式甚至属于古代汉语，例如"之""则"和"者"字结构。

散文以口语的韵律为基础而不等同于口语。好的散文不能全用文言（否则便不是现代汉语），更不能全用白话（否则便过于通俗），而是要文白交错，即文雅句和白话句交替使用，做到"三两结伴，交替而行"（冯胜利2006c：前言）。众所周知，不同时代的语言有不同的韵律规则，而不同的韵律规则会造成不同的句型。然而，有时候作者为了提升文章的典雅度、使之更为可读，会有意识地在现代汉语的文章里使用古代汉语的词汇或句法。[①] 正是这种文雅句和白话句的交替使用（把古代汉语，甚至是方言或外语融入现代汉语的文章中的做法），构成了各种各样的散文形式和风格。

由此可见，不论是散文的风格，还是散文所使用的句型，韵律都在其背后起着巨大的作用。

---

① 不过，这种"古语今用"的做法要融合到现代汉语当中，也须遵守一定的规则，参冯胜利（2014a）。

第四节　韵律语体学

如上所述，韵律的功能表现在语体的差异上，把这一概念系统化，我们建立了韵律语体学。韵律语体学是研究以韵律手段表达语体功能的一个学科，它是近年来新发展起来的语体语法学的一个分支，是一个新生的学科。

一、韵律语体学的基本内容

语体语法学（Register Grammar）（冯胜利 2010b，2011a，2012b，2012d，2015a，2017b，2017c，2017e，2018；冯胜利，施春宏 2018a，2018b；冯胜利，刘丽媛 2020）认为语体和语法是一张纸的两个面，而韵律是语法的一个重要部门，因此也是实现语体的重要语法手段之一。这样一来，韵律语体学就成了语体语法学的一个重要分支。

我们先来看一下什么是语体，什么是语体语法？根据冯胜利（2011a）、冯胜利、施春宏（2018a）等对语体语法的阐释，"语体"（Register）的基本内涵是：

> 语体是实现人们在直接交际中具有最元始、最基本属性的、用语言来表达或确定彼此之间关系和距离的一种语言机制。①

也就是说，语体的最根本的功能是表达和确定交际双方的交际距离，而这一功能则是通过语言法则来实现的。

语体语法的核心观点认为"语体不同则语法不同"，语体形式

---

① 冯胜利（2011）的"语体"定义是"语体是实现人类直接交际中最原始、最本质属性（亦即确定彼此之间关系和距离）的语言手段和机制。"冯胜利（2017f:51）对其中"原始＝元始"的概念做了说明："这里的元始意为'最小、最基本的单元'。读者不要和'原始＝最开始'的概念相混同。换言之'元始'是分析性的概念，原始是历史性的概念，二者需从理论和概念上区分开来。"此处的定义也据此做了相应调整。

（形式结构）与语体功能（调距功能）之间存在一一对应关系。这种关系最初称之为"形式-功能对应律"，后来发展为"形式-功能对生律"。

从语体语法的事实来看，与语体功能一一对应（或对生）的语言形式不仅数量丰富，而且分布于语言学的各个分支领域，如语音、词汇、句法、语义、语篇等等。也就是说，语体语法是一个包含诸多分支的系统体系，其体系如图12-1（冯胜利、施春宏2018a）：

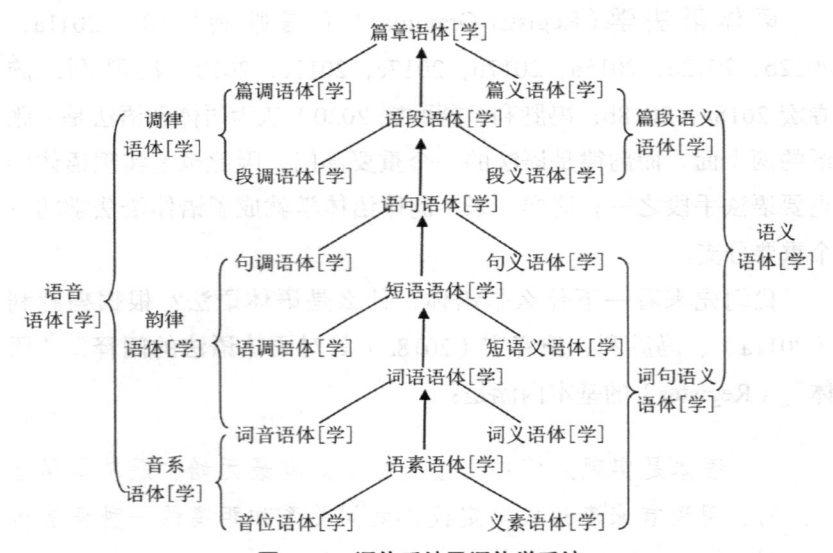

图12-1　语体系统及语体学系统

韵律语体学（Prosodic Register）为语体学系统的一个分支，它既有自身独立的现象和规则，同时又与语素语体、词语语体、短语语体、语句语体，乃至语段语体和篇章语体存在着交互的作用。

韵律语体学的研究始于冯胜利（2003b，2006bc），他从韵律角度对书面正式语法进行了系统性研究，发现"韵律成双"是书面正式语体语法的一大规则。具体有二，一是合偶双音词及其遵循的"双音配双音"的组合规则；二是单音嵌偶词及其所遵循的"单+单"的构语方式（可详见第九章）。

无论是合偶双音词的"双音配双音",还是嵌偶单音词的"单配单",都是以韵律的法则实现了语体的功效,是书面语体所特有的规则,是韵律语体学的重要事实。实际上,韵律语体学的事实远不止如此,近年来在语体语法研究的推动下,冯胜利(2017b,2017c,2017e),冯胜利、施春宏(2018a,2018b)和冯胜利、刘丽媛(2020)在各个层面发现了更多的事实,这些事实已经足以初步地展现出韵律语体学的基本模型。本节将分别从语音、韵律构词、韵律句法、语调和句调、节律特征五个方面来看韵律语体学的基本面貌(其遵循的韵律体原子详见冯胜利、刘丽媛(2020))。

二、语音中的韵律语体现象

语音中也存在大量韵律语体事实。一些语音单位和语音现象具有明显的语体功能,如某些元音变化、某些声调变化、轻声、连读简缩、吃音或省略均具有明显的语体效应(冯胜利 2003b,2006a,2006b,2017b,2017c,2017e;冯胜利、施春宏 2018a)。

(一)音段的语体效应

有的音段形式具有语体效应,一个重要的事实是某些语言中通过 [i] 音来表达亲昵,拉近交际距离,这突出表现在英文的人名和儿语中。

一般来说,女孩名字倾向于柔和亲昵,而男孩名字则倾向于刚强严肃。朱晓农(2004)发现,香港女孩子取英文名多喜爱用 [i] 音,而男孩中则较少使用。据其统计,53 个女孩名中,有三分之一强的名字中有一个单韵母 [i],如"Mimi,Sissy,Winnie,Tracy,Finnie,Lily"等等。相比之下,68 个男孩名中,只有 6 个含单韵母 [i]。

不仅元音 [i] 具有拉近距离的功效,语音的粗细也有区分交际距离的作用,如男人会有意识地以低沉的粗嗓音来显示其"男子汉"气概,表现他们"厚重、稳重、自信"的气质,但是当他们谈恋爱和逗儿女的时候,则会采用尖细语音来拉近交际距离,以表达其喜欢、亲密的感情（朱晓农 2004）。

(二) 声调的语体效应

某些声调形式包含语体信息。汉语方言中的典型现象是小称变调。例如广州话使用高升、高平变调表达小称形式，如"袋"读阳去本调 [22] 是大的袋子，读 [-35] 变调是小的袋子；"包"读阴平本调 [53] 用于"麻包、米包"，读 [-55] 变调用于"荷包、红包"（麦耘 1990，1995）。与原调相比较，小称调具有表达细小、亲昵的亲近感。不仅广东话如此，各方言中的小称变调尽管形式有所不同，但在语体功能上均是用高调来表示细小、怜爱的亲近感。也就是说，小称变调普遍具有拉近交际双方距离的语体功能。

普通话中形容词重叠的"平声儿化"也具有很强的口语体的效应。例如：

(49) 慢慢（$man^{51}man^{51}$）　慢慢儿（$man^{51}mar^{55}$）
　　早早（$zao^{23}zao^{214}$）　早早儿（$zao^{214}zaor^{55}$）
　　快快（$kuai^{51}kuai^{51}$）　快快儿（$kua^{i51}kuair^{55}$）

与语音形式的变化相对应，其语义上被赋予了亲近敦促、叮嘱之义；语体上仅用于口语性交际，这突出表现在语句语体色彩不同对其读音的选择不同。例如：

(50) a. 但愿这一天能够早早（？早早儿）来临！
　　　b. 你早早儿（？早早）起来，你去，别叫老马跑了！

显然，声调的变化可以改变语体，具有调节交际距离的功能。

(三) 轻声及其量度变化的语体效应

汉语中的轻声是典型的口语现象。近来的研究进一步指出，不仅轻声与否关乎语体，轻化的量度变化也是表达语体等级的重要手段。具体请看以下三个方面：

第一，汉语中凡是带有轻声的均为口语词，凡是正式语体词均不带轻声。汉语中存在大量这种对立，其中最为典型的是带轻声

（或可轻读）的和非轻声（或不可轻读）的近义双音词词对儿。例如：

（51）a. 拨拉、缠磨、被卧、长虫、尺寸、老实、富实、魔怔
　　　 b. 拨动、纠缠、被褥、青蛇、尺码、忠厚、富足、着魔

例（51a）中带轻声词均为口语词，而例（51b）与其语义相近的正式体双音词均不带轻声，也不可轻读。

第二，汉语的轻声存在等级，其语体也存在等级（冯胜利2016c）。例如：

（52）鱼子＞吴道子＞妻子＞旗子

语音上，"鱼子"中的"子"为非轻声，"吴道子、妻子、旗子"中的"子"其轻化程度依次增强。与轻声程度相对应，"鱼子（yúzǐ）"为一般名词或术语，其正式度最强。"吴道子"为人名，可用于正式体，也可用于口语体。"妻子"在正式场合仍受到限制，例如"*有请妻子上场"。"旗子"则仅可用于口语，难登庄雅之堂，例如"*队员们高举中国旗子"。

第三，轻读与非轻读的转换直接取决于语体。

汉语有一些词存在轻读和非轻读两种读法，但是读作"轻"还是读作"重"则是由语体的俗正决定的。例如：

（53）a. 文明的国度　　政治理论　　以示圣明　　毛泽东思想
　　　 b. 文．明人　　　扯政．治　　您圣．明　　什么思．想！

例（53a）内容正式不可轻读，例（53b）内容俗常则不可不轻读，语体决定轻读与否。

（四）语音连读缩合的语体效应

很多语言中都存在连读缩合的现象，即，将两个语音缩合为一个语音。语音的缩合是一种口语现象，英文中有不少连读缩合的现象。例如：

（54）I don't know … = I do not know …
　　　 I've never know … = I have never know …
　　　 Let's … = Let us …
　　　 It isn't … = It is not …

汉语中也不乏其例。例如：

（55）甭＝不用、别＝不要、啦＝了啊、俩＝两个、仨＝三个

无论是英文，还是中文，与原来语音相比较，缩合之后，口语体色彩均大大加强，不仅如此，该类现象尚未见于书面正式语体，语音连读缩合是口语语体独有的韵律法则。

（五）吃音或省略的语体效应

"吃音"与音节的"缩合"不同。缩合是两个音节并合为一个音节，而吃音则是将两个音节中一个音节省略。缩合的效应不仅是音节数量减少，而且是音节内部重组；吃音的结果则仅仅是音节数量减少，而音节内部不变。

在语体功能上，吃音与缩合规则有异曲同工之效，同样不可用于正式语体。例如：

（56）a. 在联合国会议上，中国代表做了一个（yi^{35}ge^{51}）重要声明。
　　　 b. 在联合国会议上，中国代表做了 * 个（ge^{51}）重要声明。
　　　 c. 在联合国会议上，中国代表做了 * 一（yi^{35}）重要声明

例（56a）为合法，而例（56b）和（56c）非法，也就是说，把"一个"说成"一"或者"个"的吃音现象属于口语韵律语法，书面正式语体不允许这种"随意"的发音或读音的方式。

三、韵律构词单位的语体效应

韵律的构词单位也具有不同的语体效应，如单韵素多为口语

体，单音节和双音节具有不同的语体效应，左重和右重具有不同的语体功能，不同的音步类型也具有不同的语体属性，复合韵律词内部也存在语体的对立。

（一）单韵素的口语体效应

汉语存在单韵素和双韵素之分。Duanmu（1990）指出，音足调实的韵母至少是两个韵素，比如"妈 ma^{55}"是长 a（实际为"aa"），包含两个韵素，而"什么"的"mə"只能包含一个韵素。冯胜利（2013b）进一步对比指出，音足调实的音节都至少要有两个韵素，而没有声调且具有语法意义的功能词均为单韵素。单韵素都具有一些共同的特征：语音上是轻声的，在语法上是功能性的，在结构上是依附性的，无法独立使用。汉语中的单韵素主要有以下几类：

动态助词：了、着、过
结构助词：的、地、得
虚词缀：子、儿、头、阿
轻读的代词：你、我、他

从语体上来看，单韵素词还有一个共性，它们普遍具有口语体的效应。单韵素词较少出现于书面正式语体中，书面正式语体中存在一些与单韵素相对应的音足调实的双韵素，如与"的"相对应的是"之"，"北京的春天"的书面语表达为"北京之春"。又如与口语体的虚词缀"阿-、-子、-儿、-头"相对应，书面正式体中存在着"非-、-性、-者、-观、-然"等音足调实的双韵素词缀。

（二）单音节和双音节的语体对立

单音节和双音节在构词上也具有不同的语体效应，单音节词是口语词的构词模型，而双音节词则是书面语体词的构词模型。这表现在以下两点：

第一，汉语中存在大量单双对立的近义词，其中单音词为口语非正式语体词，而双音词是书面正式语体词。例如：

（57）吃—食用　买—购买　热—炎热
　　　冷—寒冷　菜—蔬菜　书—书籍

这种构成口语非正式体和书面正式体对立的单双音近义词在汉语的很多词类上均大量存在。

第二，双音形式是书面语构词的韵律模型的另一重要的表现是：用古代的单（单音节词）嵌入现代的双（双音步模板），其中典型的就是"嵌偶单音词"。例如：

（58）校：我校 /* 我们校　窗：窗前 /* 窗前面
　　　剧：该剧 /* 这个剧　品：品茶 /* 品茶点
　　　阅：阅卷 /* 阅试卷　患：患病 /* 患疾病

也就是说，书面正式语体词要么以双音形式构词，要么以双音模板入句。

（三）左重和右重的语体效应

词和短语的左重（stress-left）和右重（stress-right）具有不同的语体效应。

"左重"在词汇层面具有较强的口语体或通体的效应。从左重的实现方法来看，实际上又存在两大类型，一是通过右边音节的轻声或轻读而实现的左重，二是通过音节数量的多少实现的左重。

第一类，通过音节的弱化实现的左重。这是汉语双音词中的一种重要类型。汉语双音词的重音可分为词重音"左重"和"待重"词重音两类。其中"左重"是通过"以轻显重"的方式完成的，而"待（右）重"词重音则是在进入"音步赋重"结构时，通过延宕手段实现的（冯胜利 2021）。

汉语双音词中左重与否具有区分语体的功能。左重具体包括无调左重、有调左重两种形式。其中无调左重为自身带有轻声，而有调左重则是不带轻声但可轻读，在动词上表现为能够按照"重轻重轻"的格式进行重叠。

一般来说，词汇左重具有表达口语非正式的效应，而不分轻重（或可右重）则是书面正式语体词的重音形式。例如：

（59）文明　　wénmíng　　vs.　　wénming
　　　　　　　人类文明　　　　　他很文明（有教养）
　　　思想　　sīxiǎng　　 vs　　 sīxiang
　　　　　　　儒家思想　　　　　什么思想！（不满的口气）

"文明"和"思想"是否读作左重直接造成正式体和口语体的对立，这里存在着如下两种整齐的对应形式：

（60）左重＝口语、俗常
（61）等重/右重＝正式、庄重

除了上面这种带无调轻声构成的左重外，有调左重也均具有较强的口语色彩，而相对应正式语体词均不可左重。例如：

（62）a. 调查、研究、修理、检查、学习、观察、帮助、考虑
　　　 b. 查证、研发、修葺、查验、研习、观览、帮教、思索

运用王志洁、冯胜利（2006）的"调换歪曲法"，例（62a）右边音节可以轻读，而右重则有些别扭，而例（62b）右边音节无法读作轻声；语体上，例（62b）的正式色彩要明显高于例（62a）。

以上是从共时层面看到的"左重"和"右重"在语体效应上的对立，而这种共时规则的背后隐含着更为深层的历时的重轻结构与语体俗正的对应性变化。从词的重音结构来看，Feng（1995）提出了"现代汉语词化重音逐步左移的'现行变化'"的理论假说。该理论假说认为，汉语双音节词的词重音存在着一种由右重到不分轻重，再到左重，再到轻声的一种逐渐变化的过程。如图12-2所示：

轻声　　左重　　不分　　右重

←

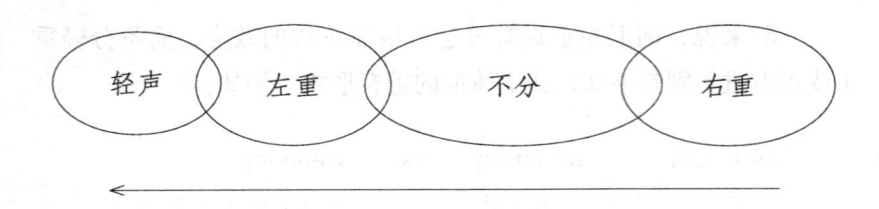

图 12-2　北京话双音组各重音类型之间的关系

从语体角度来看，这种由"右重"到"左重"的变化对应着语体上由"正式"到"非正式"的变化。我们可以共时词汇为例。例如：

（63）a. 查证、研发、修葺、查验、研习、观览、帮教、思索
　　　b. 调查、研究、修理、检查、学习、观察、帮助、考虑
　　　c. 收拾、贬么、打发、嘀咕、嘟囔、商量、算计、琢磨

例（63a）可以是正式体，也可以是典雅体，例（63b）为通体，例（63c）则为俚俗体，为典型口语体。其变化如图 12-3 所示：

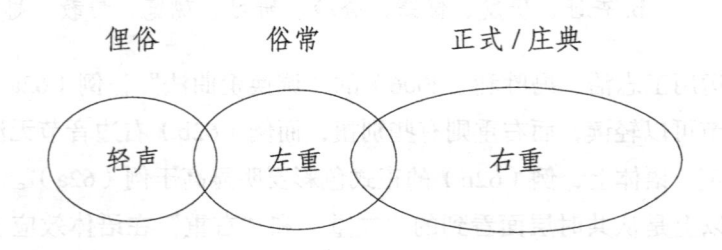

俚俗　　俗常　　正式／庄典

轻声　　左重　　右重

图 12-3　北京话双音词重音左重化和语体俗化的对应关系

第二类，是通过音节数量的多与少实现左重和右重的对立。三音节形式，从逻辑上讲，其组合形式可有 [1+2] 和 [2+1] 两种形式。根据"单轻双重"的规则，[1+2] 和 [2+1] 的重轻结构如图 12-4 所示：

图 12-4 [1+2] 和 [2+1] 的重音结构

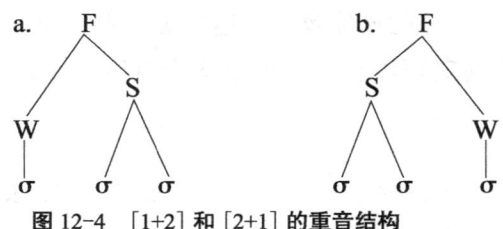

从词单位来看，[2+1] 为自然音步，即遵循右向构词，是构造偏正式三音词的能产性形式。例如：

（64）辩证法、示意图、可见度、积极性、地形图、工作服、密码锁、世界观

从语体上看，这些词多是新词，且多为书面正式体词汇。该类词用于口语交际中，多需另外一种形式来改变语体属性，常用的是"儿"化。例如：

（65）螺丝刀儿、铅笔尖儿、削笔刀儿

相比之下，不具能产性的 [1+2] 三音词，其语体属性，有的为正式体，有的则属通体或口语体。例如：

（66）重金属、核战争、视神经、刺细胞、猎潜艇、食茱萸、消石灰、嗅神经
（67）班主任、小报告、活神仙、书呆子、糖葫芦、软皮球、小房间、热心肠

其中例（66）为正式体词，且均是科技性专业术语（张倩倩 2019），而例（67）为通体词或口语体。

对比左重的 [2+1] 和右重的 [1+2]，似乎存着这样的倾向性：左重 [2+1] 具正式体的效应，而右重 [1+2] 则有通体或口语体的效应；但在科技体中，[1+2] 则一种能产性的构词法，并且这一构词法具有正式体的效应。

此外，[1+2]的通体效应在述补短语中更为显著，可以说，凡是[1+2]的动宾短语和动补短语均为口语非正式语体，而非正式体。例如：

（68）a. 学韩语、写汉字、听音乐、买东西、吃零食、看电视、借东西

b. 写清楚、弄明白、洗干净、熨平整、摆平稳、看透彻、读顺畅

总而言之，右重的[1+2]式是口语非正式语体的述补结构的韵律形式。

（四）复合韵律词的语体效应

复合韵律词（Compound PrWd）是由两个标准音步复合而成的韵律单位。复合韵律词既可以构词，也可以构语。在词汇层面，两个标准音步复合之后获得独立的重音结构，具有内在的意义，是一个独立的句法单位，在语体上具有鲜明的语体信息。例如：

（69）啰里啰唆、慌里慌张、稀里糊涂、噼里啪啦、稀哩哗啦

（70）为渊驱鱼、沆瀣一气、功亏一篑、杯弓蛇影、守株待兔

例（69）和（70）两类四字格具有迥然不同的语体效应，前者为口语非正式体，而后者为书面正式语体。那么，二者的语体差异又是从何而来呢？

答案仍是现象背后的韵律语体规则，即，由组构方式不同而造成的重音结构的不同是其语体差异的根本原因。例（69）和（70）分别是由"凑补式[[_A]+[_B]]"和"复合式[[AB]+[CD]]"组构而成，二者按照重音调整原则"重其重，轻其轻"，分别形成了[0213]和[2013]的重音结构（冯胜利1997）。具体运作如图12-5所示：

第十二章　与韵律语法相关的学科

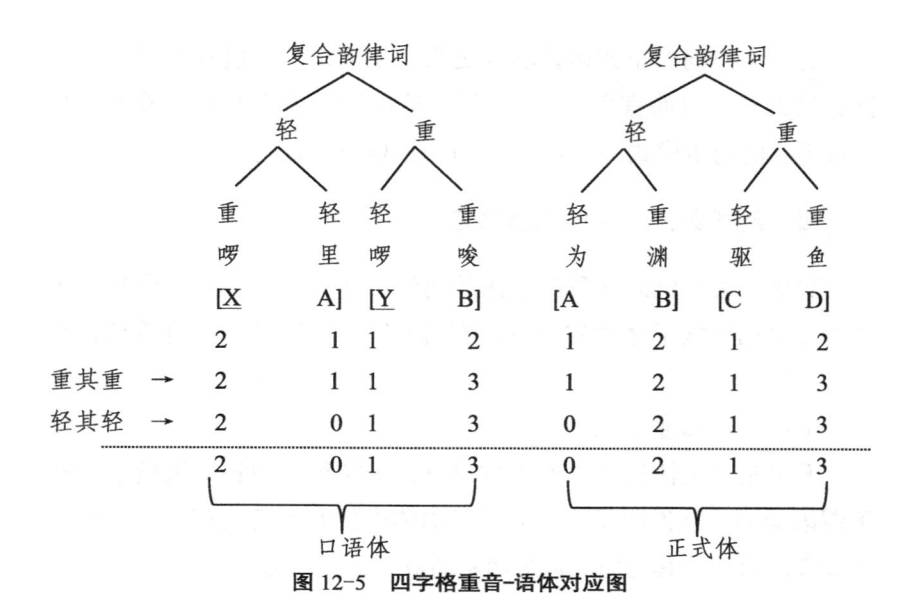

```
             复合韵律词              复合韵律词
            ╱      ╲              ╱      ╲
          轻        重            轻        重
         ╱ ╲      ╱ ╲          ╱ ╲      ╱ ╲
        重  轻   轻  重         轻  重   轻  重
        啰  里   啰  唆         为  渊   驱  鱼
        [X  A]  [Y  B]        [A  B]  [C  D]
        2   1   1   2          1   2   1   2
重其重→  2   1   1   3          1   2   1   3
轻其轻→  2   0   1   3          0   2   1   3
——————————————————————————————————————————
        2   0   1   3          0   2   1   3
        ╰──────┬──────╯       ╰──────┬──────╯
             口语体                 正式体
```

图 12-5　四字格重音-语体对应图

由上可知，"为渊驱鱼"的重音结构为 [0213]，而"啰里啰唆"的重音结构为 [2013]。二者不仅轻重形式不同，实际上其内部轻重的差距也不相同，"为渊驱鱼"内部的轻重是建立在有调的基础之上，总体感觉平稳而庄重，所以是正式、庄典的韵律格式；而"啰里啰唆"则是建立在轻声与非轻声对立的基础上，其轻重差别更大，因此具有很强的口语性色彩，是俚俗或口语的韵律格式。

在句法上，由两个标准音步复合构成的各类短语均具有较强的正式语体色彩，与 [1+2] 式和 [2+1] 式短语具有的口语非正式语体属性不同。例如：

（71）迅速离开、大肆杀戮、频繁修改、极其优秀　（正式体）
　　　快出发、刚完成、常学习、白收拾、挺优秀　（口语体）
　　　认真看、仔细找、努力学、反复改、马上看　（口语体）
（72）进行研究、加以表扬、予以表扬、保持稳定　（正式体）
　　　喜欢钱、吓唬鬼、收拾书、摆弄烟、讽刺人　（口语体）
　　　耍花招、走过场、钻空子、吹牛皮、碰钉子　（口语体）

373

复合韵律词的正式语体功效更为典型的是"合偶双音词",可详见第九章。总而言之,[2+2]复合韵律词是汉语书面正式语体的一种重要的构语模式,均具有鲜明的正式语体效应。

四、韵律句法单位的语体效应

韵律句法单位同样具有语体的属性,如核心重音在口语非正式语体和书面正式语体的实现方式有所不同,不同类型的重叠具有不同的语体效应。

(一)核心重音的语体效应

无论是口语体还是书面正式语体,动宾组合中宾语重量不可轻于谓语动词,这说明正式和非正式语体中核心重音均存在。以可轻读双音口语词及其对应的音足调实的双音正式词为例:

(73)a. *修理车　*学习诗　*打扫路　*观察天
　　　b. *维修车　*研修诗　*清扫路　*观测天

无论是通体的例(73a),还是正式体的例(73b),均不允许其宾语的音节数量为单音形式,也就是其重量不可轻于动词,核心重音的作用在两体中均是存在的。

那么这是否意味着核心重音没有语体的信息呢?事实告诉我们核心作用下的语体的对立确实存在。

一方面汉语中存在着大量核心重音作用下的口语体的事实,较为典型的现象有核心重音作用下的"离合词"的离用现象、核心重音作用下的介词"在"的并入现象(即"动词+在+NP"结构)以及单音词构成的动宾结构。另一方面,核心重音作用下的书面正式语体的现象也大量存在,如核心重音作用下的"动宾+宾语"现象、核心重音作用下"向、往"的并入现象("V+向/往+NP"结构)以及双音节动词构成的动宾结构。例如:

(74)a. 鞠个躬、帮他的忙、理个发、生他的气

b. 讲学中南海、收徒山神庙、联手工商部门、做客中央电视台
（75）a. 念书、买菜、修汽车、看电影
　　　b. 进行改革、给予帮助、加以批评、给以鼓励
（76）a. 砍大刀、跳皮筋、吃大碗、睡小床
　　　b. 歌唱祖国、购买健康、赔偿损失、陪伴寂寞
（77）a. 放在桌子上、摆在床上、挂在屋檐下、停在门前
　　　b. 运往美国、飞往上海、飞向蓝天、射向宋船
（78）a. 明天回学校、三点关图书馆、到处查史书、急着去北京
　　　b. 明日返校、三点闭馆、遍查史书、急赴北京

对比上面例句中的例（a）和（b），这里至少存在两个方面的差异。

　　一是核心重音的指派者在单双、轻重上表现不同。口语体的核心重音的指派者可以为单音形式，如上面例（74a）至（76a）中的"鞠、念、砍"等，例（78a）的"回、关"等；也可以是带轻声的双音形式，如上面例（77a）中的"在"均读轻声。书面正式语体中的核心重音指派者均为双音，如例（74b）至（77b）中的"讲学、进行、歌唱"等，或动词自身为双，或句法运作为双。例（78b）庄典体的嵌偶词更是反映了核心重音的指派者必须为双不可为单，若为动宾结构，则双音动宾一起既是指派者也是承受者，动宾无法打开，如"返校/*返了校、闭馆/*闭一个馆"；若为状中，则单音状语贴附于单音动词，整个双音状中为核心重音指派者（参见黄梅2009），如"急赴、遍查"共同指派核心重音。可见，书面正式语体的核心重音指派者不仅排斥单音，而且排斥轻声，如例（77b）的"向、往"均不可轻读。

　　二是动词之后在是否有拖腔上存在对立。口语动词之后没有拖腔，而正式语体中，带宾语时动词后存在拖腔，尤其当宾语音节数量超过三个音节时，其拖腔非常明显。例如：

（79）a. *鞠#个躬、*帮#他的忙、*理#个发、*生#他的气、*吃#一个大亏

b. 讲学#中南海、收徒#山神庙、联手#工商部门、做客#中央电视台

（80）a. *放在#桌子上、*摆在#床上、*挂在#屋檐下

b. 运往#美国、飞往#上海、飞向#蓝天、射向#宋船

（81）a. *念#书、*买#菜、*修#汽车、*看#电影、*听#音乐

b. 进行#经济改革、给予#极大的帮助、加以#严厉的批评

（82）a. *砍#大刀、*跳#皮筋、*吃#大碗、*睡#小床

b. 歌唱#我们的祖国、购买#一生的健康、赔偿#巨额损失、陪伴#心灵的寂寞

这些对立反映的是口语和正式体核心重音指派的音步类型不同。书面正式语体核心重音的指派者在指派核心重音时形成的是（83）的音步形式（冯胜利2017e）：

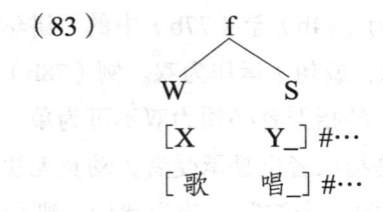

（83）
```
        f
       / \
      W   S
     [X   Y_]#…
     [歌  唱_]#…
```

口语体的核心重音指派者或为单音节，或为带轻声的双音音节（轻声音节不被计算在内），其自身无法独立构成音步，需要与后面的宾语构成音步（故下图用虚线表示），如（84）所示：

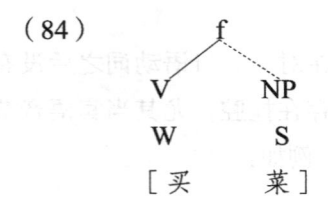

（84）
```
        f
       / ⋮
      V   NP
      W   S
     [买  菜]
```

这种差异的进一步结果是在核心重音指派结构内形成了两种不同类型的轻重结构：

一是前轻后重的轻重结构。在口语语体的重音指派结构中，核心重音的指派单位为单音节词，核心重音承受者自身为单音节或双音节词，核心重音指派给宾语，宾语获得重音，动词相对较轻，由此形成轻重明显的核心重音结构，即遵循的是悬差律（冯胜利 2010a；王丽娟 2018）。

二是在前后相对平衡的双音步基础上的轻重结构。与口语语体不同，书面正式语体中核心重音指派者为双音节形式，其宾语也为双音形式，形成了"双音节音步 + 双音节音步"的韵律结构，即两个相同音步重复，遵循的是的平衡律（冯胜利 2010a；王丽娟 2018）。根据冯胜利（2017e），动词之后存在一个延展，宾语之后和句末也各存在一个延展[①]，即"[σ σ_]+[[σ σ_]]"，其结果是后面的音步重于前面的音步，这样便在平衡音步的基础上是实现了相对的前轻后重。简而言之，书面正式语体的核心重音结构是在两个平衡音步的基础上，通过延展来实现相对的轻重的。

（二）重叠的语体效应

汉语中，动词和形容词是有重叠用法的两个大类。无论是动词的重叠，还是形容词的重叠，都有独立固定的重叠形式，重叠形式具有一致的重音结构，并且重叠的范围受到音节数量的限制。我们依次来看动词和形容词的重叠形式。

汉语动词的重叠形式为"V.V"和"V.一.V"，前者动词可单可双，后者动词只能是单音形式，其重叠结构如下图所示（数字大表示重）：

[①] 具体有哪些方法尚需专题讨论。

(85)

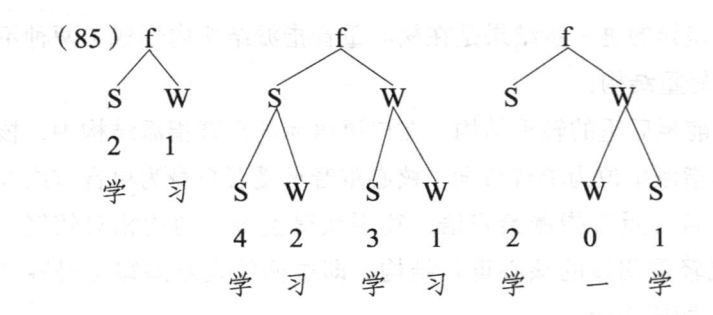

```
      f              f                    f
     / \            / \                  / \
    S   W          S   W                S   W
    2   1         /|   |\              /|   |\
    学  习        S W   S W            W S   W S
                  4 2   3 1            2 0   1
                  学 习  学 习           学 一  学
```

可以重叠的动词仅限于单音节动词和双音节动词，三音节动词无法重叠。例如：

(86) 学→学学 / 学一学
　　 看→看看 / 看一看
　　 学习→学习学习 /* 学习一学习
　　 欣赏→欣赏欣赏 /* 欣赏一欣赏
　　 格式化→*格式化格式化 /* 格式化一格式化
　　 连轴转→*连轴转连轴转 /* 连轴转一连轴转

也就是说，重叠受到音节数量的限制。不仅如此，汉语动词的重叠还是一种典型的口语现象，这表现在口语动词可以重叠，而正式体词和典雅词均无法重叠（王永娜 2008）。例如：

(87) 跑→跑跑　　奔→*奔奔　　奔跑→*奔跑奔跑
　　 想→想想　　思→*思思　　思索→*思索思索
　　 选→选选　　择→*择择　　选取→*选取选取

重叠的口语属性还表现在重叠形式与原词相比，口语性大大增强。此外，其形式上带有明显的轻声，为"重轻"交替，也决定了其口语属性。

汉语中形容词的重叠形式有 AABB 和 ABAB 两种形式（崔四行 2012），重叠的范围也仅限于单音节形容词和双音节形容词。重叠形式的重音结构，根据胡明扬（1992），因形容词自身是口语体还是书面语体而有所不同。口语性质的重叠形式的后一个或两个音节为阴平后重，而正式形容词的重叠形式为"重轻"或"重次轻次重轻"，即总体为"重轻"结构。例如：

（88）好好儿、快快儿、慢慢儿、漂漂亮亮儿、干干净净儿、舒舒服服儿

（89）重重（的负担）、殷殷（血迹）、平平凡凡（的人）、轰轰烈烈（地掀起）

例（88）为"中重"，而例（89）则为"重中"或"重次轻次重轻"结构。语体上，前者为口语体，后者为正式体。

AABB 重叠形式之外，形容词还有 ABAB 式重叠，该类重叠式仅限于状态形容词。例如：

（90）雪白雪白的、金黄金黄的、碧绿碧绿的、黝黑黝黑的

AABB 式的重音结构总体趋向也是一致的，均为后重式，同样属于口语语体。

汉语中名词、量词、副词也有重叠的用法，其重音形式的重音结构也是后重式，语体上也具有口语体功能。例如：

（91）名词（量词）重叠

	重叠	单用
个个	孩子们个个欢实	每个孩子都很活泼
家家	家家只能生一个孩子	每家只能生一个孩子
天天	天天喝水	每日饮茶

（92）副词重叠

	重叠	单用
刚刚	他刚刚从北京回来。	他刚从北京回来。
常常	他常常去北京。	他常去北京。
稍稍	他稍稍等了一会。	他稍等了一会。

综上所述，汉语各种类型的重叠均受到韵律的制约，而且均含有鲜明的语体信息，汉语重叠为又一种韵律语体规则。

五、语调的语体效应

汉语的语调也含有语体的信息。具体而言，根据冯胜利（2015b，2017a，2017c，2017e），冯胜利、施春宏（2018a，2018b），冯胜利、刘丽媛（2020），汉语一句之内短语调的多少具有区分语体的效应。一个句子只有一个短语调，语调就和句调重合，形成一句一调。一个句子（自然情况下也就是一个句调）如果有多个短语调，也就是一个句子多调，则具有书面正式语体的属性。简而言之，单调句是口语体的特征，多调句则具正式体属性。例如：

（93）a. 张三战战兢兢 de 敲了敲那扇木门。　（口语体）
　　　b. 张三，战战兢兢 de，敲了敲那扇木门。（正式体）

例（93a）一句一调，是口语的说法；例（93b）则一句三调，是正式语体的读法。

一句之内短语调单与多的语体对立还表现在：一些语法成分位于主语之前和位于主语之后也存在语体语调的差异。以介宾短语为例：

（94）a. 根据国家局势，县府决定扩大保安团编制。
　　　b. 县府根据国家局势决定扩大保安团编制。
（95）a. 通过政治、道德教育，我们可以促进社会的安定与进步。
　　　b. 我们可以通过政治、道德教育促进社会的安定与进步。

位于主语之前，介宾短语独立构成一个短语调；位于主语之后，则不必构成一个短语调。与此相应，上面两例中的（a）句更为严肃，其语力有不可协商、必须执行之感；而（b）句则有协商建议之义，语气要缓和得多。

不仅是否为独立的短语调能够构成语体的差异，汉语中还存在一些"强正式体"的介宾短语和"强口语体"的介宾短语，在能否构成一个独立语调上存在对立。例如：

（96）a. 关于癌症，人类应该已经找到了治愈的方法。
　　　b. *人类关于癌症应该已经找到了治愈的方法。
（97）a. 他昨天跟孩子们说了一件事。
　　　b. *跟孩子们，他昨天说了一件事。

"关于+名词短语"正式色彩很强，必须位于主语之前，为一个独立的语调短语；而"跟+名词"为典型的口语表达，不可位于主语之前，无法构成一个独立的语调短语。也就是说，语体不同在能否构成一个短语调上会存在对立。

对于短语调的语体属性的研究还刚刚开始，汉语中除了一句之内短语调的多少具有语体信息之外，还有哪些语调的性质具有语体的效应，也需要我们进一步去发掘。

六、节律的平稳、长短和悬差的语体效应

不仅韵律的基本单位具有语体属性，而且韵律的基本单位在组成更大的节律单位时，也形成了包含语体信息的节律规则，前面章节中已有所谈及的齐整律、长短律和悬差律具有不同的语体信息。例如下面三组现象：

（98）消极怠工、闻风而逃、心不在焉、阿谀奉承
（99）泡蘑菇、撒丫子、戴高帽、拍马屁
（100）糊里糊涂、吊儿郎当、噼里啪啦、绿不拉几

例（98—100）三组形成较为鲜明的对比，其中例（98）为[2+2]的组合，庄重而典雅，为正式体的表达形式；例（99）的音节组合形式为[1+2]，一短一长，具有口语性，表达生动；例（100）则基于

381

[2+2] 形成了 [2013] 的重音结构，轻重悬殊，具有诙谐之感。这三者反映的便是不同的节律产生不同的语体效应：齐整＝正式、长短＝非正式、悬差＝谐趣。

齐整、长短和悬差的语体效应在文体类别上则表现得更为突出。例如：

（101）清明时节雨纷纷，路上行人欲断魂。
　　　　借问酒家何处有，牧童遥指杏花村。
（102）清明节，雨纷纷，路上人，欲断魂。
　　　　问酒家，何处有，牧童指，杏花村。
（103）小胖子，坐门墩，哭着喊着，要媳妇儿。
　　　　狼来了，虎来了，和尚背着个鼓来了。
　　　　哪儿藏，庙里藏，一藏藏出个小二郎。
　　　　打竹板，迈大步，眼前来到了棺材铺。

例（101）的七言《清明》，其节律具有庄重、肃穆之感；而改成三言后，即例（102），就增加了儿歌式的生动、欢快，而让人肃穆不起来。相比之下，例（103）则轻重交替，长短不一，轻重、长短的悬差较大，产生的是一种游戏、调侃和诙谐的味道。这种语体色彩和表达效果的差异，显然是从节律上的"齐整、长短、悬差"三律而来的。

第五节　韵律音韵学

韵律不仅在现代汉语语音系统中发挥它的功能，在上古汉语中同样起着影响整个语音系统面貌的作用。汉语韵律音韵学是应用现代韵律理论的研究方法，研究古代语音的学科。音韵学是研究中国古代语音系统的一门学问，其研究范围包括汉语各时代语音的声母、韵母、声调的特征。汉语韵律音韵学则是韵律学研究与音韵学研究的结合，它研究上古汉语的语音现象，尤其关注语音轻重对立对声、韵、调产生的影响。上古语音的韵律分析不仅有助于发现更多新的语音材料，并且为鉴定古代音韵研究成果提供了重要的标准。这个学科属于汉语韵律句法学发展第四阶段中向音韵学领域的拓展，不仅提出了新的概念，并且发掘了许多韵素对立的现象（详见第一章）。

一、上古汉语的音步类型

世界上的音步类型大致可以分为两类，一类是音节音步，一类是韵素音步。根据韵律语法学的研究，现代汉语属于音节音步。在这个韵律系统中，单音节不足以成为一个音步，音步是通过单双音节的对立实现轻重的。与之不同的是，上古汉语的音步类型则属于后者——韵素音步，其突出的特点是单音节可以独立成步。

冯胜利（2000b）指出上古韵律的结构与后来的不同，如（104）所示：

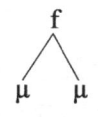

（104）上古汉语韵素音步　　　现代汉语音节音步

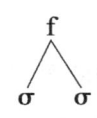

$$\underset{\mu\quad\mu}{\overset{f}{\wedge}}\qquad\underset{\sigma\quad\sigma}{\overset{f}{\wedge}}$$

韵律的基本结构是轻重，而最基本的韵律结构就是一个轻重单位——音步。左图说明在古代汉语中两个韵素就可以构成一个音步，右图说明现代汉语中标准音步则要由两个音节构成。韵素决定能否实现重音，是汉语韵律音韵学最基本、最核心的思想。

上古汉语对韵母中韵素数量及韵素响度有语感，根据韵律音系学理论，这种语言被称为韵素敏感型（quantity-sensitive）语言。韵素敏感型语音系统是以韵素为单位建立音步的。上古汉语与现代汉语音步类型的迥然之别说明，汉语经历过从韵素音步变为音节音步的类型学演变。上古汉语音步类型及其特征的研究是汉语韵律音韵学的研究基础。

韵素音步的语言，其韵母中的韵素在语音学上有响度的级差。在响度层级中，音段的响度值与音节重量成正比，即响度值越高，音段在韵律上表现得越重。Hogg & McCully（1987）曾建立一个响度层级来说明音节成分的响度值（sonority values）分布，见表 12-1：

表 12-1　响度层级

音段类型	响度值	举例
低元音	10	/a, ɑ/
中元音	9	/e, o/
高元音	8	/i, u/
闪音	7	/r/
边音	6	/l/
鼻音	5	/m, n, ŋ/
浊擦音	4	/v, ð, z/
清擦音	3	/f, θ, s/
浊塞音	2	/b, d, g/
清塞音	1	/p, t, k/

在上古汉语的语音系统中，音节内部韵素数量、响度的差异能够表现为轻重的对立。例如，上古汉语中有强调重音比非强调形式多一韵素的现象：

（105）吾丧我。（《庄子·齐物论》）
（106）彼以其富，我以吾仁，彼以其爵，我以吾义。（《孟子·公孙丑下》）
（107）尔为尔，我为我。（《孟子·公孙丑上》）

以上例证，第一人称代词"我"的位置，从不出现"吾"。俞敏（1999）提出上古汉语凡是对比音的位置，全部用第一人称代词"我"，不用"吾"，其原因是二者收尾音的不同。念的重是 ŋad（我），念得轻是 ŋa（吾），念轻音的时候是忽略了收尾音。这就说明，古汉语中轻重音的分布与音节内成分的分布是对应的，重读位置对应韵素多的 ŋad，轻读位置对应韵素少的 ŋa。

冯胜利（2000b，2012c）、赵璞嵩（2014，2018）指出，第一人称强调重音的位置只用"我"，不用"吾"，其根本原因在于二者韵素数量的对立。"我"的古音是 ŋad，"吾"是 ŋa，从韵母数量上看，"我"比"吾"多一个韵素。韵律系统对音节的韵素数量敏感，故而选择双韵素的音节"我"，而不是单韵素的"吾"表达语音的重。"吾轻我重"是典型的上古"单双韵素"的对立。这与现代汉语迥然有别。现代汉语并不依靠韵素，而是依靠"单双音节"的对立区分轻重。我们今天说汉语，感觉不到"搭 dā"和"单 dān"哪个重，尽管"单"比"搭"多了一个韵尾 n。

在上古汉语中，韵素构成的多少给人以长短的感觉。郑张尚芳（2017）指出《公羊传·庄公二十八年》："《春秋》伐者为客，伐者为主。"何休注："伐人者为客。读伐，长言之。见伐者为主。读伐，短言之。"古人注音中，"伐"有读房越切的情况，这是指短言（拟音为 *bad）；有读房废切的情况，这是指长言（拟音为 *bads）。bads 比 bad 韵素多，说明韵素在上古汉语中曾发挥巨大的作用。

除了韵素数量能决定承重，韵素响度也是衡量音节轻重的重要因素。在韵素数量相同的情况下，元音响度越大，音节越重，语义越强化。冯胜利（2013d）指出，古汉语中有"之""诸"互换的现象：

（108）王庶几改之！王如改诸，则必反予。（《孟子·公孙丑下》）

（109）其子不忍食诸，死于穷门。（《左传·襄公四年》）

一般而言，上古汉语中"诸"是"之乎"的合音词。但在以上两例非介宾结构中，"诸"不表合音，而是可以替代"之"，其语义等同于"之"。句子用"诸"，不用"之"，根本原因在于作者意欲强调动词后面的代词，而不是强调动词本身。"之"的主要元音

是 /ə/，"诸"的主要元音是 /a/。由于"之"的语音不足以承重，故换用"诸"来强化这个焦点位置的语音。根据响度层级的排序，/a/ 比 /ə/ 的韵素响度大，"诸"在韵律上比"之"表现得重。

二、上古韵部的强弱对立

汉语韵律音韵学研究的一个重要特征是上古韵部之间有明显的强弱区别。上古韵部是对上古文献押韵字及谐声字的归类。根据韵尾的不同，可分为阴声韵、阳声韵及入声韵。阴声韵指元音收尾或无韵尾的韵，阳声韵指以鼻音 m、n、ŋ 为韵尾的韵，入声韵指以塞音 p、t、k 为韵尾的韵。冯胜利（2012c）指出，上古汉语韵部当有强弱之别。这主要体现在下面三个方面。

（一）阴声韵之间的强弱对立

表现为上古阴声韵之间有强弱之别。例如，阴声韵中歌部强、鱼部弱。潘悟云（2001）指出，上古汉语歌、鱼两部的元音交替反映出的是上古汉语指代词强调式与普通式的对应，见表 12-2：

表 12-2　上古指代词的强调式与普通式

普通式	吾 ŋa	汝 na	胡 ga	夫 pa
强调式	我 ŋal	尔 nal	何 gal	彼 pal

上古汉语的代词"吾"与"我"、"汝"与"尔"、"胡"与"何"、"夫"与"彼"之间，整齐地表现出鱼部与歌部的轻重对立。上古音的构拟通常将歌部拟作 [al]，鱼部拟作 [a]。歌部相较鱼部的韵母多一个韵尾 [l]，在语言中表现为韵素多的歌部重于韵素少的鱼部。如"我"常常用于焦点重音的位置，用以加重语气，这些位置都不会用"吾"（赵璞嵩 2014，2018）：

（110）诸侯唯我事晋，今使不往，晋其憾矣。（《左传·定公六年》）

（111）楚有五败，晋不知乘，我则强之。（《国语·周语》）
（112）妇人不忘袭仇，我反忘之。（《左传·庄公二十八年》）
（113）野语有之曰："闻道百，以为莫己若"者，我之谓也。
　　　（《庄子·秋水》）

又如，用"尔"称呼对方时，是为了引起对方的注意。这里不能用"汝"来替代（潘悟云 2001）：

（114）尔！而忘勾践之杀女父乎？（《史记·吴太伯世家》）

此外，在对举的地方，"尔"也有强调的意义。在这种情况下，不用弱形式"汝"。

（115）子曰："赐也！尔爱其羊，我爱其礼。"（《论语·八佾》）
（116）尔无我诈，我无尔虞。（《左传·成公元年》）

"彼"也常用于对举，出现在焦点重音的位置上：

（117）彼，丈夫也；我，丈夫也。吾何畏彼哉。（《孟子·滕
　　　文公上》）
（118）彼之谓不道之道，此之谓不言之辩。（《庄子·徐无
　　　鬼》）

　　鱼歌二部的对立是上古汉语中最为典型的韵部上的轻重对立。如疑问助词"乎、邪、也"三者并列使用有次序的先后。"乎、邪"属鱼部，"也"属歌部，前轻后重的顺序不容颠倒（冯胜利 2013d）：

（119）不知人杀乎？抑厉鬼邪？（《国语·晋语》）
（120）子岂治其痔邪？何得车之多也？（《庄子·列御寇》）

提顿词"者、也"前轻后重也是韵律的作用（冯胜利 2013d）：

（121）古者冠缩缝，今也衡缝。（《礼记·檀弓》）
（122）古者民有三疾，今也或是之亡也。（《论语·阳货》）

（二）阴声韵与入声韵之间的强弱对立

表现为入声韵强，阴声韵弱。根据高岛谦一（1999）的研究，上古汉语的阴声韵与入声韵有明显的语义上的强弱：

（123）一般式　　　　　强调式
　　　 如 [nja]　　　　 若 [niak]
　　　 何 [gʻa]　　　　 曷 [gʻat]
　　　 胡 [gʻo]　　　　 恶 [ʔak]
　　　 有 [wjə]　　　　 或 [wjək]

语义的强弱，是由语音的强弱表现的。成对的同义词中强调式采用入声韵，一般式采用阴声韵。强调式含有两个韵素，一般式含有一个韵素。强调式的音节比相应的非强调式多出一个韵素，即入声韵的塞音韵尾。强调式的音节包含两个韵素，可以保证音节成为一个韵律单位，才能重，才能强调。同样地，上古汉语中的"不"[pə]与"弗"[pəd]、"无"[ma]与"莫"[mak]也属于这类阴入韵部对立现象。譬如，在对比的强调句中，用"莫"而不用"无"：

（124）莫益之，或击之。（《易经》）

同样地，"不""弗"之间也存在轻重的对立，二者不可互易。句中加强语气的位置要以韵素多的"弗"以彰显其语音上的重：

（125）弗如也，吾与女弗如也。（《论语·公冶长》）
（126）季氏旅于泰山。子谓冉有曰："女弗能救与？"对曰："不能。"子曰："呜呼！曾谓泰山不如林放乎？"（《论语·八佾》）

前一句极言主人公不如的程度，有不待思索而急于马上表达的状态。后一句，孔子责问冉有用"弗"；冉有回答孔子，学生自知理屈，不敢顶撞老师，故语气较轻，用"不"。

（三）阴声韵与阳声韵之间的强弱对立

表现为阳声韵强、阴声韵弱。例如，上古"既……且"这类联结并列成分的连词，其重音格式应是前重式，即重音应落在前面一个连词上。《诗经》中这样的并列复句有几种不同的表述形式（冯胜利 2013d）：

（127）自牧归荑，洵美且异。（《诗经·邶风·静女》）
（128）神之听之，终和且平。（《诗经·小雅·伐木》）
（129）终温且惠，淑慎其身。（《诗经·邶风·燕燕》）

"洵……且""终……且"与"既……且"用法相同。在前重式中，连词"洵""终"在前，"且"在后，形成"阳声韵在前，阴声韵在后"的格式。"洵"[gʷeŋ]、"终"[tiuŋ] 在上古是带鼻音韵尾的阳声韵，"且"[skhja] 是阴声韵。相对于单韵素的阴声韵，阳声韵多出一个韵素，形成 eŋ、uŋ 与 a 的对立。连词在使用中的先后次序，是由它们自身的韵律分量所决定的，亦即重者居前（阳声韵），轻者在后（阴声韵）。

综上所述，汉语韵律音韵学的研究论证了上古汉语的音步类型，明确了韵律系统衡量语音轻重的基本标准，发掘出一大批韵部强弱对立的新证据，这从本质上为从韵律角度研究上古语音系统的特征提供了理论上和实践上的支持。

第六节　句读与吟诵

一、句读的定义及分类

在中国传统语言学中，"句读"指句中的停顿，"读"一般指诵读时的小停顿，"句"则指大的停顿。对句子句读的分析体现了对古代汉语词义、语法、表达方法和语言情态的理解。除了"句""读"，马建忠又引入"顿"的概念，称小停顿为"顿"。《马氏文通》中这样定义"顿"："凡句读中，字面少长而辞气应少住者曰顿。顿者，所以便诵读，于句读之义无涉也。"如《左传·宣公十二年》中"伐叛，刑也，柔服，德也"，"伐叛、柔服"后宜称为"顿"。吕叔湘（1986）认为在《马氏文通》所述语句之中应有大、中、小三种停顿。例如：

（130）子曰（中停），学而时习之（小停），不亦说乎？（大停）

　　句读对理解古代语言具有至关重要的作用，考察古文中的"句读"不仅是了解古文句法和语义逻辑的重要线索，而且是判断古代句子停顿和语气的重要手段；从这个意义上说，句读也是对古代文献语言进行韵律研究的必要条件。黄侃（1934）提出的节律句读，对古代韵律语法来说就更为重要。节律句读区别于语义和语法的句读，着意强调韵律上的停顿，牵涉到句读的节律功能和句读的换气功能。陆宗达（2002）《训诂简论》进一步说明理解古书要分别音律句读和文义句读，指出句读的标识，不仅要服从于语义的完整和句法的结构，同时也要兼顾语气长短和节奏的需要。如《左传·宣公十二年》："楚自克庸以来，其君无日不讨国人而训之，于民生之不易，祸至之无日，戒惧之不可以怠。"陆先生分析这一段："上面三十五字是一个简单句。'楚自克庸以来'是时间的标识。这个句子的主要动词是'训'。'于'同'以'，后三句都是'于'这个介词的宾语。即等于说，训之以'民生之不易'、训之以'祸至之无日'，并用这些道理来'戒惧之不可以怠'。从语义的完整看，仅仅是一个句子，但朗读时，则要按照上面的标点来停顿。"这说明古代文献中句法、语义和节律、语气往往不是相对应的。换言之，节律、语气的句读与句法、文意的句读是两个不同系统的句读。二者在一般的情况下是一致的，但也常常不一致。

现代语音学的研究显示，停顿包括无声停顿（silent pause）和有声停顿（filled pause）；而每一类型的停顿又可分为表节奏的停顿和非节奏的停顿。表节奏的停顿也有大小和长短的不同，看韵律单位的大小而定。马氏定义的"顿"，其实是自然语流中的韵律单位。比如现代汉语中两个音节一顿（或间歇）的语感，实际上是汉语双音节音步的表现。因此，顿的本质是双音节音步（或音步构成的韵律词）的表现。这说明，从韵律分析的角度理解古代句读的定义及分类，有助于我们对古代文献的语言面貌有更深刻的认识。

二、吟、唱（歌曲）之别

吟、唱分属于两种不同的节奏类别。首先，诗一般是吟的。王宁（1998）指出："吟声像是乐声，实则仍是语声。吟诵带来的形象像是音乐形象，实则仍是文学形象。吟诵重词不重乐……吟诵与乐声——特别是表演艺术的声乐，本质上不是一回事。"这都说明"吟"既不是说话，也不是歌唱，而是介于"说"和"唱"之间的一种话语表达。

根据吟诵的特点，冯胜利（2010a）定义吟诵（chanting, intone）为：基于口说、并按诗的节律拖腔的诗歌诵读法。从吟诵的定义，可以归纳出吟诵的两个特点：其一，吟诵是以口语的节拍为基准的；其二，吟诵可以拖腔，但不能无限制地拖长。相对而言，歌曲的不同之处在于，唱歌时歌词可以唱得很长。冯胜利同时指出，吟诵的拖腔可以根据延长的长度区分不同的等级：

（131）风萧萧兮易水寒，壮士一去兮不复还。（《战国策·燕策》）

（132）路漫漫其修远兮，吾将上下而求索。（屈原《离骚》）

（133）朝辞白帝彩云间，千里江陵一日还。两岸猿声啼不住，轻舟已过万重山。（李白《早发白帝城》）

（134）千山鸟飞绝，万径人踪灭。孤舟蓑笠翁，独钓寒江雪。（柳宗元《江雪》）

吟诵上面不同的诗句，拖腔长度的不同会产生不同的文学效应。以上四行诗句，从《战国策》到《江雪》，其拖腔的长度依次递减。"风萧萧兮易水寒，壮士一去兮不复还"一句中拖腔可以达到极限，需"长歌当哭"；"路漫漫其修远兮，吾将上下而求索"庄严肃穆，沉重有力；"两岸猿声啼不住，轻舟已过万重山"吟诵起来自然轻快，喜悦之情跃然纸上；《江雪》全诗押入声韵，拖腔短促，营造一种险绝的氛围。当然，如果严格按照汉语诗歌的不同类型（如五言诗、七言诗）加以分析，还有大量可以研究的空间有待进一步的探索。

　　以上分析说明，诗歌有其独特的语句重音，是根据字词的声调和诗行的节律有限地、不走样地拖腔吟唱；歌是可以谱曲唱的。这是吟、唱的根本区别。

第十三章　韵律语法研究方法论和学术训练路径

汉语韵律语法学发展至今，虽然只有短短的二十多年，但已经取得了相当丰富的研究成果，理论体系的建构也日趋完善。这些成果的获得，既源于不断深入而系统地挖掘汉语韵律语法事实，也有赖于汉语韵律语法学研究采取了科学研究的方法论原则，并借此形成了一套特色鲜明的学术训练路径。

第一节　韵律语法研究方法论

一个成熟的学科或一个学科的成熟，离不开该学科原理背后的哲学思考，尤其是基于科学哲学的方法论原则的思考。

什么是韵律语法学理论探索的根本性哲学思考呢？下面两点最具特色。第一是以伽利略方法（也叫"伽利略-牛顿风格"）为方法论，第二是以赛亚·伯林（Isaiah Berlin）式研究为学理宗旨。

先看第一点。乔姆斯基总结的伽利略法如下：

> 伽利略的研究方法是这样的：他将大量数据放在一边，重新确定哪些是相关的问题，哪些是不相关的问题，以一种似乎是放弃数据的方式来重新设计问题，而事实上往往只是不理会那些似乎背离系统的数据。这样做并非轻率地放弃，而是出于这样一种认识：即正在发现至少能够洞察某些现象的解释性原

则。(Saporta & Chomsky 1978)[①]

这正是 Chomsky & Halle(1968)在他们的《英语语音模式》(*The Sound Pattern of English*)一书中所做的说明：

> 很显然，语言的许多语音规则都会有某些例外，从共时描述的角度来看，这将是相当随意的。这并不比意识到存在强式动词[②]或不规则复数这一事实更令人惊讶。音系本质上是一个有限的系统，可以容忍某些规律的缺位（例外可以被记住）；作为一个导源于多元交叉的历史过程的高度复杂系统（像英语这样的语言中，非常显著），可以预见，在音系描写的方方面面都会存在不规则的边缘现象。显然，我们必须设计我们的语言学理论，使得例外的存在并不妨碍对已有规则的系统建构。(Chomsky & Halle 1968：172)[③]

由此可知，我们在构建语言学理论时一定要这样进行：根据现实存在的现象以及现象存在的条件建立系统性原则和规则（模

[①] 原文是：Galileo plowed his way through this, putting much of the data aside, redefining what was relevant and what was not relevant, formulating questions in such a way that what appeared to be refuting data were no longer so, and in fact very often just disregarded data that would have refuted the system. This was done not simply with reckless abandon, but out of a recognition that explanatory principles were being discovered that gave insight into at least some of the phenomena.

[②] 这里的强式动词（strong verb）即不规则动词。

[③] 原文是：It is quite obvious that many of the phonological rules of the language will have certain exceptions which, from the point of view of the synchronic description, will be quite arbitrary. This is no more surprising than the fact that there exist strong verbs or irregular plurals. Phonology, being essentially a finite system, can tolerate some lack of regularity (exceptions can be memorized); being a highly intricate system, resulting (very strikingly, in a language like English) from diverse and interwoven historical processes, it is to be expected that a margin of irregularity will persist in almost every aspect of the phonological description. Clearly, we must design our linguistic theory in such a way that the existence of exceptions does not prevent the systematic formulation of those regularities that remain.

式），不能因为存在某些例外而让模式建构工作受到阻碍。① 韵律语法的原则和规律的发现及其突破的获得，首先得益于伽利略的方法论（同参冯胜利（2016a）第二章有关方法论的讨论）。

其次，我们得益的是 Berlin 的"理论重于事实"的学术价值说。他在《普通教育》（*General Education*）一文中说，一个学科的真正价值取决于它所创造的概念和理论，而不是它所发现的基本事实（Berlin 1975：292）。② 他举例说：人们给予非经验科学如数学以极高的学术价值，而对一个经济学家针对丹麦乳酪某一时期的上升下降规律的总结和归纳，不会给予很高的学术评价。由于一个学科的理论概念与其涵盖的事实的比例是其成熟度的表现，因此，一个学科的理论内涵越多，其价值就越高。一句话，学术价值看其理论概念的贡献。这种路径，我们称之为"理论目标说"。韵律语法理论正在构建、发展和完善之中，努力向高比例的理论内涵攀登，是它的特点，也是它的目标。施春宏（2010a）在现代科学哲学和现代语言学观念的背景下提出区分"语言事实"（language fact）和"语言学事实"（linguistic fact），前者指的是任何作为语言描写对象而存在的语言现象（language phenomenon），后者指的是在特定的假说或理论背景下所界定、发现或预测的语言成分和关系。在区分语言事实和语言学事实的基础上，他讨论了理论模型在语言事实的发掘和语言学事实的构造中的作用。理论的探照灯不仅因探照而使语言现象成为语言事实，而且还能探测到未曾发现的语言学事实。

---

① 施春宏（2010b）对语言学规则和例外、反例与特例的内涵及其关系做了分析。就例外而言，文中指出，所谓"例外"，是相对于规则而存在但与规则相违背的、具有特定条件的语言现象；"例外"不等于"反例"，它不能否定规则，它是由特定的条件（如句法、语义、语用、韵律、篇章等）而形成的特殊现象。而所谓"反例"，指的是虽然满足规则的条件却不具有规则所应推导的结论的、理论上可以无限生成的语言现象。简言之，反例就是指条件与规则相同而结论与其相反的系列性例子。也就是说，反例是同样的条件得出了相反的结论。有很多时候，学界没有将这两个概念区分清楚，尤其是容易将例外当作反例。

② 原文为：The academic value of a subject seems to me to depend largely on the ratio of ideas to facts in it.

395

举例来说，韵律在我们的理论系统里，不仅有"语律"（口语节律）的概念，还有"诗律"（诗歌节律）的概念和"乐律"（音乐的节律和旋律）的概念。三者不是一个平面的东西，需要严格区分，亦即：语律≠诗律，诗律≠乐律，语律≠乐律。这就结束了自葛瑞汉（Angus C. Graham，当代英国汉学家和哲学家）以来混淆诗律概念和语律概念的弊病，同时也可以纠正今天仍然有人用诗律讨论语律的概念错误。① 不仅如此，在我们的系统中，vP 层韵律对应口语语体，TP 层韵律对应正式语体，CP 层韵律对应口语语体。这些不同的类型和概念，只有区分清楚后才能讨论韵律语体的理论和现象。有了这样的层次对应关系，我们就不但能够挖掘每个韵律层级上的语法特征和语体特征，而且可以对尚未发现的语言现象做出合乎科学事理的预测，从而发掘出更为丰富而系统的语言事实。

总之，追踪西方科学的步伐，固然是学术提高的必要步骤，但没有自己学术的理论和概念，将永远沦为追随之学而无独立的思想和学格。当然，流连于汉语自身"语感"层面的阐释而弱化了学理逻辑的建构，也难以充分发挥概念体系的推证功能和发现价值。汉语韵律语法学的特点是吸收了西方学术精髓后，在自己学术独立的基础上，发明学理，创建学科。

第二节 韵律语法研究的学术训练路径

语言学的方法是要经过严格训练而后才能得到的。如何进行有效的学术训练？韵律语法学也形成了自己的一套方法，从而使发现的模式和发明的程序都有路径可依。简言之，即下面由两个阶段构成的"8-tion"法（冯胜利 2012）：

---

① 譬如，今有人用"床前明月光"除了可以念成 2+2+1，还可以念成 1+1+1+1+1，以此来说明汉语可以"一音节一顿"，这就是概念错位的失误，因为诗律或乐律可以，并不意味着语律也可以。

第十三章 韵律语法研究方法论和学术训练路径

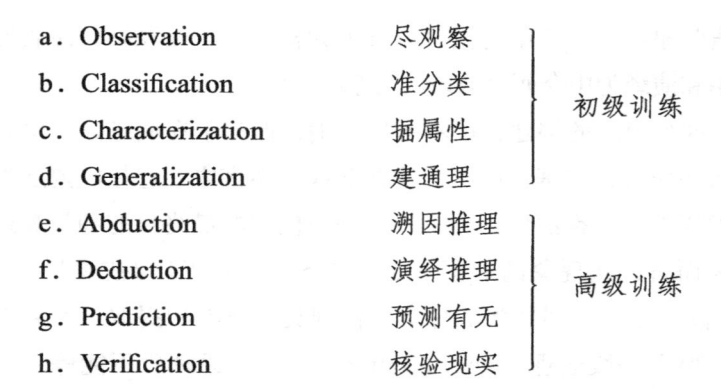

a．Observation　　　尽观察　┐
b．Classification　　准分类　│
c．Characterization　掘属性　├ 初级训练
d．Generalization　　建通理　┘

e．Abduction　　　　溯因推理　┐
f．Deduction　　　　演绎推理　│
g．Prediction　　　　预测有无　├ 高级训练
h．Verification　　　核验现实　┘

这八种基本方法可用图 13-1 来说明其使用路径（冯胜利 2003，2010b）：①

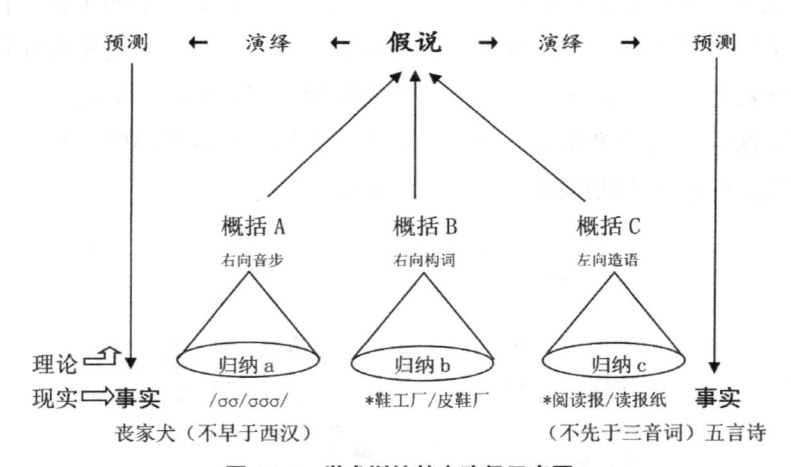

```
预测 ← 演绎 ← 假说 → 演绎 → 预测
                 ↑ ↑ ↑
              概括A 概括B 概括C
              右向音步 右向构词 左向造语
理论 ⇨        归纳a   归纳b   归纳c
现实 ⇨ 事实   /σσ/σσσ/ *鞋工厂/皮鞋厂 *阅读报/读报纸     事实
          丧家犬（不早于西汉）              （不先于三音词）五言诗
```

图 13-1　学术训练基本路径示意图

该模式分上下两段：上段的理论是思维的产物，只存在于我们的大脑之中；下段则是现实世界中的具体现象（即上文所说语言现象）。该模式本身又分为内外两层：内层是归纳（induction），外层为演绎（deduction）。归纳的底层是现象（语言现象），顶端是假说（hypothesis）；演绎的起点是假说，终点是事实（即上文所说

---

① 注意：这个模式只是研究过程的一个片断。事实上，它可以、也必须循环往复以至无穷深入。

397

语言学事实）。归纳与演绎以假说为枢纽而相互联结；而假说又以归纳和演绎为中介而兼取现实为基础。[①]

这个模式的构建，虽不排斥归纳，但却重在演绎。从由内及外的次序而言，它基于归纳而旨在演绎。换言之，它是以内层为手段来发挥外层的推演作用——外层是该模式的最终目的和最高理想。具体而言，从现象的观察（如"55555、*鞋工厂/皮鞋厂、*阅读报/读报纸"）到现象的分类，再到类别属性的提取，然后进入概括，得到一般通理（generalization）。得到通理后不能停步，要用溯因法（abduction）思考和发现背后的更深原因，然后将可能的原因转化成命题式假说。当假说建立之后，我们才可以从多种角度的去预测（通过证实与证伪），以此发现更多的现象和事实（如"丧家犬"不早于西汉，"五言诗"不先于"三音词"）。这是研究程序轮的第一轮。如此循环往复，才能达到"理论系统"的构建。韵律语法学（包括语体语法学）的建立，就是通过这种不断反复、不断完善的过程才获得的。其过程如图13-2所示：

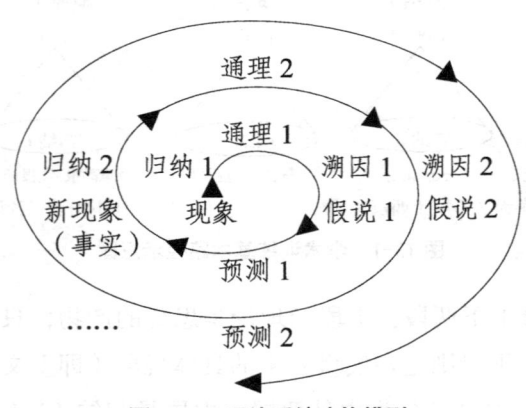

图 13-2　理论系统建构模型

---

① 施春宏（2015）主张区分理论体系中的"假设"（assumption）和"假说"（hypothesis）：assumption 是作为理论体系基础或推导前提的一种假定，在理论构建中一般默认其为真，基本不作论证或无需充分论证；hypothesis 则是对某种现象及其条件之间关系作出某种推理论断的一种假定，是否为真需要展开实验、接受论证。但在实际使用中，学界常常不加区分，统言之为"假设"。即浑言无别，析言有异。

学术无止境，方法也无止境。第一章里我们从提出和发现新现象、新原理、新概念、新解释、新破解和新方法六个方面介绍了韵律语法学作为一个新兴学科的学科特点。这里我们想进一步强调指出：这些特点也可作为判断所有学科是否独立的标准，并成为验定某一个学科是否具备语言学上意义的观察角度和鉴定方法。

参考文献

贝罗贝 1998 上古、中古汉语量词的历史发展，《语言学论丛》第二十一辑，北京：商务印书馆。

贝罗贝、何丽莎 2019 "轻动词"与韵律形态在汉语历时句法演变中的重要作用：评冯胜利《汉语历时句法学论稿》，*Journal of Chinese Linguistics* 47(1): 266-281.

贝罗贝、吴福祥 2000 上古汉语疑问代词的发展与演变，《中国语文》第4期。

遍照金刚［唐］1975 《文镜秘府论》，北京：人民文学出版社。

蔡维天 2011 从"这话从何说起"说起，《语言学论丛》第四十三辑，北京：商务印书馆。

曹 文 2010 《汉语焦点重音的韵律实现》，北京：北京语言大学出版社。

陈冠健 2016 《粤语后置重复句法研究》，香港中文大学硕士学位论文。

陈宁萍 1987 现代汉语名词类的扩大——现代汉语动词和名词分界线的考察，《中国语文》第5期。

程湘清 1981 先秦双音词研究，载程湘清主编《先秦汉语研究》，济南：山东教育出版社。

程湘清 1985 论衡复音词研究，载程湘清主编《两汉汉语研究》，济南：山东教育出版社。

初 敏、王韫佳、包明真 2004 普遍话节律组织中的局部语法约束和长度约束，《语言学论丛》第三十辑，北京：商务印书馆。

崔四行 2009 《三音节结构中副词、形容词、名词作状语研究》，北京语言大学博士学位论文。

崔四行 2012 从 ABAB、AABB 重音模式的句法功能看汉语的韵律形态，《语言教学与研究》第5期。

达正岳 2004 《上古汉语数量词研究》，西北师范大学硕士学位论文。

邓 丹、石 锋、冯胜利 2008 韵律制约句法的实验研究——以动补带宾句为例，*Journal of Chinese Linguistics* 36(2): 195–210.

邓思颖 2003 《汉语方言语法的参数理论》，北京：北京大学出版社。

邓思颖 2009 阶段式的句法推导，《当代语言学》第 3 期。

邓思颖 2010 《形式汉语句法学》，上海：上海教育出版社。

丁邦新 1979 上古汉语的音节结构，《史语所集刊》第 50 本，台北："中央"研究院历史语言研究所。

丁邦新 2015 论散文的抑扬顿挫，载冯胜利主编《汉语韵律语法新探》，上海：中西书局。

董秀芳 1998 述补带宾句式中的韵律制约，《语言研究》第 1 期。

董秀芳 2002 《词汇化：汉语双音词的衍生和发展》，成都：四川民族出版社。

董秀芳 2007 从词汇化的角度看粘合式动补结构的性质，《语言科学》第 1 期。

董秀芳 2009 汉语的句法演变与词汇化，《中国语文》第 5 期。

董秀芳 2011 《词汇化：汉语双音词的衍生和发展》（修订本），北京：商务印书馆。

端木三 2000 汉语的节奏，《当代语言学》第 4 期。

端木三 2016 《音步和重音》，北京：北京语言大学出版社。

冯胜利（署名冯利） 1994 论上古汉语的宾语倒置与重音转移，《语言研究》第 1 期。

冯胜利 1996a 论汉语的韵律结构及其对句法构造的制约，《语言研究》第 1 期。

冯胜利 1996b 论汉语的"韵律词"，《中国社会科学》第 1 期。

冯胜利 1997 《汉语的韵律、词法和句法》，北京：北京大学出版社。

冯胜利 1998 论汉语的"自然音步"，《中国语文》第 1 期。

冯胜利 2000a 《汉语韵律句法学》，上海：上海教育出版社。

冯胜利 2000b 汉语双音化的历史来源，〔日本〕《现代中国语研究》第 1 期。

冯胜利 2000c "写毛笔"与韵律促发的动词并入，《语言教学与研究》第 1 期。

冯胜利 2001a 从韵律看汉语"词"、"语"分流之大界，《中国语文》第 1 期。

冯胜利 2001b 论汉语"词"的多维性，《当代语言学》第 3 期。

冯胜利 2002a 汉语动补结构来源的句法分析，《语言学论丛》第二十六辑，北京：商务印书馆。

401

冯胜利 2002b 韵律构词与韵律句法之间的交互作用，《中国语文》第6期。
冯胜利 2003a 从人本到逻辑的学术转型——中国学术从传统走向现代的抉择，《社会科学论坛》第1期。
冯胜利 2003b 书面语语法及教学的相对独立性，《语言教学与研究》第2期。
冯胜利 2005a 《汉语韵律语法研究》，北京：北京大学出版社。
冯胜利 2005b 轻动词移位与古今汉语的动宾关系，《语言科学》第1期。
冯胜利 2006a 《汉语书面用语初编》，北京：北京语言大学出版社。
冯胜利 2006b 论汉语书面正式语体的特征与教学，《世界汉语教学》第4期。
冯胜利 2006c 汉语书面语体的性质与教学（前言），载《汉语书面用语初编》，北京：北京语言大学出版社。
冯胜利 2007 试论汉语韵律的形态功能，第16届国际中国语言学年会（哥伦比亚大学，2007年5月24—27日）论文。
冯胜利 2008 论三音节音步的历史来源与秦汉诗歌的同步发展，《语言学论丛》第三十七辑，北京：商务印书馆。
冯胜利 2009a 论汉语韵律构词法中单音化与双音化的二律背反，《澳门语言学刊》第1期。
冯胜利 2009b 论汉语韵律的形态功能与句法演变的历史分期，《历史语言学研究》第二辑，北京：商务印书馆。
冯胜利 2009c 《汉语的韵律、词法与句法》（修订本），北京：北京大学出版社。
冯胜利 2010a 论韵律文体学的基本原理，《当代修辞学》第1期。
冯胜利 2010b 论语体的机制及其语法属性，《中国语文》第5期。
冯胜利 2010c 中西学术之间的通与塞，载张冠梓主编《哈佛看中国——文化与学术卷》，北京：人民出版社。
冯胜利 2011a 语体语法及其文学功能，《当代修辞学》第4期。
冯胜利 2011b 汉语诗歌构造与演变的韵律机制，《中国诗歌研究》第八辑，北京：中华书局。
冯胜利 2012a 从《说文解字注》和《广雅疏证》看乾嘉学术的科学精神，汉语言文字学高级研讨班（北京语言大学，2012年8月15—24日）学术报告，http://renwen.blcu.edu.cn/art/2012/8/28/art_4644_707820.html。
冯胜利 2012b 语体原理及其交际机制，《汉语教学学刊》第8辑，北京：北京大学出版社。
冯胜利 2012c 上古单音节音步例证——兼谈从韵律词角度研究古音的新途径，《历史语言学研究》第五辑，北京：商务印书馆。

冯胜利 2012d 语体语法："形式－功能对应律"的语言探索，《当代修辞学》第 6 期。

冯胜利 2013a 《汉语韵律句法学》（增订本），北京：商务印书馆。

冯胜利 2013b 汉语的核心重音，〔日本〕《中国语学》第 260 号。

冯胜利 2013c 汉语诗歌研究中的新工具与新方法，《文学遗产》第 2 期。

冯胜利 2013d 上古音韵研究的新视角，载石锋、彭刚主编《大江东去：王士元教授八十岁贺寿文集》，香港：香港城市大学出版社。

冯胜利 2014a 《离骚》的韵律贡献——顿叹律与抒情调，《社会科学论坛》第 2 期。

冯胜利 2014b 上古汉语轻动词的句法分析优于词法加缀说例证，载何志华、冯胜利主编《承继与拓新：汉语语言文字学研究》，香港：商务印书馆（香港）有限公司。

冯胜利 2015a 《汉语韵律诗体学论稿》，北京：商务印书馆。

冯胜利 2015b 声调、语调和汉语的句末语气词，《语言学论丛》第五十一辑，北京：商务印书馆。

冯胜利 2015c 语体语法的逻辑体系及语体特征的鉴定，《汉语应用语言学研究》第 1 期。

冯胜利 2015d 韵律文学的语言学分析——从廖旭东先生的"于/乎"之别说起，《江苏师范大学学报（哲学社会科学版）》第 2 期。

冯胜利 2016a 《汉语韵律语法问答》，北京：北京语言大学出版社。

冯胜利 2016b 《汉语历时句法学论稿》，上海：上海教育出版社。

冯胜利 2016c 北京话是一个重音语言，《语言科学》第 5 期。

冯胜利 2016d 骈文韵律与超时空语法：以《芜城赋》为例，《岭南学报》第五辑，上海：上海古籍出版社。

冯胜利 2016e 韵律语法系统的新思考，第三届韵律语法研究国际研讨会（北京语言大学，2016 年 9 月 23—25 日）论文。

冯胜利 2017a 汉语句法、重音、语调相互作用的语法效应，《语言教学与研究》第 3 期。

冯胜利 2017b 正式语体和口语语体的韵律对立，汉语语体语法新进展圆桌论坛（香港中文大学，2017 年 5 月 20—21 日）论文。

冯胜利 2017c 从句末语气词、语调和声调看商周语言的接触与承袭，载徐丹主编《语言接触和语言变异研究》，北京：商务印书馆。

冯胜利 2017d 论音系的语体属性：正式语音和非正式语音的对立，天津语言学年会（天津大学，2017 年 10 月 21 日）论文。

冯胜利 2017e 韵律的语体属性和特征，复旦大学高级语音学培训班讲座（2017年8月28日）。

冯胜利 2017f 韵律语法与语体语法的机制及其之间的相关原理，载冯胜利、李亚非、沈阳主编《甲子学者治学谈》，北京：北京语言大学出版社。

冯胜利 2020 论汉语正式体节律与词重音，复旦大学线上讲座，2020年6月29日。

冯胜利 2021 语体语法与汉语词重音，《韵律语法研究》第7辑，北京：北京语言大学出版社。

冯胜利、施春宏 2018a 论语体语法的基本原理、单位层级和语体系统，《世界汉语教学》第3期。

冯胜利、施春宏 2018b 从语言的不同层面看语体语法的系统性，载冯胜利、施春宏主编《汉语语体语法新探》，上海：中西书局。

冯胜利、苏 婧 2018 上古汉语中的"为"与轻动词句法中的抽象轻动词，《历史语言学研究》第十二辑，北京：商务印书馆。

冯胜利、王丽娟 2018 《汉语韵律语法教程》，北京：北京大学出版社。

冯胜利、刘丽媛 2020 论语体语法的生物原理与生成机制，《民俗典籍文字研究》第二十六辑，北京：商务印书馆。

顾 阳 1996 生成语法及词库中动词的一些特性，《国外语言学》第3期。

郭沫若 1926 论节奏，《创造月刊》第1期。

郭锡良 1997 先秦汉语构词法的发展，载郭锡良《汉语史论集》，北京：商务印书馆。

何丹鹏 2015 普粤介词短语差异的韵律语法分析，载冯胜利主编《汉语韵律语法新探》，上海：中西书局。

何大安 2001 声韵学中的传统、当代与现代，《声韵论丛》第十一辑，台北：学生书局。

何大安 2016 这样的错误不该有：评白一平、沙加尔的《上古音：构拟新论》，*Journal of Chinese Linguistics* 44(1): 175–230.

何乐士 1992 《史记》语法特点研究——从《左传》与《史记》的比较看《史记》语法的若干特点，载程湘清主编《两汉汉语研究》，济南：山东教育出版社。

何元建 2011 《现代汉语生成语法》，北京：北京大学出版社。

何元建、王玲玲 2005 汉语真假复合词，《语言教学与研究》第5期。

洪 爽 2010 单音副词及重叠形式修饰谓词性成分的韵律问题，《语言科学》第6期。

洪　爽 2015 《汉语的最小词》，北京：北京语言大学出版社。
胡敕瑞 2005 从隐含到呈现（上）——试论中古词汇的一个本质变化，《语言学论丛》第三十一辑，北京：商务印书馆。
胡敕瑞 2008 从隐含到呈现（下）——词汇变化影响语法变化，《语言学论丛》第三十八辑，北京：商务印书馆。
胡明扬 1992 普通话书面语双音节形容词重叠后的语音模式，《语文建设》第 5 期。
胡裕树主编 1981 《现代汉语》，上海：上海教育出版社。
黄国昌 2011 《程序法学的实证研究》，台北：元照出版公司。
黄　侃 1934 《文心雕龙札记》，北京：北京文化学社。
黄　侃 2006 《黄侃国学文集》，北京：中华书局。
黄　梅 2008 《现代汉语嵌偶单音词的句法分析及其理论意义》，北京语言大学博士学位论文。
黄　梅 2012 《现代汉语嵌偶单音词的韵律句法研究》，北京：北京语言大学出版社。
黄　梅、庄会彬、冯胜利 2017 韵律促发下的重新分析——论离合词的产生机制，《语言科学》第 2 期。
黄新骏蓉 2017 三音节式重叠结构的句法语义及韵律形态，《韵律语法研究》第 2 辑第 2 期，北京：北京语言大学出版社。
黄月圆 1995 复合词研究，《国外语言学》第 2 期。
黄韵瑜 2015 惠阳淡水客家话韵律句法初探，香港中文大学研究院中国语言及文学学部韵律语法课程课堂报告。
贾林华 2015 《现代书面汉语合偶双音节词研究》，北京语言大学博士学位论文。
江蓝生 2004 跨层非短语结构"的话"的词汇化，《中国语文》第 5 期。
蒋冀骋 1991 《近代汉语词汇研究》，长沙：湖南教育出版社。
蒋绍愚 1994 《近代汉语研究概况》，北京：北京大学出版社。
蒋绍愚 2003 魏晋南北朝的"述宾补"式述补结构，《国学研究》第十二卷，北京：北京大学出版社。
蒋绍愚 2005 《近代汉语研究概要》，北京：北京大学出版社。
蒋绍愚 2017 《近代汉语研究概要》（修订本），北京：北京大学出版社。
老　舍 1980 言语与风格，载《老舍论创作》，上海：上海文艺出版社。
李　果 2015a 《上古汉语中韵律制约的疑问词语及句法》，香港中文大学博士学位论文。

李　果　2015b　从姓名单双音节选择看上古韵律类型的转变,《古汉语研究》第 2 期。

李　果　2017　从韵律看上古汉语的"胡 *gaa"与"何 *gaal",《汉语史研究集刊》第二十二辑,成都：四川大学出版社。

李　果　2018《上古汉语疑问句韵律句法研究》,北京：北京语言大学出版社。

李　龙　2018　《吉县话［V1 V2］结构的韵律句法研究》,北京语言大学硕士学位论文。

李亚非　2000　核心移位的本质及其条件——兼论句法和词法的交界面,《当代语言学》第 1 期。

李　莹、徐　杰　2010　形式句法框架下的现代汉语体标记研究,《现代外语》第 4 期。

李宇明主编　2016　《当代中国语言学研究（1949—2015）》,北京：中国社会科学出版社。

李佐丰　2014　上古汉语中助词"也"的产生和使用,《历史语言学研究》第八辑,北京：商务印书馆。

林　庚　2000　《新诗格律与语言的诗化》,北京：经济日报出版社。

林　焘　1962　现代汉语轻音和句法结构的关系,《中国语文》7 月号。

林　焘、王理嘉　2013　《语音学教程》,北京：北京大学出版社。

刘大为　1998　关于动宾带宾现象的一些思考（上）,《语文建设》第 1 期。

刘丹青　1996　词类和词长的相关性——汉语语法的"语音平面"丛论之二,《南京师范大学学报（社会科学版）》第 2 期。

刘丽媛　2019　《韵律结构与古汉语的句法演变》,香港中文大学博士学位论文。

刘世儒　1965　魏晋南北朝量词研究,北京：中华书局。

刘现强　2007　《现代汉语节奏研究》,北京：北京语言大学出版社。

刘　勰［梁］1936　《文心雕龙》,北京：中华书局。

刘育林　2001　晋语词汇双音化的一种方式：加"圪",《中国语文》第 1 期。

刘跃进　1992　中国古代文人创作态势的形成——从古诗十九首及南朝文学谈起,《社会科学战线》第 3 期。

龙果夫　1958　《现代汉语语法研究》,郑祖庆译,北京：科学出版社。

卢冠忠　2014　论六言诗与骈文六言句韵律及句法之异同,《社会科学论坛》第 4 期。

卢冠忠　2015　论六言诗与骈文六言句韵律及句法之异同,载冯胜利主编《汉语韵律语法新探》,上海：中西书局。

鲁国尧　1980　《孟子》"以羊易之"、"易之以羊"两种结构类型的对比研究,载程湘清主编《先秦汉语研究》，济南：山东教育出版社。

陆俭明 1985 关于"去+VP"和"VP+去"句式，《语言教学与研究》第4期。

陆俭明 2013 《现代汉语语法研究教程》（第四版），北京：北京大学出版社。

陆宗达 2002 《训诂简论》，北京：北京出版社。

陆宗达、俞　敏 1954 《现代汉语语法》（上），上海：群众书店。

吕叔湘 1947 《中国文法要略》，北京：商务印书馆。

吕叔湘 1963 现代汉语单双音节问题初探，《中国语文》第1期。

吕叔湘 1979 《汉语语法分析问题》，北京：商务印书馆。

吕叔湘主编 1980 《现代汉语八百词》，北京：商务印书馆。

吕叔湘主编 1999 《现代汉语八百词》（增订本），北京：商务印书馆。

吕叔湘、王海棻编 1986 《马氏文通读本》，上海：上海教育出版社。

马建忠 2010 《马氏文通》，北京：商务印书馆。

马宝鹏 2017 "把"字句双音节动词挂单与Stress-XP，《韵律语法研究》第2辑第2期，北京：北京语言大学出版社。

马希文 1987 与动结式动词有关的某些句式，《中国语文》第6期。

麦　耘 1990 广州话的特殊35调，载詹伯慧主编《第二届国际粤方言研讨会论文集》，广州：暨南大学出版社。

麦　耘 1995 广州话的语素变调及其来源与嬗变，《音韵与方言研究》，广州：广东人民出版社。

梅　广 2003 迎接一个考证学和语言学结合的汉语语法史研究新局面，载何大安编《古今通塞：汉语的历史与发展》，台北："中央"研究院历史语言研究所。

潘悟云 2000 《汉语历史音韵学》，上海：上海教育出版社。

潘悟云 2001 上古指代词的强调式和弱化式，载范开泰、齐沪扬主编《面向21世纪语言问题再认识——庆祝张斌先生从教五十周年暨八十华诞》，上海：上海教育出版社。

潘允中 1982 《汉语语法史概要》，郑州：中州书画社。

裴雨来 2016 《汉语的韵律词》，北京：北京语言大学出版社。

裴雨来、邱金萍 2015 韵律影响汉语含动复合词生成研究，*Journal of Chinese Linguistics* 43(2): 586–604.

启　功 1977 《诗文声律论稿》，北京：中华书局。

钱学烈 1991 试论《全唐诗》中的把字句，载朱德熙主编《纪念王力先生九十诞辰文集》，济南：山东教育出版社。

裘锡圭 1979 谈谈古文字资料对古汉语研究的重要性，《中国语文》第6期。

407

施春宏 2008 《汉语动结式的句法语义研究》，北京：北京语言大学出版社。
施春宏 2010a 语言事实和语言学事实，《汉语学报》第 4 期。
施春宏 2010b 语言学规则和例外、反例与特例，载北京语言大学对外汉语研究中心编《汉语国际教育"三教"问题——第六届对外汉语学术研讨会论文集》，北京：外语教学与研究出版社。
施春宏 2015 语言学理论体系中的假设和假说，《语言研究集刊》第十四辑，上海：上海辞书出版社。
施向东 2004 原始汉藏语的音节结构和构词类型再议，《天津大学学报（社会科学版）》第 1 期。
施向东 2016 先秦诗律探索，《韵律研究》第 1 辑，北京：科学出版社。
施向东 2018 韵律与上古汉语称呼语的几个问题，第五届韵律语法研究国际研讨会（复旦大学，2018 年 7 月 14—15 日）论文。
施向东 2020 韵律与上古汉语称呼语的几个问题，《韵律语法研究》第 5 辑，北京：北京语言大学出版社。
石定栩 2002 复合词与短语的句法地位——从谓词性定中结构说起，《语法研究和探索》第十一辑，北京：商务印书馆。
司马翎 2007 北方方言和粤语中名词的可数标记，《语言学论丛》第三十五辑，北京：商务印书馆。
苏　婧 2016 《题元结构与轻动词移位的历时演变》，香港中文大学博士学位论文。
孙玉文 2015 《汉语变调构词考辨》，北京：商务印书馆。
汤廷池 1977 《国语变形语法研究（第一集）：移位与变形》，台北：学生书局。
唐文珊 2015 焦点的实现——"轻重对"与"韵律（重组）短语"：一个有关香港粤语与格结构的研究，第三届汉语韵律语法研究国际研讨会（香港中文大学，2015 年 11 月 7—8 日）论文。
唐文珊 2017a 韵律制约的被动句复指代词，《韵律语法研究》第 2 辑第 2 期，北京：北京语言大学出版社。
唐文珊 2017b 从方位词看韵律对粤语语法的制约，汉语韵律语法前沿问题国际圆桌论坛（香港中文大学，2017 年 5 月 27—28 日）论文。
唐文珊 2018 《粤语韵律句法与核心重音规则》，香港中文大学博士学位论文。
汪昌松 2017 韵律句法交互作用下的汉语非典型疑问词研究——以"V 什么 (V)/(NP)"中的"什么"为例，《韵律语法研究》第 2 辑第 1 期，北京：

北京语言大学出版社。

汪昌松 2018 从无定宾语看指宾状语句的句法构造，《清华学报》第 1 期。

王　晨、刘　伟 2014 最简方案框架下汉语完成体标记"了"的研究，《语言科学》第 4 期。

王　迟 2018 《现代汉语正反问句句法的韵律限制》，香港中文大学博士学位论文。

王　迟 2020 韵律语法中的韵律激活，《韵律语法研究》第 6 辑，北京：北京语言大学出版社。

王　迟、刘宇红 2013 韵律因素对汉语双宾结构宾语类型的制约，《语言教学与研究》第 4 期。

王洪君 1994 从字和字组看词和短语——也谈汉语中词的划分标准，《中国语文》第 2 期。

王洪君 2002 普通话中节律边界与节律模式、语法、语用的关联，《语言学论丛》第二十六辑，北京：商务印书馆。

王洪君 2004 试论汉语的节奏类型——松紧型，《语言科学》第 3 期。

王洪君 2005a 普通话节律与句法语用之关联再探，载《第八届中国人机语音通讯学术会议论文集》，上海：《声学技术》编辑部。

王洪君 2005b 韵律层级模型中的最小自由单位及其类型学意义，载徐杰主编《汉语研究的类型学视角》，北京：北京语言大学出版社。

王洪君 2008 《汉语非线性音系学——汉语的音系格局与单字音》（增订版），北京：北京大学出版社。

王洪君 2011 汉语语法的基本单位与研究策略（作者补记），载王洪君《基于单字的现代汉语词法研究》，北京：商务印书馆。

王洪君、李　榕 2014 论汉语语篇的基本单位和流水句的成因，《语言学论丛》第四十九辑，北京：商务印书馆。

王　力 1944 《中国语法理论》，北京：商务印书馆。

王　力 1958 《汉语史稿》，北京：中华书局。

王　力 1989 《汉语语法史》，北京：商务印书馆。

王丽娟 2008 从韵律看介词的分布及长度，《语言科学》第 3 期。

王丽娟 2009 《从名词、动词看现代汉语普通话双音节的形态功能》，北京语言大学博士学位论文。

王丽娟 2013 从"大批判"与"*很大批判"的对立看单双音动词的句法功能，〔日本〕《中国语学》第 260 号。

王丽娟 2014 汉语两类 [N 的 V] 结构的韵律句法考察，《世界汉语教学》第

1 期。

王丽娟 2015 《汉语的韵律形态》，北京：北京语言大学出版社。

王丽娟 2018 汉语旁格述宾结构的语体鉴定及其语法机制，《语言教学与研究》第 6 期。

王　宁 1998 吟与唱，《文史知识》第 10 期。

王　宁 2014 中国文字训诂学对义素分析法的证明与应用，第 47 届国际汉藏语言暨语言学会议（云南师范大学，2014 年 10 月 17—19 日）论文。

王世龙 2017 不同语段理论之比较，《语言教育》第 1 期。

王伟超、施春宏 2018a 当代汉语三音节动词带宾现象类例考察，《韵律语法研究》第 3 辑第 1 期，北京：北京语言大学出版社。

王伟超、施春宏 2018b 当代汉语三音节动词带宾现象的生成动因和机制，〔日本〕《现代中国语研究》第 1 期。

王永娜 2008 谈韵律、语体对汉语表短时体的动词重叠的制约，《语言科学》第 6 期。

王永娜 2010 《现代汉语书面正式语体句式及庄重等级》，北京语言大学博士学位论文。

王永娜 2012 书面语体"和"字动词性并列结构的构成机制，《世界汉语教学》第 2 期。

王永娜 2015 《汉语合偶双音词》，北京：北京语言大学出版社。

王志洁、冯胜利 2006 声调对比法与北京话双音组的重音类型，《语言科学》第 3 期。

魏培泉 1990 《汉魏六朝称代词研究》，台湾大学博士学位论文。

吴洁敏、朱宏达 2001 《汉语节律学》，北京：语文出版社。

吴为善 1989 论汉语后置单音节的粘附性，《汉语学习》第 1 期。

吴　也 2021 ［X 化 +NP］的韵律句法研究，北京语言大学硕士学位论文。

向　熹 1993 《简明汉语史》，北京：高等教育出版社。

萧　绎［梁］1987 《金楼子》，上海：上海古籍出版社。

谢川成 2014 《马来西亚天狼星诗社创办人：温任平作品研究》，台北：秀威资讯出版社。

刑福义 1993 《邢福义自选集》，河南：河南教育出版社。

邢公畹 1947 诗经"中"字倒置的问题，《大公报·文史周刊》第 36 期。

邢公畹 1997 一种似乎要流行开来的可疑句式——动宾式动词 + 宾语，《语文建设》第 4 期。

熊仲儒、刘丽萍 2006 动结式的论元实现，《现代外语》第 2 期。

徐时仪 2006 "一味"的词汇化与语法化考探，《语言教学与研究》第 6 期。
杨剑桥 2008 《实用古汉语知识宝典》（修订版），上海：复旦大学出版社。
杨荣祥 2010 "而"在上古汉语语法系统中的重要地位，《汉语史学报》第十辑，上海：上海教育出版社。
叶　军 2001 《汉语语句韵律的语法功能》，上海：华东师范大学出版社。
叶　军 2008 《现代汉语节奏研究》，上海：上海书店出版社。
叶述冕 2016 声调、语调、语气词之类型学相关性——以是非疑问句为例，《语言学论丛》第五十三辑，北京：商务印书馆。
余廼永 1985 《上古音系研究》，香港：中文大学出版社。
俞　敏 1954a 汉语动词的形态，《语文学习》4 月号。
俞　敏 1954b 形态变化和语法环境，《中国语文》10 月号。
俞　敏 1989 《俞敏语言学论文集》，哈尔滨：黑龙江人民出版社。
俞　敏 1999 汉藏虚字比较研究，载《俞敏语言学论文集》，北京：商务印书馆。
袁　愫 2016 上古汉语二言诗行韵律现象初探，中国古典诗歌韵律研究专题研讨会（北京，2016 年 8 月 23—24 日）论文。
袁　愫 2020 《诗经》四言重复式的韵律与语体，《韵律语法研究》第 6 辑，北京：北京语言大学出版社。
张　赪 2002 《汉语介词词组词序的历史演变》，北京：北京语言大学出版社。
张　赪 2010 《汉语语序的历史发展》，北京：北京语言大学出版社。
张　赪 2012 汉语通用量词的发展与汉语量词范畴的确立，《中国语言学报》第 2 期。
张国宪 1989a 单双音节动作动词充当句法成分功能差异考察，《淮北煤炭师范学院学报（社会科学版）》第 3 期。
张国宪 1989b "动＋名"结构中单双音节动作动词功能差异初探，《中国语文》第 3 期。
张国宪 1989c 单双音节动作动词语用功能差异探索，《汉语学习》第 6 期。
张　凌、邓思颖 2016 香港粤语句末助词声调与句调关系的初探，《韵律研究》第 1 辑，北京：科学出版社。
张倩倩 2019 基于语体语法的科学术语韵律构词分析，《韵律语法研究》第 4 辑第 2 期，北京：北京语言大学出版社。
张永言 1988 汉语词汇，载《中国大百科全书·语言文字》，北京：中国大百科全书出版社。

章太炎 1982 《章太炎全集》，上海：上海人民出版社。

赵璞嵩 2014 《从"吾"、"我"的互补分布看上古汉语韵素的对立》，香港中文大学博士学位论文。

赵璞嵩 2018 《上古汉语韵素研究——以"吾""我"为例》，北京：北京语言大学出版社。

赵元任 1975 汉语词的概念及其结构和节奏，王洪君译，载袁毓林主编《中国现代语言学的开拓和发展——赵元任语言学论文选》，北京：清华大学出版社，1992年。

郑张尚芳 2003 《上古音系》，上海：上海教育出版社。

郑张尚芳 2013 《上古音系》（第二版），上海：上海教育出版社。

郑张尚芳 2017 汉语方言与古音中的韵律表现，《韵律语法研究》第 2 辑第 1 期，北京：北京语言大学出版社。

周　韧 2011 《现代汉语韵律与语法的互动关系研究》，北京：商务印书馆。

周有光 1959 分词连写法问题，《中国语文》第 7 期。

朱德熙 1982 《语法讲义》，北京：商务印书馆。

朱光潜 1988 散文的声音节奏，载《谈美·谈文学》，北京：人民文学出版社。

朱赛萍 2015 《温州方言动词后介词结构的韵律句法分析》，杭州：浙江人民出版社。

朱晓农 2004 亲密与高调——对小称调、女国音、美眉等语言现象的生物学解释，《当代语言学》第 3 期。

庄会彬 2015 《汉语的句法词》，北京：北京语言大学出版社。

庄会彬、赵璞嵩 2016 汉语双音化研究述评，《历史语言学研究》第十辑，北京：商务印书馆。

庄会彬、赵璞嵩、冯胜利 2018《汉语的双音化》，北京：北京语言大学出版社。

Abercrombie, David. 1967. *Elements of General Phonetics*. Edinburgh: Edinburgh University Press.

Baker, Mark. 1988. *Incorporation: A Theory of Grammatical Function Changing*. Chicago: University of Chicago Press.

Bauer, Laurie. 1983. *English Word-Formation*. Cambridge: Cambridge University Press.

Bauer, Laurie. 2003. *Introducing Linguistic Morphology* (2nd edn). Edinburgh: Edinburgh University Press.

Bennett, Paul. 1981. The evolution of passive and disposal sentences. *Journal of Chinese Linguistics* 9(1): 61–90.

Berlin, Isaiah. 1975. General education. *Oxford Review of Education* 1(3): 287–292.

Berwick, Robert C., Angela D. Friederici, Noam Chomsky & Johan J. Bolhuis. 2013. Evolution, brain, and the nature of language. *Trends in Cognitive Sciences* 17(2): 89–98.

Booij, Geert. 1998. Phonological output constraints in morphology. In Wolfgang Kehrein & Richard Wiese (eds.) *Phonology and Morphology of the Germanic Languages,* 143–163. Tübingen: Niemeyer.

Booij, Geert. 2007. *The Grammar of Word: An Introduction to Linguistic Morphology* (2nd edn). Oxford: Oxford University Press.

Burzio, Luigi. 1981. *Intransitive Verbs and Italian Auxiliaries*. Ph.D. dissertation, Massachusetts Institute of Technology.

Chang, Clair Hsun-huei. 1997. V-V compounds in Mandarin Chinese: argument structure and semantics. In Jerome L. Packard (eds.) *New Approaches to Chinese Word Formation,* 77–102. Berlin: Mouton de Gruyter.

Chao, Yuen Ren. 1968. *A Grammar of Spoken Chinese*. Berkeley and Los Angeles: University of California Press.

Chao, Yuen Ren. 1975. Rhythm and structure in Chinese word conceptions. *Journal of Archeology and Anthropology* 37 & 38: 1–15.

Cheng, Lisa. L.-S. 1997. Resultative compounds and lexical relational structures. In Feng-fu Tsao & William S. H. Wang (eds.) *Chinese Languages and Linguistics III: Morphology and Lexicon,* 167–197. Taipei: Academia Sinica.

Cheng, Lisa L.-S. & C. T. James Huang. 1994. On the argument structure of resultative compounds. In Mathew Y. Chen & Ovid J. L. Tzeng (eds.) *In Honor of William S-Y. Wang: Interdisciplinary Studies on Language and Language Change,* 187–221. Taipei: Pyramid.

Chin, Wei & Changsong Wang. 2018. A study on the third interpretation of 'V+ Duration Phrase' in Chinese from the perspective of qualia structure. In Wu Yunfang, Hong Jia-Fei & Su Qi (eds.) *Chinese Lexical Semantics: CLSW 2017,* 147–158. Lecture Notes in Computer Science, Vol. 10709. Heidelberg: Springer.

Chomsky, Noam. 1957. *Syntactic Structures*. The Hague/Paris: Mouton.

Chomsky, Noam. 1981. *Lectures on Government and Binding(The Pisa Lectures)*. Dordrecht: Foris Publication.

Chomsky, Noam. 1986. *Barriers*. Cambridge, MA: The MIT Press.

Chomsky, Noam. 1995. *The minimalist program*. Cambridge, MA: The MIT Press.

Chomsky, Noam. 2000. Minimalist inquires: the framework. In Roger Martin, David Michaels & Juan Uriagereka (eds.) *Step by Step: Papers in Minimalist Syntax in Honor of Howard Lasnik,* 89–155. Cambridge, MA: The MIT Press.

Chomsky, Noam. 2001. Derivation by phase. In Kenstowicz Michael (ed.) *Ken Hale: A Life in Language,* 1–52. Cambridge, MA: The MIT Press.

Chomsky, Noam. 2004. Beyond explanatory adequacy. In Belletti Adriana (ed.) *Structures and Beyond,* 104–131. Oxford: Oxford University Press.

Chomsky, Noam. 2008. On phases. In Feidin Robert, Otero Carlos & Zubizarreta María Luisa (eds.) *Foundational Issues in Linguistic Theory,* 133–166. Cambridge, MA: The MIT Press.

Chomsky, Noam, Ángel J. Gallego & Dennis Ott. 2017. Generative grammar and the faculty of language: insights, questions, and challenges. Manuscript, MIT, Universitat Autònoma de Barcelona, and University of Ottawa. To appear in *Catalan Journal of Linguistics*. Available at http://ling.auf.net/lingbuzz/003507.

Chomsky, Noam & Morris Halle. 1968. *The Sound Pattern of English*. New York: Harper & Row.

Cinque, Guglielmo. 1993. A null theory of phrase and compound stress. *Linguistic Inquiry* 24(2): 239–297.

Cinque, Guglielmo. 1999. *Adverbs and Functional Heads: A Cross-linguistic Perspective*. Oxford: Oxford University Press.

Crystal, David. 2008. *A Dictionary of Linguistics and Phonetics* (6th edn). Cambridge, MA/Oxford/Victoria: Blackwell Publishing.

Dikken, Den Marcel. 2006. *Relators and Linkers: The Syntax of Predication, Predicate Inversion, and Copulas*. Cambridge, MA: The MIT Press.

Dikken, Den Marcel. 2007a. Phase extension: contours of a theory of a role of head movement in phrasal extraction. *Theoretical Linguistics* 33(1): 1–41.

Dikken, Den Marcel. 2007b. Phase extension: a reply. Reaction to commentaries on 'Phase Extension: contours of a theory of a role of head movement in phrasal extraction'. *Theoretical Linguistics* 33(1): 133–63.

Dikken, Den Marcel. 2009. Comparative correlatives and successive cyclicity. In Anikó Lipták (ed.) *Correlatives Cross-linguistically,* 263–306. Amsterdam: John Benjamins.

Doetjes, Jenny. 1997. *Quantifiers and Selection: On the Distribution of Quantifying Expressions in French, Dutch and English*. Ph.D. dissertation, Universiteit

Leiden.

Doke, Clement Martyn & Mofokeng, S. Machabe. 1957. *Textbook of Southern Sotho Grammar*. Cape Town: Longmans.

Downing, Laura J. 2006. *Canonical Forms in Prosodic Morphology*. Oxford: Oxford University Press.

Duanmu, San. 1990. *A Formal Study of Syllable Tone, Stress and Domain in Chinese Language*. Doctoral dissertation, Massachusetts Institute of Technology.

Embick, David & Rolf Noyer. 2001. Movement operations after syntax. *Linguistic Inquiry* 32(4): 555–595.

Feng, Shengli. 1991. Prosodic structure and word order change in Chinese. *The PENN Review of Linguistics* 15: 21–35.

Feng, Shengli. 1995. *Prosodic Structure and Prosodically Constrained Syntax in Chinese*. Ph.D. dissertation, University of Pennsylvania.

Feng, Shengli. 1996. Prosodically constrained syntactic changes in early Archaic Chinese. *Journal of East Asian Linguistics* 5(4): 323–371.

Feng, Shengli. 1997. Prosodic structure and compound words in Classical Chinese, In Jerome Packard (ed.) *New Approaches to Chinese Word Formation—Morphology, Phonology and the Lexicon in Modern and Ancient Chinese*, 197–260. Berlin: Mouton de Gruyter.

Feng, Shengli. 2003a. Prosodically constrained postverbal PPs in Mandarin Chinese. *Linguistics* 41(6): 1085–1122.

Feng, Shengli. 2003b. Prosodically motivated and syntactically licensed developments of VR and Adv-V forms in Classical Chinese. In Xu Jie, Donghong Ji & Kim Teng Lua (eds.) *Chinese Syntax and Semantics, Language Science and Technology Monographs* Vol.1, 225–256. London and Singapore: Prentice Hall Press.

Feng, Shengli. 2003c. Is syntax really phonology-free? *Journal of Chinese Language and Computing* 13(1): 37–51. Singapore.

Feng, Shengli. 2006. Minimal word in Mandarin Chinese. In Jennet Xing (ed.) *Studies of Chinese Linguistics: Functional Approaches*, 47–64. Hong Kong: Hong Kong University Press.

Feng, Shengli. 2009. A theoretical exploration of Prosodic Syntax. 《语言学论丛》第三十九辑，北京：商务印书馆。

Feng, Shengli. 2011. A prosodic explanation for Chinese poetic evolution, *Tsing Hua*

Journal of Chinese Studies, New Series 41(2): 223–258.

Feng, Shengli. 2012. The Syntax and prosody of classifiers in Classical Chinese. In Xu Dan (ed.) *Plurality and Classifiers across Languages in China*, 67–99. Berlin: Walter de Gruyter Mouton.

Feng, Shengli. 2015. On nuclear stress rule in Chinese. Trans. by Wang Chi. *Cognitive Linguistic Studies* 2(1): 1–23.

Feng, Shengli. 2017a. A cartographical account of prosodic syntax in Chinese. In Si Fuzhen (ed.) *Studies in Cartographic Syntax*, 105–133. Beijing: China Social Sciences Press.

Feng, Shengli. 2017b. Disyllbification. In Rint Sybesma (ed.) Encyclopedia of Chinese Language and Linguistics.

Feng, Shengli. 2018. *Prosodic Morphology in Mandarin Chinese*. New York: Routledge.

Feng, Shengli. 2022. On the biological basis of prosody: A response to Duanmu's rhythmic analysis. *Journal of Chinese Linguistics* 50(2).

Fitch, William T. 2013. Rhythmic cognition in humans and animals: distinguishing meter and pulse perception. *Frontiers in Systems Neuroscience* 7, 68.

Fortune, George. 1955. *An Analytical Grammar of Shona*. London: Longmans.

Fortune, George. 1967. *Elements of Shona* (2nd edn). Harare, Zimbabwe: Longmans Zimbabwe Limited.

Fortune, George. 1985. *Shona Grammatical Constructions* (Vol. 1). Harare, Zimbabwe: Mercury Press.

Friederici, Angela D., Noam Chomsky, Robert C. Berwick, Andrea Moro & Johan J. Bolhuis. 2017. Language, mind and brain. *International Journal of Psychophysiology* 69(3): 163–164.

Graham, Angus Charles. (葛瑞汉) 1969. The archaic Chinese pronouns. *Asia Major* 15: 17–61.

Haegeman, Lilian. 1994. Introduction to Government and Binding Theory (2nd edn). Oxford: Blackwell.

Harford, Carolyn & Katherine Demuth. 1999. Prosody outranks syntax: An optimality approach to subject inversion in Bantu relatives. *Linguistic Analysis* 29(1–2): 47–68.

Harry, Otelemate. 2018. Prominence & Metrical Theory. Handout materials of L30A of the University of the West Indies at Mona, Jamaica. Available at https://www.

mona.uwi.edu/dllp/courses/l30a/documents/Prominence_metrical.pdf.

Hattori, Yuko, Masaki Tomonaga & Tetsuro Matsuzawa. 2013. Spontaneous synchronized tapping to an auditory rhythm in a chimpanzee. *Scientific Reports*, 3:1566|DOI:10.1038/srep01566.

Hayes, Bruce. 1989. Compensatory lengthening in Moraic phonology. *Linguistic Inquiry* 20(2): 253–306.

Hayes, Bruce. 1995. *Metrical Stress Theory: Principles and Case Studies*. Chicago: The University of Chicago Press.

Hogg, Richard M. & Christopher B. McCully. 1987. *Metrical Phonology: A Coursebook*. Cambridge: Cambridge University Press.

Holsinger, David. 2000. *Lenition in Germanic: Prosodic Templates in Sound Change*. Ph.D. dissertation, University of Wisconsin-Madison.

Hornstein, Norbert, Jairo Nunes & Kleanthes Grohmann. 2005. *Understanding Minimalism*. New York: Cambridge University Press.

Huang, C.-T. James. 1988. WO PAO DE KUAI and Chinese phrase structure. *Language* 64: 274–311.

Huang, C.-T. James. 1993. Reconstruction and the structure of VP: some theoretical consequences. *Linguistic Inquiry* 24(1): 103–138.

Huang, C.-T. James, Y.-H. Audrey Li & Yafei Li. 2009. *The Syntax of Chinese*. New York: Cambridge University Press.

Huang, C-T. James. 2009. Lexical decomposition, silent categories, and the localizer phrase.《语言学论丛》第三十九辑，北京：商务印书馆。

Huang. Chu-Ren & Louis Mangione. 1985. A reanalysis of de: adjuncts and subordinate clauses. In *Proceedings of the 4th West Coast Conference on Formal Linguistics*, 80–91. Stanford: Stanford Linguistics Association.

Kager, René & Wim Zonneveld. 1999. Phrasal phonology: an introduction. In René Kager & Wim Zonneveld (eds.) *Phrasal Phonology*, 1–34. Nijmegen: Nijmegen University Press.

Kayne, Richard S. 1994. *The Antisymmetry of Syntax*. Cambridge, MA: The MIT Press.

Kayne, Richard S. 2018. The place of linear order in the language faculty (handout). January 16. Available at https://as.nyu.edu/content/dam/nyuas/linguistics/documents/Kayne%200118%20Venice%20The%20Place%20of%20Linear%20Order%20in%20the%20Language%20Faculty.pdf.

Kenstowicz, Michael. 1993. Metrical Constituency. In Kenneth Hale & Samuel Jay Keyser (eds.) *The View from Building 20: Essays in Linguistics in Honor of Sylvain Bromerger*. Cambridge, MA: The MIT Press.

Kenstowicz, Michael. 1994. *Phonology in Generative Grammar*. Massachusetts: Blackwell.

Ladd, D. Robert. 2008. *Intonational Phonology*. Cambridge: Cambridge University Press.

Ladefoged, Peter. 2001. *A Course in Phonetics* (5th edn). Boston: Thomson/Wadsworth.

Larson, Richard. 1988. On the double object construction. *Linguistic Inquiry* 19(3): 335–391.

Larson, Richard. 1990. Double objects revisited: reply to Jackendoff. *Linguistic Inquiry* 21(4): 589–632.

Li, Charles N. & Sandra A. Thompson. 1981. *Mandarin Chinese: A Functional Reference Grammar*. Berkeley and Los Angeles: University of California Press.

Li, Charles N. & Sandra A. Thompson. 1978. An exploration of Mandarin Chinese. In Winfred P. Lehmann (ed.) *Syntactic typology*, 223–266. Austin, Texas: University of Texas Press.

Li, Yafei. 1990. On V-V compounds in Chinese. *Natural Language & Linguistic Theory* 9: 177–207.

Li, Yafei. 1993. Structural head and aspectuality. *Language* 69: 480–504.

Li, Yafei. 1995. The thematic hierarchy and causativity. *Natural Language & Linguistic Theory* 13: 255–282.

Li, Yafei. 1999. Cross-componential causativity. *Natural Language & Linguistic Theory* 17: 445–497.

Liberman, Mark Y. 1975. *The Intonational System of English*. Ph.D. dissertation, Massachusetts Institute of Technology.

Liberman, Mark Y. & Alan Prince. 1977. On stress and linguistic rhythm. *Linguistic Inquiry* 8(2): 249–336.

Lieber, Rochelle. 2009. *Introducing Morphology*. Cambridge: Cambridge University Press.

Lieber, Rochelle & Sergio Scalise. 2005. The Lexical Integrity Hypothesis in a new theoretical universe. In Geert Booij, Luca Ducceschi, Bernard Fradin, Emiliano Guevara, Angela Ralli & Sergio Scalise (eds.) *On-line Proceedings of the Fifth*

Mediterranean Morphology Meeting (MMM5), 1–24. Available at https://geertbooij.files.wordpress.com/2014/02/mmm5-proceedings.pdf.

Lu, Bingfu & San Duanmu. 1991. A case study of the relation between rhythm and syntax in Chinese. Paper presented at the Third North America Conference on Chinese Linguistics, May 3–5, Ithaca.

Lu, Bingfu & San Duanmu. 2002. Rhythm and syntax in Chinese: a case study. *Journal of the Chinese Language Teachers Association* 37(2): 123–136.

Macken, Marlys & Joseph Salmons. 1997. Prosodic Templates in Sound Change. *Diachronica* 14(1): 31–66.

Martin, William. 2012. *Joyce and the Science of Rhythm*. New York: Palgrave Macmillan.

Matthews, P. Hugoe. 1991. *Morphology* (2nd edn). Cambridge: Cambridge University Press.

Matushansky, Ora. 2006. Head movement in linguistic theory. *Linguistic Inquiry* 37(1): 69–109.

McCarthy, John. 1984. Prosodic organization in morphology. In Mark Aronoff & Richard Oehrle (eds.) *Language Sound Structure* 299–317. Cambridge, MA: The MIT Press.

McCarthy, John. 1986. OCP effects: gemination and autogemination. *Linguistic Inquiry* 17(2): 207–263.

McCarthy, John & Alan Prince. 1986. *Prosodic Morphology*. Linguistics Department Faculty Publication Series 13, University of Massachusetts, Amherst.

McCarthy, John & Alan Prince. 1990. Foot and word in prosodic morphology: the Arabic broken plural. *Natural Language and Linguistic Theory* 8: 209–283.

McCarthy, John J. & Alan Prince. 1991. *Prosodic Minimality*. Lecture presented at Conference on the Organization of Phonology, University of Illinois Urbana-Champaign.

McCarthy, John J & Alan Prince. 1993. Prosodic morphology I: constraint interaction and satisfaction. *Linguistics Department Faculty Publication Series* 14.

McCarthy, John & Alan Prince. 1995a. Faithfulness and reduplicative identity. In Jill Beckman, Suzanne Urbanczyk & Laura Walsh Dickey (eds.) *University of Massachusetts Occasional Papers in Linguistics 18: Papers in Optimality Theory*, 249–384.

McCarthy, John & Alan Prince. 1995b. Prosodic morphology. In John A. Goldsmith (ed.) *The Handbook of Phonological Theory*, 318–366. Cambridge, MA: Blackwell.

McCarthy, John & Alan, Prince. 1998. Prosodic Morphology. In Andrew Spencer & Arnold M. Zwicky (eds.) *The Handbook of Morphology*, 283–305. Oxford: Blackwell.

Mester, Armin. 1990. Patterns of truncation. *Linguistic Inquiry* 21(3): 478–485.

Miller, Philip H., Geoffrey K. Pullum & Arnold M. Zwicky. 1997. The principle of phonology-free syntax: four apparent counterexamples in French. *Journal of Linguistics* 33(1): 67–90.

Nespor, Marina & Irene Vogel. 1986. *Prosodic Phonology*. Dordrecht: Foris Publications.

Nespor, Marina & Irene Vogel. 2007. *Prosodic Phonology: With a New Foreword*. Berlin: Mouton de Gruyter.

Nida, Eugene. 1946. *Morphology: The Descriptive Analysis of Words* (1st edn). Ann Arbor: University of Michigan Press.

Nida, Eugene. 1949. *Morphology: The Descriptive Analysis of Words* (2nd edn). Ann Arbor: University of Michigan Press.

Pike, Kenneth L. 1945. *The Intonation of American English*. Ann Arbor: University of Michigan Press.

Platzack, Christer. 2013. Head movement as a phonological operation. In Lisa L.-S. Cheng & Norbert Corver (eds.) *Diagnosing Syntax*, 21–43. Oxford: Oxford University Press.

Poser, William. 1990. Evidence for foot structure in Japanese. *Language* 66(1): 78–105.

Prince, Alan. 1983. Relating to the Grid. *Linguistic Inquiry* 14: 19–100.

Prince, Alan. 1990. Quantitative consequences of rhythmic organization. In Karen Deaton, Manuela Noske & Michael Ziolkowski (eds.) *Proceedings of the Chicago Linguistic Society 26-II: Papers from the Parasession on the Syllable in Phonetics and Phonology*, 355–398. Chicago: Chicago Linguistics Society.

Pullum, Geoffrey K. & Arnold M. Zwicky. 1986. Phonological resolution of syntactic feature conflict. *Language* 62: 751–774.

Quirk, Randolph, Sidney Greenbaum, Geoffrey Leech & Jan Svartvik. 1972. *A Grammar of Contemporary English*. London: Longman.

Radford, Andrew. 2009. *Analyzing English Sentences: A Minimalist Approach*. New York: Cambridge University Press.

Richards, Norvin. 2017. Deriving contiguity. Handout available at https://ling.auf.net/lingbuzz/003289.

Rizzi, Luigi. 1997. The fine structure of the left periphery. In Liliane Haegeman (ed.) *Elements of Grammar,* 281–338. Dordrecht: Kluwer.

Ross, John Robert. 1967. *Constraints on Variables in Syntax*. Ph. D. dissertation, Massachusetts Institute of Technology.

Salmons, Joseph & Huibin Zhuang. 2018. The diachrony of East Asian prosodic templates. *Linguistics* 56(3): 549–580.

Saporta, Sol & Noam Chomsky. 1978. An interview with Noam Chomsky. *Linguistic Analysis* 4: 301–319.

Schlenker, Philippe. 2017. Prolegomena to Music Semantics, lingbuzz/002925. Available at https://ling.auf.net/lingbuzz/002925.

Selkirk, Elisabeth. 1978. On prosodic structure and its relation to syntactic structure. In Thorstein Fretheim (ed.) *Nordic Prosody II: Papers from a symposium*, 111–140. Trondheim: TAPIR.

Selkirk, Elisabeth. 1980a. Prosodic domains in phonology: Sanskrit revisited. In Mark Aronoff & Mary-Louise Kean (eds.) *Juncture*, 101–129. Saratoga, CA: Anma Libri.

Selkirk, Elisabeth. 1980b. The role of prosodic categories in English word stress. *Linguistic Inquiry* 11: 563–605.

Selkirk, Elisabeth. 1984. *Phonology and Syntax: The Relation between Sound and Structure*. Cambridge, MA: The MIT Press.

Selkirk, Elisabeth. 1986. On derived domains in sentence phonology. Phonology (3): 371–405.

Shi, Dingxu. 1998. The complex nature of V-C constructions. In Yang Gu (ed.) *Studies in Chinese Linguistics*, 23–52. Hong Kong: Linguistic Society of Hong Kong.

Shih, Chi-Lin. 1986. *The Prosodic Domain of Tone Sandhi in Chinese*. San Diego: UCSD Dissertation.

Si, Fuzhen. (ed.) 2017. *Studies on Syntactic Cartography* (《句法制图研究》). Beijing: China Social Sciences Press.

Simpson, Andrew. 2014. Prosody and syntax. In C.-T. James Huang, Y.-H. Audrey Li & Andrew Simpson (eds.) *The Handbook of Chinese Linguistics*, 465–491. Malden, MA: Wiley Blackwell.

Smith, Laura Catharine & Adam Ussishkin. 2014. The role of prosodic templates in diachrony. In Patrick Honeybone & Joseph Salmons (eds.) *The Oxford Handbook of Historical Phonology*, 262–285. Oxford: Oxford University Press.

Spencer, Andrew & Arnold M. Zwicky. 2001. *The Handbook of Morphology*. Indianapolis: Wiley-Blackwell.

Sun, Chaofen. 2008. Two conditions and grammaticalization of the Chinese locative. In Xu Dan (ed.) *Space in Languages of China: Cross-linguistics, Synchronic and Diachoronic Perspectives*, 199–288. Heidelberg: Springer Science.

Sybesma, Rint. 1992. *Causatives and Accomplishments: The Case of Chinese ba*. Ph.D. dissertation, Universiteit Leiden.

Sybesma, Rint. 1999. *The Mandarin VP*. Dordrecht: Kluwer Academic Publishers.

Sybesma, Rint & 沈阳. 2006. 结果补语小句分析和小句的内部结构,《华中科技大学学报》第 4 期。

Tai, James H.-Y. 1973. A derivational constraint on adverbial placement in Mandarin Chinese. *Journal of Chinese Lingustics* 1: 397–413.

Takashima, Ken-Ichi. 1999. The so-called 'Third'-Possessive Pronoun *jue* 氒 (= 厥) in classical Chinese. *Journal of the American Oriental Society* (119): 404–431.

Tang, Sze-Wing. 1998. On the 'inverted' double object construction. In Stephen Matthews (ed.) *Studies in Cantonese Linguistics*, 35–52. Hong Kong: The Linguistic Society of Hong Kong.

Tsai, Wei-Tien. 2008. Left periphery and how-why alternations. *Journal of East Asian Linguistics* 17(2): 83–115.

Wang, Changsong. 2017. On some mysteries, asymmetries and derivation of potential *de* construction in Chinese. *Language and Linguistics* 18(4): 647–698.

Wiese, Richard. 2000. *The Phonology of German*. Oxford: Oxford University Press.

Zec, Drage & Inkelas, Sharon. 1990. Prosodically constrained syntax. In Zec, Drage & Inkelas, Sharon (eds.) *The Phonology-Syntax Connection*, 365–378. Chicago: University of Chicago Press.

Zhuang, Huibin. 2014. The prosodic history of Chinese resultatives. *Language and Linguistics* 15(4): 575–595.

Zhuang, Huibin. 2017. Fake attributives in Chinese: a prosodic grammar perspective. *Language and Linguistics* 18(1): 141–176.

Zhuang, Huibin & Peicui Zhang. 2017. On fake nominal quantifiers in Chinese. *Lingua* 198: 73–88.

Zhuang, Huibin & Zhenqian Liu. 2011. Negative marker bu in Chinese: its nature and features. *International Journal of Asian Language Processing* 21(3): 107–160.

Zubizarreta, Maria L. 1998. *Prosody, Focus, and Word Order*. Cambridge, MA: The MIT Press.

Zwicky, Arnold M. 1969. Phonological constraints in syntactic descriptions. *Linguistics* 1(3): 411–453.

Zwicky, Arnold M. & Pullum, K. Geoffrey. 1986. The principle of phonology-free syntax: introductory remarks. *Working Paper in linguistics* 32: 63–91. Columbus, OH: The Ohio State University.

参考文献

Zhang, Niina & Zhaolan Lin. 2011. Yegen-e numerals in Chinese: its nature and features. Taiwan Journal of East Asian Studies 21(5):403-450.

Zribi-Hertz, Anne. 1995. Prosody, Clitics and Word Order. Cambridge, MA: The MIT Press.

Zwicky, Arnold M. 1985. Phonology of reduplication: syntactic descriptions. Language 61(1): 93-112.

Zwicky, Arnold M. & Pullum, K. Geoffrey. 1986. The principle of phonology-free syntax: introductory remarks. Working Papers in Linguistics 32: 63-91. Columbus, OH: The Ohio State University.